Inhaltsverzeichnis 3

Aspekte deutscher Zeiterfahrung 65

Hans-Joachim Althaus und Paul Mog

Zum Verhältnis von Privat und Öffentlich 89

Hans-Joachim Althaus und Paul Mog

Die Deutschen in ihrer Welt

Tübinger Modell einer
integrativen Landeskunde

Herausgegeben von Paul Mog
in Zusammenarbeit mit Hans-Joachim Althaus

Langenscheidt

Berlin · München · Wien · Zürich · New York

Fremdsprachenunterricht in Theorie und Praxis
Allgemeiner Herausgeber: Prof. Dr. G. Neuner

Herausgeber dieses Bandes:
Paul Mog in Zusammenarbeit mit Hans-Joachim Althaus
Redaktion: Hedwig Miesslinger

Die Arbeit des „Tübinger Modells einer integrativen
Deutschlandkunde" und diese Publikation wurden von
der Robert Bosch Stiftung gefördert.

Auflage: 5. 4. 3. 2. | Letzte Zahlen
Jahr: 1996 95 94 93 | maßgeblich

© 1992 Langenscheidt KG, Berlin und München
Druck: Druckhaus Langenscheidt, Berlin
Printed in Germany · ISBN 3-468-49443-2

SOZIALE GEGEBENHEITEN

Lebensstile in der Bundesrepublik Deutschland 111

Hans-Joachim Althaus und Paul Mog

Neue Gruppierungen und Disparitäten 153

Rainer Prätorius

HISTORISCHE UND POLITISCHE STRUKTUREN

Die Politische Kultur der Bundesrepublik Deutschland ... 213

Sylvia Greiffenhagen

Weltmacht oder Handelsstaat? Zur Außenpolitik des vereinten Deutschland ... 233

Volker Rittberger

EINLEITUNG

Die Landeskunde steht vor einer unlösbaren Aufgabe: Sie soll Fremde mit der Geschichte, den politischen Strukturen und Institutionen, den sozialen und kulturellen Verhältnissen, mit Philosophie, Literatur und Kunst eines Landes vertraut machen, sie soll selbstverständlich auch Einblicke in die Mentalität, die Lebensweise und den Alltag seiner Bewohner geben. Selbst wenn es so enzyklopädisch Gebildete unter den Sprach- und Landeskundelehrenden gäbe, ihre Aufgaben sind damit noch keineswegs erschöpft. Sie haben ja nicht nur Wissen zu vermitteln, sie sollen darüber hinaus zugleich Vorurteile abbauen, Stereotype auflösen, Völkerverständigung fördern; sie sollen über das Fremdverstehen die Selbsterfahrung der ausländischen Lernenden schärfen, Haltungen und Wahrnehmungsweisen verändern.

Es gehört zu den Dauererfahrungen der Lehrenden, daß so umfassende Ansprüche der Landeskunde-Theorie im Unterricht nur punktuell einzulösen sind. Um nur das Problem der Kompetenz herauszugreifen: ein noch so eifriges Sammeln von Dokumenten, Zeitungsartikeln, literarischen Texten, Fotos, Cartoons, Videos... verhilft auch beim besten Willen nicht zum gewünschten Wissen, über das man eigentlich verfügen sollte und möchte. Wirklich sicher fühlen sich die meisten zurecht doch nur im Bereich ihrer Studienfächer. Und auch die erlebnisreichsten Alltagserkundungen in der Projektarbeit können nicht verdecken, daß notwendiges Zusammenhang- und Hintergrundwissen fehlt.

All dies ist natürlich zugespitzt formuliert und nicht das Problem der Landeskunde allein, es akzentuiert jedoch exemplarisch das verbreitete Unbehagen, das sich aus der Diskrepanz zwischen ambitionierten theoretischen Postulaten und wesentlich bescheideneren Realisierungsmöglichkeiten ergibt. Solche praxisbezogenen Probleme lassen zentrale Defizite der Landeskunde erkennen. Im Sinne der ihr oft zugemuteten Totalität müßte sie eigentlich das Fach aller erdenklichen Fächer sein, tatsächlich ist sie jedoch keine etablierte Disziplin, in den Wissenschaftsbetrieb nicht eingebunden und oft nur ein Appendix des Sprachunterrichts. Versuche, zumindest einen Kernbestand der für die Landeskunde einschlägigen Fächer festzulegen, verliefen weitgehend erfolglos. Damit fehlt aber auch ein Konsens über landeskundlich relevante Erfahrungs- und Wissensbereiche. Wo fächerübergreifend gearbeitet wurde, blieb es zumeist bei einem eher unverbundenen, additiven Verfahren.

Gleichwohl sind die Erwartungen an die Landeskunde in den letzten Jahren beträchtlich gestiegen. Man traut ihr ein pädagogisch-bildungspolitisches Wirkungspotential zu, das im Hinblick auf ihre institutionell und theoretisch wie praktisch ungesicherte Verfassung leicht als Überforderung erscheinen kann. Die neue Zielorientierung mit all ihren didaktischen Konsequenzen bündelte sich im erfolgreichen Leitbegriff der „interkulturellen Kommunikation", mit dem die traditionelle Vermittlung von Faktenwissen im Sinne von „Tatsachen über Deutschland" abgelöst wurde. Der Begriff des „interkulturellen Lernens" erweiterte und präzisierte die sich etwa zur gleichen Zeit durchsetzende kommunikative Orientierung des Fremdsprachenunterrichts dadurch, daß nun sprachliches und landeskundliches bzw. kulturelles Lernen als Einheit und Wechselbeziehung gefaßt werden konnten. Als Reaktion auf die frühere Fakten- und Institutionenlehre, aber auch auf sozialwissenschaftlich dominierte kognitive Aufklärungskonzepte werden nun Zugänge favorisiert, die das subjektbezogene Erleben der fremden Kultur in den Mittelpunkt rücken. Der Erfolg dieses Leitbegriffs der „interkulturellen Kommunikation" beruht nicht zuletzt auf seiner Unschärfe und Weiträumigkeit. Er eignet sich als Dach höchst unterschiedlicher Vorstellungen, die von Offenheit und Toleranz bis zur Dialektik des Selbst- und Fremdverstehens reichen und mit Vorliebe in der Anthropologie und der interkulturellen Germanistik mehr oder weniger tiefsinnigen Exegesen unterzogen werden.

★

Im Zusammenhang mit dieser neuen Subjektzentrierung gewinnt die Erfahrung des Authentischen in Gestalt des fremden Alltagslebens an Reiz und Bedeutung und drängt die zählebige, aus der deutschen Bildungstradition erwachsene Fixierung auf die hohe Kultur zurück. Die zweifellos berechtigte Aufmerksamkeit für die unauffälligen, gleichwohl das Leben konstituierenden Selbstverständlichkeiten wie Alltagskommunikation, Essen, Trinken, Wohnen, Kleidung, Familie, Arbeit und Freizeit hat freilich, wenn sie banalisiert wird, im Landeskundeunterricht längst ihre Tücken gezeigt. Bei der oft zufälligen Auswahl von Alltagssegmenten geraten ihre historischen sowie soziokulturellen Dimensionen oder die politischen und ökonomischen Strukturen eines Landes leicht aus dem Blick.

Auf einen Nenner gebracht, läßt sich die Situation der Landeskunde so charakterisieren: Trotz einer gewissen Konvergenz im Hinblick auf das Globallernziel der interkulturellen Kommunikation findet sich eine Vielzahl ganz unterschiedlicher, oft in unvermittelter Opposition stehender Ansätze. Faktenwissen und Institutionenlehre scheinen vielen weiterhin unverzichtbar, während neuere Konzepte des interkulturellen Lernens eher den Prozeßcharakter eines stärker subjekt- und erfahrungsbezogenen Selbst- und Fremdverständnisses betonen. Obgleich beide, „hohe Kultur" und „Alltagskultur", ihren legitimen Platz in der Landeskunde beanspruchen können, besteht eine sachlich nicht gerechtfertigte Polarisierung fort. Die Versuche einer prinzipiellen wissenschaftstheoretischen Konstituierung von Landeskunde auf der Basis einer Leitwissenschaft müssen als gescheitert angesehen werden und gehen ohnehin zu Lasten einer produktiven Synthetisierung einschlägiger Disziplinen, deren Beiträge für die Landeskunde unverzichtbar sind.

Auf diese hier verkürzt dargestellte Situation reagierte das von der Robert Bosch Stiftung geförderte „Tübinger Modell einer integrativen Landeskunde", dessen Ergebnisse in zwei Bänden versammelt sind. Der hier vorliegende liefert

Grundmuster der sozialen und politischen Verfaßtheit der Bundesrepublik und der deutschen Mentalität; der andere Band setzt ausgewählte Themenbereiche dieser interdisziplinären Deutschlandkunde in kulturkontrastive Unterrichtseinheiten um, die modellhaft die Integration von sprachlichem und (inter-)kulturellem Lernen vorstellen. Unter Integration verstehen wir nicht nur diese Verbindung von Sprach- und Landeskundeunterricht, sie betont zugleich und vor allem die Notwendigkeit, zentrale Themen der Deutschlandkunde in interdisziplinärer Kooperation gleichberechtigter Fachbereiche zu entfalten. Divergierende Ansätze werden dabei, soweit sie vermittelbar sind, zu einem kohärenten Konzept der Landeskunde zusammengeschlossen. Nicht das additive Nebeneinander unterschiedlichen Fachwissens ist das Ziel, sondern eine Kooperation der beteiligten Fächer, die im Idealfall durch den Prozeß wechselseitigen Lernens zu einem möglichst produktiven Zusammendenken gelangt.

Zur Entwicklung des interdisziplinären Entwurfs wurde für die Jahre 1986 bis 1990 ein Gesprächskreis einberufen; ihm gehörten an: Prof. Dr. Hermann Bausinger: Empirische Kulturwissenschaft (Universität Tübingen), Prof. Dr. Günter Endruweit: Soziologie (Universität Stuttgart), Prof. Dr. Dieter Langewiesche: Mittlere und Neuere Geschichte (Universität Tübingen), Prof. Dr. Konrad H. Jarausch: Neuere Geschichte, Amerikaberater (University of North Carolina, Chapel Hill), Priv. Doz. Dr. Paul Mog: Germanistik, Neuere deutsche Literaturwissenschaft (Universität Tübingen), Dr. Gerda Pagel: Anthropologie, Sozialpsychologie (Würzburg), Prof. Dr. Volker Rittberger: Politologie (Universität Tübingen); für die Robert Bosch Stiftung: Dr. Rüdiger Stephan und Günter Gerstberger sowie die Mitglieder des mit der didaktischen Umsetzung betrauten Arbeitskreises: Heinke Behal-Thomsen (Verlagslektorin) und Angelika Lundquist-Mog (Sprachlehrerin).

Wer sich schon einmal auf eine vergleichbare Zusammenarbeit eingelassen hat, weiß, daß sie nicht leicht fällt: Sie relativiert den jeweils eigenen Kompetenzanspruch eines Fachs, setzt selbstverständliche Denkgewohnheiten außer Kraft und gelangt durch vertretbaren Verzicht auf allzu spezialisierte Debatten zu jenem Erkenntniszuwachs, der von einer Einzelwissenschaft nicht zu erzielen wäre. Es ging daher nicht vorrangig darum, die jeweils fortgeschrittensten Forschungsergebnisse zu dokumentieren, sondern durch die Kombination fachspezifischer Erklärungsansätze soziokulturelle Grundmuster für die spezifischen Themenstellungen und Lernziele der Landeskunde zu gewinnen.

Wir sind weit davon entfernt, den Tübinger Gesprächskreis als ein mustergültiges Modell für die Fächerauswahl der Deutschlandkunde auszugeben. Andernorts und unter anderen Rahmenbedingungen wären sicher auch andere Fächerkombinationen denkbar gewesen. Das interdisziplinäre Programm wurde vom Tübinger Gesprächskreis je nach Themenschwerpunkt mit unterschiedlicher Intensität und wechselnder Akzentuierung realisiert. Auf die einzelnen Kapitel dieses Bandes bezogen, heißt dies konkret: Wo grundlegende kulturelle Kategorien wie Raum- und Zeiterfahrung oder z.B. das Verhältnis von Privat und Öffentlich verhandelt werden, findet sich ein komplexeres Ineinandergreifen der beteiligten Disziplinen in voller Breite, bei Themen wie Politische Kultur, Demokratische Traditionen oder Internationale Beziehungen hingegen überwiegt verständlicherweise die enger fachbezogene Darstellung. Alle Kapitel wurden jedoch von den Mitgliedern des Gesprächskreises gemeinsam konzipiert und sowohl im Hinblick auf die Adressaten wie auch auf den Gesamtentwurf abgestimmt. Individuelle Eigentumsrechte an Gedanken, Formulierungen und ganzen Textteilen, wie sie in der Wissenschaft gemeinhin geltend gemacht werden, reklamieren die Mitglieder des Gesprächskreises nicht. Zu Diskussionen und Vorträgen wurden weitere Experten hinzugezogen: Prof. Dr. Hans Borchers (Amerikanistik), Dr. Sylvia Greiffenhagen (Politologie), Prof. Dr. Ulrich Herrmann (Allgemeine Pädagogik), Dr. Robert Picht (Deutsch-Französisches Institut), Prof. Dr. Gert Raeithel (Amerikanistik). Einige der Genannten sowie Dr. Stephen Kalberg (Harvard University) lieferten unveröffentlichte Expertisen, die in die Darstellung eingegangen sind. Das Buch hat also viele Co-Autoren. Insbesondere in die von uns verfaßten Kapitel sind – in unterschiedlichem Maße – Exposés und protokollierte Diskussionsbeiträge eingeflossen.

★

Was die Erfahrungs- und Erkenntnisgegenstände der Landeskunde sein sollen, ist bekanntlich umstritten. Die oft willkürliche Auswahl heterogener Themen, die Fixierung auf die jeweilige Aktualität und das Fortleben der alten Realienlehre sind die Folge des Fehlens einer verbindlichen theoretischen Fundierung der Landeskunde. Das Tübinger Projekt hat nicht den Ehrgeiz, eine umfassende Theorie der Landeskunde zu entwerfen, es präsentiert jedoch ein Modell, das als Gegenstände des „Fachs" die jeweilige kulturelle Modellierung zentraler „sozialer Figurationen" (Elias) und prägende Erfahrungs- und Mentalitätsmuster definiert. Die Themen sind in wechselnder Kombinatorik interdisziplinär erarbeitet oder zumindest in einen fächerübergreifenden Diskussionszusammenhang eingebunden und kulturkontrastiv ausgerichtet. Die zum Teil weiträumigen soziokulturellen Grundmuster und Themen summieren sich nicht zu einer vollständigen Deutschlandkunde. Es fehlen so zentrale Bereiche wie Wirtschaft, Religion, Sport, Kunst und Technik weitgehend; zweifelsohne wären z.B. Fragen geschlechtsspezifischer Wahrnehmung und Erfahrung stärker zu berücksichtigen gewesen. Auch die mehr oder weniger abweichenden kulturellen Traditionen und Profile anderer deutschsprachiger Länder (Österreich, Schweiz) konnten und sollten im Rahmen einer sinnvollen Eingrenzung nicht thematisiert werden. Aus dem gleichen Grund war die Darstellung der DDR nicht geplant gewesen. Aber das Deutschland, um das es ging, hat sich inzwischen entscheidend verändert. Soweit die Folgen der deutschen Einheit zu fassen waren, werden sie in den Texten reflektiert. Daß jedoch ein Befund, der zunächst überwiegend an den alten Bundesländern gewonnen wurde, nicht einfach auf ein Gesamtdeutschland übertragen werden kann, versteht sich von selbst. Ostdeutsche Leser werden sich gewiß dort wiederfinden, wo von sehr grundlegenden deutschen Mentalitätsmustern die Rede ist; wenn es aber etwa um Einstellungen, Erfahrungen oder Lebensstile als Produkte der jüngeren deutschen Geschichte geht, wäre ihre Perspektive und Darstellung sicherlich entschieden anders.

Die Konzeption des Tübinger Projekts erklärt sich aus dem Kontext der Landeskundedebatte und den bereits konstatierten Defiziten vorhandener Ansätze. Ziel ist es, anhand ausgewählter Themen jenseits von elementarem Lern- und Merkwissen, von nur aktuellen Fragen, von binnendeutschen Spezialistendebatten und über einsinnige Fachperspektiven hinaus, Hintergründe und übergreifende Bezüge herzustellen. Die Darstellung eines solchen, bis in die feinsten Verästelungen des deutschen Habitus hineinreichenden geschichtlichen Lebenszusammenhangs ermöglicht wohl am ehesten das postulierte Verstehen der fremden und damit auch der eigenen Kultur. Vor allem diejenigen Kapitel, die sich mit Mentalitäten und Verhaltensweisen in sozialen Figurationen befassen, bleiben nicht beim sogenannten gesicherten Wissen stehen. Die Darstellung unternimmt interdisziplinäre Erkundungen und lädt damit ein zum produktiven Mit- und Weiterdenken; sie entspricht also der in den letzten Jahren vermehrt betonten Eigentätigkeit und der Prozeßhaftigkeit interkulturellen Lernens. – Auch das Tübinger Modell vollzieht die Wende zur Alltagskultur und zu einer verstärkten Erfahrungsorientierung, gelangt jedoch durch die Integration ganz unterschiedlicher Fachperspektiven (Geschichte, Kulturwissenschaft, Anthropologie, Soziologie, Politik, Germanistik) darüber hinaus. Kontroverse Konzepte werden auf diese Weise vermittelt und die Verabsolutierung einzelner Positionen relativiert.

Die beiden Bände des Tübinger Projekts sind in erster Linie für Lehrende und Lernende im Bereich „Deutsch als Fremdsprache" bzw. *German Studies* in den USA gedacht. Im Unterrichtsbuch (2. Band) werden die Themen „Deutsch-amerikanische Beziehungen", „Raumerfahrung" sowie „Privat – Öffentlich" in kulturkontrastive, Sprach- und Landeskunde integrierende didaktische Modelle umgesetzt. Inhaltlich zunächst für den Unterricht mit amerikanischen Studierenden bestimmt, sind sie wegen ihrer kontrastiven Didaktik jedoch von allgemeinem methodischem Interesse. Begreiflicherweise kann es nicht die Aufgabe eines solchen Unterrichtswerks sein, die jeweiligen Problembereiche bis in die historischen und strukturellen Zusammenhänge hinein zu verfolgen. Dies leistet, wie gesagt, der vorliegende erste Band, der für Lehrende und fortgeschrittene Lernende Hintergrund- und Zusammenhangwissen im Hinblick auf die Unterrichtspraxis liefert, zugleich aber ein umfassenderes Modell einer interdisziplinären Deutschlandkunde vorstellt. Wegen dieser integrativen Darstellung deutscher Mentalität sowie zentraler sozialer Bereiche könnte dieser Band auch ein Lesepublikum außerhalb der Deutschlandkunde ansprechen.

★

Das kulturkontrastive Programm hat im Laufe der Arbeit wesentliche Änderungen erfahren. Am Anfang stand ein Verständnis von Kulturvergleich, das sich wohl zuviel aufgebürdet hatte: Deutschland sollte aus deutscher Sicht Amerikanern erschlossen werden, zugleich aber war beabsichtigt, amerikanische Deutschlandbilder und deutsche Amerikabilder ins Bewußtsein zu rufen. Ein solches Verfahren bewährte sich als Verfremdung des binnendeutschen Selbstverständnisses, das so seine Selbstverständlichkeit verlor und ein stärkeres Maß an Selbstdistanzierung erlaubte. Zugleich zeigte sich aber im Prozeß des Schreibens, daß unsere kontrastiven Darstellungen amerikanischer Verhältnisse schon aufgrund notwendiger Verkürzungen und Verallgemeinerungen äußerst klischeeanfällig waren. Aber auch unsere vermeintlich amerikanischen Deutschlandbilder entpuppten sich immer wieder als das, was sie waren: nämlich unsere deutsche Vorstellung von amerikanischen Deutschlandvorstellungen. Solche Selbsttäuschungen waren Gegenstand vieler heilsamer Diskussionen in den beiden vierwöchigen Tübinger Kursen, die zur Erprobung der Ergebnisse veranstaltet wurden: 1987 mit *High-School-Teachers*, 1989 ein *German-Studies*-Seminar mit amerikanischen Hochschuldozentinnen und -dozenten sowie Postgraduierten aus verschiedenen Fachrichtungen; aber auch im Gesprächskreis dank der kritischen Anteilnahme unseres Amerikaberaters Konrad H. Jarausch. Von diesen kontrastiven Einschüben ist wenig übriggeblieben: Sie beanspruchen nicht, amerikanische Realität, sondern nur die deutschen Bilder von ihr einzufangen. Ihre Funktion liegt letztlich in einer Sensibilisierung dafür, daß „Wirklichkeit" ja nicht einfach für alle auf gleiche Weise da ist, sondern sich erst konstituiert durch kultur- und subjektbezogene Wahrnehmung.

Dieses Buch ist also ein Buch von Deutschen, aber nicht nur für Deutsche. Auch wenn es zentrale soziale Figurationen und grundlegende Modellierungen der deutschen Mentalität diskutiert, so leitet doch der versuchte Blick von außen vielfach Themenauswahl und Darstellung. Wer mit Ausländern arbeitet, kennt die regelmäßig auftauchenden Themen, Irritationen, Klischees und stereotypisierten Fremderfahrungen, die die Wahrnehmung des Deutschen weitgehend bestimmen. Wir orientieren uns implizit wie explizit immer wieder an solchen Ansatzpunkten, nicht um den berühmten „Wahrheitskern" dieser Stereotypisierungen herauszuheben oder ihre Irrtümer aufzudecken und abzubauen. Wo Kulturkontraste aufgegriffen werden, sollen sie das Bewußtsein wachhalten, daß eine voraussetzungslose Wahrnehmung weder der fremden noch der eigenen Kultur möglich ist. Es gehört zu den Erfahrungen des Projekts, daß die geläufigen Konzepte der interkulturellen Kommunikation verständlicherweise eher vom pädagogisch Wünschenswerten ausgehen und die tatsächlichen Komplikationen des Verhältnisses von Fremd und Eigen unterschätzen. Sowohl die langlebige Hoffnung auf kognitive Korrektur von Stereotypen wie auch neuere Versuche, die das Sich-Hineinversetzen in die fremde Kultur im Sinne der Empathie ermöglichen wollen, müssen damit rechnen, daß unbewußte Vorgänge wie Projektionen, Gegenübertragungen, Faszination, aber auch Angst das Verhältnis zum Fremden prägen. Aus diesem Grund beginnt der Band mit systematischen Überlegungen zur Fremdwahrnehmung und zum Bildbegriff.

Es bleibt uns nur noch die angenehme Pflicht des Dankens. Die Robert Bosch Stiftung hat dieses Projekt ermöglicht, großzügig gefördert und mit Geduld und Kompetenz begleitet. Im Gesprächskreis ist die interdisziplinäre Kooperation

in einem nicht selbstverständlichen Maß geglückt und hat zum Perspektiven-
reichtum dieses Bandes entscheidend beigetragen. Herrn Gerhard Neuner
und Herrn Herbert Bornebusch danken wir, daß sie den Band in die Reihe
„Fremdsprachenunterricht in Theorie und Praxis" aufgenommen haben; Frau
Miesslinger (Langenscheidt) danken wir für die redaktionelle Betreuung der
Texte.

Für die zweite Auflage wurde der Beitrag von Volker Rittberger vor allem terminologisch aktualisiert.

Hans-Joachim Althaus und Paul Mog

Hans-Joachim Althaus und Paul Mog

DEUTSCH-AMERIKANISCHE BEZIEHUNGEN UND WAHRNEHMUNGSMUSTER

„Was ich auf Reisen suche", schreibt Wolfgang Koeppen, „ist das Fremdsein ganz und kraß, der Schein der Vertrautheit ist gewichen, die Welt ist neu (...), ich verstehe nichts, und das bedeutet die Möglichkeit des Begreifens" (zit. n. Buchholz 1987, 146).

Amerika – aber nicht nur dieses Land – hat das Verlangen des gebildeten (Reise-)Schriftstellers nicht erfüllt, unmittelbar nach seiner Ankunft in New York heißt es in „Amerikafahrt" (1959):

> Ich stand in New York. Ich hatte dies oft geträumt, und es war nun wie ein Traum. Der Traum, hier zu sein, hatte sich erfüllt, und wie im Traum gab es keine Fremde. Ich war auch hier zu Hause, und Amerika lag vor mir wie ein fester Besitz (Koeppen 1982, 14).

Das erwünschte Fremdsein stellt sich nicht ein, denn die Neue Welt ist dem Ankömmling gar nicht neu, vor jegliche originäre Erfahrung Amerikas haben sich die Amerika-Bilder im Kopf geschoben und steuern – erkenntnisfördernd oder Erfahrung blockierend – die Wahrnehmung. Warum das Fremdsein sich nicht herstellt, warum die authentische Erfahrung der Neuen Welt illusorisch bleibt, vergegenwärtigt der erste, lange Satz des Reiseberichts mit seiner überwältigenden Fülle von Impressionen, Erinnerungen, Anspielungen, Wortspielen und Klischees:

> Die Kasernen der geimpften Kreuzritter auf Europas Boden, der erneuerte Limes am Rhein, Raketenrampen im schwarzen Revier, Versorgungsbasen bei der hohen Schule von Salamanca, Bulldozer, Planierungsmaschinen, Höhlenbohrer, Verstecke für die Angst, Unterstände für die Torheit, die alten Weinberge den Göttern und den Heiligen und dem Umsatz geweiht, das deutsche Vorfeld, die germanische Mitte, des Erdteils gebrochenes Herz, Maginots wiedererstandene Illusionen, die Kolonien der Feldoffiziere und Sergeanten mit dem Indianergesicht, Nachbarschaft und Isolierung, die Main Street mitgebracht, die Kirchen aus dem Koffer gepackt und die Jagdflugplätze für den Sturm, den Sand und das Vergessen gebaut am Freienreichsstadtrand, die Schulbusse der selbstbewußten Kinder mit den Sicherungssprüchen der schon in die Wiege gelegten Zukunft, Weltherrschaftsaspiranten schüchtern und laut in der Altheidelbergschau, das Gentlemandasein der Whiskyreklame bei deutschem Flaschenbier, mitgereist die Einsamkeit der Prärie, mitgereist die heiße und kalte Luft der Nevadawüste, unvergessen im Getto der Herkunft der gute und böse Wind Chicagos,

Automaten der Liebe und Automaten des Gesanges für den Traum des Nichtalleinseins, Viersternegenerale auf den Elyseeischen Feldern, Funksprüche aus dem Pentagon, die Banner des Atlantikpaktes im freundlichen Wald von Marly-le-Roi, tot die christlichen Könige, magistral die Ansprachen des Präsidenten im Weißen Haus, urbi et orbi, Reden zum Schornstein hinaus, zur Nachrichtenstunde des Rundfunks verbreitete Furcht und Hoffnung, das gute Geld des Marshallplans, der feste Dollar für die unterentwickelten Gebiete, der Scheck für die Freiheit, der Scheck gegen den Hunger, der Scheck für das Öl, die Milliarden für die Forschungen von Peenemünde, der Rauch für den Mond, die stars and stripes über den Konsulaten und Bibliotheken des american way of life, auf den abendlichen Leinwänden jedem Dorfjungen vertraut die Lichterschlucht des Broadway, Californiens sonnenblanke Straßen, das Familiengebet vor dem geöffneten Schrein des Kühlschrankes, die chromstrahlende Manneskraft der Pferdestärken, die Busen und Beine der handelfördernden Schönheitsköniginnen, entzückte Augen, gezückte Pistolen, der große Krieg von Wildwest und die große Schlacht in den Dschungeln der Städte, Gestalten aus Kleinbürgersehnsüchten und Unerwachsensein und Triumphe im Lebenskampf, Siege in den Wissenschaften, doch auch die irren Lichter O'Neills, die Durchleuchtungen Tennessee Williams', Faulkners Genie, die Heldensage von Little Rock, das fruchtbare Unbehagen der Reklameagenten, und dann die Plakate der Luftfahrtgesellschaften, im Sesselschlaf über den Atlantik, du bist schon angekommen, bevor du abgeflogen... (Koeppen 1982, 7f.).

Es geht uns hier nicht um eine philologische Koeppen-Exegese, die möglichst detailliert und eindeutig den Sinn dieser literarischen Bilderproduktion fixiert. Die Passage dient vielmehr der Einführung in das Zeichen- und Signalsystem „Amerika", das sich in einem literarischen Text besonders verdichtet und stilisiert präsentiert. Bei aller Unverwechselbarkeit der Koeppenschen Bildersprache schöpft der Autor doch aus kollektiven Vorstellungsräumen, aus einem kulturellen Gedächtnis, das in zwei Weisen existiert:

einmal im Modus der Potentialität als Archiv, als Totalhorizont angesammelter Texte, Bilder, Handlungsmuster, und zum zweiten im Modus der Aktualität, als der von einer jeweiligen Gegenwart aus aktualisierte und perspektivierte Bestand an objektiviertem Sinn (Assmann 1988, 13).

Bezogen auf Koeppens Bilderkaleidoskop umfaßt der „Totalhorizont" den Fundus der deutschen/europäischen Auseinandersetzung mit der Neuen Welt, aus dem der Autor bestimmte Themen, Bildfelder und Grundvorstellungen bezieht und in die Perspektive eines deutschen Intellektuellen der 50er Jahre rückt.

Was Koeppen in der Eingangsphase versammelt, sind im wesentlichen Erfahrungen, die Europa mit Amerika im Gefolge des Weltkrieges gemacht hat. Die Vorstellungen entzünden sich an einem Begriff, der bereits in seinem früheren Roman „Tauben im Gras" auftaucht. Auch Richard Kirsch, ein Amerikaner, ist

„geimpft (…), hygienisch erzogen und ausgeschlackt" (Koeppen 1974, 36) und begreift sich als Kreuzritter.

Er würde sich's anschauen: das Land der Väter. Es war eine Morgenlandfahrt. Kreuzritter der Ordnung waren sie, Ritter der Vernunft, der Nützlichkeit und angemessener bürgerlicher Freiheit: sie suchten kein Heiliges Grab (ebd.).

Mit dem Begriff der „geimpften Kreuzritter" wird zu Beginn mehreres zugleich vermittelt: Ironie gegenüber den amerikanischen Besatzertruppen, die sich voll Sendungsbewußtsein und immunisiert gegen alles, was mit ihrem – im Sinne Koeppens – pragmatischen Weltbild unvereinbar ist, in Europa einnisten. „Kreuzritter" rufen zudem vor dem Hintergrund des Kalten Krieges die Vorstellung von einem gerechten Krieg wach. Vertraute Signale aus dem Fundus des europäischen Kulturerbes werden mobilisiert gegen die Bilder von einer militanten, amerikanischen „Zivilisation", die sich „auf Europas Boden" breit macht. Haltungen und Bewertungen Koeppens sind ins Implizite verlagert. Das abgerufene Bildmaterial arrangiert sich – bewußt oder unbewußt – z.B. in Oppositionen wie „*hohe* Schule von Salamanca" und „Versorgungs*basen*", „*Plan*ierungsmaschinen", die unterschwellig und raumsymbolisch die hohe Kultur Europa, Amerika jedoch plane, flache Nützlichkeit zuschreiben.

Koeppen weiß, daß er Amerika nicht als voraussetzungsloser Betrachter erreichen wird. Er assoziiert zuvor Bilder aus den Vorstellungsräumen „amerikanische Besatzungsmacht in Deutschland", „Weltmacht Amerika", des „american way of life im Kino Hollywoods". Nicht zufällig gipfelt seine Bildparade in der literarischen amerikanischen Kultur, jenem Imaginationsraum, der dem gebildeten Reisenden wohl am ehesten wahre Erfahrung verbürgt. Es verwundert also nicht, wenn die Bilderflut auf die Pointe zuläuft: (…) „du bist schon angekommen, bevor du abgeflogen" und wenn, wie es wenig später heißt, New York „noch in all seiner Fremdheit vertraut" war. Ein Rezensent kritisiert etwa, daß Koeppens Vor-Bilder „ein unverstellt-individuelles In-den-Blick-Nehmen behindern" und „die konkrete Beobachtung des Subjekts auflösen im allgemeingültigen Zitat" (Buchholz 1987, 145). Dahinter steht einmal mehr die illusorische Vorstellung von unverstellter, objektiver, individueller, authentischer Fremdwahrnehmung, die in der voraussetzungslosen, originären Betrachtung der wirklichen Wirklichkeit das Heilmittel sieht, Vorurteile abzubauen und Stereotype zu überwinden. Wenn auch Koeppen, wie eingangs zitiert, noch diesem Wunsch („das Fremdsein ganz und kraß") nachzuhängen scheint, trifft ihn diese Kritik wohl kaum. Eine Qualität des Textes liegt gerade darin, daß er sein Vorwissen und sein imaginiertes Amerika bereits im ersten Satz assoziativ ausbreitet und damit bewußt macht, durch welche unabdingbaren Filter er Amerika wahrnimmt. Und damit ist er Ende der 50er Jahre weiter als viele gutgemeinte Bemühungen zur Theorie und Praxis der Völkerverständigung und des interkulturellen Austauschs heute. Eben diese idealistisch-pädagogische Hoffnung, das Insistieren auf der Überwindung von stereotypisierter Wahrnehmung machen hier grundsätzlichere Überlegungen zur Fremderfahrung und zum Bildbegriff nötig.

Überlegungen zum Bildbegriff

Die traditionelle Vorurteils- und Stereotypenforschung arbeitet mit einer ganzen Reihe von Prämissen, die – wie zunehmend deutlich wird – der Komplexität des Erlebens und Erfahrens einer fremden Kultur nicht gerecht werden können. Pointiert formuliert: sie hat im Grunde das Stereotyp der Stereotypen festgeschrieben. Das immer wiederkehrende Abfragen einer begrenzten Anzahl festgelegter Eigenschaften bewegt sich innerhalb eines künstlichen Schemas. Wenn gefragt wird: „Sind die Deutschen ehrlich, arrogant, ehrgeizig, friedliebend?" so weckt dies gegebenenfalls erst die Bereitschaft zu undifferenzierter Verallgemeinerung. Die Art der Fragestellung und deren statistische Aufbereitung präparieren einen kohärenten, überwiegend kognitiven Bestand an Kenntnissen und Urteilen heraus, der in der Vorstellungswelt der Befragten so nie existiert. Nicht zu übersehen ist ferner, daß in erheblichem Maße Wertvorstellungen der Forscher unreflektiert in die Fragekategorie und deren Auswertung einfließen. Dagegen mutet es fast harmlos an, daß positive Äußerungen gerne als hoher Kenntnisstand, negative jedoch als Vorurteile verbucht werden. Wenn sogar so etwas wie Gesetze in der wechselseitigen Wahrnehmung von Kulturen postuliert werden, wie z.b. in der Sache nicht unbegründete „psychologische Gesetzmäßigkeiten" (Koch-Hillebrecht 1977, 235–250), so liegt dies nicht zuletzt daran, daß mit „harten" Erhebungsmethoden komplexe Bilder aus ihren Bedingungszusammenhängen herausgelöst werden. Eine inkonsistente, vielfältig transformier- und funktionalisierbare Imagerie verliert bei dieser Reduktion auf scheinbar objektive Begrifflichkeiten ihre bewegliche Vielgestaltigkeit und Farbigkeit. Dem fluiden Charakter der Bilder angemessener sind noch weitgehend unerprobte „weiche", qualitative Erhebungsmethoden, die ihn in seinen jeweiligen Zusammenhängen erfassen und belassen. So gesehen ist es z.b. wenig relevant, wenn man gemessen hat, daß 65,5 Prozent der befragten Studierenden aus vier staatlichen amerikanischen Universitäten die Westdeutschen für fleißig halten (vgl. Stapf, Stoebe, Jonas 1986, 106).

Um bei diesem willkürlichen Beispiel zu bleiben: interessanter wäre es zweifellos zu erfahren, welche Wertvorstellungen sich mit Fleiß in welchen Schichten und Sozialmilieus, bei Männern und Frauen, in welchen Altersgruppen oder Ethnien verbinden. Nicht minder wichtig wäre die Frage nach Genese und Erwerb, nach individueller oder gesellschaftlicher Bedeutung solcher Vorstellungen. Ein solcher differenzierter Befund erschließt sich erst mit gleichermaßen differenzierten Fragestellungen. Ein ertragreiches Verfahren besteht zum Beispiel darin, Bilder in ihrer jeweiligen kommunikativen Einbettung, z.B. mittels Erzählungen über das Fremde und Andere, zu erheben und zu analysieren. Dazu können etwa biographische Methoden (*oral history*) treten, die individuelle und kollektive Muster der Entstehung und Aneignung von Fremdbildern aufspüren. Wesentliche Gesichtspunkte des hier zu entwickelnden Bildbegriffs haben wir damit bereits benannt. Wir alle schöpfen, wie am Beispiel Koeppen gezeigt, aus einem kollektiven kulturellen Gedächtnis, einem – wenn man so will – imaginären Archiv, in dem die weit zurückgreifenden Erfahrungen von zum Teil jahrhundertealten Bildbeständen versammelt sind. Im Blick auf Amerika spricht Harold Jantz von „basic assumptions and fundamental myths that underlie the whole German (and European) image of America, subtly influencing its shape, lines and coloring" (Jantz 1977, 37). Trotz der rapiden Zunahme von immer unübersichtlicheren und in sich widersprüchlichen Informationen und Vorstellungen bleiben solche Grundmuster wirksam und formen und färben – weitgehend unbewußt – das aktuelle Bild von Amerika. Dazu gehören etwa die Vorstellung vom Goldenen Primitivismus, dem Edlen Wilden mit den Assoziationen von ursprünglicher, nicht durch Geschichte und Zivilisation korrumpierter Natur. Dazu gehört ferner der historische Mythos von der Westwanderung der Kultur, Amerika als Land der Verheißung, als Land der – unvermeidlich zitierten – unbegrenzten Möglichkeiten und der Zukunft. Es scheint so, als ob dieses besonders intensive utopische Traumbild leicht in ein nicht minder radikales Schreckbild umschlägt. Amerika erscheint dann als Land des maßlosen Kapitalismus, der ungezügelten Expansion, als aggressive Weltmacht, gepaart mit materialistischem Egoismus. Solche uns allen bezeichnenderweise wohlvertrauten Grundmuster fungieren häufig als Bezugsrahmen der Wahrnehmung und Deutung, wobei durchaus widersprüchliche Orientierungen koexistieren können.

Um noch einmal auf die Bestimmung des kulturellen Gedächtnisses im Sinne von Jan Assmann zurückzukommen: wir verstehen unter „Archiv" die Gesamtheit der potentiell abrufbaren Erfahrungssedimente, Mythen, Bild- und auch Wissensbestände. Es ist leicht vorstellbar, daß unterschiedliche Individuen und unterschiedliche Gruppen zu unterschiedlichen Zeiten unter sich verändernden Rahmenbedingungen die Bilder des kollektiven Reservoirs auf je eigene Weise abrufen, perspektivieren und in diesem Prozeß fortlaufend aneignen und verändern. Dieses umfassende Forschungsprogramm kann hier nicht durchgehend empirisch fundiert eingelöst werden.

Wir konzentrieren uns im folgenden auf die bereits genannten Problemkomplexe: psychologische Voraussetzungen der Selbst- und Fremderfahrung, kultur- und gruppenspezifische Aspekte des Bilderwerbs und -gebrauchs und historische Knotenpunkte, die die wechselseitige Wahrnehmung von Kulturen nachhaltig und folgenreich beeinflussen. Und schließlich fragen wir nach den jeweiligen individuellen und sozialen Funktionen von Bildern.

Fremdwahrnehmung

Zum Credo der interkulturellen Pädagogik gehört die Überzeugung, daß man erst in der Erfahrung des Fremden zu sich selbst komme. Das schließt an vertraute bürgerliche Selbstfindungskonzepte an, in denen das jugendliche Subjekt auf die Reise geschickt wird, um seinen Horizont zu erweitern und im Durchgang durch die fremde Kultur „reif" zu werden, Identität auszubilden. Die Beliebtheit solcher Sinnkonstruktionen kann nicht darüber hinwegtäuschen, daß ihre Voraussetzungen und Bedingungen längst fragwürdig geworden sind. Spätestens seit Freud gilt die Vorstellung von einer selbstbestimmten, autonomen Ich-Identität nicht mehr uneingeschränkt. Das Diktum Freuds, daß „das Ich nicht Herr sei in seinem eigenen Haus" (Freud 1917, GW XII, 11), berührt auch unser Problem der Fremdwahrnehmung. Wenn das Sammeln von Erfahrungen in der Fremde als Weg zur Bildung des Individuums verstanden wird, so steht dahinter die Auffassung von einer überwiegend kognitiven, vernünftigen Ich-Findung. So trivial es ist, es muß doch immer wieder betont werden, in welchem Maße affektive und unbewußte Anteile in die Begegnung mit dem Fremden eingehen. Projektionen, Gegenübertragungen, die Faszination des Exotischen und Xenophobie sind überwiegend unbewußte Vorgänge, die das Verhältnis zum Fremden immer prägen.

Der Ethnopsychoanalytiker Mario Erdheim versucht modellhaft zu fassen, wie sich in der psychischen Entwicklung des Individuums die Voraussetzungen für die Beziehung zum Fremden ausbilden. Ausgehend von der frühkindlichen Phase – die erste Erfahrung des Fremden löst Angst aus, fremd ist, was „Nicht-Mutter" ist – betont er in stärkerem Maße den Wandel der „Repräsentanz" des Fremden in der Adoleszenz. Die Repräsentanz des Vaters als erste Instanz der Kultur bedarf der Umwandlung und Erweiterung, um zur Kulturimago zu werden (Erdheim 1988, 240). Der Ethnopsychoanalytiker nimmt an,

daß diese Repräsentanz des Fremden ebenso entwicklungsfähig oder stagnierend sein kann wie diejenigen von Mutter und Vater; sie kann – kontaminiert von den elterlichen Repräsentanzen – die archaischen Züge behalten, die wir in vielen Feindbildern erkennen können, oder sie reift mit der Ich-Entwicklung heran zu einem das Interesse und die Neugierde wachhaltenden Moment des Lebens (ebd. 240).

Bei aller notwendigen Verkürzung kann man also annehmen, daß der gelungene oder nicht gelungene „Abschied von den Eltern", Urvertrauen oder Angst als Erbe der Familiengeschichte darüber mitentscheidet, ob das Fremde als Bereicherung oder als Bedrohung des Eigenen erlebt wird. Was die Bedrohung durch das Fremde angeht, so entsteht sie nicht zuletzt, im Sinne des psychoanalytischen Projektionsbegriffes, durch die Abspaltung unterdrückter Ich-Anteile. Projektion erscheint immer als Abwehr, in der das Subjekt dem Anderen – sei es eine Person oder eine Sache – das zuweist, was es für sich selbst verleugnet oder abwehrt.

Kultur- und gruppenspezifische Aspekte der Fremdwahrnehmung

Am Beispiel der Projektion läßt sich verdeutlichen, daß individualpsychologische Prozesse der Fremdwahrnehmung bei der Bildgenese eine fundamentale Rolle spielen – Xenophobie und Faszination besitzen die gleiche Wurzel: Es sind die eigenen, nicht zugelassenen Wünsche und Gefühle, die als Fremdes dem Ich gegenübertreten. Eine solche individuelle Mitgift ist immer schon kulturell und sozial vermittelt. Die latenten innerpsychischen Dispositionen füllen und manifestieren sich im Prozeß der Sozialisation, das Subjektive gewinnt erst Gestalt, indem es sich der vorgefundenen und vorgeformten Bildersprache des Fremden bedient.

Seit dem 18. und verstärkt im 19. Jahrhundert wirkt die nationale Zugehörigkeit als der wohl umfassendste Rahmen, der das Fremde vom Eigenen absetzt. Die Herausbildung des Nationalstaates mobilisiert die Gemeinsamkeit aller Angehörigen der jeweiligen Nation und verändert damit zugleich den Begriff des Fremden: Die (freilich nie restlose) Einebnung ethnischer, regionaler und auch konfessioneller Unterschiede läßt jetzt die Angehörigen der anderen Nation, die Ausländer, als fremd erscheinen. Denkt man etwa an die Formierung des deutschen Nationalbewußtseins beim „Turnvater" Jahn zur Zeit der Befreiungskriege, so wird deutlich, in welchem Maße es im Sich-Absetzen vom „welschen" Wesen Profil gewinnt. Die verspätete Nationalstaatsbildung, die zudem eine Vielzahl höchst disparater Kleinstaaten zusammenfügen muß, kann die besondere deutsche Aggressivität bei der Ausgrenzung des Anderen und Fremden – bis hin zum Völkermord an den Juden – wenigstens zum Teil erklären.

Diese deutsche Sonderentwicklung bleibt trotz aller im „Historikerstreit" versuchten Relativierungen in ihrer Brutalität einmalig. Prinzipiell gilt jedoch für alle Nationalstaaten, daß sie sich nicht nur über ihre historischen und kulturellen Eigenheiten definieren, sondern immer auch im Abgrenzen vom Anderssein der anderen. Faszination und Abwehr der fremden Kultur liegen dicht nebeneinander; das Überschreiten des Gewohnten und Eigenen kann, indem es im Sinne von Balints Studie „Angstlust und Regression" (1972) so etwas wie Angstlust erzeugt, selbstverständlich gewordene Sicherheiten und Routinen aufbrechen und neue Erfahrungsräume erschließen. Es kann aber auch, wenn sich die Ambivalenz der Gefühle auf die Angst verengt, das Ich gefährden und in aggressive Abwehr umschlagen. Feindbilder, wie sie z.B. in (Vor-) Kriegszeiten auftauchen, leben von der Reduktion der Ambivalenz auf den Angstanteil: die relative Offenheit gegenüber dem Anderen verschwindet oder wird zum Verschwinden gebracht. Schlagartig kann dann die Kehrseite zuvor positiv besetzter Elemente einer anderen Lebensform vorherrschend werden: das insbesondere von Deutschen so bewunderte *savoir-vivre* der Franzosen erscheint dann als dekadente „Weichlichkeit", von der sich die deutsche militärische Härte wirkungsvoll abheben läßt. Feindbilder setzen voraus, daß Konflikte innerhalb der eigenen Nation geleugnet werden, und erzwingen eine Homogenität, die soziale Unterschiede ausblendet: Kaiser Wilhelm II. zu Beginn des 1. Weltkriegs: „Ich kenne keine Parteien mehr, ich kenne nur noch Deutsche!"

In Zeiten krisenhafter Zuspitzung gibt es offensichtlich in verstärktem Maße so etwas wie ein vereinheitlichtes, nationales Feindbild. Bei „normalen" zwischenstaatlichen Beziehungen sind Fremdbilder jedoch keineswegs einheitlich. Die nicht zuletzt auch in der Wissenschaft geläufige Formel von *dem* Frankreich-, England- oder Amerikabild der Deutschen täuscht über die Gruppen-gebundenheit von Bildern hinweg. Wer sich vergegenwärtigt, welches Deutsch-landbild in der (von den Deutschen vertriebenen) jüdischen Intelligenz an der Ostküste der USA vorherrscht und welche Vorstellungen – wenn überhaupt – sich Hispanos im Westen der USA von Deutschland machen, dem wird der Nexus zwischen Fremdbild und Gruppen- bzw. Milieuzugehörigkeit sofort ein-leuchten. Die Bild- und Stereotypenforschung hat eine Reihe von Einzelunter-suchungen vorgelegt, die sich jedoch außer in der Literaturwissenschaft nicht mit Bildern, sondern mit einzelnen Stereotypen befassen, und hat zudem kaum vergleichende Analysen gruppenspezifischer Fremdbilder einer Gesellschaft in Angriff genommen. Damit fehlen auch unserem Versuch einer differenzieren-den Darstellung verläßliche empirische Grundlagen. Wir bewegen uns also nur im Bereich der Plausibilität, wenn im folgenden eher exemplarisch die Grup-penspezifik von Fremdbildern verdeutlicht wird.

Die Amerika-Bilder eines Wolfgang Koeppen, mit denen wir dieses Kapitel einleiteten, sind als Produkt eines gebildeten Intellektuellen und (Reise-) Schriftstellers ein Sonderfall. Sein literarischer Reisebericht zeichnet sich aus durch einen reichen Fundus an Kenntnissen und Vorbildern, die Integration unterschiedlichster Erfahrungsräume und nicht zuletzt durch die Reflexion der subjektiven Bedingungen seiner Amerikawahrnehmung. Die Bilder von Nicht-Reiseschriftstellern sind schon dadurch, daß sie zum Alltagsbewußtsein gehören, schlichter. Alltagsroutine und -verständigung operieren notwendiger-weise mit Simplifizierungen und Typisierungen und verzichten in der Regel auf die Problematisierung, zumal wenn es um eher im Hintergrund des Bewußt-seins präsente Fernwelten geht, die kaum in den unmittelbaren Relevanz-bereich des Ich treten.

Was die Schichtspezifik der Fremdbilder betrifft, so gilt generell, daß das Wis-sen vom Fremden und Fernen in der Gesellschaft unterschiedlich verteilt ist. Ohne Beigeschmack moralischer Wertung kann man davon ausgehen, daß wegen der geringeren Lebens- und Bildungschancen, aber auch aufgrund eines räumlich enger gefaßten Lebenshorizonts bei den unteren Schichten der Nah-bereich dominiert und umgekehrt die Fremdbilder vergleichsweise rudimentär ausfallen. In den Mittel- und Oberschichten wächst mit steigendem Wohlstand und entsprechenden Bildungsmöglichkeiten die Offenheit und Reichweite der Fremdwahrnehmung. Über den Zusammenhang von sozialer Schichtzu-gehörigkeit und Toleranz oder Fremdenfeindlichkeit ist damit freilich noch nichts gesagt. Dieser entscheidet sich letztlich nicht im Reich der Bilder und Vorstellungen, sondern im konkreten sozialen Raum (z.B. auf dem Arbeits-und Wohnungsmarkt), wo sich Angehörige unterschiedlicher Kulturen unter den Bedingungen der Konkurrenz oder mit der Möglichkeit zur Toleranz begegnen.

Mit Koeppen haben wir bereits einen Vertreter jener Gruppe von Intellektuel-len herausgegriffen, deren Amerikabild sich in den späten 60er und 70er Jahren radikal veränderte. Gerade die Intellektuellen als wichtige Repräsentanten der veröffentlichten Meinung können als Beispiel dienen, wie unterschiedlich sich in diesem Zeitraum die Bilder bereits einer einzigen gesellschaftlichen Gruppe ausprägen. Während bei Koeppen in den späten 50er Jahren noch ein vergleichsweise freundliches Amerikabild dominiert, schlägt mit dem Vietnamkrieg und der Politisierung der Bundesrepublik durch die 68er-Bewegung die Stimmung um. Antiimperialismus und Antimilitarismus werden als Antiamerikanismus („Ami go home!") formuliert. Mit der radikalen Abwertung des offiziellen und repräsentativen Amerika kommt ein neues, anderes Amerika in den Blick: die amerikanische Protestbewegung (exemplarisch verdichtet etwa im Woodstock-Mythos) und die Neuen Sozialen Bewegungen in den USA lassen bisher nicht existierende Verbindungen entstehen und erweitern das bisherige Amerikabild. Die spektakulären Begleiterscheinungen dieser vieldiskutierten Antiamerikanismus-Variante sollten jedoch nicht verdecken, daß andere Fraktionen der Intelligenz, wie etwa Techniker und Naturwissenschaftler, von den neuen Bildern der USA weitgehend unberührt blieben. In diesen durchaus unterschiedlichen Akademiker-Milieus orientierte man sich weiterhin an Nordamerika als der führenden Technologie-, Wirtschafts- und Wissenschaftsnation. Daß dies auch für die Wirtschaftselite der Bundesrepublik gilt, bedarf keiner besonderen Hervorhebung. Es muß offen bleiben, ob – und wenn ja, wie – der kritische Blick auf Amerika von der schweigenden Mehrheit anderer sozialer Schichten angeeignet wurde und inwiefern er sich auf die gruppenspezifischen Gesamtbilder von der Neuen Welt ausgewirkt hat.

Diese knappe Skizze nur einer Bildkomponente (linke Amerikakritik der 60er/70er Jahre) sollte verdeutlichen, wie wenig haltbar die globale Rede von *dem* Bild eines Landes oder einer Bevölkerung ist. Und dabei sind selbst die kritischen Amerika-Bilder der Neuen Linken keineswegs so homogen, wie sie zunächst vorgestellt wurden. Um maßgeblich in die Debatte verwickelte deutsche Literaten zu erwähnen: Als Reinhard Lettau in seiner Dokumentation „Täglicher Faschismus" (1972), einer Zusammenstellung von amerikanischen Zeitungsberichten und Kommentaren aus sechs Monaten, den seiner Meinung nach herannahenden Faschismus in den USA zu belegen versuchte, da protestierte nicht nur Peter Handke gegen ein Verfahren, das dem einzelnen „die Mühe des eigenen Wahrnehmens" (Karasek 1972, 90) abnimmt. Kontroversen löste auch der offene Brief von Hans Magnus Enzensberger an den Präsidenten der Wesleyan University im Jahre 1968 aus, in dem der damalige Herausgeber der Zeitschrift „Kursbuch" seine Gründe darlegte, warum er Amerika verlasse und auf das ihm verliehene Stipendium verzichte. Bekannt wurde vor allem die Antwort von Uwe Johnson, unter den zeitgenössischen deutschen Schriftstellern einer der besten (und gewiß kein unkritischer) Kenner der USA. Im zweiten Band des Romans „Jahrestage" (1971) läßt er seine Hauptfigur Gesine Cresspahl den schneidigen Brief Enzensbergers Satz für Satz zerpflücken und abschließend ironisch kommentieren:

> Jetzt handelt Herr Enzensberger. Jetzt verläßt er eine kleine Stadt nördlich von New York und fährt nach San Francisco zu und von da auf eine Reise rund um die Welt (Johnson 1988, 802).

Zum Prozeß des Bilderwerbs: Sozialisationsinstanzen

Wir haben bislang wesentliche Bedingungen der Fremdwahrnehmung, nicht aber den Prozeß des Bilderwerbs diskutiert. Objektivierbare Aussagen über diesen Prozeß sind begreiflicherweise noch schwerer zu machen als etwa Feststellungen zu den jeweiligen individualpsychologischen Voraussetzungen oder zur Gruppenspezifik von Bildern. Was hier geleistet werden kann, ist wiederum keine empirisch abgesicherte Analyse, wohl aber die Rekonstruktion von Sozialisationsinstanzen, die den Bilderwerb von Individuen in unterschiedlichem Maße bestimmen. Von fundamentaler Bedeutung ist zunächst die gesellschaftliche Vermittlungsinstanz der Familie. Hier entstehen nicht nur, wie im Anschluß an Erdheim konstatiert wurde, grundlegende Dispositionen im Verhältnis zum Fremden, hier konkretisieren und modellieren sich im Rahmen der gegebenen historisch-politischen Situation und der schicht- und milieuspezifischen Bedingungen erstmals auch grundlegende Bildbestände und zugleich Muster des Bilderwerbs. Die Familie prägt Präferenzen für bestimmte Länder aus, übt z.b. durch unterschiedlichen Mediengebrauch oder Urlaubsstile Nähe oder Ferne zum Fremden ein. Mit der sekundären Sozialisation (Schul- und Berufsausbildung, andere außerfamiliäre Bezugsgruppen oder Medien) öffnen sich neue soziale Spielräume, die die Handlungs- und Denkmuster erweitern oder blockieren können.

Fragt man nach der eben erwähnten Vorliebe, die Individuen für bestimmte Länder an den Tag legen, so sind hierfür realistische Motivationen nicht ausschließlich verantwortlich zu machen. In diese Wahl gehen – ganz im Sinne der bereits herausgestellten Bedeutung von unbewußten Anteilen in Fremdbildern – individuelle und gruppenspezifische Stilisierungen und Distinktionsbedürfnisse ein. Der konventionalisierte, imaginäre Grundbestand der Länderbilder bietet für die unterschiedlichen Formen der Selbstdarstellung und sozialen Orientierungen jeweils passende Spiegel. Es handelt sich dabei um sehr rudimentäre, letztlich auf wenige Stimuli und Leitwerte beschränkte Vorstellungen: Warum findet sich der gebildete Deutsche so gern in Athen oder Rom wieder, warum treibt es die Freunde des *savoir-vivre* immer wieder nach Frankreich, warum verbinden sich mit Aufstiegsorientierungen von etwa technisch oder ökonomisch ausgerichteten Sozialmilieus so regelmäßig positive Amerika-Bilder? Daß solche Wunsch- oder umgekehrt auch Schreckbilder nicht auf realen Begegnungen beruhen müssen und ihnen gegenüber weitgehend resistent sein können, ist hier noch einmal zu betonen.

Aus amerikanischer Perspektive läßt sich vielleicht noch eindringlicher zeigen, wie folgenreich die Sozialisation in der Familie und sozial-kulturellen (d.h. hier auch ethnischen) Milieus in diesem Kontext ist. Über das Familiengedächtnis und materielle Erinnerungsstücke werden z.b. in den deutschstämmigen Familien der USA selektive, keineswegs kohärente Deutschland-Bilder tradiert, deren Funktion kaum in der Vermittlung authentischer Erinnerung an die alte Heimat liegt, sondern weit mehr von der amerikanischen Erfahrung bestimmt wird. Robert Picht (Arbeitspapier für das Tübinger Modell) spricht in diesem

Zusammenhang sogar von „Familienmythologien", jenen für das Innenleben von Familien so wichtigen Vorstellungen, die den Deutschland geltenden Erinnerungen ihren Sinn verleihen. Je ferner solche Mythologeme von allen Wirklichkeitsbezügen gerückt sind, desto besser eignen sie sich auch als Versatzstücke für die Imagination, für Traumwelten mit ihrer vielfältigen Ambivalenz von Anziehung und Abwehr, von Lust und Angst. Solche Fremd- und Selbstbilder als über die Familienmythologie weitgehend unbewußt erworbene Vorstellungen bleiben besonders resistent gegenüber rationalen Korrekturen, da sie intensiv mit der frühen Ich-Bildung des Subjekts verwoben sind. Im Archiv des Bildgedächtnisses gehören sie zum ältesten und unzugänglichsten Bestand. Die ganze Imagerie späterer Eindrücke, der Zuwachs an Informationen und Kenntnissen, die etwa über die Medien oder die schulische und universitäre Ausbildung vermittelt werden, können die kindlichen Bilderwelten nie gänzlich außer Kraft setzen. Bei aller Wirksamkeit der frühen Orientierungsmuster dürfen jedoch die Einflüsse der sekundären Sozialisation nicht unterschätzt werden. Gerade in dieser Phase der Ablösung von den Eltern und deren Welt gewinnt das Fremde an Faszination und kann als Instrument der erstrebten Unabhängigkeit und Eigenentwicklung dienen. Eltern wie Jugendlichen in gleicher Weise leidvoll vertraut ist z.b. die Konkurrenz des jeweils generationsspezifischen Musikgeschmacks. Die Vorliebe für Rock- und Popmusik drückt die Opposition des Heranwachsenden gegen einen als borniert und antiquiert empfundenen volkstümlichen Musikgeschmack der Eltern aus.

Es geht uns hier nicht um wohlbekannte Pubertätskonflikte, sondern darum, daß in dieser Lebensphase das über die Familie hinausgreifende Fremde verstärkt und horizonterweiternd in die Persönlichkeitsentwicklung des Jugendlichen einbezogen wird. Die zukünftige Einstellung hängt davon ab, wie die Konflikte bearbeitet werden und auf welche sozialkulturellen Rahmenbedingungen sie treffen. Noch einmal mit Erdheim argumentierend, können wir idealtypisch und in vereinfachender Kontrastierung annehmen, daß erst in dieser Lebensphase über Stagnation oder Entwicklungsfähigkeit der Repräsentanz des Fremden entschieden wird: angstbesetzte Abwehr oder eher lustbetonte Neugier und Offenheit bleiben handlungsbestimmende Dispositionen.

Funktionen von Fremdbildern

Die traditionelle Stereotypenforschung ging vom mangelnden Realitätsbezug von Vorurteilen aus und diskutierte die Unangemessenheit von Stereotypen (Pauschalisierung, hohe Verallgemeinerung) im Hinblick auf ein vorausgesetztes Wahrheitspostulat. Der pädagogische Optimismus der Völkerverständigungskonzepte beruhte somit auf der Überzeugung, daß durch Aufklärung, Wissensvermittlung und konkrete Begegnung Fehlurteile abgebaut und mit der Wirklichkeit weitgehend in Übereinstimmung gebracht werden könnten. Es scheint uns dagegen sinnvoller, die Subjekte ins Zentrum zu rücken. Wirklichkeit konstruiert sich ja erst in der Erfahrung durch diese Subjekte und ist im wissenssoziologischen Verständnis (vgl. Berger/Luckmann 1989) das sich wandelnde Konstrukt der Gesellschaft.

Die Frage lautet hier also nicht: Wie kongruent, oder besser, wie inkongruent sind Stereotyp und normativ gesetzte Wirklichkeit, sondern welche Bedeutung haben die Bilder des Fremden für die Subjekte? Wir gingen von der Hypothese aus, daß die schwer zu übersehende affektive Besetzung von Fremdbildern in psychoanalytisch zu fassenden Projektionen begründet ist. Im Fremden begegnet uns, wie gesagt, das nicht zugelassene Eigene. Beispiele für den aufschließenden Erkenntniswert dieses Ansatzes bieten nicht zuletzt die seit Jahrhunderten sich durchhaltenden europäischen Wahrnehmungsmuster der Neuen Welt. Während vor allem Mitteleuropäer Bedürfnisse nach Mobilität, Unabhängigkeit und Entgrenzung kulturbedingt kaum ausleben können, ermöglicht ihnen das Bild von amerikanischer Freiheit und Weite – selbst schon eine Interpretation historischer Gegebenheiten – die Projektionsfläche unterdrückter Wünsche. Das gleiche Objekt zieht gegensätzliche und auch ambivalente Affekte auf sich. Die gleiche Projektion kann sich aufspalten in eine amerikanische Wunschwelt oder in die aggressive Abwehr des Landes. Wird die bildvermittelte Vorstellung von Unabhängigkeit und Grenzenlosigkeit angstvoll erlebt, d.h. als ein Erschrecken über die Realisierung eigener Freiheitswünsche, so bieten sich altbewährte europäische Topoi wie Bindungs- und Beziehungslosigkeit oder Maßlosigkeit als aggressive Abwertung Amerikas und der Amerikaner an (vgl. Raeithel 1984). Daß das gleiche Objekt so konträre Gefühle hervorrufen kann, zeigt noch einmal, welch geringe Rolle dieses Objekt und welch maßgebliche das Subjekt und seine Dispositionen dabei spielen.

Abgrenzung vom Fremden wird häufig ausschließlich negativ als Verdrängung und Verleugnung bewertet. Das verkennt die fundamentale Notwendigkeit, das Ich vom Anderen abzuheben und aus der Differenz das eigene Ich zu stabilisieren. Das gleiche gilt, wie bereits ausgeführt, auch für soziale Gruppen, Nationen und Kulturkreise. Solche Grenzziehungen halten auch die Angst vor Identitätsverlust in Grenzen. Positiv gewendet erlauben sie, als definiertes Ich einem ebenso konturierten Ich gegenüberzutreten, den Anderen in seinem Anderssein zu akzeptieren und dabei, wie Helmuth Plessner es formulierte, „ein Vertrautwerden in der Distanz" zu erreichen. Fremderfahrung stabilisiert somit nicht nur das Ich, sondern führt aufgrund ihrer Ambivalenz zu seiner realen oder potentiellen Erweiterung. Gerade darin liegt ja die Faszination des Reisens oder des Kulturaustauschs, daß aus der Spiegelung des Eigenen im Fremden ebenso Bestätigung wie neue Spielräume zu gewinnen sind. Wenn Angst statt Lust vorwiegt und in solchen Begegnungen überhand nimmt, dann ensteht aus Mangel an festigendem Eigenbewußtsein eine Überbetonung der Distanz zum Fremden. Auch dies stabilisiert das Identitätsgefühl des Ich (von Gruppen und Nationen), es ist jedoch eine Selbstbehauptung, die die Aufwertung des Eigenen vor allem aus der Abwertung des Anderen bezieht. Denkt man zurück an unsere Anmerkung, daß bestimmte soziale Gruppen und Milieus eine nicht ganz zufällige Präferenz für bestimmte Länder entwickeln, dann tritt eine weniger psychische als soziale Funktion von Fremdbildern in den

Blick. Unterschiedlichen Ländern werden ebenso unterschiedliche Prestige-werte zugeschrieben: Bodenständigkeit oder Exotik, Bildung oder Freizeit, organisierter oder Individualtourismus – dieses höchst differenzierte Urlaubs-verhalten drückt nicht nur spezifische Bedürfnisse und ökonomische Möglich-keiten aus, sondern funktioniert zugleich als ein subtil eingespieltes Zeichen-system sozialer Distinktion. Ob ein Bundesbürger sich für Österreich oder den Odenwald, für die Karibik, Teneriffa oder die USA entscheidet, immer sind solche Interessen Teil des schicht- und gruppenspezifischen Lebensstils.

Wir haben bei unseren Überlegungen zum Fremdbild nicht objekt- (d.h. die Länder und ihre „Realität" betreffend), sondern subjektbezogen argumentiert. Fragen des Bilderwerbs, der Gruppenspezifik, der Funktion von Bildern eröff-nen den Blick auf die subjektive Innenseite der Fremdwahrnehmung. Zur Ver-lagerung der Fragestellung hat zweifellos die wachsende Erkenntnis beigetra-gen, daß Vorurteile und stereotypisierte Vorstellungen durch rationale Beleh-rung, Aufklärung und differenzierende Darstellung allein kaum abzubauen sind. Die bis heute überwiegend negative Sicht der Stereotypisierung als realitätsferner Verallgemeinerung erscheint weniger berechtigt, wenn man sich klarmacht, in welchem Umfang das Alltagsdenken auf denkökonomische Ver-einfachungen und Schematisierungen angewiesen ist, um handlungsfähig zu bleiben. Zugespitzt formuliert: Nicht das Stereotyp ist ein Sonderfall, sondern die Fähigkeit, relativ entstereotypisiert zu denken und wahrzunehmen. Eine solche Offenheit resultiert aus einem Lernprozeß, der, wie gezeigt, bereits in früher Kindheit beginnt und nicht nur kognitiv vermittelt ist, sondern immer auch an affektive Dispositionen und Funktionen, d.h. an die Subjekte gebunden bleibt.

Natürlich fragen wir uns nicht ohne Unruhe, inwieweit der vorliegende Versuch interdisziplinären Zusammendenkens in einer nicht zu leugnenden deutschen Wissenschaftstradition diese Offenheit aufweisen oder bewirken kann. Auch für uns gilt, daß wir entsprechende Vorurteile, Stereotype und Bilder von Ame-rika und den deutschen Verhältnissen mitbringen und bei aller Bemühung um Differenzierung und Reflexion nicht einfach eliminieren können.

Deutsche Amerika-Bilder

Amerika in Deutschland

Das Verhältnis von Eigenem und Fremdem, das im vorangehenden theoreti-schen Abschnitt eine Schlüsselrolle spielt, ist nun, da es um die Differenz der Wahrnehmungsmuster zwischen Westdeutschland und den USA geht, genauer zu fassen. Bei aller Betonung des Wechselspiels von Eigen und Fremd blieben in der theoretischen Modellbildung beide Bereiche relativ klar von einander abgegrenzt. Das Eigene spiegelt sich im Fremden, so haben wir gesagt, der fremde Blick wiederum gibt das Eigene zu erkennen.

Vor allem seit dem Ende des Zweiten Weltkriegs sind die Beziehungen zwischen den beiden Ländern so intensiv geworden, daß solch säuberliche Trennungen sich auflösen. Mehr als in anderen Ländern gelten die USA in der Bundesrepublik als Leit- und Orientierungskultur. Natürlich läßt sich dies mit der neuen Westintegration der Bundesrepublik und den vielfältigen politischen, wirtschaftlichen, militärischen und auch kulturellen Verflechtungen und Abhängigkeiten begründen; den besonderen Vorbildcharakter Amerikas für das Nachkriegsdeutschland erklärt dies allein jedoch nicht. Tiefer greifen sicher die Berufung auf die Dankbarkeit für die Wiederaufbauhilfe, für Marshall-Plan, Luftbrücke, Carepakete und die Formel von der „Identifikation der Besiegten mit den Siegern" (A. und M. Mitscherlich 1977), auf die wir noch zurückkommen. Im Blick auf deutsche Amerika-Bilder ist wohl die Faszination der amerikanischen Alltagskultur nicht minder bedeutsam. Amerika ist in fast allen Lebensbereichen der Bundesbürger präsent: Jeans und Parka, Cornflakes, Ketchup, Kaugummi, Hamburger und Coca-Cola, Mickymaus und Donald Duck, Barbie-Puppen, Lassie, Fury, Sesamstraße, James Dean, John Wayne und Gary Cooper, Marilyn Monroe, J. R., Sue Ellen, Elvis Presley, Bob Dylan, Michael Jackson und Tina Turner, *go-ins*, *sit-ins*, *high life* und *happy birthday*, *okay*, *bye bye* – wir brechen ab. Die Unterscheidung, was hier als deutsch oder als amerikanisch zu gelten hat, scheint illusorisch, ein Tatbestand, der schon so manchen kulturkritischen Protest gegen die „Coca-Colonisierung" deutscher oder europäischer Kultur hervorgerufen hat. Max Frisch etwa läßt seinen Helden im Roman „Homo faber" (1957) eine existentielle Kritik am *american way of life* formulieren, die europäische Aversionen gegenüber einer Amerikanisierung in wenigen Reizwörtern konzentriert:

Schon was sie essen und trinken, diese Bleichlinge, die nicht wissen, was Wein ist, diese Vitamin-Fresser, die kalten Tee trinken und Watte kauen und nicht wissen, was Brot ist, dieses Coca-Cola-Volk, das ich nicht ausstehen kann (...). Was Amerika zu bieten hat: Komfort, die beste Installation der Welt, ready for use, die Welt als amerikanisiertes Vakuum, wo sie hinkommen, alles wird Highway, die Welt als Plakat-Wand zu beiden Seiten, ihre Städte, die keine sind, Illumination, am anderen Morgen sieht man die leeren Gerüste, Klimbim, infantil, Reklame für Optimismus als Neon-Tapete vor der Nacht und vor dem Tod – (Frisch 1957, 130f.).

Dieses Zitat mit seiner Abwertung z.B. der amerikanischen Eßkultur, Technik und Lebenseinstellung dürfte wohl vor allem von der jüngeren Generation als veraltet und schwer nachvollziehbar empfunden werden. Als ein Register des Antiamerikanismus sind solche Töne gleichwohl auch heute noch verfügbar; die durch den Nazischock ausgelöste und auch nach der Vereinigung beider deutscher Staaten im wesentlichen anhaltende Diskreditierung des deutschen Nationalismus hat jedoch in der Bundesrepublik zu einer Angleichung an westliche Standards geführt. Man kann diese Prozesse aus unterschiedlichen Blickwinkeln untersuchen: als Diktat amerikanischer Besatzungspolitik in der Nachkriegszeit und Distanzierung von der alten Deutschtümelei, als Resultat internationaler politischer und ökonomischer Verflechtung oder als Prozeß des kulturellen Wandels. Hier jedoch thematisieren wir vorrangig das Problem von Selbst- und Fremdbildern und den Einfluß der omnipräsenten amerikanischen Leitkultur auf die deutschen Bilder von Amerika.

Seit dem Zweiten Weltkrieg sind in Westdeutschland mehrere Generationen herangewachsen, für die die früher ausgeprägte nationalkulturelle Abgrenzung Deutschland – USA weitgehend unwichtig wurde. Bestimmend war wohl eher die im Zuge der Westintegration entstandene Distanzierung gegenüber dem Osten und einzelnen Minderheitengruppen (Ausländerfeindlichkeit). Ob und wie jedoch die Aufnahme von Elementen der amerikanischen (Alltags-)Kultur auch die deutschen Amerika-Bilder verändert, diese Frage erlaubt keine pauschale Antwort. Von einer durchgreifenden Amerikanisierung kann jedenfalls nicht die Rede sein; was in Europa ankommt, sind ja in erster Linie nur aus ihrem ursprünglichen Lebenszusammenhang gelöste Versatzstücke. Anders gesagt: Cornflakes allein machen weder ein deutsches noch ein amerikanisches Frühstück, und es sind deutsche Ohren, die amerikanische Pop-Musik auf ihre Weise hören. Hinter der scheinbaren Allgegenwart des Amerikanischen verbergen sich selektive Bildausschnitte, denen die Vielfalt amerikanischer Lebenswelten weiterhin fremd bleibt. Zudem ist das von den Medien vermittelte Amerikabild vor allem geprägt von Autostereotypen *made in USA*.

Nicht ein eigenproduziertes Fremdbild konsumieren wir, sondern ein in Amerika produziertes Selbstbild. So wie wir die Amerikaner und Amerika in den Fernsehserien erleben, so sehen sich die Amerikaner selbst – zumindest in der medialen Phantasie, und die lebt bekanntlich von populären Mythen (Mikos 1987, 69).

Die Augenfälligkeit von Barbie-Puppen, Disney-World und Fury ist trügerisch; über amerikanische Kindheiten verraten sie soviel wie Lederhosen über die Lebensgewohnheiten von Bayern. Trotz aller Bruchstückhaftigkeit und wechselnden Einfärbungen haben sich Kenntnis und Vorstellung von Amerika in den letzten Jahrzehnten vervielfacht, die USA sind zu einem selbstverständlichen Bestandteil westdeutschen Alltagslebens geworden. Serienproduktionen wie „Dallas", „Denver" oder früher „Lassie", die ja die amerikanische Alltagswirklichkeit auf wenige synthetische Elemente reduzieren, wirken zwar durch Requisiten, Milieus und Szenerie amerikanisch (und sind somit ein Hauptelement des deutschen Amerikabildes), als Unterhaltung im deutschen Alltagsleben werden sie jedoch kaum als fremd, sondern als vertraut aufgenommen.

Stationen deutsch-amerikanischer Beziehungen

Man kann darüber streiten, welches der beste Zugang zu Genese und Geschichte der heutigen deutschen Amerika-Bilder in unserem Kontext ist. Eine Chronik deutsch-amerikanischer Begegnungen und Beziehungen im historisch-politikwissenschaftlichen Sinne liefert zwar ein solides, letztlich unverzichtbares Faktenfundament, birgt jedoch die Gefahr, historische Ereignisse nahezu ungebrochen auf Bildwelten zu projizieren. Ungebrochen, das meint den Verzicht auf all die im theoretischen Teil genannten Komponenten wie Gruppenspezifik, psychische Funktionen und nicht zuletzt die vielfältigen Neuperspektivierungen fundamentaler Bildbestände. Zudem mangelt es ja nicht an historischen und politikwissenschaftlichen Abrissen zu diesem Thema. Eine soziologische oder sozialpsychologische Annäherung könnte die Konstruktion von „Idealtypen" versuchen, die verschiedene Amerika-Bilder (Antiamerikanismus, Atlantiker, Western- und Folkmusik-Fan etc.) repräsentieren. Dieses Verfahren wäre der Gefahr ausgesetzt, die einer Landeskunde ohnehin eigene Tendenz zur Neustereotypisierung zu begünstigen. Wir wählen daher einen Zugang zur Geschichte aktueller Amerika-Bilder, indem wir uns an „Stationen" oder „Knotenpunkten" orientieren, die sich im Alltagswissen als einprägsame und prägende Ereignisse festgesetzt haben. Die Einschnitte werden bestimmt von einer populären Chronologie, die geschichtliche Veränderungen gerne in Dekaden faßt („die fünfziger Jahre") oder Ereignisse in den Blick nimmt, die die kollektive Biographie einzelner Gruppen (die „Stunde Null", die „68er") nachhaltig beeinflußt haben. Solche scheinbar trennscharfen Zäsuren verdecken freilich die für die Persistenz der Bilder bedeutsame Kontinuität des geschichtlichen Prozesses. Daß dabei grundlegende Amerika-Vorstellungen in jeweils neuen Perspektivierungen, Neugruppierungen und Funktionalisierungen fast unbemerkt im Spiel bleiben, darf nicht übersehen werden.

1945: Die Identifikation mit den Siegern

Am Ende des zweiten Weltkrieges lagen nicht nur Deutschlands Städte in Trümmern. Verwüstet war auch die kollektive deutsche Psyche: Die weitgehende Identifikation mit dem Nationalsozialismus und dem Führer endete schlagartig. Das Kriegsende wird von der überwiegenden Mehrheit als Niederlage, nicht als Befreiung erlebt. Margarete und Alexander Mitscherlich haben in „Die Unfähigkeit zu trauern" (1977) auf die „Gefühlsstarre" aufmerksam gemacht, mit der die Deutschen auf das Bekanntwerden der millionenfachen Morde an Juden, Polen, Russen reagierten. Dieses Erstarren ist ihnen das Anzeichen einer jähen emotionalen Abwendung und Entwirklichung des „Dritten Reiches". Darauf folgt in einem zweiten Schritt die Identifikation mit den Siegern. „Solcher Identitätswechsel hilft mit, die Gefühle des Betroffenseins abzuwenden, und bereitet auch die dritte Phase, das manische Ungeschehenmachen, die gewaltigen kollektiven Anstrengungen des Wiederaufbaus, vor" (A. und M. Mitscherlich 1977, 40).

In der Rückerinnerung an die Zeit des „Zusammenbruchs" überwiegen (vor dem Hintergrund düsterer Trümmerlandschaften) überraschenderweise Bilder von lockeren, entspannten, großzügigen und großmütigen amerikanischen Siegern. Solche Bilder von – fast möchte man sagen – Sendboten aus einer anderen Welt sind gewiß inzwischen noch einmal verklärt, ihre Suggestion jedoch beziehen sie von Anfang an aus der raschen Identifikation der – ihres

Selbstwerts beraubten – Besiegten mit den Siegern. Fotos als materielle Träger von Erinnerung aus dieser Zeit halten vor allem eine Geste fest: Amerikaner, die die Besiegten beschenken. Da ist als erstes und immer wieder das Bild des sauberen, wohlgenährten und lässigen GI in seinem Jeep, umringt von ärmlichen Kindern, denen er Schokolade oder Kaugummi schenkt. Immer ist es die Geste des Gebenden und nicht – wie im Falle der anderen Besatzungssoldaten – die des (rachsüchtig) Nehmenden.

Westfront 1945: Einmarsch der Amerikaner in Deutschland

Solche Positivbilder begleiten unterschwellig auch die Übernahme der von den Amerikanern „geschenkten" Demokratie und die schrittweise Integration in das Westbündnis. Die Geste des Schenkens scheint sich auf allen Ebenen zu manifestieren, in der individuellen Begegnung mit „Chewing Gum" und „Lucky Strike", in spektakulären Hilfsaktionen wie Carepaketen und Luftbrücke, in dem strategisch konzipierten Wiederaufbauprogramm nach dem Marshall-Plan bis hin, wie gesagt, zur Demokratisierung Westdeutschlands und seiner Stärkung als Bollwerk gegen den Kommunismus. Die konfliktträchtige Entnazifizierung, *reeducation* oder *punishment,* und die alltäglichen Zusammenstöße mit den Besatzern, all diese negativen Erfahrungen verschwinden in der Erinnerung der betroffenen Kriegsgeneration weitgehend hinter dem positiven Gesamtbild vom amerikanischen Sieger-Freund. Wenn sich unter die

Dankbarkeit und Bewunderung dieser Generation für die Amerikaner (auch hier heißen sie: „die Amis") immer wieder auch Gereiztheit und Aggression mischen, erklärt sich dies aus den letztlich doch ambivalenten Gefühlen, die die Besiegten mit den Siegern in einem machtpolitisch asymmetrischen Verhältnis verbinden.

Die sechziger Jahre

Die 60er Jahre markieren das Jahrzehnt, in dem nahezu alle bundesdeutschen Haushalte ihren ersten Fernsehapparat anschaffen. Mit den Fernsehbildern zieht eine zur Welt insgesamt erweiterte Gesellschaft in die deutschen Wohnzimmer ein. Nur nebenbei sei die ambivalente Wirkung dieses Massenmediums angemerkt: es „öffnet den Blick und stumpft ihn auch ab" (Habermas 1987, 170), die Welt-Bilder rücken in die private Sphäre ein. So nahegebracht, immunisiert die Dauerpräsenz des Grauens (Kriege, Hungersnöte, Attentate) und kann doch auch aufrütteln. Ohne die bisherigen Bildlieferanten wie Pressefotos, Kino oder Wochenschau zu unterschätzen, ist unbestritten, daß die Fernsehbilder eine neue Intensität erreichen, sowohl was die Regelmäßigkeit und Reichweite angeht, als auch durch die Eindringlichkeit der immer näher an das Geschehen heranrückenden Kamera.

Mustert man die Bildbestände, die rückblickend auf die 60er Jahre im Grunde bei allen immer wieder auftauchen, dann sind es vor allem vom Fernsehen übermittelte Bilder, an denen sich Erinnerungen, Einstellungen und Emotionen kristallisieren: der Mauerbau in Berlin, ein Volkspolizist springt über den Stacheldraht in den Westen, J.F. Kennedy vor dem Schöneberger Rathaus („Ich bin ein Berliner") und im gleichen Jahr die Schreckensbilder vom Attentat in Dallas, Eichmann in seinem Glaskäfig während des Prozesses in Israel, dann in dichter Folge 1967 und 1968 die Bilder aus Vietnam (das Mädchen von My Lai), die Ermordung Benno Ohnesorgs beim Schahbesuch in Berlin, die Attentate auf Martin Luther King und Rudi Dutschke, der Black Panther-Gruß der Sprinter Tommie Smith und John Carlos bei den Olympischen Spielen in Mexiko und schließlich die Mondlandung von Neil Armstrong („Ein kleiner Schritt für mich, aber ein großer Schritt für die Menschheit").

Die ersten wirtschaftlichen Krisen in der Bundesrepublik, die Rückkehr der verdrängten Nazivergangenheit (Auschwitz- und Eichmann-Prozeß) und nicht zuletzt die militärischen Konflikte und Kriege von der Kuba-Krise bis zum Vietnam-Krieg erschüttern immer mehr die angeblich „heile Welt" der 50er Jahre. Der Konflikt in der Bundesrepublik zwischen der Kriegsgeneration und ihren Kindern („68er") erhält seine Explosivität nicht allein aus der verweigerten Auseinandersetzung mit dem „Dritten Reich", vielmehr wirken die grausamen Bilder von der Zerstörung des kleinen Vietnam durch die amerikanische Kriegsmaschinerie als Katalysator der eigenen deutschen Krise. Diese zentralen Erinnerungen sind im kollektiven Bildgedächtnis keineswegs peinlich nach deutschen und amerikanischen Akteuren und Ereignissen geschieden. Im Gegenteil, ihre Wirkung beziehen sie gerade aus der oft unbewußten Vermischung beider Bildbestände.

Kaum ein Ereignis könnte dies eindrücklicher zeigen als der spektakuläre Besuch Kennedys im Sommer 1963, der – wie man ohne allzu große Übertreibung behaupten kann – die ganze, in Bewunderung und Dankbarkeit vereinte Nation vor den Fernsehapparaten versammelte. Der berühmte Satz „Ich bin ein Berliner!" besiegelte, was seit dem Amtsantritt des jugendlich-charismatischen Präsidenten wohl von allen Westdeutschen ohnehin gewünscht wurde: die Identifikation mit der Symbolfigur des freundschaftlichen, dynamisch-zukunftsorientierten Amerika, das die endgültige Überwindung der Vergangenheit verhieß. Damals scheint es nur ein Amerikabild gegeben zu haben: Kennedy als der ideale Präsident der westlichen Hemisphäre und nicht zuletzt der Bundesrepublik. Der jähe Umschlag kam nur wenige Monate später. Trauer, Bestürzung und Empörung als Reaktion auf die Ermordung des geliebten Präsidenten beleben mit einem Schlage wieder ein ganz anderes, nie restlos verschwundenes Amerikabild, nämlich das einer von Gangstern und der Mafia beherrschten Gesellschaft. Die kurze Kennedy-Euphorie ist in der Tat kaum mehr als eine Episode, gemessen an all den Konflikten, die in der Folgezeit aufbrechen und vor allem die späten 60er Jahre prägen.

Die zunächst fast blinde Identifikation vieler Deutscher mit den amerikanischen Siegern, das Sich-Hineinstürzen in den Wiederaufbau als Abwehr des Schuldeingeständnisses, die restaurative Konzentration auf das Private, all dies ist in den 60er Jahren nicht mehr ohne weiteres durchzuhalten. Damit polarisieren sich die Amerika-Bilder in der bundesrepublikanischen Gesellschaft wie nie zuvor. Polarisieren meint hier nicht die populäre, aber allzu simple Aufspaltung in eindimensionale pro- oder antiamerikanische Einstellungen. Auf beiden Seiten sind die Bilder vielmehr ambivalent und beinhalten jeweils mehr als nur Amerikabezogenes, immer wird in der Auseinandersetzung um Fremdes zugleich auch Eigenes verhandelt.

Es fällt auch im Rückblick schwer, die Reaktion der schweigenden Mehrheit auf den Vietnam-Krieg angemessen zu erfassen. Glaubt man den damaligen regierungsamtlichen Erklärungen, so stand das deutsche Volk hinter der Vietnampolitik der USA. Was die ältere Weltkriegsgeneration betrifft, so scheint sie auf den ersten Blick diejenige zu sein, die aus den bereits erwähnten Gründen die amerikanische Politik am ehesten befürwortete. Ihre seelische Gemengelage dürfte jedoch komplizierter gewesen sein. Die Bilder des Vietnam-Krieges beleben wieder die verdrängten Bilder des eigenen Krieges, das mag als Abwehrreaktion die Aggressivität gegenüber den Anti-Vietnamdemonstranten verstärkt haben. Zugleich aber liefert dieser Krieg Gelegenheit zur Entlastung: Es entsteht eine geheime Komplizenschaft der Krieger, die bis dahin makellosen amerikanischen Demokraten verlieren gleichsam ihre Unschuld. Deutsche und Amerikaner erscheinen nun in dieser Hinsicht gleichermaßen desavouiert. Umgekehrt wäre es nicht minder vereinfachend, den politischen Antiamerikanismus der westdeutschen Linken als pauschale Ablehnung alles Amerikanischen mißzuverstehen. Spätestens seit Mitte der 60er Jahre schaffen die Idole der angloamerikanischen Rock- und Popszene zunächst eher unbemerkte nationenübergreifende Gemeinsamkeiten. Die Musik und die Texte in den Songs von Bob Dylan, Joan Baez, Jimi Hendrix, natürlich auch von den englischen Beatles und den Rolling Stones geben den Rhythmus und die Parolen des internationalen Jugendprotestes vor. Die gegen das Establishment aufbegehrenden Songs des amerikanischen Underground hörten die „antiamerikanischen" westdeutschen Linken im Militärsender AFN.

Die siebziger Jahre

Mit der Beendigung des Vietnam-Krieges beruhigt sich die Diskussion um das Verhältnis der Deutschen zu Amerika. Es verliert seine Bedeutung als Katalysator für binnendeutsche und internationale Auseinandersetzungen. Das politische Geschehen verlagert sich auf die neue Ostpolitik der sozialliberalen Koalition, Interesse beansprucht nun vor allem die Verständigung mit dem anderen Teil Deutschlands und den Staaten Osteuropas. Dieser Prozeß verläuft zwar nicht ohne Irritationen zwischen der Bundesrepublik und den USA, fügt sich jedoch letztlich in ein gemeinsames Konzept der Entspannung ein.

Daß die affektive Besetzung von Pro- oder Antiamerikanismus in den 70er Jahren schwindet, hängt nicht nur mit außen-, sondern auch mit innenpolitischen Neuorientierungen zusammen. Auf die Revolutionshoffnungen der 68er Bewegung folgen Bewegungen, die sich dem Privaten, Innerlichen, der eigenen Nahwelt, das heißt auch konkreteren, gesellschaftspolitischen Problembereichen zuwenden. In der Literatur vollzieht sich eine „Tendenzwende" im Zeichen der „Neuen Subjektivität", die sich verstärkt in einem autobiographischen Schreiben äußert und vor allem existentielle Grenzsituationen thematisiert. Symptomatisch in diesem Zusammenhang ist die Veränderung des literarischen Amerikabildes, wie es sich etwa in Peter Handkes Erzählung „Der kurze Brief zum langen Abschied" (1972) dokumentiert. In diesem, nach dem Muster des Entwicklungs- und des empfindsamen Reiseromans gestalteten Werk sind politische Bezüge fast gänzlich verschwunden. Im Mittelpunkt steht ein von traumatischen Erinnerungen heimgesuchtes Ich, das sich im neuen Erfahrungsraum Amerika aus seiner angstvollen Lebensgeschichte zu befreien sucht. Wieder einmal soll Amerika die Hoffnung auf innere Veränderung und Neuanfang einlösen, erscheint es als das schlechthin Andere und Fremde. Zu seiner Erzählung und der Bedeutung Amerikas in einem Interview befragt, antwortet Handke:

> Amerika ist das einzige, von dem man heutzutage sagen kann, es sei die Fremde, es sei die andere Welt. Für mich ist es halt auch eine Traumwelt, in der man sich selber ganz neu entdecken muß, in der man selbst ganz neu anfangen muß (Karasek 1972, 87).

Es wäre jedoch verkürzt, in der Hinwendung zum Subjektiven nur apolitische Tendenzen zu sehen. Gerade im Privaten, in den Geschlechterbeziehungen, in der Problematisierung traditionellen Rollenverhaltens, in der Kindererziehung wirken die Impulse der antiautoritären Studentenbewegung weiter, in der Politik verschiebt sich die Aktivität von den universitären Zentren in andere Lebensbereiche: Für die Bundesrepublik ist dies die Geburtsstunde der Neuen Sozialen Bewegungen. Sie entzünden sich an konkreten Konflikten und beziehen sich jeweils auf ein Ziel (*one-issue*-Bewegungen): Anti-Atomkraft, Frieden und Abrüstung, Umwelt, oder organisieren gruppenspezifische Interessen wie die Frauenbewegung. Es sind vor allem diese Gruppen, die ein anderes Amerika entdecken, nicht die ökonomische und militärische Weltmacht USA, sondern ein Land mit einer langen basisdemokratischen Tradition und einer kreativen außerparlamentarischen Opposition, die ähnliche Anliegen wie die Neuen Sozialen Bewegungen in der Bundesrepublik vertritt. Statt anderer Beispiele sei nur die amerikanische Frauenbewegung erwähnt. Sie war und ist nicht nur für die deutschen Feministinnen und Frauenforscherinnen ein Vorbild in Theorie (*Women Studies*) und praktisch-politischer Durchsetzung von Gleichstellungsrechten – zunächst vor allem in den Universitäten, aber zunehmend auch in Wirtschaft und Verwaltung. Unbemerkter bleibt der Einfluß der amerikanischen Unterhaltungskultur auf die Amerika-Vorstellungen in der Bundesrepublik. Das hat zunächst mehr mit der weltweiten Vormachtstellung der amerikanischen Filmindustrie zu tun. Die Bildschirmhelden *made in USA* sind in Japan und Thailand ebenso vertraut wie in der Türkei oder Schweden. Wie bereits erwähnt, liefern diese von vornherein für den Weltmarkt bestimmten Filme eine Mischung von amerikanischen Selbststilisierungen, synthetischen Typen und auswechselbaren Milieu- und Szenenarrangements. Vermutlich modellieren solche Nebenprodukte der populären Unterhaltung das deutsche Amerikabild umfassender als alle die USA eigens thematisierenden Reportagen oder andere landeskundliche Informationen. Die 70er Jahre können als Zeit gelten, in der die amerikanischen Serienproduktionen endgültig ihren festen Platz im deutschen Fernsehen erobern. Die beliebteste westdeutsche Kindersendung ist seit Beginn dieses Jahrzehnts die „Sesamstraße", ein Hinweis darauf, wie Amerikanisches unauffällig und zunehmend als letztlich Deutsches wahrgenommen wird.

Die achtziger Jahre

Am 12. Dezember 1979 endet mit dem Doppelbeschluß der Nato zur Stationierung neuer Mittelstreckenraketen (eine Idee Helmut Schmidts), wenn man so will, schlagartig ein stilles Jahrzehnt deutsch-amerikanischer Beziehungen. Die Liste der nun folgenden Irritationen, Konflikte und zum Teil scharfen Gegensätze ist lang: Massenproteste und Blockaden der westdeutschen Friedensbewegung gegen *Cruise missiles* und *Pershing*-Raketen, das Bekanntwerden des militärischen Konzepts eines auf Europa begrenzten Atomkrieges, das zynische Werbeplakat im New Yorker „World Trade Center": „Visit Europe while it still exists", die Wahl Reagans zum 40. Präsidenten der USA, seine „launige" Sprechprobe im Radio am 11. August 1984, wonach die Bombardierung der UdSSR in fünf Minuten beginne, zuvor schon die ins Kreuzfeuer der Kritik geratene Gedenkfeier zum 300. Jahrestag der ersten deutschen Auswanderung nach Pennsylvania mit heftigen Demonstrationen gegen Vizepräsident George Bush; die symbolträchtige Verbrüderung zwischen Kohl und Reagan auf dem Soldatenfriedhof in Bitburg im Mai 1985 – dies alles ist nur eine Auswahl von Ereignissen vor dem Hintergrund eines verschärften Ost-West-Gegensatzes, der häufig genug (Afghanistan, Grenada, Nicaragua, Libyen) mit militärischen Mitteln ausgetragen wird.

Blockade des amerikanischen Raketen-Depots in Mutlangen am 1.9.1983 mit Heinrich Böll, Petra Kelly u.a.

Die Ereignisgeschichte braucht nicht ausgebreitet und selbst ihre Bewertung kann hier ausgeklammert werden. Es geht nicht um die Faktizität der Ereignisse, sondern um ihre Wirkung auf die Bilder des einen vom anderen. – In dieser Situation, in der im Gegensatz zum Vietnamkrieg nicht ein fernes, sondern das eigene Land bedroht ist, verwundert es nicht, daß die Vermischung von Antimilitarismus und Antiamerikanismus die Stimmung aufheizt. Ein radikales, wenn auch nicht repräsentatives Beispiel liefert Ulrich Irions als „antiamerikanisches Pamphlet" stilisierter Essay „Archimedes und Vatermord", in dem die geläufige Vorstellung vom Vater Europa und Sohn Amerika in eine apokalyptische Vatermordgeschichte mündet:

> Es gelüstet die vermeintliche Selfmade-Nation, mit dem Auslöschen Europas ihre parasitäre Abhängigkeit auf einen Schlag auszulöschen, ihr Herkommen ungeschehen zu machen: Vergangenheitsvernichtung. Was dem greisen Europa bevorsteht, ist ein Vatermord in noch nie dagewesenem Maßstab. (…)

> Die Deutschen, allen voran ihre politischen Repräsentanten, erweisen sich im voraus als besonders dankbar für die Enderlösung Europas. Immer schon dem Sterben zugetan, kommt ihnen besonders entgegen, daß das Danaergeschenk „Nachrüstung" das Etikett „Sicherheit" trägt (Irion 1984, 92f.).

Mit einem Schlage wird in dieser Krisensituation wieder einmal sichtbar, wie hinter der familiären Vertrautheit mit Amerikanischem immer auch die Negativvarianten des deutschen/europäischen Amerikabildes lauern. Auch Irion bemüht die bekannten Topoi vom kultur- und geschichtslosen Kontinent Amerika; er greift auf geradezu archaische Muster der Fremdwahrnehmung zurück: der Fremde als Barbar, von außen kommend und die überlegene Kultur zerstörend. In der Geschichte der deutsch-amerikanischen Beziehungen stellt die Frage der Stationierung von Mittelstreckenraketen in Deutschland gewiß einen Grenzfall dar. Wenn er heute, nur wenige Jahre danach, wie eine weitentfernte und gegenstandslos gewordene Episode erscheinen kann, so liegt dies an der bald darauf einsetzenden Auflösung der Nachkriegsordnung und ihres starren Blockdenkens, ein Prozeß, der inzwischen die Rahmenbedingungen der deutschen Selbst- und Fremdbilder auf eine vorher unvorstellbare Weise verändert hat. In dem Maße, in dem die Bedrohung aus dem Osten nachläßt, werden lange gepflegte Feindbilder außer Kraft gesetzt, und damit verliert auch das Komplementärbild von der Schutzmacht Amerika viel von seiner Bedeutung. Nebenbei bemerkt: Es ist erstaunlich, in welch kurzer Zeit nach einem halben Jahrhundert unangefochtener Negativstereotypisierung des Russen nunmehr nicht nur historische Gemeinsamkeiten, sondern selbst Wesensverwandtschaften zwischen russischer „Seele" und deutschem „Gemüt" wiederentdeckt werden.

Das Schlüsselereignis auch für unseren Zusammenhang ist die Vereinigung der BRD und der DDR geworden, und die Frage, welche Folgen sie für die deutschen Selbst- und Fremdbilder haben wird, ist ebenso zentral wie schwer abschätzbar. Man kommt im Blick nach vorn nicht aus ohne eine kursorische

Skizze der internationalen Rahmenbedingungen, in denen sich dieser Einigungsprozeß vollzieht. Zwei entgegengesetzte Entwicklungen charakterisieren die Lage in Mittel- und Osteuropa. Im Osten, ausgelöst durch die Umgestaltung der Sowjetunion, gibt es eine Renaissance nationalistischer Autonomiebestrebungen in den einzelnen GUS-Staaten. Die ehemaligen sozialistischen Staaten haben sich aus der sowjetischen Hegemonie gelöst und orientieren sich am Westen, zugleich verstärkt sich dort – ausgehend von der EG – im politischen und ökonomischen Bereich die Integration der europäischen Staaten und läßt frühere Freund-Feind-Schemata fast bedeutungslos werden. Es zeichnet sich ab, daß die Zunahme innerer Feindbilder das Verblassen der äußeren zunehmend ersetzt. Das trifft in Deutschland in erster Linie die ethnischen Minderheiten, seit einiger Zeit vor allem die Aus- und Übersiedler aus dem Osten. Für eine längere Übergangsphase wird zudem das vereinigte Deutschland sehr wohl auch ein getrenntes bleiben, wenn man das auftrumpfende Selbstbewußtsein der reichen Westler und das zerstörte Selbstwertgefühl der sich fast bedingungslos unterordnenden ehemaligen DDR-Bürger als nicht ohne weiteres zu überwindende innere Grenze ernst nimmt.

Heimatbewußtsein, Regionalismus, Individualisierung, das heißt Pluralisierung von Lebensstilen, aber auch nationenübergreifende Verflechtungen werden in diesem Buch als Elemente benannt, die einen Nationalismus traditioneller Prägung unterlaufen oder übergreifen. Ob solche Faktoren, die sich ja noch am Selbstverständnis der früheren Bundesrepublik orientieren, wirksam bleiben und der Gefahr eines neuen Nationalismus entgegenarbeiten können, ist nach wie vor nicht absehbar.

Zwar hat sich die Vereinigung Deutschlands – für manche Beobachter überraschend – vergleichsweise nüchtern und ohne triumphalen Überschwang vollzogen. Es gibt jedoch Entwicklungen, die überwunden geglaubte Formen eines aggressiven Nationalismus wachrufen können. Dazu gehört das erwähnte Gefälle zwischen alten und neuen Bundesländern, soziale Konflikte also, die nach probatem Muster schon oft mit nationalistischen Beschwörungsformeln gekittet wurden. Angesichts des Zugewinns an ökonomischer und militärischer Macht ist nicht auszuschließen, daß zumindest einige Bevölkerungsgruppen nationalen Größenphantasien nicht widerstehen können und sich z.B. mit der militärischen Abstinenz außerhalb des eigenen Territoriums nicht zufrieden geben wollen. Am verführerischsten ist zweifellos der auf den ersten Blick einleuchtende Eindruck, daß eine belastende historische Phase, die spätestens mit dem Nationalsozialismus begann, nun, nach Wiedervereinigung und Rückgewinnung der Souveränität und der Regelung der Oder-Neiße-Grenze, ihren Endpunkt erreicht hat. Die im Historikerstreit bemühten Vergleiche zwischen stalinistischen und nazistischen Verbrechen zur Relativierung der deutschen Schuld scheinen bestätigt, der Zeitpunkt, „geläutert" aus dem Schatten der Geschichte herauszutreten, ist nach Meinung vieler gekommen. Einem deutschen Nationalgefühl jedoch, das von dieser Geschichte absieht und ihr Ende proklamiert, müßte man zurecht mißtrauen. Von „Normalisierung" kann und darf auch weiterhin nicht die Rede sein. Die Reihe von Borniertheiten, die sie mit sich brächte, ist vorhersehbar: Die Konzentration auf das Eigene verstärkt die aggressive Wendung gegen das Fremde, im Innern der Gesellschaft gegen ausländische Minderheiten, nach außen in Form einer Mißachtung der Notsituation in der „Dritten Welt".

Mit der beginnenden Überwindung des Ost-West-Gegensatzes zeichnen sich jedoch langfristig Konstellationen ab, in denen herkömmliche nationalstaatliche Orientierungen in transnationale Zusammenhänge eingepaßt werden müssen und können. In diesem übergreifenden Prozeß, in dem sich auch und gerade für Deutschland zusätzlich zur bisherigen Westintegration enge Verflechtungen mit Osteuropa ergeben, ist es unausweichlich, daß auch die Bilder in Bewegung geraten und sich, gleichsam wie im Kaleidoskop, neu komponieren. Die klassischen Bildkomplexe vom Erbfeind Frankreich, England und nun Rußland sind weitgehend verblaßt, damit schwindet vielleicht aber auch die Notwendigkeit zu besonderen Freundbildern, wie sie die deutsch-amerikanischen Beziehungen seit dem Zweiten Weltkrieg für sich in Anspruch genommen haben. Das muß nicht nur ein Verlust, sondern kann auch ein Gewinn sein, steckt darin doch auch die Chance der „Normalisierung". Die deutschen Amerika-Bilder wie auch die amerikanischen Deutschlandbilder könnten sich europäisieren – Deutschland erschiene für Amerikaner dann eher als integraler Bestandteil Europas. Bei aller gebotenen Vorsicht ist zu vermuten, daß bilaterale Fixierungen und die positiv wie negativ zum Teil extremen Affekte im deutsch-amerikanischen Verhältnis sich entspannen.

Auswahlbibliographie

Assmann, Jan: Kollektives Gedächtnis und kulturelle Identität. In: Jan Assmann, Tonio Hölscher (Hg.): Kultur und Gedächtnis. Frankfurt/M. 1988, S. 9–19.

Balint, Michael: Angstlust und Regression. Beitrag zur psychologischen Typenlehre. Reinbek b. Hamburg 1972.

Berger, Peter; Luckmann, Thomas: Die gesellschaftliche Konstruktion der Wirklichkeit. Eine Theorie der Wissenssoziologie. 5. Aufl. Frankfurt/M. (1977) 1989.

Bredella, Lothar (Hg.): Perceptions and Misperceptions in the United States and Germany: Studies in intercultural understanding. Tübingen 1988.

Buchholz, Hartmut: Die Kapitalen des Gedankens. Über Koeppens „Empfindsame Reisen". In: Eckart Oehlenschläger (Hg.): Wolfgang Koeppen. Frankfurt/M. 1987, S. 141–157.

Erdheim, Mario: Die Psychoanalyse und das Unbewußte in der Kultur. Aufsätze 1980–1987. Frankfurt/M. 1988.

Freud, Sigmund: Eine Schwierigkeit der Psychoanalyse. In: S.F.: Gesammelte Werke XII. Frankfurt/M. 1966, S. 3–12.

Frisch, Max: Homo Faber. Frankfurt/M. 1957.

Glaser, Wolfgang: Americans and Germans. Deutsche und Amerikaner. Gräfelfing 1985.

Habermas, Jürgen: Geschichtsbewußtsein und posttraditionale Identität. Die Westorientierung der Bundesrepublik. In: J. H.: Eine Art Schadensabwicklung. Kleine politische Schriften VI. Frankfurt/M. 1987, S. 159–179.

Handke, Peter: Der kurze Brief zum langen Abschied. Frankfurt/M. 1972.

Harris, James F. (Hg.): German-American-Interrelations. Heritage and Challenge. Tübingen 1985.

Irion, Ulrich: Archimedes und Vatermord. Ein antiamerikanisches Pamphlet. In: Ästhetik und Kommunikation, H. 55, 1984, S. 91–94.

Jantz, Harold: The Myth about America. Origins and Extentions. In: Alexander Ritter (Hg.): Deutschlands literarisches Amerikabild. Neuere Forschungen zur Amerikarezeption der deutschen Literatur. Hildesheim, New York 1977, S. 37–49.

Johnson, Uwe: Jahrestage. Aus dem Leben der Gesine Cresspahl. 4 Bde. (1970–1983). Frankfurt/M. 1988.

Karasek, Hellmuth: Ohne zu verallgemeinern. Ein Gespräch mit Peter Handke. In: Michael Scharang (Hg.): Über Peter Handke. Frankfurt/M. 1972, S. 85–90.

Knauer, Sebastian: Lieben wir die USA? Was die Deutschen über die Amerikaner denken. Hamburg 1987.

Koch-Hillebrecht, Manfred: Das Deutschenbild. Gegenwart, Geschichte, Psychologie. München 1977.

Koeppen, Wolfgang: Amerikafahrt. Frankfurt/M. 1982.

Koeppen, Wolfgang: Tauben im Gras. Frankfurt/M. 1974.

Lettau, Reinhard: Täglicher Faschismus. Amerikanische Evidenz aus 6 Monaten. München 1971.

Mikos, Lothar: Von Dallas bis Denver. In: Der Alltag, Nr. 4, 1987, S. 61–69.

Mitscherlich, Alexander; Mitscherlich, Margarete: Die Unfähigkeit zu trauern. Grundlagen kollektiven Verhaltens. München 12. Aufl. 1977.

Picht, Robert: Mosaik, Spiegel, Begegnung. Vorüberlegungen zur Deutschlanderfahrung amerikanischer Akademiker. (Unveröffentlichter Beitrag für das „Tübinger Modell einer integrativen Deutschlandkunde").

Raeithel, Gert: Antiamerikanismus als Funktion unterschiedlicher Objektbeziehungen. In: Englisch-Amerikanische Studien 6, 1984, S. 8–21.

Stapf, Kurt H.; Stroebe, Wolfgang; Jonas, Klaus: Amerikaner über Deutschland und die Deutschen. Urteile und Vorurteile. Opladen 1986.

Hans-Joachim Althaus und Paul Mog

ASPEKTE DEUTSCHER RAUMERFAHRUNG

Die traditionelle Landeskunde kennt den Raum in der Regel nur als Quadrat-
kilometerzahl des Staatsgebietes, als Länge seiner Grenzen und Verortung seiner zentralen Wirtschaftsgebiete, Städte und Landschaftsformationen. Bis zum
3. Oktober 1990 galt z.b. für die alte Bundesrepublik:

Das Staatsgebiet der Bundesrepublik Deutschland ist 248 708 km² groß. Die
längste Ausdehnung von Norden nach Süden beträgt 867 km, von Westen
nach Osten 453 km. An seiner schmalsten Stelle mißt das Bundesgebiet
zwischen Frankreich und der DDR nur 225 km. Wer das ganze Staatsgebiet
umrunden wollte, müßte 4 231 km Landgrenzen und 572 km Seegrenzen
abfahren. (...)

Aufgrund der Oberflächenformen und Höhengliederung werden von Norden nach Süden drei große Landschaftsräume unterschieden: das Norddeutsche Tiefland, das Mittelgebirge und das Alpenvorland mit dem Alpenrand.
Die Bundesrepublik Deutschland hat Anteil an allen drei Landschaften
(Tatsachen über Deutschland 1988, 10).

So grundlegend und präzise diese Landvermessung auch sein mag, sie sollte
nicht über die konstitutive (Inter-)Subjektivität der Kategorie Raum hinwegtäuschen, die den eigentlichen raumbezogenen Zugang zur Landeskunde erschließt, selbst wenn er von den Tatsachen nicht selten zu Mutmaßungen über
Deutschland führt. Die geographische Objektivierung des Raums ist nicht seine
objektive Seinsweise selbst, sondern eine Einstellung, die sich im historischen
Prozeß der Rationalisierung erst herausgebildet hat. Raum präsentiert sich jedoch nicht nur als geographischer oder mathematischer Raum, sondern kann
auch sein: geschichtlicher, politischer, sozialer, ästhetischer, erlebter Raum –
und ist in jedem Fall ein veränderliches, soziales Konstrukt im Wandel kom-
plexer Bedingungen, Einstellungen und Erfahrungen.

Die interdisziplinäre Aufarbeitung wichtiger Aspekte deutscher Raumerfahrung, wie sie hier vorgestellt wird, macht die unterschiedlichen Raumkonzepte
der beteiligten Fachwissenschaften bewußt und bezieht sich in wechselnder
Akzentuierung und Kombinatorik in einer historisch angelegten Darstellung
aufeinander.

Zentrale Ansatzpunkte sind die Enge, Kleinräumigkeit und Unterschiedlich-
keit der deutschen Lebenswelten, die in ihrem Zusammenhang mit der Mentalität der Deutschen zwar häufig erwähnt, selten jedoch in ihren vielfältigen
Dimensionen und Gegentendenzen genauer untersucht werden. Der sozialhistorische Längsschnitt zu Beginn gibt die Denkfigur vor, die dem gesamten

Versuch zugrunde liegt. Nicht ohne Grund setzt der historische Rückblick mit der politischen Zerstückelung des deutschen Sprachraums (nicht erst) im 18. Jahrhundert ein. Welche Folgen hatte sie und hat sie noch heute? Wie groß ist die Reichweite all jener Prozesse, die Mobilität, Ausweitung und Entgrenzung der kleinräumig „bornierten" Lebenshorizonte bewirken?

Die Erbschaft der Enge, der Zersplitterung mit all ihren Konsequenzen auf der einen Seite, gleichzeitig – als gegenläufige Tendenzen – Mobilität, Horizonterweiterung, Ganzheits- und Einheitsbedürfnisse auf der anderen: dies ist das Zuordnungsprinzip, das Konstanten und Wandlungen deutscher Raumerfahrung bis hin zur Gegenwart in einen Zusammenhang zu bringen sucht und dabei zentrale Aspekte wie das Verhältnis von Innen und Außen, die besondere Beziehung der Deutschen zu Natur und Landschaft besonders hervorhebt. Rückschlüsse auf die Modellierung deutscher Mentalität durch die spezifischen Ausprägungen der Raumerfahrung liegen nahe, werden jedoch eher zurückhaltend formuliert. Erst im Zusammenspiel mit nicht nur raumbezogenen Fragestellungen können hier differenzierte und umfassender belegte Aussagen gemacht werden.

Die kontrastive Ausrichtung des Versuchs wird eine binnendeutsche Erörterung deutscher Raumerfahrung immer wieder aufbrechen und grundlegende Aspekte des amerikanischen Verhältnisses zum Raum wenigstens stichwortartig andeuten. So können amerikanische Fremderfahrungen in Deutschland genutzt werden: als thematische Zeiger erklärungsbedürftiger Phänomene, die ohne Orientierungshilfe in ihrem Eigensinn und geschichtlichen Gewordensein nicht zu verstehen sind, aber auch als Verfremdung des deutschen Selbstverständnisses, das im fremden Blick seine Selbstverständlichkeit verliert und einer distanzierteren Erkenntnis zugänglich werden kann.

Enge und Kleinräumigkeit

Der Größenunterschied zwischen dem Territorium der USA und dem vereinigten Deutschland ist überwältigend. Kleinräumigkeit und Enge hier, Großräumigkeit und Weite dort – das scheint die wesentliche Differenz der Raumerfahrung auszumachen. Es wäre aber allzu einfach, Gegensatzpaare zu konstruieren und die mit Amerika assoziierten Adjektive „weit", „groß" und „äußerlich" von den Begriffen deutscher Enge, Kleinheit und Innerlichkeit abzusetzen. Differenzierungen, wie sie im einzelnen hier nicht auszubreiten sind (WASPS oder z.B. Schwarze, Hispanier als Bezugsgruppen; Unterscheidungen nach Region, Schicht, Alter und Geschlecht), würden die Uneinheitlichkeit der amerikanischen Perspektive verdeutlichen.

Dennoch ist zweifellos richtig, daß die amerikanische Raumerfahrung psychisch und historisch größer dimensioniert ist als die deutsche. Aus der großen Kontinentalausdehnung der USA, verbunden mit einer Bevölkerungsdichte, die nur in echten Ballungszentren wie New York an europäische Verhältnisse heranreicht, ergibt sich ein größerer individueller Lebensraum im privaten und öffentlichen Bereich. Dies hat eine höhere psychische Offenheit und Mobilität begünstigt und auch im politischen Freiheitsbegriff Spuren hinterlassen. Die historische Raumerfahrung in den USA unterscheidet sich, kurz gesagt, deutlich von der deutschen.

Die politische Zersplitterung im 18. Jahrhundert

In Deutschland sind die entscheidenden und bis in die Gegenwart fortwirkenden Raumerfahrungen der Enge und Kleinräumigkeit in hohem Maße politisch bestimmt – „politisch" weit definiert – und führen zurück in eine Zeit, in der die territoriale Zerteilung des deutschen Sprachraums mit all seiner politischen, religiösen und kulturellen Verschiedenheit nur wenigen die Erfahrung seiner Gemeinsamkeiten oder gar Einheitlichkeit erlaubte.

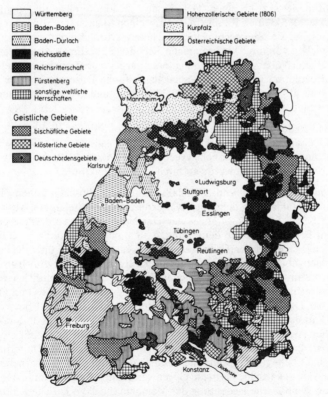

Die politische Gliederung Südwestdeutschlands um 1800

Auf deutschem Gebiet gab es bis zum Beginn des 19. Jahrhunderts rund 1 000 kleine Territorien, deren Grenzen prägend und auch nicht ohne weiteres überschreitbar waren. Sie bildeten selbständige rechtliche Einheiten, waren oft gleichzeitig Konfessionsgrenzen und modellierten einschneidend und unterschiedlich die Erfahrungen der Menschen. Fundamentale Entscheidungen im Leben des einzelnen hingen von den lokalen Besonderheiten ab: z.b. das Recht zur Eheschließung, Gewerbe- und Niederlassungsrecht, korporative und feudale Bindung, Erbrechtsgewohnheiten, Schulwesen, Armenfürsorge. Wie „Raum" die Lebenswirklichkeit sozial, politisch und kulturell formte, wurde im ständig präsenten Kontrast der kleinräumigen Lebenswelten unmittelbar erfahren.

Politisch-soziale Horizonterweiterungen

Der Prozeß zunehmender „Verstaatlichung" ebnete in der ersten Hälfte des 19. Jahrhunderts zwar einen Teil dieser sozial-kulturellen und politischen „Autarkie" der kleinen Räume in den einzelnen Staaten unterschiedlich stark ein, beseitigte sie aber nicht. Horizont und Wertorientierungen vieler Menschen blieben von ihrer kleinräumigen Lebenswelt bestimmt und waren nicht gesamtstaatlich oder gar überstaatlich-national geprägt. Zugleich wurden – z.b. in der Revolution von 1848/49 – schichtspezifische Differenzierungen in der Reichweite des Prozesses von „Verstaatlichung" und „Nationalisierung" von Lebenswelten erkennbar.

Die Zeit von der Mitte des 19. Jahrhunderts bis zum Ersten Weltkrieg läßt sich als eine weitere Phase nun stark beschleunigter „Egalisierung" und Ausweitung von Raumerfahrung verstehen. Auch dieser Prozeß blieb jedoch vielfach durchbrochen. Bestimmt wurde er durch folgende Faktoren:

– Nationalstaatsbildung und Nationalisierung des politischen Lebens: Die innere Nationsbildung im deutschen Kaiserreich trug zweifellos zur Ausweitung des politischen Erfahrungsraumes bei. Der Nationalstaat verdrängte partikularstaatliche Loyalitäten in dem Maße, in dem nationale Politik auch für den einzelnen in seinem Leben unmittelbar erfahrbar wurde: z.b. über die nationalen Wahlen, über Rechtsvereinheitlichung (Bürgerliches Gesetzbuch als Höhepunkt), die um 1880 einsetzenden neuen Formen (national-)staatlich geregelter Daseinsvorsorge (Kranken- und Rentenversicherung), Kolonial- und Flottenpolitik u.a. Das Vordringen des Kaiserkultes und auf nationaler Ebene organisierter Parteien und Interessenverbände signalisiert vor allem seit der Wilhelminischen Ära eine Orientierung auf erweiterte politische Handlungs- und Erfahrungsräume. Gleichwohl blieb die Bedeutung kleiner Räume unterhalb der nationalen Ebene für das politische, soziale und kulturelle Leben erheblich. Zu denken wäre etwa an die bis in die Gegenwart immer wieder betonte und sicher nicht nur symbolische Bedeutung der Mainlinie für die politische Kultur oder an die Herausbildung weiterer kultureller Metropolen wie Hamburg und München, die mit Berlin konkurrieren.

– Industrialisierung und Urbanisierung: Die Entstehung neuer Industrie-
reviere (Ruhrgebiet), die großen Migrationsbewegungen, die mit der Verstäd-
terung verbunden waren und zur wirtschaftlichen Umstrukturierung führten
(1882 lebten noch 42 Prozent der Bevölkerung von landwirtschaftlichen Tätig-
keiten, 1907 nur noch 28 Prozent), brachen alte kleinräumige Lebenswelten auf.
Andererseits sorgten Erscheinungen wie die voranschreitende soziale Segrega-
tion in den Städten und das expandierende und zunehmend differenziertere
städtische Vereinsnetz dafür, daß auch in der Ära der raumverändernden
Hochindustrialisierung die Lebenswelten überschaubar und sozial, konfessio-
nell sowie z.T. auch politisch abgegrenzt blieben. Bemerkenswert ist schließlich
noch der Einfluß der Eisenbahnen auf die Raumerfahrung. Einerseits bewirkt
die neue Mobilität eine Horizonterweiterung, andererseits setzen sich in der
Gestaltung der Innenräume nationalspezifische Raummuster durch. Gemeint
sind die auffälligen Unterschiede der nordamerikanischen und kontinental-
europäischen Wagentypen. Während in Europa die Reisenden in Klassen ein-
geteilt wurden und die höheren Klassen abgeschlossene Abteile – „auf die
Eisenbahn montierte Kutschen" (Schivelbusch 1979, 69) – erhielten, wurde in
Nordamerika seit den 1840er Jahren der Durchgangswagen ohne Abteil zum
Standardtyp. Unterschiedliche Auffassungen von sozialer Distanz und Demokratie dürften dabei ebenso eine Rolle gespielt haben wie die unterschiedlichen
Entfernungen, die verschiedenartige Reiseformen erlaubten.

Literarische Modelle der Raumaneignung

Johann Gottfried Schnabels „Insel Felsenburg" und Daniel Defoes „Robinson Crusoe"

In einem Beitrag zur interkulturellen Germanistik versucht Götz Großklaus
eine kultursemiotische Bestimmung von Basismodellen kultureller Raumorientierung, wie sie in ästhetisch-literarischen Werken sowohl repräsentiert
als auch entworfen werden. Dabei geht es nicht nur um universelle und kultur-
geschichtliche Merkmale der Raumaneignung, sondern auch um ihre kulturspezifischen Ausprägungen und Eigentümlichkeiten. Als Beispiele für die
„symbolisch-kognitive Karte" der Raumorientierung im frühen 18. Jahrhundert vergleicht Großklaus Daniel Defoes „Life and Strange Adventures of
Robinson Crusoe" (1719) und Johann Gottfried Schnabels deutsche Robinso-
nade „Wunderliche Fata einiger See-Fahrer, absonderlich Alberti Julii, eines
geborenen Sachsen (…)" (1731), besser unter dem Titel „Insel Felsenburg" bekannt. Das „irdische Paradies" der deutschen Utopie liegt fernab von Europa
im Tal einer von steilen Felsenmauern umschlossenen Insel. Des genauen
Überblicks wegen ist der Ausgabe des ersten Bandes von 1731 ein Faltblatt mit
dem „Grundris" der Insel beigegeben.

Der Innenraum der Insel wird mehrfach als Mitte gekennzeichnet: durch das
schloßartige Gebäude des Stammvaters Julius im Zentrum eines in etwa kreis-
förmigen Areals, das wiederum in der Mitte der Insel liegt. Und als Mitte kann

schließlich das Innental insgesamt angesehen werden, das ringsum von schroffen Felsen umgeben ist. „Dem entspricht die Über-Prägnanz der Grenze, die den Innenraum vom Außenraum, den eigenen Kulturgarten vom fremden, wilden Draußen trennt. Die hohe Grenzmauer der Felsen verstellt von innen den Blick nach außen, von außen den nach innen" (Großklaus 1987, 389).

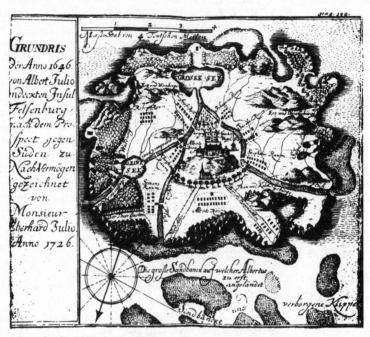

Johann Gottfried Schnabel: Insel Felsenburg

Der Robinson Defoes dagegen „siedelt sich am Rande: peripher an, gewissermaßen auf der Grenzlinie von außen (Meer) und innen (Insel). Das entspricht seinem Rückkehr-Wunsch. Wichtig ist der Blick nach außen (,view to the sea')" (ebd., 390). Durch seine Doppelansiedlung in einem „country-house" und einem „sea-coast-house" beweist er „raumsymbolische Flexibilität" (ebd.) und benötigt – anders als die fromme deutsche Kolonie – eine viel engere Sicherheitszone. Das Fazit des Vergleichs lautet: Die deutschen Siedler im Roman Schnabels „richten sich zentral, ortsfest an ein und derselben, durch Begrenzung eindeutig definierten Raumstelle ein. Robinson siedelt dezentral, peripher, beweglich" (ebd., 392).

Gegen diese umstandslose Modellbildung ist einiges einzuwenden. So sollte man nicht übersehen, daß die Raumgestalt der Insel Felsenburg zum Teil traditionellen Paradiesvorstellungen nachgebildet ist und daß durch die räumliche

Zentrierung in der erhöhten Alberts-Burg Prinzipien der absolutistischen Raumbeherrschung und -abstufung in der frühbürgerlichen Utopie in Kraft geblieben sind. Zudem gilt die Einschränkung, daß eine „mentalitätsgeschichtliche Auswertung von raumsymbolischen Befunden dieser Art" sich „auf eine größere Zahl von Belegen" wird stützen müssen (ebd., 389).

Dennoch bleibt es plausibel, wenn man bestimmte Merkmale dieser Inselvorstellung auf die von den englischen und auch amerikanischen Verhältnissen in der Tat abweichenden deutschen Raumerfahrungen zurückbezieht. Ortsfestes Sich-Einrichten im umschlossenen Binnenraum, ein starkes Sicherheitsbedürfnis, das die Grenzen zum fremden Draußen übermarkiert, all dies kann als Reflex der beschriebenen deutschen „Kleinkammrigkeit" mit ihren zahllosen einschneidenden Grenzen und engen Horizonten verstanden werden. Allerdings wird die Ortsgebundenheit in solchen Territorien, wie sie der kontrastive Vergleich mit englischer Mobilität betont, leicht überschätzt. Immerhin ist Schnabels utopische Insel, wenn sie auch in der Fremde heimatliche Raummuster wiederherstellt, Endstation einer (fiktiven) Reise, die sich über die deutschen und europäischen Grenzen hinaus ins Offene und Ungewisse wagt. Es gab im Deutschland des 18. Jahrhunderts nicht nur solche imaginären Reisen, sondern z.B. eine nicht unbeträchtliche reale Auswanderung.

Händler, Handwerksgesellen, Schauspieler, Studenten waren zumindest während einer unterschiedlich langen Phase ihres Lebens unterwegs (Zeitwanderung), kehrten aber dann im Gegensatz zu den eigentlich „Heimatlosen" wieder in ihr Gemeinwesen zurück, in dessen vorgegebenen Horizont sie sich einfügen mußten. Die auffälligste Mobilität entwickelt eine andere soziale Schicht. Gemeint ist die wachsende Bedeutung des Reisens für die bürgerlichen Autoren der Aufklärung, die zu einer Blütezeit der Reiseliteratur führt. Der Erfolg des im Zeichen des Rationalismus zumeist statistisch-enzyklopädisch überfrachteten Genres ist heute nur noch schwer verständlich. Für die Reize etwa von Friedrich Nicolais zwölfbändiger „Beschreibung einer Reise durch Deutschland und die Schweiz im Jahre 1781. Nebst Bemerkungen über Gelehrsamkeit, Industrie, Religion und Sitten" (1783–1796) dürften derzeit nur noch wenige rüstige Spezialisten empfänglich sein.

Im Kontext der deutschen „Aufklärungsgesellschaft" erfüllten jedoch Reisen und Reisebeschreibungen eine zentrale Funktion:

> Reisen diente dem für den bürgerlichen Gebildeten typischen Bedürfnis nach kommunikativer Selbstverständigung, Welterfahrung und Menschenkenntnis. In den durchgehenden Reflexionen der Gebildeten über die spezifische Situation der deutschen Intelligenz, die verstreut über die zahlreichen Territorien des Reiches verteilt lebte und arbeitete, über das Fehlen eines echten Mittelpunktes, einer Metropole wie London oder Paris, und damit der Reduzierung des kommunikativen Zusammenhangs auf die Medien Buch und Brief, sollten die Reisen den kommunikativen Zusammenhang konstituieren, den Prozeß der Aufklärung vorantreiben (Bödeker 1986, 98).

Vor allem in den spätaufklärerischen Reiseberichten wird die Charakteristik der regional höchst unterschiedlichen Bedingungen des Postreiseverkehrs zugleich zur politischen Kritik, die die Praxis der jeweiligen absolutistischen Obrigkeit an der Beschaffenheit der Verkehrsverhältnisse eines Landes mißt. Zugleich rückt immer wieder die folgenreiche Zerstückelung Deutschlands in den Blick. So etwa in der Feststellung Riesbecks, dieses sei, anders als alle übrigen Länder Mitteleuropas,

in fast unzähliche, grössere und kleinere Horden zertheilt, die durch Regierungsform, Religion und andere Dinge unendlich weit von einander unterschieden sind, und kein anderes Band unter sich haben, als die gemeinschaftliche Sprache (Riesbeck 1783, 3f.).

Deutsches Naturgefühl des 19. Jahrhunderts

Trotz unbestreitbarer Gemeinsamkeiten im Hinblick auf Umweltzerstörung und Umweltschutz enthalten die Objekte und Rituale der deutschen Naturverehrung für Amerikaner viel Befremdliches. Der Anblick deutscher Spaziergänger auf ihren abgezirkelten Wegen oder aber die Begegnung mit Wanderern in häufig sonderbarer Wandertracht dürften Verwunderung auslösen. Auch das Verhältnis der Deutschen zu ihrem Wald ist kaum verständlich ohne Einblick in seine lange Geschichte, in der sich kollektive Phantasien und Wunschträume immer wieder mit der Suche nach nationaler Identität verbinden. „In keinem modernen Land der Welt ist das Waldgefühl so lebendig geblieben wie in Deutschland", formuliert Elias Canetti (Canetti 1960, 195). Es scheint so, als ob der Wald in den Köpfen der Deutschen anders rauscht: Unermüdlich vertextet, besungen und gemalt, führt der deutsche Wald längst ein verinnerlichtes Eigenleben, das z.B. den Vorstellungen von Waldeslust, Waldesruh, Waldeinsamkeit, dem Topos vom Wald als „grünem Dom", aber auch dem neuen Begriff des „Waldsterbens" eine besonders affektive Resonanz und Wertigkeit verleiht (vgl. „Waldungen" 1987).

Solche Phänomene setzen ein Naturgefühl voraus, dessen Kultivierung in Deutschland mit einer weitreichenden Ausgrenzung des sozialen Raumes bezahlt wurde. Der Prozeß der Verbürgerlichung und die damit verbundene Subjektivierung und Individualisierung setzen bereits in der zweiten Hälfte des 18. Jahrhunderts eine Veränderung der Raumerfahrung in Gang. Aus der rationalistischen Raumaneignung, wie sie exemplarisch Schnabels „Insel Felsenburg" dokumentiert, wird der erlebte Raum, der erstmals in Goethes „Leiden des jungen Werther" (1774) zu literarisch voll entfaltetem Ausdruck gelangt. Ziel ist nicht mehr Naturbeherrschung, sondern seelische Korrespondenz mit der Natur, in der der Außenraum die Innerlichkeit des Subjekts spiegelt. Der erlebte Raum galt in Deutschland bereits früh als Inbegriff des poetischen Raums und wird fast zwangsläufig mit Natur und Landschaft gleichgesetzt. Ohne Anzeichen von Verwunderung bemerkt etwa der Herausgeber einer repräsentativen germanistischen Aufsatzsammlung zum Thema, daß

„Raum in der Dichtung weitgehend Landschaft in der Dichtung bedeutet" (A. Ritter, 1975, 2). Die Ausschließlichkeit, mit der hier ästhetisch vergegenwärtigte Natur die literarische Raumdarstellung insgesamt vertritt, ist symptomatisch.

Ludwig Richter: Waldeinsamkeit

In keinem europäischen Nachbarland hat die Hinwendung zur Natur von ihren Anfängen bis hin zu ihrer kompensatorischen Beschwörung als Reaktion auf Industrialisierung und Urbanisierung eine solche Intensität erreicht wie in Deutschland. In seinem Werk „Psyche" (1846) bemerkt der Romantiker Carl Gustav Carus, daß jenes erst in unserer Zeit hervorgetretene Bestreben, sich zeitweise wie zu einer Art von Naturadoration hinauszustürzen in Wälder und Berge, in Täler und auf Felsen, wirklich gleichsam eine Art von Instinkt ist, um sich ein Heilmittel zu suchen gegen die Krankheit des künstlichen Lebens und die Einwirkung desselben auf die geistige Entwicklung (zit.n. J. Ritter 1974, 181).

Diese Beobachtung macht darauf aufmerksam, daß die früher häufig und pauschal gebrauchte Erklärung, die „deutsche Misere" und politische Ohnmacht des Bürgertums hätten diese „Flucht in die Natur" verursacht, einen komplizierteren Begründungszusammenhang unzulässig vereinfacht. In Deutschland führt die Enge der Lebensverhältnisse mit ihrem lückenloseren Zugriff der sozialen Kontrolle und Verhaltensregulierung offensichtlich zu einem starken „Unbehagen in der Kultur". Das Leiden an der „Krankheit des künstlichen Lebens" sucht Entschädigung in der Natur und findet sie im „versöhnten Reichtum der Landschaft, die ein Individuelles, Geschlossenes, In-sich-Befriedigtes ist und dabei widerspruchslos dem Ganzen der Natur und seiner Einheit verhaftet bleibt" (Simmel 1957, 143).

Wie bereits im Blick auf die besonderen Konnotationen des „Deutschen Waldes" angedeutet wurde, steckt in dieser „Naturadoration" zugleich auch der Wunsch nach nationaler Identifikation, der deutsche Einheit und Eigenheit in Natursymbolen verkörpert sieht. Das erwachende deutsche Nationalbewußtsein greift auf die germanische Vorzeit und Waldwelt, etwa auf die Helden des Teutoburger Waldes zurück, um deutsche Freiheit, Ursprünglichkeit und Stärke der französischen Überfremdung und Fremdherrschaft entgegenzustellen. In diesem Zusammenhang verbindet sich das Bedürfnis nach nationaler Symbolik (erstmals wohl bei Klopstock) mit der Verehrung eines Baumes, dem im deutschen Seelenhaushalt bis in die Gegenwart eine besondere Rolle beschieden sein sollte: der Eiche (Hürlimann 1987).

Es fällt heute leicht, die regressiven Züge dieser Natursehnsucht und die mit ihr einhergehende Deutschtümelei zu erkennen. Daß jedoch manche „Flucht in die Natur" auch als Opposition und Utopie gelten kann, darf nicht vergessen werden. Schon die romantischen Modelle einer kunstvoll verschlüsselten zeitkritischen Naturdarstellung haben freilich kaum ein breiteres Lesepublikum erreicht.

Das Beispiel Joseph von Eichendorff

Dies gilt auch für einen romantischen Schriftsteller, der um den Preis der Trivialisierung zu einem der wenigen deutschen „Volksdichter" wurde. Es gibt viele Gründe, Joseph von Eichendorff in unserem Zusammenhang als Beispiel hervorzuheben. Er hat den in der deutschen Literatur wohl konsequentesten Versuch unternommen, erlebten Raum darzustellen. Eichendorffs Naturschilderungen erlauben in ihrer verschwenderischen Fülle von deiktischen Mitteln die Demonstration wesentlicher Aspekte der sprachlichen Codierung des Raums im Deutschen. Zugleich haben seine Raumphantasien und fiktiven Bewegungsmuster (Wandern) seiner poetischen Welt wie kaum andere die bürgerliche Natur- und Landschaftswahrnehmung in Deutschland präformiert und die Anziehungskraft tatsächlicher Wanderbewegungen verstärkt. Gebildet sind die Landschaften Eichendorffs aus Licht, Bewegung und der zumeist von erhöhtem Standort erschlossenen Weite und Tiefe des Raums:

Draußen aber ging der herrlichste Sommertag funkelnd an allen Fenstern des Palastes vorüber, alle Vögel sangen in der schönen Einsamkeit, während von fern aus den Tälern die Morgenglocken über den Garten heraufklangen (Eichendorff, 1971, 1191; vgl. dazu grundlegend: Alewyn 1957).

Die sprachlichen Raumwerte zur Kennzeichnung von Gemütszuständen und -bewegungen (*hoch*beglückt, *tief*bewegt, *weit*herzig etc.) konstituieren die Werträume dieser Landschaft, während die räumliche Bewegung hinauf (Vertikale) und in die Ferne (zur Horizontalen umgebogene Vertikale) die seelische Bewegtheit und Suchrichtung der wandernden Helden übersetzt. Die Außenwelt ist die Innenwelt; unbekümmert um geographische Richtigkeit formiert sich die Landschaft so, wie dem romantischen Gemüte zumute ist.

Ludwig Richter   Caspar David Friedrich

Die tatsächliche Enge deutscher Lebenshorizonte wird durch die Weite solcher typischen Sehnsuchtsräume eher bestätigt als dementiert. So, wie die überwiegende Immobilität die nur scheinbar unbegrenzte Bewegungslust des Wanderns freisetzt, steht der „gemütlichen" Kleinwelt, wie sie in der Malerei etwa Ludwig Richter stilisiert, der entgrenzte Raum eines Caspar David Friedrich gegenüber.

Die Folgen des ästhetischen Raumerlebens reichen in Deutschland weit über die Romantik hinaus. Die zahllosen, im Deutschland des 19. Jahrhunderts eigens errichteten Aussichtstürme bezeugen, daß eine ästhetische Aneignungsweise der Natur auch in der bürgerlichen Lebenswelt herrscht und den von der Literatur und Malerei vorgegebenen Wahrnehmungsmustern folgt. Das ganzheitliche, panoramatische Sehen verrät nicht nur den Genuß der auf Distanz gebrachten Natur, sondern zugleich den bürgerlichen Stolz, die scheinbar beherrschte und enträtselte Welt in ihrer Totalität zu überblicken.

Zur Topographie der deutschen Literatur des 19. Jahrhunderts

Von den bereits erwähnten Prozessen der Industrialisierung und Urbanisierung, den Raum- und Migrationserfahrungen der Unterschichten dringt wenig in die Literatur ein. Die Aufmerksamkeit des deutschen Bildungsromans konzentriert sich nicht auf den Außen-, sondern auf den Innenraum seiner Helden, und das Prinzip der poetisierenden, symbolischen Darstellung grenzt in der Regel alle neuen Erfahrungswirklichkeiten aus, die ihre ästhetischen Verfahren in Frage stellen könnten. So verzichtet etwa Adalbert Stifter auf den geplanten Untertitel „Eine Erzählung aus unseren Tagen" zu seinem „Nachsommer", weil sonst der Leser in dem Buch „Dampfbahnen und Fabriken" hätte vermissen können (Stifter, zit. n. Seiler 1983, 186).

Auch in dezidiert zeitkritischen Werken des 19. Jahrhunderts bleiben z.b. die deutschen Handlungsschauplätze eigentümlich unbestimmt oder provinziell. „Eine ‚Weltstadt' konnte man nicht erfinden", klagt ein Kritiker am Ende des Jahrhunderts, „so erfand man denn die deutsche ‚Residenz', jenes Nest Nirgendheim, das leider auch heute noch in Romanen und Lustspielen den gleichgiltigen Schauplatz gleichgiltiger Begebenheiten abzugeben verurteilt ist" (Mielke 1898, 201f.).

Der Grund dafür liegt nicht nur in der Tradition einer negativen Sicht der Großstadt überhaupt – eine solche Kritik existiert in Deutschland bereits vor dem Entstehen der Großstädte –, sondern im Fehlen einer Stadt, in der man die Gesellschaft der Zeit annähernd vollständig und differenziert hätte vorführen können. Das ändert sich erst mit dem Aufstieg Berlins zur Reichshauptstadt und europäischen Großstadt. „Es wird der am häufigsten ausgewiesene Handlungsort der deutschen Literatur bis weit in unser Jahrhundert hinein, weil es aufgrund seines gewaltigen Wachstums – allein zwischen 1870 und 1890 verdoppelt sich die Einwohnerzahl von 800 000 auf 1,6 Millionen – aufnahmefähig wird für Konfliktkonstruktionen aller Art" (Seiler 1983, 190). Kennzeichnend ist es jedoch, daß trotz aller verspäteten „Zentralisierung" die „Autarkie" der kleinen Räume ungebrochen scheint. Auf der literarischen Landkarte des 20. Jahrhunderts sind neben der Metropole Berlin inzwischen wohl alle markanten deutschen Städte (vor allem München und Hamburg), im Zeichen der neuen Heimatliteratur aber auch die unbekanntesten Provinzorte als Handlungsschauplätze hervorgetreten.

Die Polarität von Innen- und Außenraum

Auf das deutsche Raummuster des überprägnant gegen die Außenwelt abgegrenzten Innenbereichs sind wir bereits im Zusammenhang mit Schnabels „Insel Felsenburg" gestoßen. Es gibt eine Fülle von Beobachtungen, die die unverminderte Bedeutung dieser Innen-Außen-Polarität in Deutschland bestätigen. Bemerkenswert sind vor allem die Untersuchungen Edward T. Halls, die den Blick für die kulturspezifisch unterschiedlichen Erfahrungsweisen von Nähe und Distanz geschärft haben. Die Deutschen, so der amerikanische Kulturanthropologe, „sense their own space as an extension of the ego" (Hall 1969, 134). In diesem Zusammenhang fehlt nie der fast schon stereotype Hinweis auf die in amerikanischen Büros offenen, in Deutschland jedoch geschlossenen Türen:

> In offices, Americans keep doors open; Germans keep doors closed. In Germany, the closed door does not mean that the man behind it wants to be alone or undisturbed, or that he is doing something he doesn't want someone else to see. It's simply that Germans think that open doors are sloppy and disorderly. To close the door preserves the integrity of the room and provides a protective boundary between people (ebd., 135f.).

Diese Sicht des deutschen Spannungsverhältnisses von Innen- und Außenraum erhellt umgekehrt die amerikanischen Verhältnisse: eine wesentlich größere Durchlässigkeit der privaten für die öffentliche Sphäre. Die Tür als Schwelle von Innen und Außen scheint eher zum Hereinlassen als zum Aussperren da zu sein. Dennoch wäre es ein (bei europäischen Besuchern oder Einwanderern häufiges) Mißverständnis, wenn etwa fehlende Zäune mit dem Fehlen von Abgrenzungen gleichgesetzt würden. Die Grenzen sind eher individuell oder sozial gesetzte unsichtbare Schranken.

Das deutsche „Daheim"

Wesentliche Vorraussetzungen für die deutsche „Innerlichkeit" sind durch die zunächst weitgehend erzwungene Seßhaftigkeit in den kleinräumigen Lebenswelten geschaffen worden. Dies hat, psychohistorisch gesehen, starke Bedürfnisse nach Sicherung und Stabilität verfestigt und die Notwendigkeit intensiver

Objektbeziehungen in einem sich selbstgenügsam abschließenden heimatlichen und privaten Bereich begünstigt.

Die eng begrenzten Lebenshorizonte wurden in Deutschland bis zur Industriellen Revolution von außen her kaum durchbrochen. Es gab viele Phasen massierter Auswanderung; es gab auch eine Reihe von Einwanderungswellen (Hugenotten, Polen im Ruhrgebiet, Flüchtlinge und Arbeitsmigranten) und eine oft unterschätzte Binnenwanderung. Die als Reflex der Kleinstaaterei entstandene Mentalität der Seßhaftigkeit wurde durch diese historische Entwicklung kaum umgeformt. „Ortsfestigkeit" bleibt die Norm, wer wegzieht, gehorcht mehr der Not als einem Bedürfnis nach Veränderung. In Deutschland, so läßt sich pointiert formulieren, hat man nicht von auswärts zu sein; man ist „von hier".

Es wäre freilich verkürzt, wenn man diese Seßhaftigkeit lediglich als Ausdruck einer Ideologie verstünde. Sie hat soziale Strukturen und psychische Verhaltensweisen erzeugt, die nun ihrerseits die Immobilität sinnvoll und notwendig erscheinen lassen. Es existiert ein dichtes Netzwerk sozialer Abhängigkeiten, Bindungen und Hilfestellungen, das nur schwer rekonstruierbar ist, eine Hierarchie formeller und informeller Gruppierungen (man denke an die Vereine!), in der man sich, von außen kommend, schwer zurechtfindet und in der man auch nicht ohne weiteres den gleichen Platz, die gleiche soziale Geltung erobern kann, die man „daheim" gehabt hat.

Dieses „Daheim" ist für Deutsche unbeweglicher und ein Umzug dementsprechend eine erhebliche Belastung. Auch hier wirkt aber nicht nur Ideologie: Da die Deutschen auf die Stabilität ihrer Verhältnisse eingerichtet sind, richten sie ihre Verhältnisse auf diese Stabilität ein. Hausbesitz bedeutet viel (man denke an das Phänomen der Bausparkassen); der Besitz an stark affektiv besetzten Utensilien aller Art ist größer; die Möbel sind, der Etymologie zum Trotz, nahezu Immobilien.

Die Bedeutung von Besitz und Seßhaftigkeit hat im 19. Jahrhundert eine zunehmend privatisierte und spezifische Wohnkultur erzeugt, die die „Kleinkammrigkeit" der deutschen Lebenswelten bis hinein ins Innere der Bürgerhäuser fortsetzt. Wilhelm Heinrich Riehl konstatiert,

daß das „Familienzimmer", der gemeinsame Aufenthalt für Mann und Weib und Kinder und Gesinde immer kleiner geworden oder ganz verschwunden ist. Dagegen werden die besondern Zimmer für einzelne Familienglieder immer zahlreicher und eigenthümlicher ausgestattet. (...) Die Vereinsamung des Familiengliedes selbst im Innern des Hauses gilt für vornehm (Riehl 1882, 179).

Sieht man von der bereits vermerkten imaginären Entgrenzung im Stile Eichendorffs und anderer ab, so verrät auch die deutsche Literatur des 19. Jahrhunderts eine merkliche Vorliebe für Inselvorstellungen und abgrenzende Innenraumschachtelungen. Die sich abschirmende Raumgestalt der Idylle, das heimatliche Haus und die mit Käuzen und Sonderlingen bevölkerten Winkel und Dachböden (z.B. bei Mörike, Stifter, Raabe; in der Malerei bei Spitzweg) bilden eine unverwechselbare poetische Topographie.

Man sollte sich dennoch davor hüten, solche Erscheinungsweisen von „Innerlichkeit" ausschließlich als deutsches Phänomen zu bewerten. Die liebevollste Beschreibung der „Mütterlichkeit" des Hauses vom Keller bis zum Dachboden, eine emphatische Phänomenologie des Nestes und Winkels hat ein Franzose, Gaston Bachelard, in seinem Werk „La poétique de l'espace" (1958) geliefert – mit einer Fülle von Zeugnissen überwiegend aus der französichen Literatur. Auch die „Innerlichkeit" des deutschen Biedermeier findet ihre Entsprechung im englischen Victorianismus. Die spezifisch deutsche Akzentuierung des Innen-Außen-Verhältnisses liegt vor allem in der unpolitischen Privatheit von „Bürgerlichkeit", die nicht mehr nur durch raumbezogene Fragestellungen zu ermitteln ist.

„Volk ohne Raum": Ideologie und Folgen national-sozialistischer Expansionspolitik

Deutschland ist jedoch nicht allein durch eine nach innen gewendete Gefühls-kultur, sondern zugleich und mehr noch durch eine äußerst aggressive Expansionspolitik in die Geschichte eingegangen. Der entgrenzte Sehnsuchtsraum, ästhetischer Gegenentwurf zur Enge deutscher Lebenswelten und ihrer idyllischen Verklärung, verwandelte sich in irrational aufgeladene Großraumphantasien und -ideologien, die die imperialistische Kolonialpolitik des deutschen Kaiserreiches bis hin zu den verheerenden Vernichtungs- und Eroberungskriegen Hitlers begründen halfen. Die Vorstellung von der „Raumgebundenheit" (Haushofer) aller politischen Vorgänge vermischte sich dabei mit dem Mythos von „Blut und Boden", mit Nationalismus und Rassismus, Ideologeme, die in unterschiedlicher Ausprägung bis weit in das konservativ-nationale Lager hineinwirkten.

Die Geschichte der deutschen Geopolitik von Friedrich Ratzels „Politische(r) Geographie" (1897) bis hin zu den einschlägigen Schriften des bayerischen Generals Karl Haushofer (1869–1946) und seinen modernen Adepten ist noch nicht geschrieben. Insbesondere die Idee des „Lebensraums", von Ratzel als populärwissenschaftlicher Begriff eingeführt, schien die nationalkonservative und nationalsozialistische Expansionspolitik einleuchtend zu legitimieren (vgl. Faber 1982).

Aber auch die völkische Erzählliteratur, allen voran Hans Grimms in über 800 000 Exemplaren verkauftes Werk „Volk ohne Raum" (1926), hat in diesem Zusammenhang eine unheilvolle Rolle gespielt. Bei der Betrachtung des Romans kann die umständliche Handlung vom Bauernsohn Cornelius Friebott aus dem Weserbergland, der nach mehreren vergeblichen Versuchen, in Südafrika Fuß zu fassen, schließlich wieder nach Deutschland zurückkehrt und durch einen Steinwurf eines gewaltsamen Todes stirbt, unbeachtet bleiben. Wirkungsvoller als das Werk selbst lieferte der von ihm abgelöste Titel das zündende Schlagwort für das gesamte Gebräu von nationalsozialistischem Machtstreben, nationalem Größenwahn und kollektivem Minderwertigkeitskomplex. In der Vorstellung von Hans Grimm war Deutschland ein Agrarland und sollte es auch bleiben. Vor diesem Hintergrund steigert sich seine Klage in „Volk ohne Raum" über das bedrängte und eingeengte deutsche Volk zu einer fixen, immer wieder repetierten und variierten Idee. Enge und Überbevölkerung erzeugen in der biologistischen und zugleich mechanistischen Sicht Grimms einen Druck, von dem sich das Volk nur durch die Ausdehnung der Grenzen des „Lebensraums" befreien kann. Spruchbandartig und unermüdlich beklagt er die deutsche Enge, die sich für ihn nach dem „großen Betruge von Versailles" noch verschärft hat.

Nach dem verlorenen Kriege haben je fünfzehn Engländer eintausend Meter im Geviert zu eigen, und je acht Franzosen haben eintausend Meter im Geviert zu eigen, und je sieben Russen haben eintausend Meter im Geviert zu eigen, und je sechs Belgier haben eintausend Meter im Geviert zu eigen, wie alles verteilt ist, und hundertzweiunddreißig Deutsche müssen sich also mit eintausend Meter im Geviert begnügen (Grimm 1975, Bd. 4, 1240).

Die kaum verhüllte Drohung, daß aus dem solcherart um sein Recht betrogenen Deutschen einmal ein „Zänker" werden könnte, der – eigentlich ein unschuldiges Kind – „auf den bösen Weg gedrängt wird", folgt auf dem Fuße:

Der Sprecher fragte: „Welches Recht ist das, daß allein in Europa und ohne Weltenraum, den sie dazu haben und dahin sie kaum je gehen, sechsunddreißig Millionen Franzosen ein größeres und dazu fruchtbareres Land eignen als zweiundsiebzig Millionen Deutsche? Welches Recht ist das, daß ein deutsches Kind, wenn es geboren wird, in solche Enge hineingeboren wird, daß es bald nicht weiter kann und daß es bald ein Zänker werden muß, daß, wenn es mit Eigenschaften der Kühnheit geboren wird, es vor lauter Mangel auf den bösen Weg gedrängt wird?" (ebd., 1241)

Als das NS-Regime die Idee vom „Volk ohne Raum" in die Tat umzusetzen begann und „mit barbarischen Methoden der Völkerwanderungszeit und zugleich den Mitteln der modernsten Technologie" ein großgermanisches Reich errichten wollte, „scheiterte es vollständig, und damit wurden auch die Ideen der Geopolitik radikal diskreditiert" (Wehler 1982, 64). Der Versuch, dem „Volk ohne Raum" seinen „Lebensraum" zu verschaffen, endete bekanntlich mit großen Gebietsverlusten und der Teilung Deutschlands.

Der Bruch in der Raumerfahrung, den vor allem der Zweite Weltkrieg und die Nachkriegsjahre für den überwiegenden Teil der Bevölkerung mit sich brachte, soll hier nur stichwortartig angedeutet werden. In den Erzählungen deutscher Landser werden die Schrecken des Krieges häufig durch die Erinnerung an die Abenteuer in fremden Ländern verdeckt. Vergleichbare „Horizonterweiterungen" brachten die Evakuierung vor allem der Großstadtbevölkerung in zum

Teil weit entfernte Regionen des Reichs oder die damit nicht ohne weiteres vergleichbaren Erfahrungen all derer, die ins Exil getrieben wurden. Die wohl größte Zwangsmobilisierung erfuhren die Flüchtlinge und Vertriebenen, bei denen der Verlust der Heimat einen dramatischen Bruch in der Lebensgeschichte bedeutete. In den meisten Fällen jedoch ist die Integration der etwa zwölf Millionen Heimatvertriebenen gelungen.

Die Reaktion auf diese allumfassende räumliche und soziale Mobilisierung ist bekannt: Auf die (auch erzwungene) Öffentlichkeit in den NS-Organisationen, das Herausgerissenwerden aus den vertrauten Lebenswelten, die neuen Berufserfahrungen der Frauen folgte in der Adenauerzeit der Rückzug in die Privatheit der Familie und die Restabilisierung traditioneller Bindungen.

Die Bundesrepublik Deutschland heute – Lebens- und Erfahrungsräume

Nach jahrhundertelangen Grenzverschiebungen und mentalitätsprägenden Erfahrungen mit engen Grenzen war 1945 bzw. 1961 mit der Teilung Deutschlands eine besonders einschneidende Spaltung entstanden. Die neue Grenze hatte zugleich eine neue Qualität: Sie teilte nicht nur eine Nation und eine Stadt („Schandmauer" – „antifaschistischer Schutzwall"), sondern bildete zugleich die Demarkationslinie zwischen zwei gegensätzlichen Gesellschaftssystemen. Ungeachtet des in der Verfassung verankerten Auftrags, die Wiedervereinigung anzustreben, hatte sich die überwiegende Mehrheit der bundesrepublikanischen Bevölkerung – gewiß mehr als die der DDR – in den bis 1990 gültigen Grenzen eingerichtet. Die allgemeine Überraschung über Öffnung und Fall der Mauer kann dies nur bestätigen. Von einem Engesyndrom und dem Gefühl, „Volk ohne Raum" zu sein – das gilt für das dichter besiedelte West- wie für das etwas dünner besiedelte Ostdeutschland –, kann angesichts durchgreifender Industrialisierung und verblassender Agrarromantik nicht die Rede sein.

Es sind weniger die Deutschen selbst als z.B. die Amerikaner, die vor dem Hintergrund ihrer eigenen Raumerfahrung die dichte Besiedelung der Bundesrepublik als ungewohnte Enge verspüren. Eine in Tübingen befragte amerikanische Studentin klagt, daß nicht einmal im Wald ein Alleinsein möglich sei. Eine andere meint, in der Bundesrepublik gebe es überhaupt kein Land, „weil da überall Dörfer sind" (Fremde Deutsche 1986, 19).

Für Amerikaner schwer nachvollziehbar, macht die relative Bevölkerungs- und Siedlungsdichte paradoxerweise die Entfernungen groß. Warum sind die 200 km von Tübingen nach Frankfurt für Deutsche so lang? Den Zusammenstoß deutscher und amerikanischer Raumvorstellungen illustriert eine Anekdote des Tübinger Kulturwissenschaftlers Hermann Bausinger, mit der er „schon verschiedentlich hausieren gegangen" ist:

Ein auf die Folklore der Südstaaten spezialisierter Professor hielt einen Vortrag im Tübinger Deutsch-Amerikanischen Institut. Ich war eigens auf den

Vortrag hingewiesen worden, war aber verhindert und entschuldigte mich. Zwei Tage später erhielt ich einen Anruf vom Frankfurter Amerikahaus mit dem Hinweis, daß der betreffende Professor am nächsten Abend dort spreche – verbunden mit der nachdrücklichen Einladung an mich, doch zu dem Vortrag zu kommen. Ich blieb bei dem Telefongespräch zwar höflich, hätte aber am liebsten erklärt, daß ich den amerikanischen Kollegen für verrückt halte. Erst allmählich wurde mir klar, daß er eben dies nicht war, daß vielmehr die weitgehende Selbstverständlichkeit seiner Einladung ebenso wie die Selbstverständlichkeit meiner Ablehnung in kulturspezifischen Raumvorstellungen begründet war. In Amerika führe man eben von Tübingen nach Frankfurt zu einem Vortrag – oder richtiger: in Amerika ist diese Entfernung gewissermaßen beiläufig überbrückbar, während sie sich hier als nicht-akzeptable Störung der Dispositionen eines Tageslaufs darstellt (Bausinger 1988, 47).

Ein Gefühl der Enge scheint den Deutschen, wie gesagt, selbst nicht bewußt zu sein, zumal der Massentourismus Urlaubsreisen ins Ausland immer erschwinglicher macht. Wenigstens für die Westdeutschen gibt es in der Reiselust keine Beschränkungen außer denen des Geldbeutels; die Statistiken weisen die Bundesrepublikaner als eine der reisefreudigsten Nationen in Europa aus.

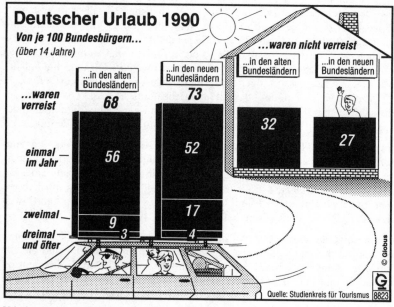

Urlaubsreisen der Bundesbürger in den alten und neuen Bundesländern

Freilich fällt die Bewertung des Massentourismus – potentiell eine der wichtigsten Erweiterungen der Raumerfahrung – ambivalent aus: Fast alles, was erreicht werden kann, ist vor aller Erfahrung schon im Kopf, vorfixiert durch die stereotypen Bilder, Ausschnitte und Bruchstücke, die die Welt im Bewußtsein repräsentieren und auf Abruf zur Verfügung stellen.

Auf Reisen sieht man sich plötzlich vor die Wirklichkeit der Ansichtspostkarten gestellt. Man erschrickt etwas. Die berühmte Fontäne springt wirklich aus dem See (Koeppen 1973, 13).

Gerade die Bedeutung, die das Reisen für die Bevölkerung der ehemaligen DDR seit Öffnung der Mauer hat, zeigt, wie eng Reisen-Können mit Teilhabe an Freiheit verknüpft ist – jenseits aller kulturkritischen Überheblichkeit, mit der man den Tourismus immer wieder abgewertet hat. Ähnlich ambivalent zeigt sich die horizonterweiternde Wirkung der modernen Medien. Bei allem Pessimismus, der auch hier eher von entwirklichter Scheinerfahrung spricht, öffnet doch die allumfassende Präsenz der Welt im Wohnzimmer zumindest potentiell neue Erfahrungsräume jenseits des privaten Interieurs. Die traditionelle Orientierung der Deutschen an kleinräumigen Lebenswelten geht eine komplexe Verbindung mit einem quasi universellen Erfahrungsraum ein. Dorffeste mit ihrem Nebeneinander von Bratwürsten und Bier, Kebab und Retsina, Pizza und Cevapcici sind ein konkretes Beispiel für die mentale Legierung von bornierter und entgrenzter Erfahrung. Das Fremde (mindestens in der Form des Folklorismus) hat sich längst seinen Platz in der Heimat geschaffen.

Raumorientierung – Konturen eines neuen Heimatbegriffes

Die weitgehende Fixierung der Industriegesellschaft auf die forteilende Zeit und die Verabsolutierung von Fortschritt und Zukunft verdrängte lange das herkömmliche Orientierungsmuster Raum. Der Modernisierungsprozeß hat sich jedoch zunehmend auch als Verlustgeschichte, als Zerstörung von Natur und Umwelt erwiesen. Es ist daher nicht überraschend, wenn der Soziologe Wolfgang Lipp zu Recht einen „Rückschlag des Pendels" feststellt:

Das Dasein kehrt auf den „Boden der Tatsachen", Boden in der Tat, zurück; es besinnt sich auf Lokalität, Regionalität in neuer Weise und versucht noch dort, wo es an Zeitaufgaben geschichtsidealistisch festhält, das Handeln auf die Bewältigung naheliegender – haus-naher, „öko-logischer" – Probleme zu verpflichten (Lipp 1986, 332).

Ganz unbefangen von „Heimat" zu sprechen, fällt auch heute nicht leicht. Zu schwer wiegt der Ballast der Tradition. Heimat, das war für das Bürgertum des 19. Jahrhunderts eher eine „ausgeglichene schöne Spazierwelt", das scheinbar sichere Refugium, das die sozialen Spannungen und Umwälzungen des Jahrhunderts vergessen machen sollte (vgl. Bausinger 1983, 212). Heimat, das reicht in seiner massivsten Ideologisierung weit über die nationale Beschwörung des gemeinsamen Vaterlandes hinaus bis zum militanten Blut- und Boden-Mythos.

Erst nachdem die Modernisierungseuphorie zu Beginn der 70er Jahre sich merklich abkühlte und die Grenzen des Wachstums ins Bewußtsein rückten, war der Weg frei für eine Renaissance des Heimatverständnisses, das sich deutlich von der Erbschaft der Romantisierung und des Nationalismus absetzt. Die eingebürgerten Gegensätze zwischen Tradition und Fortschritt, Gemeinschaft und Gesellschaft, ländlich-agrarisch und industriell-städtisch, scheinen sich zu verwischen. Diejenigen, die in den späten 60er Jahren aufgebrochen waren, das Gesellschaftssystem der Bundesrepublik von Grund auf zu verändern, entdecken die Bedeutung einer ökologisch intakten Umwelt und des sozialen Nah-Raums. Aus süddeutscher Perspektive ist wohl das Dreiländereck (die Basler Region, das Elsaß und Südbaden) ein besonders anschauliches Beispiel für die komplexen Antriebe der neuen Heimatbewegung. Der Widerstand gegen den Zentralismus und die Zusammenballung von Großindustrie und Kernkraftwerken in einer bislang weitgehend verschont gebliebenen Kulturlandschaft schafft seine eigenen Ausdrucksformen in der Rückbesinnung auf lokale Traditionen und die gemeinsame alemannische Mundart. Wie lebendig föderalistisches Denken in Deutschland ist, belegt die Wiederherstellung der alten Länder Sachsen, Thüringen, Sachsen-Anhalt, Brandenburg, Mecklenburg-Vorpommern in der ehemaligen DDR. Die zentralistisch durchgesetzte Neugliederung in 15 Bezirke (1952) war von der DDR-Bevölkerung nie wirklich akzeptiert worden. Wenn sich bislang der nationale Überschwang im Zuge der Vereinigung in Grenzen hält, so deshalb, weil in vielen Ländern Deutschlands ein regionales und heimatbezogenes Bewußtsein mindestens ebenso ausgeprägt ist wie die nationale Identität.

Auswahlbibliographie

Alewyn, Richard: Eine Landschaft Eichendorffs. In: Euphorion 51 (1957), S. 42–60.

Bachelard, Gaston: Poetik des Raumes. München 1960.

Bausinger, Hermann: Auf dem Wege zu einem neuen, aktiven Heimatverständnis. Begriffsgeschichte als Problemgeschichte. In: Der Bürger im Staat (4/1983), S. 211–216.

Bausinger, Hermann: Räumliche Orientierung. Vorläufige Anmerkungen zu einer vernachlässigten kulturellen Dimension. In: Wandel der Volkskultur in Europa. Festschrift für Günter Wiegelmann zum 60. Geburtstag. Hg. v. Nils-Arvid Bringéus u.a. Bd. 1 (Beiträge zur Volkskultur in Nordwestdeutschland 60). Münster 1988, S. 43–52.

Bödeker, Hans Erich: Reisen: Bedeutung und Funktion für die deutsche Aufklärungsgesellschaft. In: Wolfgang Griep und Hans-Wolf Jäger (Hg.): Reisen im 18.Jahrhundert. Neue Untersuchungen. Heidelberg 1986, S. 91–110.

Canetti, Elias: Masse und Macht. Hamburg 1960.

Eichendorff, Joseph von: Viel Lärmen um Nichts. In: J. v. E.: Werke. Hg. v. Wolfdietrich Rasch. Darmstadt 1971.

Faber, Karl-Georg: Zur Vorgeschichte der Geopolitik. In: Heinz Dollinger (Hg.): Weltpolitik, Europagedanke, Regionalismus. Festschrift für Heinz Gollwitzer. Münster 1982, S. 389–406.

Freizeit-Lexikon. Hg. v. der Deutschen Gesellschaft für Freizeit. Ostfildern 1986.

Fremde Deutsche. Alltagskultur aus der Sicht ausländischer Studierender. Hg. v. Ludwig-Uhland-Institut Tübingen. 1986.

Grimm, Hans: Volk ohne Raum. Bd. 1–4. Lippoldsberg 1975 (Neuauflage).

Großklaus, Götz: Symbolische Raumorientierung als Denkfigur des Selbst- und Fremdverstehens. In: Perspektiven und Verfahren interkultureller Germanistik. Hg. v. Alois Wierlacher. München 1987, S. 377–403.

Hall, Edward T.: The Hidden Dimension. New York 1969.

Hürlimann, Annemarie: Die Eiche, heiliger Baum deutscher Nation. In: Waldungen. Die Deutschen und ihr Wald. Ausstellungskatalog. Berlin 1987, S. 62–68.

Koeppen, Wolfgang: Ein Fetzen von der Stierhaut. In: W.K.: Nach Russland und anderswohin. Empfindsame Reisen. Frankfurt/M. 1973.

Laermann, Klaus: Raumerfahrung und Erfahrungsraum. Einige Überlegungen zu Reiseberichten aus Deutschland vom Ende des 18.Jahrhunderts. In: Hans Joachim Piechotta (Hg.): Zur Literatur der Spätaufklärung. Frankfurt/M. 1976, S. 57–97.

Lipp, Wolfgang: Heimatbewegung, Regionalismus. Pfade aus der Moderne? In: Kultur und Gesellschaft. Kölner Zeitschrift für Soziologie und Sozialpsychologie, Sonderheft 27 (1986), S. 331–355.

Mecklenburg, Norbert: Erzählte Provinz. Regionalismus und Moderne im Roman. Frankfurt/M. 1982.

Mielke, Hellmuth: Der deutsche Roman des 19.Jahrhunderts. 3. Aufl. Berlin 1898.

Riehl, Wilhelm Heinrich: Die Familie. (Die Naturgeschichte des Volkes als Grundlage einer deutschen Social-Politik, 3. Bd.) 9. Aufl. Stuttgart 1882.

Riesbeck, Johann Kaspar: Briefe eines reisenden Franzosen über Deutschland. An seinen Bruder zu Paris. Bd. 1. Zürich 1783.

Ritter, Alexander (Hg.): Landschaft und Raum in der Erzählkunst. Darmstadt 1975.

Ritter, Joachim: Landschaft. In: J. R.: Subjektivität. Sechs Aufsätze. Frankfurt/M. 1974, S. 141–163.

Schivelbusch, Wolfgang: Geschichte der Eisenbahnreise. Zur Industrialisierung von Raum und Zeit im 19. Jahrhundert. München 1979.

Schnabel, Johann Gottfried: Insel Felsenburg. Hg. v. Wilhelm Voßkamp. Hamburg 1969.

Schweizer, Harro (Hg.): Sprache und Raum. Psychologische und linguistische Aspekte der Aneignung und Verarbeitung von Räumlichkeit. Ein Arbeitsbuch für das Lehren von Forschung. Stuttgart 1985.

Seiler, Bernd W.: Die leidigen Tatsachen. Von den Grenzen der Wahrscheinlichkeit in der deutschen Literatur seit dem 18. Jahrhundert. Stuttgart 1983.

Simmel, Georg: Philosophie der Landschaft. In: G.S.: Brücke und Tür. Essays. Hg. v. Michael Landmann. Stuttgart 1957, S. 141–152.

Tatsachen über Deutschland. Die Bundesrepublik Deutschland. 6. neubearbeitete Auflage, 2. Nachdruck. Gütersloh (1978) 1988.

Waldungen. Die Deutschen und ihr Wald. Ausstellung der Akademie der Künste vom 20. September bis 15. November 1987. Berlin 1987.

Wehler, Hans Ulrich: Vom Unsinn geostrategischer Konstanten. In: Der Monat 284 (1982), S. 64–67.

Hans-Joachim Althaus und Paul Mog

ASPEKTE DEUTSCHER ZEITERFAHRUNG

Der philosophische Tiefsinn, der seit Heraklit das Nachdenken über das „Menschheitsproblem Zeit" auszeichnet, hilft diesem Versuch nur wenig. Hier geht es nicht um die Zeit schlechthin als eine scheinbar objektive Gegebenheit oder eine angeborene Vorstellung des menschlichen Bewußtseins, sondern um die soziale und kulturelle „Beziehungsform Zeit" (Elias), die erst eine kontrastive Betrachtungsweise erlaubt.

Über viele der in diesem Zusammenhang wichtigen Problembereiche ist erstaunlich wenig nachgedacht worden. Das gilt vorweg für die historischen Veränderungen des Zeitempfindens, aber auch für die Alltagszeit, die in ihren routinisierten *schedules*, Rhythmen und Freizonen kaum bewußt wird. Die Reglementierung, ja Herstellung des Alltags durch das Diktat der Zeit, Zeitknappheit, Termindruck, Lebenstempo etc. wird zwar als allgegenwärtige Belastung empfunden und beklagt, gilt jedoch in ihrer abstrakten Zwangsläufigkeit als selbstverständlich und universell.

Historisch gesehen ist damit der vorläufige Endpunkt eines längst verinnerlichten Prozesses erreicht, der als einschneidende Form des zivilisatorischen Zwangs bereits in der Neuzeit und vollends im Zuge der Durchsetzung des industriellen Kapitalismus alle und alles der synchronisierenden Zeitrechnung der Uhr zu unterwerfen suchte.

Die weitreichende Vereinheitlichung durch diese Uhrzeit, die „alle in eine Zeit zusammenbringt" (Laermann 1975, 91) ist jedoch nur eine Seite des Prozesses. Ein Vergleich wie der hier versuchte kann sich andererseits von der begründeten These leiten lassen,

> that each society, each social class, each particular group, each microsocial element (...) has a tendency to operate in a time proper to itself (Gurvitch 1963, 174).

In beiden Ländern hat der avancierte Standard der Industrialisierung und Automation die Vorherrschaft der linearen Zeit durchgesetzt. Aber bereits der enorme Größenunterschied zwischen den USA und der Bundesrepublik, die unterschiedliche Mobilität in ihrer jeweils anderen verkehrstechnischen Dosierung von Geschwindigkeit prägen divergierende Raum-Zeit-Erfahrungen aus. Die unterschiedlichen Berufe, die jeweilige Schichtzugehörigkeit etwa bewahren einen eigenen Zeitplan; stärker als in der Bundesrepublik mischen sich in den USA zudem die unterschiedlichen Rhythmen und Zeittakte zahlreicher ethnischer Gruppen und regional bedingte Unterschiede des Lebenstempos und der Zeitgestaltung (vgl. Hall 1983a, 61f.). Am suggestivsten hält schließlich in beiden Ländern die Kunst die Erinnerung an Vorstellungen wach, die die Alltagszeit aufbrechen und Zeitwerte wie Dauer, Simultaneität, Erinnerung, Wiederholung oder Zeitenthobenheit geltend machen.

Die vorherrschenden Zeitperspektiven in beiden Gesellschaften sind – glaubt man gängigen Stereotypen – grundlegend verschieden: In den USA herrscht Fortschritts- und Zukunftsorientierung, in der Bundesrepublik dagegen über- wiegen Kulturpessimismus und Zukunftsangst. Das kann – ebenso wie die oft konstatierte Differenz amerikanischer und deutscher Berufs- und Lebens- planung – nicht abstrakt, sondern nur im Blick auf soziokulturelle, die jeweilige nationale Mentalität prägende Schlüsselphänomene diskutiert und differen- ziert werden.

Der Vergleich dominierender Aspekte des Geschichtsbewußtseins in der Bun- desrepublik und den USA entfernt sich noch weiter von etablierten Meinungen und Denkmustern. Bei näherem Hinsehen zeigt sich, daß die zum Grund- bestand der europäischen Selbstdarstellung gehörende Überzeugung von der eigenen geschichtlichen Verwurzelung und der Geschichtslosigkeit der Ameri- kaner einen wesentlich komplexeren Tatbestand verstellt.

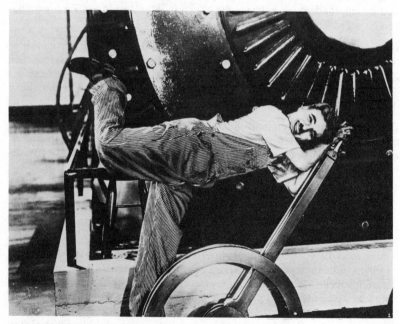

Charly Chaplin: Modern Times

Historische Bedingungen der Alltagszeit

Wie vor allem Edward P. Thompson in seiner grundlegenden Studie nachgewiesen hat, nimmt die Bedeutung der Zeit in dem Maße zu, in dem der Arbeitsprozeß synchronisiert werden muß. „Solange sich die Produktion in Heimarbeit und kleinen Werkstätten ohne weitergehende Arbeitsteilung vollzog, blieb auch das notwenige Ausmaß an Synchronisation gering, die Orientierung an den Aufgaben (...) vorherrschend" (Thompson 1980, 44). Wie in diesem Stadium konkrete, vertraute Verrichtungen das Zeitmaß vorgeben, bezeugen anschaulich Wendungen wie „pater noster while", „miserere while" oder „pissing while". Es herrscht die zyklische Zeiterfahrung, die – im nostalgischen Rückblick häufig romantisiert – an den Kreislauf der Jahreszeiten und Naturprozesse, an die wiederkehrenden Rhythmen sakraler und profaner Ereignisse gebunden bleibt.

Das ändert sich zunächst in England im Zuge rationellerer Arbeitsmethoden und wachsender Arbeitsteilung, die die Verflechtung und das wechselseitige Angewiesensein von immer mehr Menschen verstärken und ihre immer genauere Abstimmung erfordern. Zeit wird zur berechneten und optimal auszunutzenden Arbeitszeit, die nicht müßig verbracht werden darf. Die Vorstellung, daß die Zeit mit Arbeit auszufüllen und Müßiggang Sünde sei, ist freilich nicht erst mit der Industrialisierung aufgekommen. So kennt z.B. auch die mönchische Askese Zeitdisziplin und -kontrolle. Seit der Manufakturperiode schaffen jedoch fortschreitende Arbeitsteilung und die Synchronisation von Arbeitsabläufen eine quantitativ und qualitativ neue Zeitauffassung.

Die Uhr mit ihrer zunehmend präziseren Zeitmessung ist das Symbol und Instrument der neuen Zeitmoral. Die Uhren rücken den Menschen im Laufe der Jahrhunderte „buchstäblich auf den Leib" (Laermann 1975, 90): die zunächst vorherrschenden Turmuhren werden ergänzt durch die 1658 verbesserten Hausuhren; auf diese folgen seit dem ausgehenden 18. Jahrhundert die Taschenuhren, die die Allgegenwart der Zeitkontrolle sichern. Aus dem Fremdzwang wird zunehmend Selbstzwang, die zur zweiten Natur gewordene „innere Uhr" kann schließlich zuverlässiger funktionieren als die „äußere".

Der Übergang von der zyklischen zur linearen Zeit vollzieht sich keineswegs so spannungslos und harmonisch, wie es eine Episode im 13. Kapitel des „Siebenkäs" (1797) von Jean Paul ausmalt. Für die naturale Zeitauffassung steht dort „Linnés Blumenuhr (horologium florae) in Upsal, deren Räder die Sonne und Erde, und deren Zeiger Blumen sind, wovon immer eine später erwacht und aufbricht als die andere" (zit. n. Lepenies 1976, 13). Von den beiden Zimmern, die der Erzähler bewohnt, kann er sowohl die Verkörperung der naturalen wie der gesellschaftlichen Zeit in scheinbar friedlicher Übereinstimmung wahrnehmen:

… in mein vorderes (Zimmer) schauete der ganze Marktplatz und die fürstlichen Gebäude hinein, in mein hinteres der botanische Garten. Wer jetzo in beiden wohnt, hat eine herrliche vorherbestimmte Harmonie zwischen der Blumenuhr im Garten und der Menschenuhr auf dem Markt (ebd.).

In der Vorbereitungsphase der industriellen Revolution ist jedoch die Durchsetzung der linearen Zeit und der mit ihr verbundenen neuen Arbeitsdisziplin ein einschneidender und schmerzlicher Prozeß, der zunächst in England auf den Widerstand einer vergleichsweise selbstbewußten, an traditionellen Verhaltensmustern festhaltenden Volkskultur stößt. Es bedurfte großer Anstrengungen, diesen Eigensinn der Alltagskultur des Volkes zu brechen. Geburt und Tod, Heirat und Jubiläum im Herrscherhaus, Kirchweih, Heiligenehrung, Wallfahrten und Brauchtermine, sie alle boten Gelegenheit, aus den Phasen intensiver bäuerlicher Arbeit auszubrechen. Die kirchlichen und staatlichen Regulierungsversuche, diese „vulgäre Zeitvergeudung" mit ihren „Gefahren für Sitte, Wohlstand und öffentliche Ordnung" durch maßvolle Vergnügungen zu „ersetzen", sprechen Bände. „Nothigkeit und Freudlosigkeit eines ganzen Jahres", stellt ein preußischer Landrat in einer Denkschrift mit dem Titel „Die ‚überhäuften' katholischen Feiertage im Kreise Prüm ..." fest, werden durch „Übermaß auszugleichen" versucht. Er zählt im Jahre 1853 in diesem rückständigen und verarmten Gebiet nicht weniger als 204 Sonn- und Feiertage im Jahr, an denen in den verschiedenen Dörfern die Arbeit jeweils zumindest teilweise ruhte. Im festfreudigen Dezember standen allein in 37 Dörfern zehn Tage im Zeichen kirchlicher Feiern, im Januar und Februar waren es nicht wesentlich weniger. Sein Fazit lautet: „Durch Beschränkung dieser Feiertage würde gewiß der Wohlstand der Eifel gefördert werden" (Palm 1966, 192). Der „freie" Bauer, der früher die vielen Feiertage als Ausgleich zum „schweren Frondienst" brauchte, so argumentiert der aufgeklärte preußische Staats-Moralist, sollte durch die Kirche nicht länger genötigt sein, „so viel Zeit zu seinem eigenen größeren Nachteil zu vergeuden" (ebd., 200).

Die „barocke", ausschweifende Festkultur der vorindustriellen Gesellschaft wird erstmals durch die Zunftregeln der städtischen Handwerker eingeschränkt. Bis heute ist die Erinnerung an den „Blauen Montag" in der Sprache lebendig geblieben: „Blau" macht, wer nicht zur Arbeit geht, das „Montagsauto" ist wegen seiner Mängel, die lustlose Arbeiter nach dem Wochenende produzieren, gefürchtet. „Obgleich die Zünfte im 19. Jahrhundert rasch ihre lebensprägende Rolle verloren, als moderner Staat und bürgerlicher Wirtschaftsliberalismus sie in ihren Kompetenzen beschränkten oder auflösten, überlebten ihre Muster gerade an Feierabend und Festtag lange" (Blessing 1984, 357). Was zunächst selbstverständliches Recht der Gesellen war, „Montag zu halten", also zum Ausgleich intensiver Arbeit „blau zu machen", wird zunehmend eingeschränkt.

Anders als in England, wo, wie Thompson gezeigt hat, vor allem die puritanischen Moralisten die Leitlinien der „Umerziehung" vorgaben, ist in Deutschland und insbesondere in Preußen dieser Prozeß der Zeitregulierung entscheidend von der spezifischen Staatstradition, den regulierenden Eingriffen des

Staates, beeinflußt. Aber auch eine Arbeiterbewegung, die sich für Modelle der „sinnvollen" Gestaltung der arbeitsfreien Zeit und für ein von Handwerkstraditionen geprägtes Arbeitsethos stark machte, treibt diesen Prozeß voran. Arbeitszeitverkürzungen – wie 35-Stunden-Woche oder Verlängerung des Urlaubs – sind bis heute zentrale Forderungen der deutschen Gewerkschaften. Trotz dieser starken Nivellierung dürfen jedoch die nach wie vor spürbaren regionalen, auf konfessionellen Traditionen beruhenden Unterschiede nicht übersehen werden. Eine aktuelle Anekdote mag dies (auch in kontrastiver Perspektive) verdeutlichen: Ein bayerischer Ministerialbeamter, der in Verhandlungen mit einem amerikanischen Elektronikkonzern auf die besondere Freizeitqualität seines frommen Landes verwies, wo sich protestantisch-fränkische und katholisch-bayerische Feiertage mehr als in anderen Bundesländern häufen, soll damit eine amerikanische Firma veranlaßt haben, sich im baden-württembergischen Sindelfingen anzusiedeln, wo nach protestantischer Tradition die Feiertage etwas seltener sind.

Eine genauere Chronologie der Ausbreitung und Durchsetzung der veränderten Zeiterfahrung in Europa braucht hier nicht geliefert zu werden. In Deutschland ist Johann Gottfried Schnabels bereits zitierter utopischer Roman „Insel Felsenburg" (1732) eines der frühesten literarischen Zeugnisse für die das ganze Leben durchdringende Zeitkontrolle. Als Beispiel ein scheinbar beiläufiges Detail: Nach der ersten Nacht im „Lust-Revier" der entdeckten Insel wacht der Held Albertus erst „etwa zwey Stunden nach Aufgang der Sonnen" auf, und es heißt: „Ich schämete mich vor mir selbst, so lange geschlaffen zu haben (...)" (Schnabel 1969, 94). Auch im „irdischen Paradies" der fernen Insel tickt die Uhr, bestraft ein gleichsam eingebauter Selbstzwang das Überschreiten der Schlafzeit mit Scham.

Nicht zufällig demonstriert der Deutsche Max Weber jedoch den „Geist" des Kapitalismus vor allem an dem Amerikaner Benjamin Franklin. Der hier herangezogene lange Passus aus „Advice to a young tradesman" (1748), einem Dokument von „nahezu klassischer Reinheit", beginnt mit der längst sprichwörtlich gewordenen Maxime: „Bedenke, daß die Zeit Geld ist (...)" (Weber 1920, 31). Bereits hier deutet sich an, daß die Zeitmoral erfolgreich nach Amerika importiert worden ist und unter den besonders günstigen Bedingungen von konsequenter Industrialisierung, Puritanismus und Fortschrittsoptimismus Vorbildcharakter für die westlichen Industrienationen erhalten wird. Benjamin Franklins eigener Tagesplan wirkt noch vergleichsweise gemächlich: „sechs ganze Stunden sind dem Geschäft gewidmet; sieben Stunden schläft er; die übrige Zeit beschäftigt er sich mit Beten, mit Lektüre, mit geselligen Zerstreuungen" (Sombart 1913, 1484). Im 19. Jahrhundert sehen die Tagespläne bedeutender Unternehmer schon ganz anders aus. William Manchester berichtet in seiner Biographie „Krupp. Zwei Generationen" (1968) über Gustav Krupp:

Gästen, die über Nacht auf dem Schloß blieben, wurde bekanntgegeben, das Frühstück werde um 7.15 Uhr serviert. Erschienen sie erst um 7.16 Uhr, standen sie vor den verschlossenen Türen des Speisezimmers. Gustav selbst frühstückte genau 15 Minuten lang, und dann eilte er mit großen Schritten nach draußen, wo sich die Kutsche – oder ab 1908 der Wagen – genau in dem Augenblick in Bewegung setzte, wenn seine Füße nicht mehr auf der Erde standen. In seiner Tasche trug er ein kleines Buch mit sich herum, in dem der Stundenplan für jeden Tag in allen Einzelheiten vorgezeichnet war: So viele Minuten für dies, so viele für das. Es war sogar ein Termin zur Ausarbeitung des Stundenplans für den nächsten Tag (...) berücksichtigt (zit. n. Jeggle 1977, 117).

Die kapitalistische Produktionsweise ist zweifellos der Motor der Veränderung des Zeitbewußtseins. Der an ihr beobachtete Prozeß einer wachsenden Interdependenz der Menschen, der zugleich ihre Koordination in eine immer größere räumliche und zeitliche Ferne erzwingt, ist jedoch nicht nur der Trend eines sozialen Teilbereichs, sondern kennzeichnet die Entwicklungsstruktur der neuzeitlichen Gesellschaft überhaupt. Mit der funktionalen Differenzierung des sozialen Lebens vermehren und durchkreuzen sich die unterschiedlichsten Zeitpläne und Zeitansprüche in einer immer komplexeren Gesellschaft und zerteilen, zerstückeln und verplanen den zeitlichen Lebensablauf.

Gegenzeiten

Die Erfahrung des beschleunigten Wandels, von Bewegung und Veränderung läßt nun auch die Zeit als dynamische Kraft der Geschichte erscheinen: „Nicht mehr in der Zeit, sondern durch die Zeit vollzieht sich dann die Geschichte", formuliert der Historiker Reinhart Koselleck, der die „Verzeitlichung" der Geschichte in mehreren Veröffentlichungen belegt hat (Koselleck 1979, 321).

Nicht zufällig registriert das Grimmsche Wörterbuch für die Epoche um 1800 mehr als 100 neugeprägte Komposita mit Zeit: z.b. Zeit-abschnitt, -anschauung, -bewegung, -dauer, -entwicklung, -epoche, -ereignis, -gang und Zeitgeist. Im Bereich der politischen Terminologie entstehen neue „Bewegungsbegriffe" mit dem *ismus*-Suffix (z.b. Liberalismus, Republikanismus, Sozialismus, Kommunismus), die nicht mehr verbürgte Erfahrungen aus der Vergangenheit registrieren, sondern Vorgriffe auf eine erst zu schaffende Zukunft sind. „Sie beruhen auf der Erfahrung des Erfahrungsschwundes, weshalb sie neue Erwartungen hegen oder wecken müssen" (Koselleck 1979, 345). Wörter wie „Fortschritt" oder „Entwicklung", gleichfalls Neuprägungen aus der Zeit um 1800, werden zu Schlüsselbegriffen, da sie in besonderem Maße Erwartungen auf eine nicht nur andere, sondern auch bessere Zukunft versammeln.

Dennoch darf man sich die Vorstellung von Zeit und Geschichte im 19. Jahrhundert nicht ausschließlich als eine lineare, auf einen unbegrenzten Zukunftshorizont bezogene Fortschrittsbewegung denken. Die beschleunigte Veränderung, der Bruch mit den Traditionen setzt zugleich das historische Denken frei, der Vorgriff auf die Zukunft verbindet sich mit dem Bedürfnis nach einer vergegenwärtigen Vergangenheit. Allen Säkularisierungsprozessen zum Trotz schrumpft auch die christliche End- und Heilserwartung nicht zur Bedeutungslosigkeit; in der Literatur und in geschichtsphilosophischen Entwürfen tritt auch die Zyklik als Anschauungsform historischer Zeit in Konkurrenz zur linearen Fortschrittsperspektive.

Wo immer Freiräume blieben oder spezifische Lebens- und Arbeitsbedingungen dies erlaubten, hat es eine restlose Herrschaft der sozialen Zeit über die innere, erlebte Zeit nicht gegeben. Widerstand regt sich vor allem in der Literatur, die seit der zweiten Hälfte des 18. Jahrhunderts in zunehmend kritischer Distanz zur bürgerlichen Welt ihre autonome Eigengesetzlichkeit hervorkehrt. So riskiert der junge Friedrich Schlegel etwa in seiner „Lucinde" (1799) eine „Idylle über den Müßiggang" und preist die Faulheit „als einziges Fragment von Gottähnlichkeit, das uns noch aus dem Paradiese blieb" (Schlegel 1984, 35). Und Eichendorff entwirft in seinem „Taugenichts" die Utopie einer vom Leistungsprinzip unberührten Figur, deren anstößige Unbrauchbarkeit vom Lesepublikum freilich nur verharmlosend verstanden werden konnte. Der Zustand der Langeweile fällt nicht erst im 19. Jahrhundert aus der geschäftigen Zeit, verschließt jegliche Zukunftsaussicht und läßt alles leer, gleich-gültig und beliebig erscheinen. Solche in der Weltschmerzdichtung eines Byron, Musset, Lenau oder Leopardi verbreiteten Themen und Stimmungen faßt in ironischer Übertreibung z.B. Georg Büchners Lustspiel „Leonce und Lena" (1836) zusammen. Das abschließende Traumbild eines Staates, in dem die Arbeit strafbar ist, setzt in diesem Lustspiel, anders als bei Jean Paul, die sozialisierte Zeit außer Kraft und kehrt zur naturalen Zeiterfahrung zurück: „wir lassen alle Uhren zerschlagen, alle Kalender verbieten und zählen Stunden und Monde nur nach der Blumenuhr, nur nach Blüte und Frucht" (3. Akt, 3. Szene).

Zurück jedoch zu den vorab erwähnten Formen der Zeit- und Geschichtserfahrung, die die Orientierung an Zukunft und Fortschritt widerrufen oder modifizieren. Der christliche Glaube an die Überwindung irdischer Zeit durch die Ewigkeit ist keineswegs nur noch ein Stoff für biedere Erbaulichkeit. Johann Peter Hebels Kalendergeschichte „Unverhofftes Wiedersehen" (1811), für Ernst Bloch „die schönste Geschichte der Welt", bezeugt dies besonders eindrucksvoll.

In Falun in Schweden küßte vor guten fünfzig Jahren und mehr ein junger Bergmann seine junge hübsche Braut und sagte zu ihr: „Auf Sankt Luciä wird unsere Liebe von des Priesters Hand gesegnet (Hebel 1977, 22).

Acht Tage vor der Hochzeit kehrt jedoch der Bräutigam aus dem Bergwerk nicht wieder. Ein halbes Jahrhundert vergeht, das Hebel in einer berühmt gewordenen Raffung überbrückt. Eine lange rhythmisierte Aufzählung welthistorischer Ereignisse geht gleitend von der großen Geschichte in die des Alltags, von der Gleichförmigkeit des Vergehens in die überdauernde Tätigkeit der Bauern und Handwerker über. Da wird tief unter der Erde der Leichnam eines Jünglings geborgen, der ganz mit Eisenvitriol durchdrungen, sonst aber unverwest und unverändert war, also daß man seine Gesichtszüge und sein Alter noch völlig erkennen konnte, als wenn er erst vor einer Stunde gestorben oder ein wenig eingeschlafen wäre an der Arbeit (ebd., 23).

Erkannt wird der Tote allein noch von seiner einstigen Braut. Mit „Wehmut und Tränen" sehen die Umstehenden ein denkwürdiges Paar:

... die ehemalige Braut jetzt in der Gestalt des hingewelkten kraftlosen Alters und den Bräutigam noch in seiner jugendlichen Schöne, und wie in ihrer Brust nach 50 Jahren die Flamme der jugendlichen Liebe noch einmal erwachte (ebd., 24).

Die Macht der Zeit, die sonst unmerklich wirkt, wird an der Hinfälligkeit der greisen Braut mit einem Schlage bewußt. Zugleich aber spricht die Szene durch die zeitlose Treue der Braut und die freilich nur um den Preis des Todes bewahrte Unversehrtheit des Jünglings – vom Sieg über die Zeit. Dies ist nicht das letzte Wort der Kalendergeschichte, die am Ende auch diese irdische „Zeitlosigkeit" übergreift durch die gläubige Hoffnung auf die Ewigkeit.

Denn als man ihn auf dem Kirchhof ins Grab legte, sagte sie: „Schlafe nun wohl, noch einen Tag oder zehen im kühlen Hochzeitbett, und laß dir die Zeit nicht lange werden. Ich habe nur noch wenig zu tun und komme bald, und bald wird's wieder Tag. – Was die Erde einmal wiedergegeben hat, wird sie zum zweitenmal auch nicht behalten", sagte sie, als sie fortging und noch einmal umschaute (ebd., 25).

Vor allem jedoch sind es vielfältige Formen der Rückwendung zur Vergangenheit, die im Deutschland des 19. Jahrhunderts die Vorherrschaft der Zukunft zwar nicht prinzipiell in Frage stellen, sie jedoch nicht zur allein bestimmenden Dimension werden lassen. Wie sehr das Heimweh, die Suche nach dem Ursprung die deutsche Romantik prägen, braucht kaum betont zu werden. Zukunft ist für die romantische Geschichtsphilosophie die rückprojizierte Vergangenheit eines „Goldenen Zeitalters", dessen utopische Wiederkehr und Erneuerung erhofft wird. Die innere Handlung des Romans im 19. Jahrhundert besteht für den jungen Georg Lukács entscheidend im Kampf gegen die Macht der Zeit. Seine „Theorie des Romans" (1920) hebt neben der Hoffnung die Erinnerung als zentrales Zeiterlebnis heraus, das eine Überwindung der Zeit leisten kann. Mit lebensphilosophischer Emphase wird hier das epische Erinnern beschworen, das die Dualität von Innerlichkeit und Außenwelt für das Subjekt aufhebt und sein Leben in organischer Einheit darstellt: „Es ist die Heimkehr des Subjekts in sich selbst" (Lukács 1971, 114).

Damit ist zugleich auch der Impuls benannt, der in den zahlreichen Autobiographien der Zeit die Erinnerung antreibt. Die Suche nach dem „Goldenen Zeitalter" verwandelt sich hier vor allem in eine Vergoldung der Kindheit, die allein noch die „Heimkehr des Subjekts in sich selbst", in seine Identität zu verbürgen scheint. Zu nennen sind vor allem die populären, zum Teil millionen-fach verbreiteten Werke des Genres: Ludwig Richters „Lebenserinnerungen eines deutschen Malers" (1855), Wilhelm von Kügelgens „Jugenderinnerungen eines alten Mannes" (1870) oder – auch nach der Zäsur des Ersten Weltkriegs noch erfolgreich – Carl Ludwig Schleichs „Besonnte Vergangenheit" (1920).

Es gibt zweifellos Analogien zwischen dieser autobiographischen Erinnerung der individuellen Lebensgeschichte und dem Rückgriff auf die allgemeine Geschichte z.B. in historischen Romanen oder im historischen Denken insgesamt. Die Vergegenwärtigung des Vergangenen durch eine imaginäre Welt erinner-ter Bilder soll Halt und Dauer verschaffen und der geschichtlichen Bewegung ihren Stillstand entgegensetzen.

Nichts anderes leistet auch die zyklische Anschauungsform historischer Zeit, die beispielsweise die Struktur vieler Werke Stifters und – weithin unbekannt – noch die Literatur der Jahrhundertwende prägt und auch die Geschichtsphilo-sophie eines Görres, Bachofen, Spengler oder Toynbee beherrscht. „Der Kreis-lauf des Lebens führt das Ende von neuem in den Anfang zurück", formuliert etwa Bachofen (zit. n. Plumpe 1984, 209). Für das zyklische Geschichtsdenken bedeuten krisenhafte Erfahrungen nicht das Ende, sondern nach der Devise „Je schlimmer – desto besser" die Wende zur Erneuerung des „guten Alten" und vermitteln somit brüchig die Erfahrung der Bewegung mit dem Bedürfnis nach Stabilität und Stillstand.

Geschwindigkeit

Die Zeit ist auch nicht schneller geworden, wie es die geläufige Vorstellung vom „Tempo unserer Zeit" suggeriert. Norbert Elias sah vor einem halben Jahr-hundert darin nur einen „Ausdruck für die Menge der Verflechtungsketten, die sich in jeder einzelnen gesellschaftlichen Funktion verknoten" (...) (Elias 1969, 337). Die Diagnose ist jedoch unvollständig und verkennt, in welchem Maße Tempo, verstanden als Beschleunigung des Verkehrs seit der industriellen Revolution, Zivilisation „verkörpert" und vorantreibt. Paul Virilio, der chao-tisch-genialische Cheftheoretiker der Geschwindigkeit, läßt die Herrschaft der „Dromokratie", wie er sie nennt, mit der Dampfmaschine beginnen und trifft sich dabei mit Wolfgang Schivelbusch, der in seiner „Geschichte der Eisen-bahnreise" (1977) von der „Industrialisierung von Raum und Zeit im 19. Jahr-hundert" spricht. Die ersten Eisenbahnen in England (mit einer Durchschnitts-geschwindigkeit von 20 bis 30 Meilen pro Stunde) werden im 19. Jahrhundert mit einem Projektil verglichen, das Raum und Zeit vernichte. Heute schwer nachvollziehbar, bezeugen die von Schivelbusch belegten Reaktionen der Zeit-genossen die schockartige Wirkung, die von der Erschütterung des überliefer-ten Raum-Zeit-Kontinuums ausging. Heine schreibt in „Lutezia" (1854):

Sogar die Elementarbegriffe von Zeit und Raum sind schwankend gewor-den. Durch die Eisenbahnen wird der Raum getötet, und es bleibt uns nur noch die Zeit übrig (...). In vierthalb Stunden reist man jetzt nach Orleans, in ebensoviel Stunden nach Rouen. Was wird das erst geben, wenn die Linien nach Belgien und Deutschland ausgeführt und mit den dortigen Bahnen verbunden sein werden! Mir ist als kämen die Berge und Wälder aller Länder auf Paris angerückt. Ich rieche schon den Duft der deutschen Linden; vor meiner Tür brandet die Nordsee (Heine 1968, Bd. 3, 510).

Dank der beschleunigten Durchdringung des zähen Raums „gewinnt" man Zeit und „verliert" – nach dem Eindruck der Zeitgenossen – den Raum, genauer den durchfahrenen Zwischen-Raum zwischen Abfahrts- und Zielort. Die von der Eisenbahn erschlossenen Landschaften verlieren ihr Hier und Jetzt, letzteres in einem ganz konkreten Sinn. „Es wird ihnen durch die Eisenbahn ihre lokale Zeit genommen. (...) Londoner Zeit war vier Minuten früher als die Zeit in Reading, siebeneinhalb Minuten früher als in Cirencester, 14 Minuten früher als in Bridgewater" (Schivelbusch 1977, 43). Die Regelung des überregionalen Verkehrs erzwingt schließlich eine einheitliche Eisenbahn-Standardzeit, die Greenwich-Zeit, die 1880 allgemeine Standardzeit für England wird. Auch das im Jahre 1883 in Kraft getretene System der Vier-Zeit-Zonen in den USA galt zunäct nur für die Eisenbahnen, bevor es als allgemeine Standardzeit eingeführt wurde (vgl. ebd., 44f.).

Die Revolution der Kommunikationsmittel (Telegraphie, Telefon, Radio, Fernsehen), die Erfindung des Autos und Flugzeugs bis hin zur Entwicklung von Raketen und Laserwaffen lassen die Ära der ersten Eisenbahnen längst als „gute, alte Zeit" erscheinen. – Mit Blick auf den heutigen Entwicklungsstand der „Dromokratie" spricht Paul Virilio vom „Verschwinden der Orte" im Zeichen einer Geschwindigkeit, durch die einmal alle Städte am selben Ort sein werden: nämlich in der Zeit. Diese Welt, in der alles in Reichweite ist und gleichzeitig präsent werden kann, malt der Franzose publikumswirksam mit den düstersten Farben aus und beschwört ihr apokalyptisches Ende:

Die unmittelbare und gegenseitige Erkennung macht den geringsten Zwischenfall, die geringste Geste entscheidend für die Zukunft der Welt. (...) Von jetzt an ist alles extrem, ist das ENDE der Welt fühlbar in der Situation, die sowohl aus der Super-Durchdringbarkeit der Gelände wie aus der Hyper-Kommunikabilität der Mittel herrührt (Virilio 1978, 43f.).

Kontrastive Stichworte zur amerikanischen Alltagszeit

Europäische Beobachter bemerken überrascht, daß es im Lande des „time is money" zumindest in einigen Teilbereichen des gesellschaftlichen Lebens gemächlich zugeht. Die Geschwindigkeitsbeschränkung auf den Autobahnen erzeugt, verbunden mit der Großräumigkeit und geringen Besiedlungsdichte, einen entspannten Verkehrsfluß ohne die aggressive Hektik, die vor allem in der Bundesrepublik zunehmend zu beobachten ist. An den Flughäfen warten die Amerikaner mit erstaunlicher Geduld auf ihre nicht immer pünktlichen

Flüge, und amerikanische Geprächspartner, etwa in den Universitäten, scheinen, obgleich keineswegs unbeschäftigt, viel Zeit für ihre Gäste zu haben. Das sind gewiß subjektive Impressionen, die je nach Region variieren mögen: europäische Verhältnisse eher in den Metropolen der Ostküste, ländliche Langsamkeit im Mittleren Westen (wenn das nicht schon wieder ein Topos ist). Trotz der scheinbaren Nivellierung des Zeitverhaltens in den Industriegesellschaften zeigt sich hier eine Vielfalt von kulturspezifischen Formen des Umgangs mit der Zeit, die durch unterschiedliche Faktoren geprägt ist.

Eine nicht unwesentliche Voraussetzung für eine weniger gehetzte Lebensführung sind die wesentlich längeren Öffnungszeiten der Läden, Supermärkte und Dienstleistungsbetriebe in den USA. Sie hängen nicht nur mit dem schärferen Wettbewerb und der Schwäche der Gewerkschaften, sondern auch mit der religiösen Vielfalt zusammen, die z.b. eine einheitliche Schließung am Sonntag verhindert. Die ungebrochenen demokratischen Traditionen in den USA manifestieren sich auch in den größeren Zeitbudgets, die Bürokratien und öffentliche Instanzen für die Bürger bereithalten. Man ist gewohnt, vom ausgeprägten deutschen Arbeitsethos und der eher pragmatischen Einstellung zum „job" in Amerika zu sprechen. Bei näherem Hinsehen wird deutlich, daß sich die Realität merklich vom Stereotyp entfernt hat. Die deutsche Fixierung auf Feierabend, Wochenende und Ferien findet in den USA keine Entsprechung. Die Arbeitszeitverkürzungen haben in der Bundesrepublik die Bedeutung der Freizeit noch gesteigert und die Trennung von Öffentlichkeit und Privatheit noch weiter verfestigt. In den USA wird dagegen ohne vergleichbare soziale Errungenschaften zweifellos länger gearbeitet – mit gleitenderen Übergängen zwischen Arbeit und Freizeit, öffentlicher und privater Lebenssphäre.

Eine andere Frage ist, inwieweit die alle europäischen Dimensionen sprengende Größe und Weite des amerikanischen Kontinents auch die Zeiterfahrung in den USA prägt. Die im Alltagsbewußtsein ständig präsenten unterschiedlichen Zeitzonen bedingen ein relativeres Zeitverständnis. Bei einer Vielzahl von Handlungen (Reisen, Telefonieren etc.) muß diese Relativität der Zeit ins Kalkül gezogen werden. Paul Watzlawick schreibt in seiner „Gebrauchsanweisung für Amerika":

> Führen Sie Ferngespräche, so vergewissern Sie sich immer, in welcher Zeitzone der anzurufende Ort liegt. Sie selbst mögen in New York um 8 Uhr früh bereits frisch und munter sein; für Ihre Freunde in Kalifornien ist es aber erst 5 Uhr morgens, und sie dürften sich über Ihren Anruf daher weniger freuen als zur New Yorker Mittagszeit (Watzlawick 1987, 111).

Man hat gleichwohl eine gelassenere Attitüde der Amerikaner im Umgang mit der Zeit konstatiert und sie mit den langen Strecken, die in Kauf genommen werden müssen, in Verbindung gebracht. Dennoch ist auch in den USA etwa Pünktlichkeit die gültige Norm: „Punctuality (the quality of being on the point) is a virtue, lateness a sin, and repeated lateness may be cause for dismissal" (Landes 1983, 2).

Strukturen der aktuellen deutschen Alltagszeit

Anders als im Kapitel über die deutsch-amerikanische Raumerfahrung scheinen die kulturspezifischen Differenzen im alltäglichen Umgang mit der Zeit in beiden Ländern gering. Die bis in die persönlichsten Bereiche eingedrungene Aufsplitterung des einheitlichen Zeitbewußtseins in kleine und kleinste Segmente und Sequenzen ist in allen Industrienationen wirksam. Zu konstatieren sind hier weniger divergente als vielmehr konvergente Erfahrungen. Edward T. Hall nennt in „The Dance of Life" ganz allgemein die lineare Alltagszeit eine monochrone Zeit („M-time"). Im Vergleich zur polychronen Zeit („P-time that is, many-things-at-a-time") meint die M-time („one-thing-at-a-time") eine Zeit, die alles ihrem Ordnungssystem, ihren „schedules" unterwirft (Hall 1983b, 230).

> In fact, social and business life, even one's sex life, is commonly schedule-dominated. By scheduling, we compartmentalize; this makes it possible to concentrate on one thing at a time, but it also reduces the context (ebd., 48).

Was bei dem Amerikaner Hall eher gemäßigt anklingt – eine Kritik der Eindimensionalität und Schematik dieser Zeit –, verschärft sich bei europäischen Beobachtern (Henri Lefèbvre, Klaus Laermann, Karl Markus Michel) zur Abwertung. Vor dem Hintergrund einer häufig nostalgisch verklärten zyklisch-naturalen Zeit erscheint der moderne Alltag leer, zerhackt, gleich-gültig, entqualifiziert und ohne geschlossene, sinngebende Struktur. Zu wenig wird dabei beachtet und untersucht, in welchem Maße Fixpunkte, Rhythmen und Rituale eine relative Geschlossenheit und Gliederung der Alltagszeit herausgebildet haben. In der Bundesrepublik sind etwa der Jahresurlaub, Feiertage, das Wochenende, der Feierabend, die Essenspausen oder Fernsehzeiten (Tages- und Sportschau, Tagesthemen, Krimis, Sesamstraße etc.) zu solchen deutlichen Orientierungspunkten geworden. Aber auch verborgene Zeitpläne durchziehen den deutschen Alltag. Nicht grundlos überfällt manchen am Sonntagnachmittag der Appetit auf Sahnetorte und Kuchen, der auch nur zu dieser Zeit gestillt werden kann. Die Öffnungszeiten der Konditoreien konditionieren hier ein solches Verlangen. Nicht minder folgen etwa das rituelle Wäschewaschen (montags), Autowaschen (samstags), Spazierengehen (sonntags) einem überwiegend unbewußten Fahrplan.

Beim Vergleich von Statistiken etwa zur Arbeits- und Freizeit, Fernsehzeit etc. in den USA und der Bundesrepublik ergeben sich kaum signifikante Unterschiede. Aufschlußreicher ist z.B. eine ältere Erhebung, derzufolge berufstätige verheiratete Männer in Deutschland 6,1 Stunden mit der Familie verbringen, während Amerikaner lediglich 3,9 Stunden dafür aufbringen (vgl. Scheuch 1972, 202). Auch wenn neuere Berechnungen der Zeitbudgets fehlen, dürfte sich immer noch die ungleich höhere Bedeutung der Privatheit in Deutschland zeigen, die auch hinter der scharfen Trennung von Arbeit und Freizeit steht und ein höheres Maß an Reglementierung der Zeit verfestigt hat. In der amerikanischen Perspektive fällt an der deutschen Zeiteinteilung vor allem diese strikte

Markierung von Öffnungszeiten, Ladenschlußzeiten auf. Für Hall sieht es so aus, als sei

> the entirety of Germany (…) one vast interlocked schedule. By law, in order to protect employee rights, markets can only be open during certain hours of the day. Office workers must be able to shop at those hours, otherwise the family doesn't eat! (Hall 1983b, 118).

Tabuzeiten, die in Deutschland (immer noch?) respektiert werden müssen (Mittagspause, Wochenende, Feierabend), sind in den USA weitgehend unbekannt. Insbesondere die – freilich zunehmend in Frage gestellte – gesetzliche Stillegung der Sonn- und Feiertage hat Zeitzäsuren geschaffen, deren herausgehobener Status durch zahlreiche sprachliche „Sonntagswendungen" bezeugt wird: Sonntagskleid, Sonntagsgespräch, Sonntagsrede, Sonntagskonzert, Sonntagskuchen, Sonntagsbraten, Sonntagsspaziergang, Sonntagsfahrer … Die Verödung der öffentlichen Kommunikation, das Überhandnehmen von Ritualen, Leere und Langeweile sind die Kehrseite dieser Sonntagsruhe, die nicht wenigen Künstlern Anlaß zur Gegenwehr gegeben hat: Otto Dix: „Mädchen am Sonntag", Gabriele Wohmann: „Sonntag bei Kreisands", Franz Josef Degenhardt: „Deutscher Sonntag".

Otto Dix: Mädchen am Sonntag

Im Kapitel über die deutsche Raumerfahrung war von den Folgen der zunächst weitgehend erzwungenen Seßhaftigkeit in den kleinräumigen deutschen Lebenswelten die Rede. Die mentalitätsprägenden Bedürfnisse nach Abgrenzung, Sicherung, stabilen Ordnungsmustern kehren offensichtlich auch im deutschen Zeitverhalten wieder. Als strukturbildend wirken sich vor allem die sozialpolitischen Reglementierungen des Staates aus, die eine vergleichsweise kleinkarierte und starre gesellschaftliche Zeitorganisation durchgesetzt haben. Solche Strukturen sind jedoch wie die sie stützenden kollektiven Dispositionen nicht unveränderlich. Der nachlässigere Umgang der Jugendlichen mit der Zeit erinnert daran, daß auch in Deutschland etwa die Tugend der Pünktlichkeit nicht mehr uneingeschränkt verpflichtend ist. Das gleiche gilt für die erwähnten Tabuzeiten, deren Einhaltung und soziale Reichweite heute weniger denn je verläßlich beurteilt werden können. Die Anstandsbücher der 50er Jahre (so etwa Walther von Kamptz-Borken: Der gute Ton von heute. Gesellschaftlicher Ratgeber für alle Lebenslagen, 1957) raten dringend von unangemeldeten Besuchen an den großen Feiertagen, aber auch am Sonnabend und Sonntag ab. Die neuere Ratgeberliteratur geht dagegen lockerer mit den Tabuzeiten um oder übergeht sie ganz. Und der Fachausschuß für Umgangsformen des deutschen Tanzlehrerverbands, ein von der Veranwortung für gesellschaftlichen Anstand durchdrungenes Gremium also, verlautbarte, überraschende Besuche seien „heute kein Grund mehr zur Aufregung" (Umgangsformen heute, 1986, 60). Auch der sogenannte Dienstleistungsabend, die verlängerten Öffnungszeiten am Donnerstag abend, zeigen, daß die für die deutsche Gesellschaft so charakteristischen rigiden Ladenschlußzeiten zumindest ein wenig in Bewegung geraten sind.

Arbeit und Freizeit – Lockerungen der Zeitdisziplin

Die Ursachen dieser Lockerungserscheinungen sind unschwer zu erraten. Massenarbeitslosigkeit, Veränderungen der Arbeitsorganisation durch Flexibilisierung und erhöhte Zeitsouveränität des einzelnen, aber auch das frühere Ausscheiden aus dem Arbeitsprozeß verändern allmählich Zeiterfahrung und Zeitdisziplin. Für die derzeitige Übergangsphase liegen weniger gesicherte Erkenntnisse als vielmehr Tendenzbeschreibungen vor, die jedoch die Richtung des in Gang gekommenen Prozesses andeuten. Zumindest die neuen Mittelschichten der Bundesrepublik schreiben der verlängerten Freizeit Werte zu, die früher eher mit der Arbeitsleistung verbunden waren: Ideen durchsetzen, sich selbst verwirklichen, etwas Bleibendes schaffen (vgl. Neumann-Bechstein 1984, 193). Bei aller Vorsicht im Hinblick auf Überlegungen, die allzu euphorisch eine neue „Freizeitgesellschaft" proklamieren, zeichnet sich doch tendenziell eine Neubewertung von Arbeit und Freizeit ab. „Befriedigungen im persönlichen Nahbereich (Familie, Freunde, Bekannte, andere Sozialkontakte) sowie Spaß und Lebensgenuß stehen bei den Kriterien für eine erfüllte Freizeit oben an" (ebd.). Damit läßt sich – jedenfalls für Bezieher mittlerer und höherer Einkommen unter 50 Jahren – eine gewandelte Einstellung erkennen, die traditionell als „typisch deutsch" etikettierte Werte umkehrt. In der subjektiven Einschätzung dieser Bevölkerungsgruppe haben sich in den letzten Jahren wichtige Persönlichkeitsmerkmale deutlich verändert: Selbstvertrauen, Lebensfreude, Ehrlichkeit, Offenheit, Aufgeschlossenheit, Kontaktfähigkeit, Toleranz und Kritikfähigkeit gelten als erstrebenswerte Qualitäten einer Idealpersönlichkeit.

Denkt man zurück an das von Stapf, Stroebe und Jonas ermittelte Deutschenbild amerikanischer Studenten, so zeigt sich, daß die dort dominierenden Eigenschaften wie Wettbewerbsorientiertheit, Pflichtbewußtsein, Fleiß und Effizienz ihre Vorrangstellung verloren haben (vgl. Stapf u.a. 1986, 22).

Angesichts der veränderten gesellschaftlichen Rahmenbedingungen und des partiellen Wertewandels dürfte sich die Lockerung der traditionellen deutschen Zeitmoral fortsetzen. Ob sich allerdings die These, derzufolge die Arbeit langfristig ihre Stellung als Mittelpunkt des Lebens verlieren wird, für die deutsche Gesellschaft halten läßt, scheint fraglich.

Zeitperspektiven

Jugend und Alter – Optimismus und Erfolgsmythos in den USA

Die Zeitperspektiven einer Gesellschaft sind an unterschiedlichen Phänomenen ablesbar. Im folgenden werden fragmentarisch und kontrastiv die Bewertung der Lebensalter, die unterschiedlichen Lebensentwürfe und Einstellungen zu Vergangenheit und Zukunft vorgestellt.

Beim Stichwort „Jugendlichkeit in den USA" stellen sich im europäischen Betrachter stets abrufbereite Klischee-Bilder ein: grell geschminkte Amerikanerinnen, vorzugsweise in Rosa, und unerbittlich um ihre Fitness kämpfende alte Männer in Shorts oder Jogging-Anzügen. Ein geradezu klassisches Beispiel in diesem Zusammenhang lieferte einst das öffentliche Auftreten des weit über 70jährigen Präsidenten Ronald Reagan, wenn er mit jugendlich-federndem Schritt die Stufen zur Rednertribüne nahm oder in legerer Freizeitkleidung im Hubschrauber entschwand.

Vor allem die Bilder der amerikanischen Werbung spiegeln vor, was in der Realität als Zwang existiert: Jugendlichkeit, körperliche Fitness und Beweglichkeit als Voraussetzungen für berufliche Karriere und persönlichen Erfolg. Jugendlichkeit als amerikanisches Leitbild wird bereits begründet durch den Aufbruch der Auswanderer aus dem „müden, alten Europa" in die „Neue Welt" und weitergetragen von der Dynamik der „Frontier-Gesellschaft". In Studs Terkels Buch „Der amerikanische Traum. 44 Gespräche mit Amerikanern" ist es ein Opfer dieser Dynamik, der Sioux-Indianer und Politikwissenschaftler Vine Deloria, der den Jugendkult in den USA am schärfsten attackiert. Er beruft sich auf einen Medizinmann seines Stammes, der meinte,

... das ganze Problem mit Amerika bestehe darin, daß jeder jung bleiben will. Er sagte: „Leute, ihr alle, die ihr Indianer seid, ihr müßt anfangen, euer Alter zu leben. Alle wollt ihr jung bleiben, und darum gibt es keine weisen Alten mehr." (...) Amerika ist irgendwo in einer ewigen Pubertät hängengeblieben (Terkel 1981, 51),

so das Fazit Vine Delorias. Der Abwertung des Alters entspricht ein Lebensgefühl, das weniger von der geschichtlichen Erfahrung als von der des Neuanfangs, der Zukunftserwartung beherrscht wird. Wie die Jahresendumfragen von Gallup immer neu bezeugen, scheint der amerikanische Optimismus ungebrochen, wonach die Zukunft allemal besser wird als die verschärft als unvollkommen empfundene Gegenwart. Dieser von den Europäern oft belächelte „naive Optimismus" bezieht seine Antriebskraft nicht zuletzt aus der Allianz von protestantischer Ethik und diesseitigem Erfolgsstreben. Untrennbar mit dem „American Dream" verbunden, behauptet sich bis auf den heutigen Tag der Mythos vom Erfolg, von den unbegrenzten Möglichkeiten und Aufstiegschancen in einer „offenen, demokratischen Gesellschaft".

Der Mythos ist wirksamer als die amerikanische Wirklichkeit. Auch wenn die Gesellschaft der USA weniger denn je solche steilen Karrieren ermöglicht, so prägt doch der Optimismus als eine mobilisierende Kraft zumindest die Lebensentwürfe der Trägerschichten. Die Attitüde verdichtet sich im zupackenden Meistern von *challenges,* in der Selbstverständlichkeit des erfolgsorientierten Wettbewerbs in allen gesellschaftlichen Bereichen. Die im Vergleich mit Europa durchlässigeren Berufsstrukturen erlauben in der Tat eine höhere vertikale Mobilität und setzen einen häufig heroischen Individualismus frei. S. B. Fuller, schwarzer Unternehmer in Chicago, sagt:

Das Wohlfahrtssystem kann einen innerlich brechen. Es garantiert dem Körper die Vitamine, man wird rund und fett und vielleicht sogar zufrieden. Aber was ausfällt, ist der Unternehmungsgeist. Einen Jagdhund füttert man nicht. Wenn ein Hund jagen soll, läßt man ihn hungern. Wenn ein Mensch nach Höherem streben soll, muß er die Schattenseiten des Lebens gesehen haben (ebd., 31).

Aspekte der Jugendbewegung und Jugendkultur in Deutschland

„Meyers Konversations-Lexikon" vom Jahre 1874 enthält noch keinen Artikel über „Kindheit" oder „Jugend"; die Stichwörter verweisen auf eine Beschreibung aller Lebensphasen (Kindheit, Jünglingsalter, Mannesalter, Greisenalter) als eines Ganzen, eines Kontinuums. Wenig später ist dieser zumindest lexikalisch gewahrte Lebenszusammenhang unter dem Dachbegriff „Alter" zerrissen, und die Einschätzung der Lebensalter präsentiert sich in veränderter Gewichtung.

Ein wichtiges Indiz für den zur Zeit der Jahrhundertwende sich wandelnden Stellenwert der Jugend ist die Jugendbewegung, die nirgends sonst in Europa eine solche Ausstrahlung und Nachwirkung entfaltete wie in Deutschland. Eine Darstellung dieser zersplitterten, in mehreren Phasen sich entwickelnden Bewegung kann hier nicht geliefert werden. Was in unserem Zusammenhang interessiert, ist die Bedeutung der Jugend als Bewegung und Projektionsbild für die deutsche Gesellschaft der Zeit. Der Jugendkult mit seinen Wunschbildern der antizivilisatorischen Natürlichkeit, der kompromißlosen Authentizität, der politischen Erneuerung und Zukunftshoffnungen verweist auf eine Erwachsenengesellschaft, die als konventionell, erstarrt, einengend und autoritär erfahren wurde.

Fidus: Lichtgebet. Plakat zum Freideutschen Jugendtag 1913;
Jahrhundertfeier auf dem Hohen Meißner, 11.–12. Oktober

Hier liegt ein deutlicher Unterschied zum amerikanischen Jugendverständnis begründet, das sich nicht von einer etablierten, „alten" Gesellschaft absetzen mußte. Eine mit der deutschen vergleichbare Jugendbewegung hat es folgerichtig in den USA nicht gegeben.

In Deutschland war sie, entgegen landläufigen Vorstellungen, keine soziale und politische Revolte. Die bürgerliche Jugendbewegung entwickelte kein eigenes, politisch relevantes Jugendkonzept. Wie die Kindheit wird auch die Jugend zu Beginn des zwanzigsten Jahrhunderts auf neue Weise zu einem Spiegel der Erwachsenen, zu einem Substrat der Projektionen, Zuschreibungen und Ziele vor allem des kulturkritisch, lebensreformerisch und reformpädagogisch engagierten Bildungsbürgertums der Wilhelminischen Zeit (vgl. Mogge, 1985).

Das Ende der Jugendbewegung in der rückwärtsgewandten Modernität des Nationalsozialismus hat für lange Zeit Jugendlichkeit als Potential des politisch-sozialen Fortschritts diskreditiert. Dauerhafter war eine andere Erbschaft der Bewegung: Die Vorstellung von einem „Moratorium" der Jugendzeit ist leitend für die Jugendarbeit und Jugendpolitik dieses Jahrhunderts geworden. Herausgebildet hat sich damit auch eine längere Adoleszenz und „Kulturpubertät" (Spranger), die im Unterschied zum frühen Eintritt ins Berufsleben in den USA insbesondere die Jugendlichen der deutschen Mittel- und Oberschichten in längerer Abhängigkeit von Elternhaus und Schule halten. In der Gegenwart scheint das *cultural lag* im Blick auf gewisse Formen des Jugendkults in den USA und der Bundesrepublik geringer zu werden. Eine vergleichbare Jugendkultur, eine ähnliche Funktionalisierung der Jugend als Konsumenten- und Werbepotential, aber auch die Abwertung der Autorität des Alters sind Indikatoren dieses Prozesses.

Kulturpessimismus und Fortschrittsorientierung

Bereits der Abschnitt „Gegenzeiten" versammelte Beispiele, die eine wenig originelle Feststellung erhärten. In Deutschland bzw. in Europa ist ein mit dem amerikanischen Optimismus vergleichbarer Zukunfts- und Fortschrittsglaube nie zur selbstverständlichen Attitüde geworden. Seit der Aufklärung formierten sich hier Gegenbewegungen zur Verbürgerlichung der Gesellschaft, die den Prozeß der Modernisierung als Verlustgeschichte beklagten. Kulturkritik, so will es eine geläufige Meinung, ist ein zu schwacher Ausdruck für die deutsche Spielart dieses Konservatismus. Es handelt sich um Kulturpessimismus, und eines der einflußreichsten Bücher hierzu, Fritz Sterns „Kulturpessimismus als politische Gefahr" (1963), bietet im englischen Originaltitel eine nochmalige Steigerung: *The Politics of Cultural Despair*. Stern analysiert den „verzweifelten" Kulturpessimismus der Jahrhundertwende anhand der Werke von Paul de Lagarde („Deutsche Schriften", 1878), Julius Langbehn („Rembrandt als Erzieher", 1890) und Arthur Moeller van den Bruck („Das dritte Reich", 1922) und stellt ihn als eine der Voraussetzungen für den Sieg des Nationalsozialismus dar. Das Buch gehört zu den Werken, die vor allem auch im Ausland das Bild von einem Deutschland verfestigt haben, das nur zu einem Teil zum „Westen" zählt und das dessen Grundwerte – Aufklärung, Rationalität, Parlamentarismus, Liberalismus, ökonomische und technologische Entwicklung – nur partiell bejaht. Die andere, „antiwestliche" Eigenart der Deutschen flieht vor der vielberedeten Nivellierung, Rationalisierung, Vermassung und Entfremdung der modernen Gesellschaft in eine mystische deutsche Volksgemeinschaft, ästhetische Innerlichkeit und irrationale Lebenseinheit und träumt von der Restauration vermeintlich naturwüchsiger und legitimer Bindungen. Zukunft ist nichts anderes als die Hoffnung auf die Rückkehr der Vergangenheit und ihrer unkritisch verklärten Ordnungsstrukturen. Diese Abwehr der Moderne als Preis einer raschen und schmerzlichen Umwälzung traditionaler Lebensverhältnisse besitzt vor allem im deutschen Bildungsbürgertum zweifellos eine starke Tradition.

Bedenklich ist jedoch, wenn sie mit der Gesamtheit der deutschen Gesellschaft und Kultur verwechselt und als Wesensbestimmung der Deutschen übernommen wird. Thomas Manns „Betrachtungen eines Unpolitischen" (1918) gehören zu den herausragenden, rhetorisch suggestiven Wesensdeutungen deutscher Wirklichkeit und Kunst, die die Selbststilisierungen und Argumentationsmuster des Kulturpessimismus exemplarisch zusammenfassen. Den deutschen Künstler „mit seinen dürerisch-faustischen Wesenszügen, seiner metaphysischen Stimmung, seinem Ethos von Kreuz, Tod und Gruft" (Mann 1983, 399) widert das „Glück" der Aufklärung an,

weil es ihm als gar nicht wünschbar, als menschenunwürdig, geist- und kulturwidrig, kuhfriedlich-wiederkäuerhaft und seelenlos erscheint. Er weiß, daß die Politik, nämlich Aufklärung, Gesellschaftsvertrag, Republik, Fortschritt zum „größtmöglichen Glück der größtmöglichen Anzahl" überhaupt kein Mittel ist, das Leben der Gesellschaft zu versöhnen (ebd., 248).

Thomas Mann hat sich bald nachdrücklich von dieser Standortbestimmung und Streitschrift gegen seinen Bruder Heinrich und den aktionistischen Expressionismus distanziert und sich mehr oder weniger konsequent den „westlichen" Werten verschrieben. Wesentlich zählebiger ist bis auf den heutigen Tag dagegen eine Geschichtsauffassung, die unter dem Eindruck bildungsbürgerlicher Eloquenz die tatsächliche soziale Reichweite des Kulturpessimismus überschätzt.

Der Aufstieg Deutschlands zu einer der großen Industrienationen der Welt wäre nicht möglich gewesen ohne die faktische Dominanz des Technischen, eine lange Tradition folgenreicher Erfindungen und Konzeptionen (vom Automobil bis zur funktionalen Ästhetik des Bauhauses), die das Gesicht der Moderne nachhaltig geprägt haben. Getragen wird diese Fortschrittsorientierung sowohl von den industriellen und technischen Eliten als auch von der Arbeiterbewegung, auch wenn diese Mehrheiten sich in der Öffentlichkeit weit weniger wirkungsvoll in Szene zu setzen wußten.

Die anhaltende Diskussion um die „Grenzen des Wachstums" oder die Verantwortbarkeit der Kerntechnologie läßt freilich eine schematische Trennung von Fortschritts- und Rückschrittsorientierung nicht mehr zu. Elemente des Kulturpessimismus verbinden sich z.B. in der Ökologie- und Friedensbewegung mit der Zukunft verpflichteten Konzepten. Hier ergeben sich Verbindungen zu der bereits erörterten Rückbesinnung auf das Orientierungsmuster Raum und zum Selbstverständnis der neuen Heimatbewegung.

Geschichtlichkeit

Stichworte zum amerikanischen Geschichtsbewußtsein

Es gehört zum unerschütterlichen Grundbestand der europäischen Selbstdarstellung, daß die Alte Welt selbst in der Geschichte wurzelt, während die Amerikaner geschichtslos seien. Dieses Stereotyp verdeckt einen wesentlich komplexeren Tatbestand.

Der sinnlichen Präsenz des Vergangenen (Denkmäler, restaurierte Stadtkerne, Museen und Brauchtumspflege) in Deutschland entspricht keineswegs eine gleichgewichtige innere Geschichtsbindung. Dagegen verdeckt beispielsweise das architektonische Gemisch von funktionaler Modernität und historischen Anleihen in den USA eine weniger problematische Beziehung zur eigenen Geschichte. Historische Stätten wie Bürgerkriegsschlachtfelder, Gouverneurspaläste, Capitole, Forts sind wichtige nationale Identifikationssymbole. Geschichte wird dabei im Vergleich zu Europa weniger als determinierende Macht erfahren, sondern als gemachte und machbare Verhältnisse. Dies ist jedoch nur die eine Seite der insgesamt stark ambivalenten Beziehung zur eigenen Vergangenheit, die sich durchaus auch naiv und affirmativ mit den Surrogaten einer Walt-Disney-Welt zufrieden geben kann. Spätestens seit dem Vietnam-Krieg jedoch ist der wachsende Einfluß eines kritischen Geschichtsbildes nicht zu übersehen, das z.B. auch die indianischen Opfer der Kolonisierung und die Schwarzen als Verlierer nicht ausspart. Die selbstverständliche Identifikation mit einer als egalitär und freiheitlich verstandenen demokratischen Tradition ist schwieriger geworden.

Aspekte des Geschichtsbewußtseins in Deutschland

In der Bundesrepublik scheint das zur Zeit geradezu inflationäre Interesse an deutscher Geschichte alle wohlbegründeten Schwierigkeiten des Umgangs mit ihr Lügen zu strafen. Bereits über ein Jahrzehnt hält die Serie der historischen Großausstellungen an: Staufer, Wittelsbacher, Preußen, Napoleon ... Nach langer Abstinenz werden wieder historische Museen gegründet: in Berlin das „Deutsche Historische Museum", in Bonn ein „Haus für die Geschichte der Bundesrepublik Deutschland". Alte Heimatmuseen werden aus ihrem Dornröschenschlaf gerissen, allerorten neue Präsentationsformen der Ortsgeschichte entwickelt. Im Grenzbereich von Politik und Wissenschaft arbeiten Initiativen wie die „Geschichtswerkstätten". Gesamtdarstellungen der deutschen, aber auch der Weltgeschichte sind inzwischen zu erfolgreichen Buchunternehmungen gediehen.

Durch die deutsche Vereinigung ist der sogenannte Historikerstreit überraschend schnell von der Tagesordnung verschwunden, nachdem er einige Jahre lang Fachwissenschaftler und Öffentlichkeit beschäftigt hatte. Es lohnt sich dennoch, Positionen und Konfliktlinien noch einmal kurz zu rekapitulieren. Die von Jürgen Habermas in einem ZEIT-Artikel mit dem Titel „Eine Art Schadensabwicklung" (DIE ZEIT, 11.7. 1986) öffentlich bewußt gemachten Versuche neokonservativer Historiker, aus dem Schatten der deutschen Geschichte herauszutreten, haben diesen Streit in Gang gebracht, der den zwiespältigen Umgang der Deutschen mit ihrer Geschichte bislang am nachdrücklichsten freigelegt hat. Bei aller Ausweitung und Verästelung dieser für das geschichtlich-politische Bewußtsein der Bundesrepublik so wichtigen Diskussion lassen sich drei zentrale Argumente im Lager der neokonservativen Historiker, Publizisten und Politiker festhalten. Beklagt wurde der Verlust eines intakten nationalen Geschichtsbewußtseins (symptomatisch hierfür die Position Michael Stürmers), das sinnstiftend durch den Zugriff auf die Nationalgeschichte „deutsche Identität" herstellen sollte. Des weiteren ging es um die „Historisierung" des Nationalsozialismus, indem die Vernichtung der Juden als Reaktion auf andere Gewalttakte wie etwa die russische Revolution gesehen und damit relativiert wurde (vgl. Andreas Hillgruber). Auf diese Weise wird schließlich die Singularität der NS-Verbrechen geleugnet, gleichsam „normalisiert", um so Diskontinuitäten aufzulösen, die eine nationale Identität stören.

Demgegenüber bleibt festzuhalten an dem, was Richard von Weizsäcker am 8. Mai 1985 (schon vor dem „Historikerstreit") formulierte:

Wir alle, ob schuldig oder nicht, ob alt oder jung, müssen die Vergangenheit annehmen. Wir alle sind von ihren Folgen betroffen und für sie in Haftung genommen.

Jüngere und Ältere müssen und können sich gegenseitig helfen zu verstehen, warum es lebenswichtig ist, die Erinnerung wachzuhalten. Es geht nicht darum, Vergangenheit zu bewältigen. Das kann man gar nicht. Sie läßt sich ja nicht nachträglich ändern oder ungeschehen machen. Wer aber vor der Vergangenheit die Augen verschließt, wird blind für die Gegenwart (von Weizsäcker 1985, V).

Angesichts der Greuel der Nazizeit und angesichts der von Brüchen und nicht von Kontinuität gekennzeichneten deutschen Geschichte erscheint die vielberedete Suche nach einer nationalen Identität verständlich, aber auch weiterhin problematisch. Angemessener als die nach der Vereinigung nur scheinbar „normalisierte" Nationalgeschichte und Identität „aller Deutschen" könnte ein Geschichtsbewußtsein sein, das in der Disparität der regionalen, sozialen und politischen Traditionen gründet und transnationale Beziehungen so wenig ausschließt wie lokales Eigenbewußtsein.

Auswahlbibliographie

Blessing, Werner K.: Fest und Vergnügen der „kleinen Leute". Wandlungen vom 18. bis zum 20. Jahrhundert. In: Richard van Dülmen und Norbert Schindler (Hg.): Volkskultur. Zur Wiederentdeckung des vergessenen Alltags (16.–20. Jahrhundert). München 1984, S. 352–379.

Büchner, Georg: Leonce und Lena. Ein Lustspiel. In: G. B.: Sämtliche Werke und Briefe. Historisch-kritische Ausgabe mit Kommentar. Hg. v. Werner R. Lehmann. Bd. 1, 2. Aufl. München 1974.

Elias, Norbert: Über den Prozeß der Zivilisation. Soziogenetische und psychogenetische Untersuchungen. 2 Bde. Bern 1969.

Fürstenberg, Friedrich; Mörth, Ingo (Hg.): Zeit als Strukturelement von Lebenswelt und Gesellschaft. Linz 1986.

Gurvitch, George: Social Structure and the Multiplicity of Times. In: Edward A. Tiryakian: Sociological Theory, Values and Sociocultural Change. Essays in Honor of Pitrim A. Sorokin. London 1963, S. 171–184.

Hall, Edward T.: Verborgene Signale. Studien zur internationalen Kommunikation. Über den Umgang mit Amerikanern. Hamburg 1983(a).

Hall, Edward T.: The Dance of Life. The other Dimension of Time. Garden City, New York 1983(b).

Hebel, Johann Peter: Unverhofftes Wiedersehen (1811). In: Kalendergeschichten. Hg. v. Winfried Theiß. Stuttgart 1977.

Heine, Heinrich: Lutezia. Bericht über Politik, Kunst und Volksleben (1854). In: H. H.: Werke. Bd. 3. Schriften über Frankreich. Hg. v. Eberhard Galley. Frankfurt/M. 1968.

Jeggle, Utz: Alltag. In: Hermann Bausinger, Utz Jeggle, Gottfried Korff, Martin Scharfe: Grundzüge der Volkskunde (= Grundzüge Bd. 34). Darmstadt 1977, S. 81–126.

Kamptz-Borken, Walther von: Der gute Ton von heute. Gesellschaftlicher Ratgeber für alle Lebenslagen. 5. Aufl. Freilassing 1957.

Koselleck, Reinhart: Vergangene Zukunft. Zur Semantik geschichtlicher Zeiten. Frankfurt/M. 1979.

Laermann, Klaus: Alltags-Zeit. In: Kursbuch 41/1975, S. 87–105.

Landes, David S.: Revolution in Time. Clocks and the Making of the Modern World. Cambridge, Massachusetts and London 1983.

Lepenies, Wolf: Das Ende der Naturgeschichte. Wandel kultureller Selbstverständlichkeiten in den Wissenschaften des 18. und 19. Jahrhunderts. München/Wien 1976.

Lukács, Georg: Theorie des Romans (1920). Neuwied und Berlin 1971.

Luhmann, Niklas: Die Knappheit der Zeit und die Vordringlichkeit des Befristeten. In: Die Verwaltung 1/1968, S. 3–30.

Mann, Thomas: Betrachtungen eines Unpolitischen (1918). Frankfurt/M. 1983.

Mogge, Winfried: Wandervogel, Freideutsche Jugend und Bünde. Zum Jugendbild der bürgerlichen Jugendbewegung. In: Thomas Koebner u.a. (Hg.): „Mit uns zieht die neue Zeit". Der Mythos Jugend. Frankfurt/M. 1985, S. 174–198.

Neumann-Bechstein, Wolfgang: Freizeit und Medien – Neue Trends, ungewisse Perspektiven? In: Media Perspektiven 3/1984, S. 192–201.

Palm, Valentin: Die „überhäuften" katholischen Feiertage im Kreise Prüm 1853 im Urteil eines führenden preußischen Beamten. In: Rheinisch-Westfälische Zeitschrift für Volkskunde 13/1966, S. 192–203.

Plumpe, Gerhard: Zyklik als Anschauungsform historischer Zeit. Im Hinblick auf Adalbert Stifter. In: Jürgen Link und Wulf Wülfing (Hg.): Bewegung und Stillstand in Metaphern und Mythen. Stuttgart 1984, S. 201–225.

Rammstedt, Otthein: Alltagsbewußtsein von Zeit. In: Kölner Zeitschrift für Soziologie und Sozialpsychologie 27/1975, S. 47–63.

Scheuch, Erwin K.: Die Verwendung von Zeit in West- und Osteuropa. In: Ders. und Rolf Meyersohn (Hg.): Soziologie der Freizeit. Köln 1972, S. 192–219.

Schivelbusch, Wolfgang: Geschichte der Eisenbahnreise. Zur Industrialisierung von Raum und Zeit im 19. Jahrhundert. München/Wien 1977.

Schlegel, Friedrich: Lucinde. Ein Roman (1799). In: F. Sch.: Dichtungen und Aufsätze. München 1984.

Schnabel, Johann Gottfried: Insel Felsenburg (1731). Hg. v. W. Voßkamp. Hamburg 1969.

Sombart, Werner: Der Bourgeois einst und jetzt. In: Neue Rundschau, 24/1913., Bd. 2, S. 1481–1509.

Spranger, Eduard: Psychologie des Jugendalters. Leipzig 1925.

Stern, Fritz: Kulturpessimismus als politische Gefahr. Bern und Stuttgart 1963.

Stapf, Kurt H.; Stroebe, Wolfgang; Jonas, Klaus: Amerikaner über Deutschland und die Deutschen. Urteile und Vorurteile. Opladen 1986.

Terkel, Studs: Der amerikanische Traum. 44 Gespräche mit Amerikanern. Berlin 1981.

Thompson, Edward P.: Zeit, Arbeitsdisziplin und Industriekapitalismus. In: E.P.Th.: Plebeische Kultur und moralische Ökonomie. Aufsätze zur englischen Sozialgeschichte des 18. und 19. Jahrhunderts. Ausgewählt und eingeleitet von Dieter Groh. Frankfurt/M., Berlin, Wien 1980, S. 35–67.

Umgangsformen heute: Die Empfehlungen des Fachausschusses für Umgangsformen (1972). Köln 1986.

Virilio, Paul: Fahren, fahren, fahren. Berlin 1978.

Watzlawick, Paul: Gebrauchsanweisung für Amerika. Ein respektloses Reisebrevier. München, 11. Aufl. Zürich 1987.

Weber, Max: Die protestantische Ethik und der Geist des Kapitalismus. Tübingen 1920.

Wehler, Hans-Ulrich: Entsorgung der deutschen Vergangenheit? Ein polemischer Essay zum „Historikerstreit". München 1988.

Weizsäcker von, Richard: Ansprache im Plenarsaal des Deutschen Bundestages am 8. Mai 1985. In: Werner Filmer u. Heribert Schwan: Richard von Weizsäcker. Profile eines Mannes. München o.J. (1985), S. I–XIV.

Hans-Joachim Althaus und Paul Mog

ZUM VERHÄLTNIS VON PRIVAT UND ÖFFENTLICH

Die Zeitschrift „Freibeuter" veröffentlichte im Jahre 1980 einen etwas ungewöhnlichen Beitrag. Er bestand aus dem bekannten Märchen der Gebrüder Grimm „Der Wolf und die sieben Geißlein". Beigefügt war ein Kommentar des Soziologen Oskar Negt, in dem er dieses „besonders ‚deutsche' Märchen" als „ein Stück deutscher Charaktergeschichte" (Negt 1980, 120f.) zu lesen versucht und vor diesem Hintergrund auch Bezüge zum „Dritten Reich" herstellt. Der Wolf, der da mit mehlbepuderter Pfote und mit durch Kreide verfeinerter Stimme die sieben Geißlein (sprich: die Deutschen) überlistet und sich Einlaß ins Haus verschafft, ist in dieser Lesart niemand anders als – Hitler.

Weniger diese waghalsige Analogie als eine andere Beobachtung Negts ist bemerkenswert. Die eigentliche Dramatik und Aufmerksamkeit des Märchens konzentriere sich auf die Tür als den Übergang von innen nach außen, von sicher und unsicher. Verbarrikadierung im Innern, Unsicherheit beim mißtrauischen Versuch, das Außen zu erkennen und zu unterscheiden, all das verweise „auf eine die deutsche Geschichte kennzeichnende Grundstörung des Verhältnisses von Innen und Außen" (ebd. 123).

Negt folgt damit einer bekannten Charakteristik deutscher Mentalität, derzufolge sich in Deutschland das Innen, die Privatheit, die vielberedete „Innerlichkeit" wesentlich stärker entfaltet hat als das Außen, verstanden als der Sinn fürs Politische, für Gesellschaft und Öffentlichkeit:

> Das Prinzip der Ökonomie der deutschen Eigenschaften lautet Wärme und Aufmerksamkeit nach innen, zur Familie, zu den Privatverhältnissen hin, zum Binnenraum der Phantasie – Kälte und Gleichgültigkeit nach außen (ebd. 123).

Mit Blick auf die heutige Bundesrepublik jedoch ist mit einer solchen Fundamentaldiagnose nicht allzuviel gewonnen. Es ist sicher richtig, daß Mentalitäten sich sehr langsam ändern, und auch dieses Kapitel wird sich noch ausgiebig auf die *longue durée* historisch weit zurückliegender kollektiver Schlüsselerfahrungen berufen. Aber bei aller Langsamkeit der Mentalitätsgeschichte ist sie dennoch eine Geschichte der Veränderungen, die auch und vor allem den vergangenen vierzig Jahren der alten Bundesrepublik ihr Gepräge geben. Das Verhältnis von Innen und Außen, von Privat und Öffentlich war in Wirklichkeit immer schon komplizierter, als es ihre traditionell strikte Trennung und Polarisierung im deutschen Verständnis suggeriert.

Und wie steht es mit der „Wärme und Aufmerksamkeit nach innen, zur Familie, zu den Privatverhältnissen hin" bei einer Scheidungsrate von über 30 Prozent in der Bundesrepublik, wo inzwischen nahezu die Hälfte aller Haushalte, wie die Statistiker sagen, unvollständige Haushalte sind? Andererseits kann aber wohl von „Kälte und Gleichgültigkeit nach außen" nicht ohne weiteres die Rede sein: Als Beispiel für die gewachsene innere Demokratisierung sei z.b. nur auf die überraschende Partizipationsbereitschaft vor allem in den Neuen Sozialen Bewegungen der Bundesrepublik verwiesen.

Und dennoch: Alle diese Einschränkungen nützen wenig, sobald im Kulturvergleich die USA in den Blick rücken. Mag die im traditionellen Verständnis strikte deutsche Trennung zwischen einem „überentwickelten" Innen und einem „unterentwickelten" Außen durch die neuere Entwicklung auch noch so überholt und aufgelöst sein – im Vergleich mit den amerikanischen Verhältnissen pflegt sie sich gerne wieder herzustellen.

Amerikaner, so will es das Fremd- und das Selbstbild, kennen die starre Opposition zwischen Privatheit und Öffentlichkeit nicht. Eingeschliffene wechselseitige Wahrnehmungsgewohnheiten sorgen dafür, daß man im anderen Land eher das bemerkt, was dem vorgeformten Bild von ihm entspricht, als das, was ihm widerspricht.

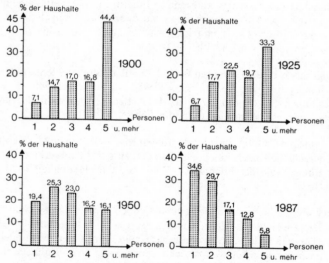

Veränderungen der Haushaltsgrößen nach: Datenreport 1989, herausgegeben vom Statistischen Bundesamt

Als Indikatoren werden zum Beispiel geltend gemacht: die vielberedeten offenen Türen in amerikanischen Büros und Universitäten, die wesentlich weniger reglementierten Öffnungszeiten von Läden bis hin zur größeren Bedeutung der Privatinitiative in Wirtschaft, Politik und Wohlfahrt. Auch die private Lebenssphäre gilt als durchlässig für Öffentliches. Der amerikanischen Familie sagt man große Offenheit nach, und die amerikanische Art, rasch und unkompliziert Freundschaften zu schließen, wird gerade im deutsch-amerikanischen Vergleich oft hervorgehoben. Umgekehrt klagen Amerikaner in der Bundesrepublik darüber, daß sie immer wieder vor geschlossenen Türen stehen. Die knapp bemessenen Öffnungszeiten von Behörden, die seltenen und kurzen Sprechstunden der Professoren an den Universitäten sorgen häufig für Irritationen und werden als vergleichsweise unzureichende demokratische Serviceleistungen und obrigkeitsstaatliche Relikte verstanden. Und auch im Privaten fällt diese Verschlossenheit auf. Eine amerikanische Studentin beobachtet an ihren deutschen Nachbarn:

> Jeder grenzt sich ab. Typisch ist, daß man hier Hecken und Zäune hat und nicht ein Grundstück ins nächste fließt. Man kann im Sommer nirgendwo reingucken (Fremde Deutsche 1986, 52).

Das Interieur deutscher Wohnungen wiederholt im Kleinen die Vorliebe für Verschlossenes. Ein amerikanischer Gastwissenschaftler in Tübingen:

> Wir hatten nie zuvor so viele Türen, Schränke und Schubladen mit Schlössern und Schlüsseln gesehen (Zit. n. Zeitungskolleg „Heimat heute" 1980, 26).

Damit nicht genug: die allgegenwärtigen Hecken und Zäune kehren in der Sicht der Amerikaner mental in der größeren Reserviertheit und Verschlossenheit der Deutschen wieder.

Wir haben in dieser lockeren Bestandsaufnahme nicht empirische Zustände, sondern wechselseitige Wahrnehmungen und Zuschreibungen aufgereiht. Es wäre eine Illusion zu glauben, das „wirkliche" Verhältnis von Privatheit und Öffentlichkeit objektiv anhand von Fakten dingfest machen zu können, wenn man nur von solchen subjektiven Perspektiven und Sichtweisen absieht.

Was wir hier leisten können, ist folgendes: Wir skizzieren grundlegende Bedingungen, die in beiden Kulturen für die jeweilige Ausprägung des Verhältnisses von Privat und Öffentlich maßgeblich waren und sind.

In einer ersten Annäherung erinnern wir vor allem im Blick auf die Entwicklung in den USA kurz an die religionssoziologischen Studien Max Webers. In einem zweiten Schritt, der sozialhistorische Gesichtspunkte zur Geltung bringt, lösen wir die allzu idealtypische Gegenüberstellung der beiden Bereiche Privat und Öffentlich auf. Wir bleiben dabei jedoch in der Dimension der Einstellungen, versuchen also, Mentalitäten und ihre Entstehung zu beschreiben und zu erklären. Bei all dem muß bewußt bleiben, daß diese heuristisch aufschlußreiche Polarisierung ein Denkmodell ist, das den Blick für vielfältige Interdepen-

denzen und Differenzierungen nicht verstellen darf. Konkret heißt dies: Nach
den historischen Voraussetzungen für das in beiden Ländern unterschiedliche
Verhältnis von Privat und Öffentlich greifen wir im Bereich des Privaten die
Figurationen von Familie und Freundschaft heraus und gelangen über die Darstellung des in Deutschland zwischen dem Privaten und Öffentlichen angesie-
delten Vereinswesens zu gegenwärtigen Tendenzen, wo verstärkt die Zusammenhänge beider Bereiche in den Vordergrund rücken.

Die USA: Schwacher Staat – starke Gesellschaft?

Das Verhältnis von Bürgern und Staat, von Privatheit und Öffentlichkeit, hat
sich in den USA bekanntlich anders ausgeprägt als in der „Alten Welt". Sowohl
im Selbstverständnis der amerikanischen Gesellschaft wie auch in der positiven
Außensicht gilt es als ausgemacht, daß nirgendwo anders als in Amerika die
zentrale Idee von Adam Smith' „The Wealth of Nations" verwirklicht sei.
Dem Gemeinwohl, so die zentrale Maxime des frühen Kapitalismus, sei am
besten gedient, wenn die Individuen ihre Interessen selbständig und ohne staatliche Einmischung wahrnehmen. Während diese Idee in Deutschland wegen
der engen Verflechtung von Staat, Bürgertum und Wirtschaft und auch angesichts der ökonomischen Rückständigkeit nie handlungsleitend wurde, ergaben
sich für sie in den von bürokratischer Reglementierung weitgehend freien amerikanischen Kolonien und in der Folge für die USA wesentlich weitere Handlungsspielräume. Die amerikanische Nation hat nicht nur den englischen Liberalismus und Utilitarismus in höherem Maße als andere Länder übernommen,
sondern auch den Optimismus der französischen Aufklärung und den Glauben,
die Individuen könnten ihr Schicksal eigenständig gestalten.

Gleichgültig, ob es sich hier um Realität oder eher Ideologie handelt, von ent-
scheidender Bedeutung sind die inneren Antriebe, die zumindest als Mentalität
wirksam werden.

Zur Erhellung dieser Disposition haben wesentlich die Forschungen Max
Webers zur Religionssoziologie beigetragen. Die zentrale These seines Haupt-
werks „Die protestantische Ethik und der Geist des Kapitalismus" (1905) ist
auch in den USA weithin bekannt geworden: Die vom Calvinismus geprägte
Lebensführung, der von Weber so genannte „asketische Protestantismus", hat
entscheidend die neuzeitliche Berufs- und Wirtschaftsgesinnung geprägt und
die Dynamik des modernen Kapitalismus entfesselt.

Nicht zufällig zitiert Max Weber Benjamin Franklin als Kronzeugen für den
„Geist des Kapitalismus" und die „protestantische Ethik". Auch heute noch
vermerken europäische Amerika-Besucher die besondere Rolle der Religion:
„Ihre öffentliche Funktion, ihr moralischer Charakter und das Element des
Puritanismus scheinen in der Tat die drei wesentlichen Elemente der Religion
in Amerika" (Dahrendorff 1968, 30). Der von Max Weber postulierte enge Zusammenhang zwischen protestantischer, insbesondere calvinistischer Ethik und

innerweltlicher Leistungsorientierung (die Harmonie von Moral und Erfolg) hat eine inzwischen unübersehbare Diskussion in Gang gesetzt, die hier nicht im einzelnen verfolgt werden kann.

Wesentlich ist, daß mit seinen Arbeiten religiöse Antriebe der amerikanischen Entwicklung in den Blick treten, die in Verbindung mit den sozialgeschichtlichen Strukturbedingungen in den USA erklären können, warum es zu der herausragenden Bedeutung der privaten Initiative und Fortschrittserwartung kam. Zu berücksichtigen sind aber auch beispielsweise Faktoren wie die spezifischen Dispositionen der Einwanderer, die die Fesseln vielfältiger Abhängigkeiten, Bevormundung und Reglementierung abgestreift und eine ihnen gemäße Offenheit zumindest in der Pioniergesellschaft vorfinden konnten. Das Bedürfnis nach religiöser und politischer Unabhängigkeit, die politischen Ideen der Aufklärung, die – gestützt von den genannten religiösen Antrieben – in die frühe Verwirklichung eines demokratischen Staatswesens mündeten, all dies bildete eben jene Mentalitätsmuster aus, die noch heute das Selbst- und Fremdbild der USA nachhaltig bestimmen. Noch immer gilt idealtypisch, was Alexis de Tocqueville (1833) auf den Begriff brachte:

> Der größte Teil des englischen Amerika ist von Menschen bevölkert worden, die sich, nach dem Abfall von der Autorität des Papstes, keiner religiösen Hoheit unterworfen hatten; sie brachten also in die Neue Welt ein Christentum mit, das ich nicht besser beschreiben kann, als indem ich es demokratisch und republikanisch nenne: das sollte die Errichtung der Republik und der Demokratie im geschäftlichen Bereich außerordentlich begünstigen. Von Anfang an waren Politik und Religion einig, und sie haben seither nicht aufgehört, es zu sein (Tocqueville 1976, 332f.).

Heute sieht – zumal im Blick von außen – vieles anders aus. Die Rolle Amerikas als Weltmacht läßt weder an einen schwachen Staat noch an eine schwache Gesellschaft denken. Innenpolitisch hat sich zudem seit der großen Depression das Verhältnis zwischen bürgerlicher Gesellschaft und Staat wesentlich verändert. In dieser Zeit bekam die amerikanische Regierung Zugang zu privatwirtschaftlichen Bereichen, um etwa die Einhaltung von Vorschriften zum Umweltschutz und zur Arbeitsplatzsicherheit zu überprüfen und regulierend einzugreifen. Der Ausbau des Wohlfahrtsstaates, wenn er auch nicht annähernd die Dichte des sozialen Netzes in Deutschland erreicht hat, konfrontiert auch die amerikanischen Bürger mit einem starken Staat, der sogar gelegentlich das amerikanische Ideal von Demokratie als „government by the people, for the people, and of the people" zu verletzen scheint.

Deutschland: Obrigkeitsstaat und Untertanenvolk?

In der geistesgeschichtlichen Tradition hat die deutsche Selbstdeutung immer die überragende Rolle der „Schicksalsfigur" Martin Luther betont. Unmittelbar nach dem Zweiten Weltkrieg greift auch Thomas Mann in seiner berühmten

Rede über „Deutschland und die Deutschen" vom 29. Mai 1945 in Washington auf die Bedeutung Luthers und seines Protestantismus zurück, um zu begründen, warum die deutsche Entwicklung zwangsläufig in die Katastrophe des „Dritten Reiches" münden mußte.

Die deutsche idealistische Philosophie, die Verfeinerung der Psychologie durch die pietistische Gewissensprüfung, endlich die Selbstüberwindung der christlichen Moral aus Moral, aus äußerster Gedankenstrenge – (...) dies alles kommt von Luther. Er war ein Freiheitsheld, – aber in deutschem Stil, denn er verstand nichts von Freiheit. Ich meine jetzt nicht die Freiheit des Christenmenschen, sondern die politische Freiheit, die Freiheit des Staatsbürgers – die ließ ihn nicht nur kalt, sondern ihre Regungen und Ansprüche waren ihm in tiefster Seele zuwider (Mann, Bd. II 1986, 287).

Solche geistesgeschichtlichen Traditionslinien haben in der früheren Diskussion über den deutschen Sonderweg eine bestimmende Rolle gespielt. In der neuen, sozialhistorisch orientierten und vergleichend argumentierenden Forschung treten geistesgeschichtliche Faktoren zurück.

Im Hinblick auf die Genese des spezifisch deutschen Verhältnisses von Privat und Öffentlich, Staat und Gesellschaft, sollen hier vor allem die politischen und sozialen Weichenstellungen des beginnenden 19. Jahrhunderts in den Blick genommen werden. In dieser Zeit setzt im Prozeß der neuzeitlichen Staatsbildung jene spezifisch deutsche Staatslastigkeit ein, die sich wohl in keinem anderen westlichen Land so mentalitätsprägend erwiesen hat wie in Deutschland.

Um sich dies zu vergegenwärtigen, ist es vielleicht günstig, einmal nicht das Modell Preußen heranzuziehen, an dem in der deutschen Geschichtsschreibung fast zwangsläufig Verstaatlichungsprozesse demonstriert werden. – Ein für uns in Süddeutschland nicht minder aufschlußreiches und weniger verbrauchtes Beispiel ist das Königreich Württemberg. Die napoleonische Flurbereinigung vom Jahre 1806 zwingt dieses Württemberg zu Beginn des 19. Jahrhunderts zur Vereinheitlichung heterogener, zum Teil winziger Territorien mit ganz unterschiedlichen politischen und sozialen Traditionen und Lebensstilen. Damit verschränkt sich (nicht nur hier) ein Prozeß der Verstaatlichung, eine „Reform von oben", mit dem das aufgeklärt-absolutistische Regime auf den napoleonischen Revolutionsexport reagiert. Nicht mehr der Souverän als Person beansprucht die Treuepflicht seiner Untertanen, sondern der Staat als „objektive" Autorität und durch ihn die Regierung als Repräsentantin des Gemeinwohls. Vereinheitlichung und Verstaatlichung in einer solcherart von oben in Gang gesetzten und kontrollierten Reform, das heißt etwa: es müssen Konzepte zentraler Wirtschaftssteuerung, Organe der Staatsverwaltung geschaffen werden. Modernisiert und sozusagen verstaatlicht werden muß in diesem Prozeß auch der Untertan, aus dem sich idealiter die Figur des Staatsbürgers entwickeln soll, der die Autorität des Staates und die Forderung des Allgemeinwohls verinnerlicht hat (vgl. dazu Kaschuba 1988).

In Württemberg werden zwischen 1800 und 1820 dreimal soviel Gesetze und Verordnungen erlassen, wie in den beiden Jahrhunderten zuvor. Dies ist sicher zunächst Ausdruck einer sich rasch ausdifferenzierenden Gesellschaft, läßt jedoch eine nahezu lückenlose Reglementierung erkennen. Wie weit diese Verrechtlichung in das Alltagsleben der Bürger und vor allem der Unterschichten eingriff, hat Wolfgang Kaschuba anschaulich vor Augen geführt. Der Prozeß der Sozialdisziplinierung erfaßt nun planmäßig alle Bereiche des gesellschaftlichen Lebens. Arbeit und Zeitökonomie, Medizin und Hygiene, Justiz und Militär, Verwaltung und Politik, alles wird einer umfassenden Rationalisierung und Kontrolle unterworfen. An Vaganten und Bettlern demonstriert die staatliche Erziehungsdiktatur, wie die neue Arbeitsmoral auszusehen hat. Angeblich arbeitsscheue Arme und Nichtseßhafte steckt man in die seit 1807 geschaffenen Polizeianstalten und Zwangsarbeitshäuser, um ihnen Regelmäßigkeit, Disziplin und Fremdbestimmung in der Arbeit anzugewöhnen. Eine wissenschaftlich professionalisierte Medizin drängt die jahrhundertealte Volksmedizin zurück: hygienische Vorsorgemaßnahmen regeln z.b. die ersten Massenschutzimpfungen gegen Pocken, das Baden in Flüssen und Seen, die Verlagerung der Friedhöfe wegen ihrer „Ausdünstung" an die Ortsränder. Selbst die hygienische Anlage und der Standort von Misthaufen sind nun vorgeschrieben. Kleidermode oder Kaffeekonsum, kirchliche Feiertage und Blauer Montag bis hin zur Festlegung einer landesweit geltenden Polizeistunde, überall setzt der Staat seine Ordnungsvorstellungen in die Praxis um. Und sogar voreheliche Sexualbeziehungen sind nun Gegenstand behördlicher Kontrolle und Bestrafung.

Man ist heute wohl eher geneigt, die Modernisierungs- und Fortschrittsleistungen dieser „Reformen von oben" anzuerkennen. Sie bedeuten das Ende der Leibeigenschaft, die Entmythologisierung der monarchischen Staatsform, sie bringen den Beginn des Verfassungsstaates, Religionsfreiheit, einklagbare Rechtsnormen und schaffen in Deutschland erst die gesellschaftlichen Voraussetzungen für demokratische und liberale Reformbewegungen. Wenn man einmal nicht nur von der begrenzten und in manchen Bereichen blockierten politischen Demokratisierung ausgeht, dann hat auch das vielgeschmähte Wilhelminische Kaiserreich erstaunliche Errungenschaften aufzuweisen. Zu denken ist etwa an die Kranken-, Unfall-, Alters- und Invaliditätsversicherung, mit der Reichstag und Reichsbehörden die Grundlagen des modernen Sozial- und Wohlfahrtsstaates geschaffen haben, oder an ein Beispiel, das Jürgen Kocka in seiner Einleitung zu dem dreibändigen Werk „Bürgertum im 19. Jahrhundert. Deutschland im europäischen Vergleich" (1988) hervorhebt. „Bedenkt man", so heißt es da,

daß die im deutschen Bereich früh und „von oben" durchgesetzte staatliche Pocken-Schutzimpfung die Epidemie im Kaiserreich so gut wie besiegt hatte, während gleichzeitig in Frankreich, wo liberale Abwehr staatlicher Intervention ähnliche Maßnahmen verhinderte, noch zirka 100 000 Personen an Pocken starben, dann begreift man etwas von der Kraft jenes „bürokratischen Erbes", jener Tradition der „Reform von oben", die für die deutsche Entwicklung (...) charakteristisch waren... (Kocka 1988, Bd.1., 74).

Die andere Seite der Verstaatlichung ist die systematische Durchsetzung der Disziplin in allen Lebensbereichen, die Allgegenwart der staatlich-bürokratischen Durchdringung und Reglementierung der Gesellschaft mit ihren zwanghaften Leitwerten von Ruhe, Ordnung, Kontrolle, Sicherheit, Arbeitsleistung und Effektivität.

Was Fremd- und Selbstbilder den Deutschen traditionell zuweisen – Fleiß, Disziplin, Tüchtigkeit, Ordnung, Sauberkeit etc. – sind ja nicht nur deutsche Tugenden. Daß sie sich dennoch bis auf den heutigen Tag in besonderem Maße als typisch deutsche Eigenschaften aufdrängen, hängt damit zusammen, daß die zu Beginn des 19. Jahrhunderts in Gang gesetzte „Verstaatlichung" der Menschen sich im engen territorialen Rahmen deutscher Einzelstaaten durchgreifender und unausweichlicher vollzog als anderswo. Das Projekt der Formung und Modellierung eines der Staatsidee gemäßen „Staatsbürgers" mit all seinen Tugenden, aber auch Grenzen ist, wenn man so will, gelungen: Als seine idealtypische Verkörperung erscheint auch im Ausland die inzwischen in ihrer Ausstrahlungskraft verblassende Sozialfigur des deutschen Beamten, der politisch loyal, korrekt und bürokratisch das geforderte Arbeits- und Pflichtethos verinnerlicht hat.

Zwischen dieser Staatstradition und den deutschen Bedeutungskonnotationen von Privatheit bestehen zweifellos Zusammenhänge. Bei weitgehendem Einverständnis mit dem fürsorglichen Obrigkeits- und Wohlfahrtsstaat bleibt die Haltung ihm gegenüber doch ambivalent. Die Tendenz des Staates, im Dienste des Gemeinwohls auch die „Verstaatlichung des Privaten" voranzutreiben, hat stets auch das Bedürfnis nach Abgrenzung, nach dem Schutz der Privatsphäre erzeugt. Die Wendung nach innen, die keineswegs immer nur unpolitische Verteidigung der Privatheit, kann somit auch als Antwort auf die staatlich-bürokratische Durchdringung der deutschen Gesellschaft verstanden werden. Wenn z.B. heute Fragen des Datenschutzes in der Bundesrepublik mit besonderer Leidenschaft diskutiert werden oder die Volkszählung vor einigen Jahren nur mit Mühe durchgesetzt werden konnte, so ist dies wohl nicht nur eine Reaktion auf die Nazizeit, sondern steht in einer viel längeren Tradition der Abwehr von staatlichen Interventionen dieser Art.

Familie

Typisch deutsch ist die Hochschätzung der Familie nicht. Als Fremder in eine französische Mittelschichtsfamilie aufgenommen zu werden ist in der Regel ein weit schwierigeres Unterfangen als in der heutigen Bundesrepublik. Und das englische Sprichwort „My home is my castle" verheißt zumindest noch für die victorianische Familie auch keine große Offenheit. Vieles spricht jedoch dafür, daß das Bild von der heilen Familie in Deutschland besonders wirksam ist. An Weihnachten, dem deutschen heiligen Abend der Privatheit, offenbart sich am deutlichsten, wie deutsche Familien sich sehen wollen. Dem Zwang zur familiären Harmonie an diesem Abend können sich selbst Widerspenstige nur schwer entziehen, die Familie bleibt – anders als in anderen Ländern – unter sich.

Wenn es heute so etwas wie eine kulturspezifische Eigenheit der deutschen Familienprivatheit noch gibt, so ist es wohl am ehesten dieses sich leicht mit Sentimentalität verschwisternde Bedürfnis nach Harmonie und Geborgenheit in einer häuslich-heilen Gemütlichkeit. Dies alles wird von der Wirklichkeit längst nicht mehr gedeckt. Der Industrialisierungsprozeß, der die Kleinfamilie als Institution geschaffen hat, beginnt sie nicht erst jetzt zugunsten einer Vielfalt anderer Lebensformen zurückzudrängen.

Bekanntlich hat sich ein auf Gefühle und emotionalen Zusammenhalt konzentrierter Familientypus erst relativ spät herausgebildet. Die Literatur geht in der Regel davon aus, daß um 1800 etwas entstand, was gemeinhin als die bürgerliche (Klein-)Familie bezeichnet wird. Ihr voran ging das sogenannte „Ganze Haus", die Einheit von Betrieb und Haushalt, in der mehrere Generationen, Gesellen und Gesinde mit dem Hausvater zusammenlebten. Diese Lebensform und ihre vermeintliche Harmonie ist bis in die Gegenwart oft verklärt worden. Die emotionale Wärme, die man romantisierend in sie hineinprojizierte, hat es so nicht gegeben. Erst die Trennung von Betrieb und Haushalt läßt in der Binnenwelt der neuen Familie eine Gefühlskultur entstehen, die ihren Ausgang in zunehmend verinnerlichten Eltern-Kind-Beziehungen nimmt. Während diese in der alten Ordnung durch vergleichsweise starre Normen und Gebräuche geregelt waren, verlagert sich in der bürgerlichen Kleinfamilie die Modellierung des Gefühlslebens ins Innere, Emotionale, Psychologische und entfaltet eine differenzierte Erlebnisfähigkeit, prägt zugleich aber lautlos wirksame Abhängigkeiten und Zwänge aus.

Diese Psychologisierung und Verfeinerung von Emotionalität schafft sich in der sentimentalen Literatur des späten 18. Jahrhunderts eine bis heute nicht verlorengegangene Gefühlssprache. Es gehört gleichsam zu einem Stück kulturellen deutschen Sonderwegs, daß die so entstandene Subjektivität nur teilweise im politischen und sozialen Erfahrungsraum verwirklicht werden konnte. Die Energien der Gebildeten verlagerten sich vor allem in die literarische Innerlichkeit und Naturerfahrung als Spiegel und Resonanzboden einer labilen seelischen Befindlichkeit. Als Realitätsflucht, „Eskapismus", läßt sich dieser Verinnerlichungsprozeß nicht angemessen begreifen. Man sagt zwar der deutschen Familie eine unpolitische und selbstgenügsame Privatheit nach, jedoch hat im 19. Jahrhundert das Wunschbild familiärer Liebe Entwürfe ermöglicht, in denen sich die Familie zum utopischen Modell einer Gesellschaft weitete, in der Intimität und Öffentlichkeit, Aufklärung und Liebe nicht getrennt bleiben. Im Buch von Manfred Schneider „Die kranke schöne Seele der Revolution. Heine, Börne, das ‚Junge Deutschland', Marx und Engels" (1980) wird gezeigt,

daß im literarischen Deutschland des Vormärz alle Forderungen und Wünsche der Liberalen, der Republikaner und der Sozialisten – trotz offensichtlicher Verschiedenheit der Lebensgeschichte und der literarischen Eigenarten – darauf abzielen, das gesellschaftliche öffentliche Leben gemäß den

Erfahrungen und gemäß den poetischen Codes der sentimentalen Literatur über die privaten Beziehungen zu gestalten: als einfühlende und liebende Beziehungen der Menschen aller Klassen (17).

Dieses utopische Potential ist, nach dem Urteil von Jürgen Habermas, seit Mitte des 19. Jahrhunderts im Schwinden begriffen. Als Beleg dafür, daß die „lebendige Bildungstradition der lektüretreibenden Großbürgerfamilie" (Habermas 1968, 179) früherer Generationen vergangen ist, verweist Habermas auf den neuen Typus der Familienzeitschrift, der in der zweiten Hälfte des 19. Jahrhunderts zum dominierenden Lesestoff wird. Die Familie ist zwar noch Resonanzboden dieses neuen Genres von Zeitschrift, sie bildet jedoch nach Habermas kein Forum kritischen Räsonnements aus. Damit wird ein Urteil ausgesprochen, das man im einzelnen wohl nuancieren muß. Karl Gutzkows „Unterhaltungen am häuslichen Kamin" etwa, das erste deutsche Familienblatt, bietet in seinem Programm zweifellos mehr als eine Idylle:

Es gibt Zeiten, wo sich jede Überzeugung in die Familie flüchtet (…). Der häusliche Herd ist uns keine gedankenlose Plauderstube (…) er ist und wird uns bleiben das sichere Asyl ernster Lebensauffassung, (…) eine allgemeine Vereinigung der Menschen als Menschen, wenn auch Parteiung sie zerrisse" (Gutzkow zit. n. Klüter 1963, 7).

Die Gartenlaube. Titelbild der ersten Ausgabe (Dezember 1853)

Und auch die 1853 gegründete „Gartenlaube", unter anderen Familienzeitschriften wie „Über Land und Meer", „Daheim" mit (um 1875) zirka zwei Millionen Lesern die erfolgreichste, ist keineswegs unpolitisch. Das Titelbild der ersten Nummer zeigt in der geschlossenen Heimeligkeit der Laube die um den Tisch versammelte Familie noch einmal als diskutierendes Forum, wenngleich in einem gemütvollen Tableau im Stile Ludwig Richters. Unübersehbar ist jedoch die Sentimentalität, die diese politisierende Öffentlichkeit *en miniature* aufweicht. Die politische Sphäre schrumpft im Medium dieser sentimentalen Intimisierung zu rührenden Genreszenen, in denen jegliche Problemschärfe sanft verschwimmt.

Diese Erbschaft eines besonders gefühlsbetonten Familiensinns ist im 20. Jahrhundert trotz oder gerade wegen der nachhaltigen Erschütterungen durch zwei Weltkriege und der Erfahrungen der Nazizeit nicht verlorengegangen. Eine Restauration der Familie kennzeichnet insbesondere die fünfziger Jahre; auf die totale Einbeziehung in die sogenannte Volksgemeinschaft, die alle in familienübergreifenden Organisationen erfaßte, antwortet als Gegenreaktion der Rückzug in die politikferne Familienprivatheit. Aus dieser Zeit stammen wesentliche Impulse zu einer christdemokratisch geprägten Familienpolitik, die eine solche Familienzentrierung festschreiben wollte. Eine lange Reihe von Gesetzen und Hilfen stützen zum Teil bis heute diese Wertschätzung der Familie: steuerliche Begünstigung von Verheirateten mit Kindern, der Familienlastenausgleich, vielfältige Vergünstigungen für kinderreiche Familien, spezielle Wohnungsbauprogramme und Ausbildungsbeihilfen für die Kinder. Die hartnäckige Abwehr von Ganztagsschulen und -kindergärten, das geringe Ansehen von Internaten und das Mißtrauen gegenüber solchen Schulmodellen, die in anderen Ländern die Regel sind, verraten das scheinbar ungebrochene Vertrauen in eine vorrangig familiäre Erziehung.

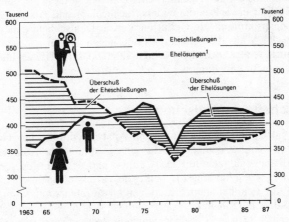

1 Durch Tod, Scheidung, Aufhebung oder Nichtigkeit der Ehe.

Eheschließungen und Ehelösungen nach: Datenreport 1989, herausgegeben vom Statistischen Bundesamt

Jahr	Eheschließungen		Ehescheidungen	
	insgesamt 1 000	je 1 000 Einwohner	insgesamt 1 000	je 1 000 Einwohner
1950	536	10,7	86	1,7
1955	462	8,8	49	0,9
1960	521	9,4	49	0,9
1965	492	8,3	59	1,0
1970	445	7,3	77	1,3
1975	387	6,3	107	1,7
1980	362	5,9	96	1,6
1981	360	5,8	110	1,8
1982	362	5,9	118	1,9
1983	370	6,0	121	2,0
1984	364	5,9	131	2,1
1985	365	6,0	128	2,1
1986	372	6,1	122	2,0
1987	383	6,3	130	2,1
1988	398	6,5	129	2,1
1989[1]	397	6,4	...	...

1 Vorläufiges Ergebnis.

Eheschließungen und Ehescheidungen nach: Datenreport 1989, herausgegeben vom Statistischen Bundesamt

Einem solchen, für das deutsche Selbstverständnis zentralen Familienideal widersprechen, wie schon gegen Negts These von der deutschen „Wärme und Aufmerksamkeit nach innen" geltend gemacht wurde, die Fakten. Spätestens am Ende der sechziger Jahre bricht mit dem sich zuspitzenden Generationenkonflikt, den antiautoritären Erziehungsmodellen und alternativen Wohnformen die Diskrepanz zwischen Wunschbild und Realität auf, die von der Familienpolitik nicht mehr gekittet werden kann.

Die intime Innensicht dürrer statistischer Daten zeigt diese aus den Zumutungen der Realität erwachsende Widersprüchlichkeit und Konfliktgeladenheit der Familienstrukturen. Die Geburtenraten in Deutschland gehören zu den niedrigsten der Welt, die Scheidungsraten liegen, wie in anderen Industrienationen auch, relativ hoch, die „Normal"-Familie ist inzwischen eher die Ausnahme, nicht mehr unbedingt die Regel.

Freundschaft – freundschaft

Eine von Gert Raeithel unternommene Analyse europäischer Urteile über Amerika und die Amerikaner erbrachte ein eigentümlich konsistentes Negativbild: Amerikaner sind nicht nur geist-, kultur- und geschichtslos, sondern auch rastlos, seelenlos und bindungslos. In diesem Verdikt tauchen affektive Bewertungen auf, die sich, bei allen Variationen im einzelnen, mindestens seit dem 19. Jahrhundert durchhalten. Man fragt sich, was bleibt eigentlich von den Amerikanern übrig, wenn sie so viel von dem „los" sind, was in deutscher oder europäischer Perspektive zur Grundausstattung der Menschen gehört? Übrig bleibt ein merkwürdig unfixiertes Phantombild: Amerikaner sind nicht oder in geringem Umfang festgelegt im Raum (Rast- und Bindungslosigkeit), sie sind genausowenig fixiert durch die Zeit (Geschichts- und Kulturlosigkeit), und sie sind offensichtlich weniger sozial eingebunden (Seelen- und Bindungslosigkeit). Die amerikanischen Deutschland-Bilder erweisen sich, schon aufgrund des geringeren Gewichts eines einzelnen europäischen Landes, als wesentlich weniger affektiv und aggressiv. Zäune und Hecken beobachten Amerikaner in Deutschland nicht nur um die Häuser und abgeschirmten Privatbereiche, sondern, wie gesagt, auch um die Menschen selbst, die ihnen distanziert, abweisend und kühl, Fremde und Fremdes ausgrenzend erscheinen. Wechselseitig sprechen sich Deutsche und Amerikaner, mit solchen Vorurteilen ausgestattet, die Fähigkeit zur Freundschaft ab. Die Klage über amerikanische Oberflächlichkeit steht gegen die über deutsche Reserviertheit; die Anrede *you* oder Du und Sie sorgen hinreichend für Mißverständnisse auf beiden Seiten.

Im Kontakt führen die kulturell geprägten Erwartungs- und Verhaltensmuster häufig zu Irritationen. Hier haben wir es mit Erfahrungen zu tun, die die Persönlichkeit tiefer berühren und mit einem rein rationalen interkulturellen Lernen nicht aus der Welt zu schaffen sind. Ohne die Anmaßung, hier fertige Konzepte liefern zu können, scheint uns in diesem Bereich der Beziehungen die Erweiterung des kognitiven Lernens um eine affektive Erfahrungsdimension unverzichtbar. So hilft wohl weder das Festhalten am Eigenen, noch die nur scheinbar weltläufige Identifikation mit dem Fremden, sondern ein schwer beschreibbares, in der konkreten Begegnung zu entwickelndes Erkennen und Anerkennen des Anderen ohne Verleugnung der eigenen Kultur.

Martin Walser hat das Freundschaft-*friendship*-Problem einmal eindrucksvoll beschrieben. Von einem amerikanischen Schüler erfuhr er, dieser habe „friends mit großem und friends mit kleinem f". Und Walser fährt fort:

> Die Klage über die Oberflächlichkeit der Freundschaft ist keine inneramerikanische. Sie wird immer von den Deutschen erhoben. Wir wollen offenbar tiefer geliebt werden als man uns liebt. Nach verschiedenen Erfahrungen hier und dort, ziehe ich vor, Freund auf amerikanische Weise zu gebrauchen. Mit möglichst kleinem f. Meistens ist der große deutsche Anfangsbuchstabe doch viel zu groß für das, was damit bezeichnet wird. Das amerikanische f kommt mir realistischer vor. Ich habe den Eindruck, als verlasse sich der englisch Sprechende weniger auf einzelne Wörter als wir (Ficus/Walser 1986, 46).

So berechtigt und richtig Walsers Relativierung eines von der Wirklichkeit ohnehin kaum mehr gedeckten Freundschaftspathos auch ist, so scheint seine Anpassung an die amerikanische Vorstellung von Freundschaft oder *friendship* deutsche Beziehungsmuster etwas vorschnell zu überspielen. Wie wir bisher, operiert auch Walser mit einem idealtypischen Konstrukt von Freundschaft; ein solches, im wesentlichen bürgerlich-literarisches Freundschaftsbild findet sich aber z.B. kaum in den Unterschichten, wo kollektivere Beziehungsformen vorherrschen. Freundschaft ist zudem, was selten bewußt gemacht wird, ein von Männern dominierter Begriff („Männerfreundschaft"), der die spezifischen

Verhaltensformen zwischen Frauen bzw. Männern und Frauen eher verdeckt. Wenn man solche Differenzierungen nach Geschlecht, Schicht oder auch nach ethnischer Zugehörigkeit trifft, löst sich die dominierende, normbildende Vorstellung von bürgerlicher Freundschaft auf. Dennoch wirkt in Deutschland das Leitbild „tiefer" Freundschaft nach, das Walser ironisch kritisiert („Wir wollen offenbar tiefer geliebt werden als man uns liebt").

Woher kommt diese besondere „Tiefe" und Intensität des deutschen Freundschaftskults? Glaubt man gängigen Deutungen, so ist er durch das Fehlen einer einheitlichen und verbindenden nationalen Lebensform verstärkt worden. Als sich Mitte des 18. Jahrhunderts das Freundschaftsideal durchzusetzen begann, reagierte es nicht nur auf die Isolation der bürgerlichen Intellektuellen im territorial zersplitterten Deutschland, sondern auch auf die Auflösung der alten sozialen Ordnungen und Bindungen. Im Zeichen einer neuen Gefühlskultur wird Freundschaft so zu einem wesentlichen Faktor der Orientierung und Stabilisierung; im Freund, im vertrauten Gegenüber entdeckt das Ich nicht nur ein anderes Ich, sondern sich selbst (vgl. Tenbruck 1964).

Charakteristisch für die literarischen Freundschaftsbünde der Zeit – man denke etwa an den Göttinger Hainbund im Sturm und Drang – ist die Verbindung von Freundschaft mit einem von Klopstock inspirierten Freiheits- und Vaterlandspathos. Bei Schiller, dem vielleicht einflußreichsten deutschen „Freundschaftsdichter", umfaßt das Motiv weit mehr als nur private Beziehungen und thematisiert, wie etwa im „Don Carlos", Freundes- und Menschenliebe zugleich. Bei aller Prägekraft solcher Modelle blieb jedoch die als private Lebensform verstandene Freundschaftsauffassung in Deutschland dominant.

Wo die Gesellschaft zweifelhaft geworden, tauchte gleichzeitig mit dem Wunschbild Einsamkeit das der Freundschaft auf: nicht als Flucht, sondern als Ersatz der Gesellschaft, als ihre bessere Gartenform (Bloch 1974, Bd.3., 1130).

Man wird empirisch kaum belegen können, seit wann die Ausstrahlung des emphatischen Freundschaftsideals verblaßt ist; die deutsche Jugendbewegung und ihr Umfeld manifestierte wohl einen letzten Höhepunkt dieser Tradition. Wobei gerade diese Bewegung das Stichwort für die Frage liefert, ob Freundschaftskult nicht als ein spezifisches, an die Jugend gebundenes Phänomen zu begreifen ist.

Vereine

Mehr als die Hälfte aller Bundesbürgerinnen und Bürger sind in zirka 200 000 Vereinen organisiert. Wandern, Singen, Kegeln, Skatspielen, Turnen, Schwimmen, Radfahren, Schießen, Religion, Zierfische und Taubenzucht, kein Interesse, das hierzulande nicht sogleich eine organisierte Vereinsform annimmt. Im Hinblick auf Reichweite, Funktion, gesellschaftlichen Einfluß und innere Verfaßtheit trennen jedoch bundesweite Organisationen wie einen ADAC, das

Rote Kreuz und den deutschen Fußballbund auf der einen Seite, und auf der anderen einen Schach- oder Kleintierzuchtverein Welten. In erster Linie interessiert uns in diesem Zusammenhang das für das deutsche Vereinswesen grundlegende Verhältnis von Bürger und Staat wie auch die unterschiedlichen Ausprägungen des Vereinslebens selbst.

Die Zugehörigkeit zu Kirche, Nachbarschaft und Zunft im *Ancien Regime* war keine frei gewählte; dieser enge Lebenshorizont gab eine Wertorientierung vor, die weder auf das Individuum, noch auf die Gesellschaft gerichtet war, sondern auf die Gruppe zielte und nicht von Reflexion, sondern von der Tradition bestimmt blieb.

Mit dem Öffentlichen, Allgemeinen befaßt sich (...) ausschließlich die Obrigkeit, ihr obliegt die Sorge für das Gemeinwohl. Das Private ist vom Öffentlichen im wesentlichen getrennt, die Polarisierung beider Bereiche wird fixiert im Verhältnis von privatem und öffentlichem Recht (Nipperdey 1976, 179).

Die Loslösung der Individuen aus den traditionellen Bindungen dieser von Sitte und Anstand zusammengehaltenen Lebenswelt führte, wie man häufig betont hat, zu einer Vereinzelung, die seit der Mitte des 18. Jahrhunderts in zunehmendem Maße in vielfältigen Zusammenschlüssen wie patriotischen, gemeinnützigen, wissenschaftlichen, landwirtschaftlichen, ökonomischen Gesellschaften und Freimaurerlogen aufgehoben wurde. In immer neuen Wellen entfalteten immer neue soziale Gruppen diese Geselligkeits- und Organisationsform für die Realisierung ihrer Interessen und Bedürfnisse. Von Anfang an verstehen sich dabei die Vereine als Mittler zwischen Gesellschaft und Staat und übernehmen öffentliche Aufgaben in privater Regie. Dabei lassen sich im Anschluß an Nipperdey modellhaft vor allem drei Etappen mit jeweils unterschiedlicher Akzentuierung des Bürger-Staat-Verhältnisses festhalten. Während es den aufklärerischen Gesellschaften des späten 18. Jahrhunderts um das Recht auf freie Assoziation ging, verlagerte sich die Zielsetzung in einer zweiten Phase (um 1800) vor allem auf die Gebiete der Bildung und des Sozialen; Vereine nehmen sich nun einer Vielzahl von öffentlichen Belangen an. Diese Verschiebung der Grenze zwischen Privat und Öffentlich führt, wie Nipperdey betont, nicht zur Trennung von Staat und Gesellschaft, sondern verbindet sie (vgl. Nipperdey 1976, 203). Schließlich wird, was vorher eher latent wirksam war, manifest: das Freiheitsrecht entwickelt sich zu einem politischen Recht. Erinnert sei an die Turner und Sänger zur Zeit des Vormärz und der Revolution von 1848; in dieser Phase bilden sich Vereine heraus, die zur Bühne der politischen Selbstverständigung werden und den Bürgern als Instrument zur Durchsetzung ihrer politischen, ökonomischen, sozialen und kulturellen Interessen und Rechte dienen. In den Revolutionsjahren von 1848/49 trat vollends die ganze Vielfalt der modernen Interessenpolitik zutage.

Die zahlreichen neuen Vereine, Komitees, Verbände, Klubs, Assoziationen und Kongresse verrieten, in welchem Maße die Gesellschaft in Bewegung geraten war. Die politischen Grundströmungen, die auch durch die Vereine mobilisiert und kanalisiert wurden, drängten durchweg auf überregionale, wenn möglich gesamtdeutsche Formen und Interessenvertretung (Wehler 1987 Bd.II, 725).

Bei allen historischen Wandlungen der Vereinslandschaft im einzelnen blieb bis ins 20. Jahrhundert hinein die politische und soziale Homogenität der jeweiligen Vereinsmilieus erhalten. Es gab – zumindest im ideologischen und programmatischen Selbstverständnis – kaum Gemeinsamkeiten etwa zwischen bürgerlichen und Arbeitervereinen. Diese zur Weimarer Zeit höchst differenzierte politische und kulturelle Vielfalt des Vereinslebens wurde mit der Machtübernahme der Nationalsozialisten rücksichtslos eingeebnet und zwangsweise in die „Volksgemeinschaft" überführt. Die neue bundesrepublikanische Vereinsstruktur der Nachkriegszeit erwuchs jedoch weniger der Gemeinschaftserfahrung in den NS-Verbänden als vielmehr der Erinnerung an die lähmende Zersplitterung in der späten Weimarer Zeit. Bei gleichzeitigem Verzicht auf politische Auseinandersetzung ist der heute dominierende Vereinstyp bestimmt durch eine weitgehende Einbindung unterschiedlicher Schichten. Natürlich ist das wieder einmal eher ein Modell: Die Unterschiede zwischen einem kleinstädtischen Sportverein und einem Hamburger Golfclub bedürfen keines weiteren Kommentars, regionale und milieugebundene Traditionen bleiben auch heute gültig.

Die Vereinsfamilie

Wir haben bisher in dieser Skizze des deutschen Vereinswesens die Zielsetzungen und Sachinteressen in den Vordergrund gerückt. Mindestens ebenso wichtig, mit einer gelegentlichen Tendenz zur Verselbständigung, ist das Innenleben der Vereine, die Geselligkeit der Vereins-Familie. Hier geht es nicht mehr um die konfliktgeladene Gesellschaftserfahrung, sondern – wie so häufig in Deutschland – um harmonisches Gemeinschaftsgefühl. Zwar waren im Verein des 19. Jahrhunderts Geselligkeit und Sachinteresse eng verbunden, dennoch blieb er eher eine Vorschule öffentlicher Praxis. Während die politischen Anteile zunehmend von Parteien und Verbänden aufgenommen wurden (ohne daß auf den Kitt der Geselligkeit verzichtet werden konnte), entwickelten sich die Vereine zu einem Hort der Gemütlichkeit. Was heute so biedermeierlich klingt, Namen wie „Harmonie", „Concordia" oder „Eintracht", stand einstmals für bürgerliche Vereinigungen, die an der demokratischen Entwicklung einen nicht zu unterschätzenden Anteil hatten. Heute überwuchert in vielen Vereinen die organisierte Gemeinschaft das jeweilige Sachinteresse. „Vereinsfamilie – das ist unmittelbare Zuwendung und volle Übereinkunft, da paßt nichts Fremdes dazwischen" (Bausinger 1984, 136). Vereins-Familie, das ist durchaus wörtlich zu nehmen und bedeutet die Übertragung der im Privaten geprägten Verhaltensmuster in den öffentlichen Bereich. Wie die Familie soll der Verein ein Zuhause bieten, das zumindest zeitweise das Eintauchen in die geschlossene Welt Gleichgesinnter erlaubt und so das störende Fremde fernhält.

Die typisch deutsche „Vereinsmeierei" ist nicht zu Unrecht oft verspottet worden. Dennoch sollten die skurrile Geschäftigkeit, das Ritual der Sitzungen und das hohle Pathos der Festreden nicht vergessen machen, daß auch diese Vereine ihren Beitrag zur sozialen Integration leisten. Die Vereinsforschung hebt neben anderem die Bewußtmachung, Formulierung und Vertretung von individuellen wie von Gruppeninteressen hervor, sie verweist auf die Leistungen der Vereine bei der Demokratisierung der Gesellschaft sowie für die Statussicherung des einzelnen.

Eine idealtypische Beschreibung des deutschen Vereins, wie sie hier ausgeführt wurde, orientiert sich eher am traditionellen Modell. Ausgeblendet bleiben dabei der Stadt-Land-Gegensatz, die steigende Attraktivität weniger formeller Freizeitclubs und privatwirtschaftlicher Sportcenter. In der Vorstandssitzung etwa des FC Bayern München, wo Manager Millionen bewegen, ist von traditioneller deutscher Vereinsgemütlichkeit kaum noch etwas zu spüren.

Aktuelle Tendenzen in der Bundesrepublik Deutschland

Privates und Öffentliches wurde in der bisherigen Darstellung als relativ klares Gegensatzpaar behandelt. Dies ist gewiß berechtigt, insofern eine solche Trennung die deutsche Kultur konstitutiv bestimmt hat und immer noch prägt. Dennoch haben wir bereits für das 19. Jahrhundert mehrfach sowohl Überschneidungen (etwa die Familie als Ort politischen Räsonnements) als auch intermediäre Bereiche wie die Vereine feststellen können. Mögen auch die Fremd- und Selbstbilder die Gegenüberstellung des unpolitisch privaten Deutschen und des martialischen Obrigkeitsstaates festhalten – das Volk der Dichter und Denker, der gemütliche Deutsche im trauten Heim, ein Volk der Untertanen nach dem Modell von Heinrich Manns Roman –, die historische Entwicklung seit dem Ende des Zweiten Weltkriegs bewirkte eine Öffnung sowohl des Privaten wie des Öffentlichen und schuf vielfältige Übergänge. Dieser in der Gegenwart bestimmend gewordene Prozeß der tendenziellen Entgrenzung und Vermischung von Privatheit und Öffentlichkeit soll im folgenden vorrangig in den Blick rücken.

Ausländische Beobachter der Bundesrepublik stellen inzwischen fest, daß von dem einstmals fast sprichwörtlichen Kasernenhofton in öffentlichen Ämtern wenig übriggeblieben ist. In einer demokratischen Gesellschaft mausern sich Bittsteller zu Antragstellern, die unbefangener ihre Rechte wahrnehmen, und früher mürrisch die Autorität des Staates verkörpernde Beamte sind heute zur „Bürgernähe" wenigstens angehalten. Was hier als ein punktueller atmosphärischer Eindruck wiedergegeben ist, läßt sich in anderen Lebensbereichen bestätigen. Der „autoritäre Charakter" ist gewiß nicht verschwunden, in den nachwachsenden Generationen stellt er jedoch nicht mehr den dominierenden Typus dar.

Die Wirkungen eines demokratischen und weniger autoritätsfixierten Erziehungsstils sind in den zentralen Institutionen Familie, Schule, Universität, aber auch im Betrieb und selbst beim Militär zu bemerken. Gefährliche Residuen, das Reservoir rechtsradikaler Bewegungen, sollen nicht übersehen werden, bestimmend jedoch scheinen inzwischen Verhaltensstile, wie sie in den älteren westlichen Demokratien eingebürgert sind. Als Indiz für die gewachsene innere Demokratisierung kann beispielsweise das Aufkommen Neuer Sozialer Bewegungen seit dem Ende der sechziger Jahre gelten. In optimistischer Perspektive zeigt sich die Bundesrepublik auf dem Wege zu einer Staatsbürgerkultur, wobei die deutsche Staatsorientierung, sei es im Sinne mehr ordnungspolitischer oder mehr wohlfahrtsstaatlicher Entwürfe, zweifellos nachwirkt und die bundesrepublikanische von anderen westlichen Demokratien unterscheidet.

Als Beobachtungsfeld für die zunehmende Durchdringung des Privaten und Öffentlichen bieten sich die allgegenwärtigen Medien bzw. die Kommunikation an. Sie sind beides: Indikator und Antrieb des Vermischungsprozesses. Die vielberedete Privatisierung des Öffentlichen ist ebensowenig ein deutsches Spezifikum wie umgekehrt die Öffentlichkeit des Privaten. Richard Sennetts weit ausholende Studie über „Verfall und Ende des öffentlichen Lebens. Die Tyrannei der Intimität" hat die Psychologisierung der politischen Beziehungen und Sachverhalte für die Aushöhlung der Öffentlichkeit verantwortlich gemacht. Sennett glaubt nicht an die Errungenschaft der Nähe, Wärme und an den Mythos, „demzufolge sich sämtliche Mißstände der Gesellschaft auf deren Anonymität, Entfremdung, Kälte zurückführen lassen" (Sennett 1986, 329). Indem die Suche nach dem Selbst zur Grundlage gesellschaftlicher Beziehungen wird, setzt sich eine Subjektivität durch, die die Welt nur noch in Bildern des Selbst aufnimmt, die alle politischen Kategorien in psychologische verwandelt und Authentizität zum universalen Maßstab von Glaubwürdigkeit und Bedeutung erhebt. Über Erfolg oder Mißerfolg einer Partei entscheidet so gesehen weniger das politische Programm als vielmehr ihre Personalisierung in den jeweils führenden Politikern. Und die Medien schaffen erst die Voraussetzungen für diese Inszenierungen vor einem Millionenpublikum, bei dem nicht nur die Glaubwürdigkeit eines „sympathischen" Politikers eine Rolle spielt, sondern – in den USA stärker als in der BRD – die ganze Lebensführung bis hin zum Familienleben und intimen Details. Sennetts Klage über eine psychologische Privatisierung des Öffentlichen blendet freilich aus, daß erst die Massenmedien eine umfassende Teilhabe am öffentlichen Geschehen ermöglicht haben. Diese Einbeziehung des Öffentlichen ins Private hat das Familienleben nachhaltig verändert. Raumsymbolisch ist dieser Wandel an einem scheinbar nebensächlichen Detail, der „Situation der Couchecke" analysiert worden. Der geschlossene Kreis dieser Couchecke in der deutschen Familie der Nachkriegszeit hat sich geöffnet und ist seit den frühen sechziger Jahren auf einen neuen Fixpunkt bezogen: auf den Fernsehapparat. Dabei muß offen bleiben, ob das alte Arrangement tatsächlich die Familie in einer geschlossenen Privatsphäre versammelte oder ob es nur den Wunsch nach einer solchen Innenzentrierung symbolisierte. In jedem Fall ist die Couchecke „im Begriff, sich in der Außenwelt aufzulösen. Es ist den Dingen nicht mehr abzulesen", so Martin Warnke, „ob dadurch die Welt wohnlich werden kann oder eine der letzten Gegenwelten aufgezehrt wird" (Warnke 1980 Bd. 2, 687).

Zusammen mit den zentrifugalen Bewegungen aus der Intimität der Familie heraus in die Halböffentlichkeit primär nicht mehr familienorientierter Sozialbeziehungen ergibt sich ein komplexes Bild, wobei die Konturen der beiden traditionell getrennten Bereiche verschwimmen.

Die dichotomische Gegenüberstellung einer privaten und einer öffentlichen Sphäre erweist sich nicht zuletzt als ein ideologisches Konstrukt, das vor allem für die Fixierung der Geschlechterrollen folgenreich war und ist. Daß den Frauen die private, den Männern die öffentliche Domäne zugewiesen wurde, spiegelt und zementiert die realen Machtverhältnisse bis heute. Als Denkfigur verstellt diese Polarisierung den Blick etwa für die vielfältigen Einflußmöglichkeiten von Frauen auf das politisch-öffentliche Leben. Und, daran sei noch einmal erinnert, das Private ist durch die Gleichsetzung mit unpolitischer Subjektivität nicht hinreichend definiert. Ob nun Frauen literarische Salons ins Leben riefen, um Wahl- und Rederechte kämpften oder in der Fabrik den Lebensunterhalt der Familie verdienten, immer überschritten sie dabei freiwillig oder erzwungen die ihnen zugewiesene private Häuslichkeit. Präsenz und Einfluß von Frauen in der Öffentlichkeit, das zeigen zum Beispiel neue Ansätze der feministischen Geschichtsforschung (vgl. die Beiträge von Karin Hausen und Carola Lipp zum Verhältnis Privatheit und Öffentlichkeit in „Journal Geschichte" Februar 89), wurden in einer von Männern dominierten Wissenschaft nicht zufällig unterschätzt. Nicht erst seit der neuen Frauenbewegung erobern sich Frauen erweiterte Handlungsräume in der Gesellschaft, jedoch hat seit den späten sechziger Jahren diese Auseinandersetzung eine neue Qualität erlangt. Räumlich manifestiert sich der Verständigungsprozeß innerhalb der Frauenbewegung in Frauenzentren oder Frauenbuchläden. Frauenhäuser, Frauentaxis sind Selbsthilfeinitiativen, die auf die Gewalt gegen Frauen reagieren und diese in die öffentliche Diskussion bringen. Ohne daß bereits von einer Gleichstellung von Mann und Frau im beruflichen und politischen Sektor die Rede sein könnte – Unterbezahlung, wo Frauen auf gering qualifizierten Arbeitsplätzen überrepräsentiert sind, und drastische Unterrepräsentanz in den Führungsetagen –, Anzeichen für Veränderungen wie etwa Quotenregelungen oder die Aktivitäten von Frauenbeauftragten sind nicht zu übersehen. Die selbstbewußten Aktionen von Frauen in der Öffentlichkeit sind noch einmal ein nachhaltiges Beispiel, wie die ohnehin fragwürdigen Trennungen des Privaten vom Öffentlichen aufgehoben werden.

Vergegenwärtigt man sich die unterschiedlichen Aspekte des Themas, so ergibt sich ein eigentümlich uneinheitliches Bild. In der Sicht vieler ausländischer Beobachter dominiert häufig die deutsche „Innerlichkeit" mit ihren berühmten Ausprägungen in Philosophie, Literatur und Musik. Thomas Manns Wort von der „machtgeschützten Innerlichkeit" ruft hier zugleich die unauslöschlich damit verknüpfte Vorstellung von einem starken autoritären Staatswesen wach.

Und in der Tat: aus einer geistesgeschichtlichen Perspektive betrachtet, spricht die irrationalistische Tradition, wie sie etwa durch die deutsche Romantik, durch Richard Wagner, Nietzsche und Heidegger verkörpert wird, für einen kulturellen „Sonderweg" Deutschlands. Ein sozialhistorischer Ansatz kommt dagegen zu einem ganz anderen Befund. Die Repräsentanz einer auf Innerlichkeit konzentrierten deutschen Kultur relativiert sich, sobald das Selbstverständnis anderer sozialer Eliten und Gruppen (z.b. technische Intelligenz, Arbeiterbewegung) in den Blick kommt.

Bei aller kulturspezifischen Betonung des Privaten bleibt dennoch die Option für eine demokratische Entwicklung des Öffentlichen, die jedoch – und das macht eine spezifisch deutsche Eigenart aus – immer an die Autorität des Staates gebunden blieb. Dieser Staatsbürgerkultur entspricht, wie neuere vergleichende Studien zum Bürgertum des 19. Jahrhunderts zeigen, keineswegs der Obrigkeitsstaat preußischer Prägung, der in gängigen Rekonstruktionen deutscher Geschichte unausweichlich auf den Nationalsozialismus zulief. Trotz der schweren Hypothek des Nazideutschland ist in der Bundesrepublik ein Demokratisierungsprozess in Gang gekommen, der die bisherigen Ansätze zu einer Gesellschaftskultur aufnimmt und verstärkt. Dies, aber auch etwa der in der Logik industrieller Entwicklung liegende Funktionswandel der Familie sowie der zwischenmenschlichen Beziehungen verlagern die Grenzen von Privatheit und Öffentlichkeit und machen sie durchlässiger.

Auswahlbibliographie:

Bausinger, Hermann: Deutsch für Deutsche. Dialekte, Sprachbarrieren, Sondersprachen. Frankfurt/M. 1984.

Bloch, Ernst: Das Prinzip Hoffnung. Bd. 3. Frankfurt/M. 1974.

Dahrendorf, Ralf: Die angewandte Aufklärung. Gesellschaft und Soziologie in Amerika. Frankfurt/M. 1968.

Datenreport 1989: Hg. v. Statistischen Bundesamt. Zahlen und Fakten über die Bundesrepublik Deutschland. Bonn 1989.

Ficus, André; Walser, Martin: Die Amerikareise. Versuch, ein Gefühl zu verstehen. Weingarten 1986.

Fremde Deutsche. Alltagskultur aus der Sicht ausländischer Studierender. Ludwig-Uhland-Institut für empirische Kulturwissenschaft (Hg.). Tübingen 1986.

Habermas, Jürgen: Strukturwandel der Öffentlichkeit. 3. Aufl. Neuwied/Berlin 1968.

Hausen, Karin: Öffentlichkeit und Privatheit – Gesellschaftspolitische Konstruktionen und die Geschichte der Geschlechterbeziehung. In: Journal Geschichte 1/1989, S. 16–25.

Hölscher, Lucian: Öffentlichkeit und Geheimnis. Eine begriffsgeschichtliche Untersuchung zur Entstehung der Öffentlichkeit in der frühen Neuzeit. Stuttgart 1979.

Kalberg, Stephen: Aspekte des deutschen Verhältnisses von Privatheit und Öffentlichkeit. Ein integrativer Versuch in kontrastiver Perspektive. (Unveröffentlichter Beitrag für das „Tübinger Modell einer integrativen Deutschlandkunde").

Kaschuba, Wolfgang: Fortschrittsuntertanen. Historische Dimensionen „moderner" deutscher Staatlichkeit. In: Thomas Schmid (Hg.): Entstaatlichung. Neue Perspektiven auf das Gemeinwesen. Berlin 1988, S. 7–25.

Klüter, Heinz (Hg.): Die Gartenlaube. Facsimile. Querschnitt durch die Gartenlaube. Bern, Stuttgart, Wien 1963.

Kocka, Jürgen (Hg.): Bürgertum im 19. Jahrhundert. Deutschland im europäischen Vergleich. Bd. 1. München 1988.

Kruse, Lenelis: Privatheit als Problem und Gegenstand der Psychologie. Bern, Stuttgart, Wien 1980.

Lipp, Carola: Das Private im Öffentlichen. Geschlechterbeziehung im symbolischen Diskurs der Revolution 1848/49. In: Journal Geschichte 1/1989, S. 36–47.

Mann, Thomas: Essays. Bd. 2. Politische Reden und Schriften. Ausgewählt, eingeleitet und erläutert von Hermann Kurzke. Frankfurt/M. 1986.

Mauser, Wolfram: Geselligkeit. Zu Chance und Scheitern einer sozialethischen Utopie um 1750. In: Entwicklungsschwellen im 18. Jahrhundert. Hg. v. Karl Eibl (= Aufklärung, 4. Jg., H. 1). Hamburg 1989, S. 5–36.

Negt, Oskar: Blick zurück nach vorn. Brüder Grimm: Der Wolf und die sieben Geißlein. In: Freibeuter 5 (1980), S. 117–125.

Nipperdey, Thomas: Verein als soziale Struktur in Deutschland im späten 18. und frühen 19. Jahrhundert. In: Th. N.: Gesellschaft, Kultur, Theorie. Gesammelte Aufsätze zur neueren Geschichte. Göttingen 1976, S. 174–205.

Raeithel, Gert: Antiamerikanismus als Funktion unterschiedlicher Objektbeziehungen. In: Englisch-Amerikanische Studien 6 (1984), S. 8–21.

Schneider, Manfred: Die kranke schöne Seele der Revolution. Heine, Börne, das „Junge Deutschland", Marx und Engels. Frankfurt/M. 1980.

Sennett, Richard: Verfall und Ende des öffentlichen Lebens. Die Tyrannei der Intimität. Frankfurt/M. 1983.

Tenbruck, Friedrich H.: Freundschaft. Ein Beitrag zu einer Soziologie der persönlichen Beziehungen. In: Kölner Zeitschrift für Soziologie und Sozialpsychologie 16 (1964) H. 3. S. 431–456.

Tocqueville, Alexis de: Über die Demokratie in Amerika. München 1976.

Warnke, Martin: Zur Situation der Couchecke. In: Jürgen Habermas (Hg.): Stichworte zur ‚Geistigen Situation der Zeit'. Bd. 2. Frankfurt/M. 1979, S. 673–687.

Weber, Max: Gesammelte Aufsätze zur Religionssoziologie. Bd. 1., 5. Aufl. Tübingen 1963.

Wehler, Hans-Ulrich: Deutsche Gesellschaftsgeschichte. 2. Bd. Von der Reformära bis zur industriellen und politischen „Deutschen Doppelrevolution" 1815–1845/49. München 1987.

Hans-Joachim Althaus und Paul Mog

LEBENSSTILE IN DER BUNDESREPUBLIK DEUTSCHLAND

Wer sich sonst eher in der *bel étage* des traditionellen Kulturbegriffs aufhält, wird über Ausdauer und Geduld verwundert sein, mit denen wir in diesem Kapitel deutsche Wohnzimmer und Kochtöpfe inspizieren. Vor noch nicht allzu langer Zeit hätte sich jede landeskundliche Darstellung der sozialen Ungleichheit in einer Gesellschaft vor allem den gängigen soziologischen Schichtungsmodellen und ihren mehr oder minder aussagekräftigen Statistiken anvertraut. Wenn dies im ersten Teil dieses Kapitels nur knapp und in Form eines Überblicks geschieht, dann deshalb, weil die sinnliche Erfahrungsqualität und Evidenz einer im Alltag beobachteten sozialen Ungleichheit eher in eine fremde Kultur hineinzuführen versprechen als Statistiken und die Darlegung kompliziert gewordener Forschungsprobleme. Die soziale Differenzierung einer Fremdkultur wahrzunehmen und vor allem die kulturspezifischen Signale sozialer Ungleichheit zu verstehen fällt nicht leicht. Wäre es anders, dann gäbe es nicht die wohlbekannten und zählebigen Homogenisierungen, bei denen der Verhaltensstil einer Schicht zur Kennzeichnung der Gesamtkultur (z.B. als „typisch deutsch" oder „typisch amerikanisch") verallgemeinert wird.

Hier setzen wir an: Nicht die soziale Schichtung an sich, sondern unterschiedliche Lebensstile mit ihrer der Distinktion dienenden sozialen und kulturellen Selbstdarstellung sollen möglichst anschaulich und zugleich analytisch disparate Lebenswelten in der deutschen Kultur vor Augen führen.

Angesichts der wachsenden Beliebtheit des Begriffs „Lebensstil" ist daran zu erinnern, daß eine wissenschaftliche, notwendigerweise auf umfassende empirische Erhebungen angewiesene Forschung in Deutschland erst in den Anfängen steckt. Ohne Pierre Bourdieus Pionierwerk „Critique sociale du jugement" (1979), deutsch: „Die feinen Unterschiede" (1982) wäre sie nicht denkbar, und auch für unseren Versuch einer Landeskunde, die kulturspezifische Signale sozialer Ungleichheit im Alltag sichtbar machen will, hat es sich als besonders anregend erwiesen. Die kontroverse Bourdieu-Rezeption kann hier nicht nachgezeichnet werden. Zu unserem Gebrauch und Verständnis des Werks nur so viel: Es geht uns nicht um den Nachweis einer strikten Determinierung des sozialen und kulturellen Verhaltens, wenn auch Bourdieus Darstellung der sozialen Distinktion bewußt macht, daß hier niemand so frei ist, wie es ihm die Selbsterfahrung eingeben mag. Nicht die Codifizierung schicht- und kulturspezifischer Lebensstile ist also das Ziel, sondern Wahrscheinlichkeitsaussagen, die die Eigenbeobachtung weder ersetzen noch verstellen sollen. Unsere Hoffnung ist, daß die exemplarische Darstellung von Wohnen, Essen, Trinken die

Aufmerksamkeit für die „feinen Unterschiede" auch in anderen Bereichen der Alltagskultur zu schärfen vermag.

Der unverwüstliche Mythos des zum Millionär gewordenen Tellerwäschers bestimmt noch immer untergründig unser deutsches Bild von der amerikanischen Gesellschaft. Als offene, demokratische, soziale Mobilität ermöglichende ist sie ein Gegenbild zu den deutlich hierarchisch geprägten und von feudalen Erbschaften belasteten Gesellschaften der „Alten Welt". So spricht etwa Stuart Miller in seinen „Europäische(n) Innenansichten" (1988) von den objektiv vorhandenen sozialen Unterschieden in der amerikanischen Gesellschaft; er rückt jedoch die subjektiven Bilder von der sozialen Durchlässigkeit in den Vordergrund. Für Europa aber konstatiert er ein „ausgeprägtes Klassenbewußtsein" als einen der „auffälligsten Restbestände der alten Ordnung in Europa":

> Die unterschiedliche Schärfe des Bewußtseins, der offenen Zurschaustellung, der Klarheit von Trennungslinien und Unwandelbarkeit von Einstellungen, der Macht der Tradition und vieles andere machen das europäische Klassenbewußtsein zu einem ganz anderen Phänomen als das unsere. Zwar hat sich in den letzten Jahrzehnten in der europäischen Gesellschaft eine beachtliche Tendenz zum sozialen Ausgleich bemerkbar gemacht, aber die vertikalen Klassenschranken existieren nicht nur weiter, man ist sich ihrer auch bewußt; und diese Tatsache ist wichtig, wenn man Europa verstehen will (Miller 1988, 91).

Miller ist – für autoritäts- und elitefixierte Europäer undenkbar – stolzer Amerikaner, wenn „die Rede auf Reagan, Carter oder Truman kommt". „Ein Schauspieler, ein Kurzwarenhändler, ein Erdnußfarmer als Präsidenten einer großen Nation" (ebd., 102), das scheint ihm überzeugend die Aufstiegschancen in einer offenen, demokratischen Gesellschaft zu verbürgen.

Im Hinblick auf Deutschland ist die pauschale Europa-Diagnose, daß die politische Führung hier der Oberschicht angehört oder zumindest in ihrem Geiste erzogen wird, falsch. Die unübersehbar kleinbürgerliche Herkunft der meisten Politiker in Deutschland und die überproportionale Repräsentanz der Beamten in den Parlamenten kann mit der Rekrutierung der Machtelite etwa in England, Frankreich oder Italien nicht verglichen werden.

Festzuhalten bleibt: ungeachtet der tatsächlich begrenzten Aufstiegschancen in beiden Gesellschaften sind die von Miller noch einmal bestätigten und ausgemalten Kontrastbilder weiterhin präsent. Wer nicht gerade arm ist – einer der zahlreichen unterprivilegierten ethnischen, religiösen und sozialen Minderheiten angehört –, kann in den USA Millionär oder Präsident werden. Demgegenüber leben die Europäer in der Sicht (nicht nur) Millers in einer „komplizierte(n) und starre(n) Matrix" (ebd., 128), wobei die deutsche als besonders rigide, obrigkeitsstaatlich und hierarchisch strukturiert gilt.

Anders als in der Außensicht des Amerikaners Miller präsentierte sich auch einem kritischen Beobachter wie Walter Jens die bundesrepublikanische Nachkriegs- als nivellierte Mittelstandsgesellschaft. In seiner Antwort auf die Frage: „Welchen Schwierigkeiten sehen Sie sich gegenüber bei dem Versuch, heute die Wahrheit zu schreiben", heißt es 1964:

Es ist schwer für einen Schriftsteller, heute die Wahrheit zu schreiben: unsere Gesellschaft ist nicht mehr sichtbar in Klassen zerteilt. Angestellte und Vertreter, Industrielle und Kommis, Studenten und Arbeiter sprechen die gleiche Sprache, kleiden sich gleich, haben die gleichen Gewohnheiten. In einer solchen Situation kann der Schriftsteller, im Unterschied zu den Autoren der Fontane-Zeit, weder durch die Fixierung von Spracheigentümlichkeiten noch durch die Bezeichnung von charakteristischen Eigenarten andeuten, welchem Milieu die von ihm geschilderten Personen entstammen. Kein Zweifel, daß gerade der deutsche Poet es unter diesen Aspekten besonders schwer hat. In Süditalien oder im Faulknerschen Amerika können die Autoren noch sichtbare Gegensätze, einprägsame Antithesen beschreiben – die Weißen und die Neger, die reichen Landbesitzer und die ausgebeuteten Armen; auch der englische Schriftsteller wird, wenn er die Augen schließt, vielleicht in der Lage sein, in einer Offiziersmesse den Jargon des beförderten Unteroffiziers von der Sprache des Berufs-Leutnants zu unterscheiden. In Deutschland hingegen sehe ich keine Chance, durch die Beschreibung eines Hutes, einer Handbewegung oder einer Stileigentümlichkeit verbindlich zu sagen: Hier schneuzt sich die Marktfrau, so spricht der Börsianer, dies ist die Manier eines Postsekretärs (zit. n. Fischer 1986, 63).

Ende der 80er Jahre wird das anders gesehen. Längst ist in der Gesellschaft und in der Soziologie soziale Ungleichheit wieder zutage getreten, und die von Jens so eloquent beschworenen Darstellungsnöte scheinen im Lichte der aufwendigen Forschungen des französischen Kultursoziologen Pierre Bourdieu zu schichtspezifischen Lebensstilen gegenstandslos zu sein.

Soziale Ungleichheit

Die Versuche der (deutschen) Soziologie, die komplexe und sich wandelnde soziale Wirklichkeit der Bundesrepublik in adäquaten Modellen einzufangen, können hier nur schlaglichtartig und gleichsam von außen aufgegriffen werden. Gängige Schichtmodelle und ihre zunehmende Problematisierung bzw. Differenzierung sollen im ersten Teil in einem knappen Überblick vorgestellt werden. Die Jenssche Diagnose und die mit ihr verwandte These von der „Mittelstandsgesellschaft" von Helmut Schelsky versetzen uns zurück in das Lebensgefühl der 50er und frühen 60er Jahre. Die für alle Schichten spürbare Anhebung des Konsumniveaus und eine entsprechende Wirtschaftswundermentalität machen es verständlich, wenn auch nicht plausibel, warum und wie der Eindruck eines verhältnismäßig einheitlichen Lebensstils entstehen konnte. Im Sinne Schelskys war dieser „keineswegs mehr von der Substanz einer sozial irgendwie hierarchisch gegliederten oder geschichteten Gesellschaftsverfassung geprägt". Die „mittelständische" Lebensform erfüllt sich vielmehr darin, „einheitlich an den materiellen Gütern des Zivilisationskomforts teilzunehmen" (Schelsky 1965, 332).

Ebenbild dieser Mittelschichtszentrierung ist die vielzitierte Zwiebel, die dem ständisch-hierarchischen Pyramidenmodell gleichsam die Rundung des Wohlstandsbauches anpaßt. Es handelt sich dabei um ein Schichtungsmodell, das mehrere Parameter vereinigt und ein eher idealtypisches Konstrukt darstellt.

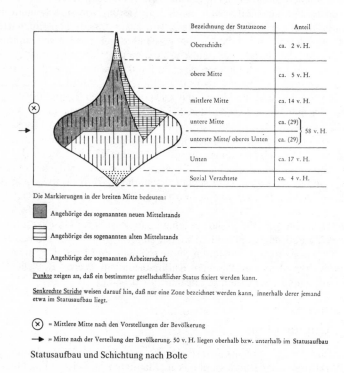

Bezeichnung der Statuszone	Anteil
Oberschicht	ca. 2 v. H.
obere Mitte	ca. 5 v. H.
mittlere Mitte	ca. 14 v. H.
untere Mitte	ca. (29) ⎫
unterste Mitte/ oberes Unten	ca. (29) ⎬ 58 v. H.
Unten	ca. 17 v. H.
Sozial Verachtete	ca. 4 v. H.

Die Markierungen in der breiten Mitte bedeuten:

▓ Angehörige des sogenannten neuen Mittelstands

☰ Angehörige des sogenannten alten Mittelstands

☐ Angehörige der sogenannten Arbeiterschaft

Punkte zeigen an, daß ein bestimmter gesellschaftlicher Status fixiert werden kann.

Senkrechte Striche weisen darauf hin, daß nur eine Zone bezeichnet werden kann, innerhalb derer jemand etwa im Statusaufbau liegt.

Ⓧ = Mittlere Mitte nach den Vorstellungen der Bevölkerung

➔ = Mitte nach der Verteilung der Bevölkerung. 50 v. H. liegen oberhalb bzw. unterhalb im Statusaufbau

Statusaufbau und Schichtung nach Bolte

Jeder Parameter verändert das Bild von der sozialen Schichtung. Modelle dieser Art gehen von einer stark vereinfachenden und starren vertikalen Gliederung der Arbeitsgesellschaft aus. Krisenerfahrungen (Energiekrise, anhaltende Massenarbeitslosigkeit) und der geschärfte Blick für „neue" Ungleichheiten (geschlechtsspezifische Ungleichheit, regionale Disparitäten, soziale Randgruppen) haben seitdem nicht nur in der Soziologie die sozialkulturellen Gegensätze wieder stärker ins Bewußtsein gerückt. Die Soziologie reagierte in den 70er Jahren, indem sie zunehmend den Schichtbegriff durch den der sozialen Ungleichheit ersetzte (vgl. Geißler 1987, 9f.).

Bereits in den frühen 30er Jahren entwickelte Theodor Geiger ein komplexes und mehrdimensionales Schichtmodell, dessen Anregungen u.a. von Dahrendorf verarbeitet wurden und das auch bei neueren Versuchen Spuren hinterlassen hat. Das zentrale Verdienst Geigers ist die analytische Verknüpfung von Sozial- oder Statuslagen, Schichtdeterminanten oder Schichtmentalitäten. Wegweisend war insbesondere die Frage, „ob und inwieweit Personen in gewissen sozial bedingten Daseinsumständen typischerweise geneigt sind, gewisse Haltungen, Meinungen, soziale Willensrichtungen an den Tag zu legen" (Geiger 1962, 191). Ein solcher Ansatz erlaubt es, von allzu simplifizierenden vertikalen Schichtungsvorstellungen abzukommen und objektive Gegebenheiten und subjektive Befindlichkeiten in ihrem Über- und Nebeneinander abzubilden.

Jedoch auch differenzierte Modelle der sozialen Schichtung orientieren sich bis in jüngste Zeit an dem, was Kreckel den „gesellschaftlichen Normalfall" nennt. „Das heißt, die traditionelle Ungleichheitsforschung konstruierte sich zunächst eine Art ‚Normal- oder Kernbevölkerung' zurecht, die sich mehr oder weniger mit der sogenannten ‚aktiven Bevölkerung' eines Staates deckte" (Kreckel 1983, 9). Trotz der Einführung immer neuer Trennvariablen (Geschlecht, Ethnie, Lebensalter, Religion) kann ein vertikales Konstrukt z.b. Bevölkerungsgruppen, die keine bezahlte Erwerbsarbeit leisten (Jugendliche, Rentner, Arbeitslose, Hausfrauen) oder die „neuen" (regionalen, nationalen oder transnationalen) Disparitäten nicht angemessen im Gesamtsystem verorten.

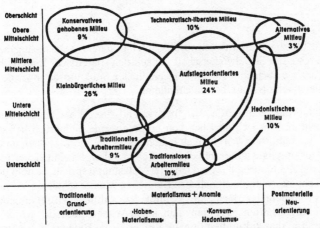

Soziale Schicht und Grundorientierung von Milieus in der (alten) Bundesrepublik. Dargestellt ist die Milieustruktur der (west-)deutschen Wohnbevölkerung ab 14 Jahren

Nicht ohne Grund wenden sich neueste soziologische Entwürfe verstärkt Denkmodellen zu, die nur-vertikale Konnotationen vermeiden. So schlägt etwa Kreckel das metaphorische Begriffspaar Zentrum und Peripherie vor, „das nicht nur den Gedanken an ein asymmetrisch strukturiertes Kräftefeld" (ebd., 8) nahelegt, sondern durch seine entschieden räumliche Orientierung realitäts-nähere Denkmöglichkeiten eröffnet.

Was bei Kreckel eher postuliert wird, kann auch im vorliegenden Entwurf nur andeutungsweise verwirklicht werden. Die neue räumliche Orientierung findet sich implizit in den empirisch fundierten Untersuchungen Pierre Bourdieus wieder. Die bisherige Diskussion zusammenfassend und kritisch weiterführend, schreibt er:

> Eine soziale Klasse ist definiert weder durch *ein* Merkmal (nicht einmal das am stärksten determinierende wie Umfang und Struktur des Kapitals), noch durch eine *Summe* von Merkmalen (Geschlecht, Alter, soziale und ethnische Herkunft – z.B. Anteil von Weißen und Schwarzen, von Einheimischen und Immigranten, etc. – Einkommen, Ausbildungsniveau, etc.), noch auch durch eine *Kette* von Merkmalen, welche von einem Hauptmerkmal (der Stellung innerhalb der Produktionsverhältnisse) kausal abgeleitet sind. Eine soziale Klasse ist vielmehr definiert durch die *Struktur der Beziehungen zwischen allen relevanten Merkmalen,* die jeder derselben wie den Wirkungen, welche sie auf die Praxisform ausübt, ihren spezifischen Wert verleiht (Bourdieu 1984, 182).

Oberschichten

Sich der Elite zu nähern ist auch auf wissenschaftlichem Wege nicht ganz leicht. Das Interesse der Sozialwissenschaft gilt seit den späten 80er Jahren eher den unteren sozialen Schichten und unterschiedlichen Subkulturen sowie der sozialen Ungleichheit als der Oberschicht allein.

Noch immer dürfte zutreffen, was überwiegend ältere Forschungsarbeiten zu-tage brachten: Was sich im Blick von unten als eine einheitlich herrschende Gruppe darstellt, ist in Wirklichkeit eine heterogene, in Fraktionen unterteilte Schicht mit durchaus unterschiedlichen Lebensstilen. Es sind sicher mehr als die „oberen Zehntausend", von denen der Volksmund spricht, besteht doch die Oberschicht aus so unterschiedlichen Bereichen wie der schmalen Vermögens-elite und vor allem der Machtelite in Politik, Verwaltung, Wirtschaft, aber auch in den Gewerkschaften, Massenmedien, in der Wissenschaft, den Kirchen, dem Militär und in den kulturellen Organisationen. Eine Elitestudie aus dem Jahr 1981 ermittelte für die damalige Bundesrepublik, daß der Kern der Machtelite, der an maßgeblichen und gesamtgesellschaftlich bedeutsamen Entscheidungs-prozessen beteiligt ist, etwa 600 Personen umfaßt. Aufschlußreicher als die un-ter Umständen rasch wechselnden Personen dieses inneren Machtzirkels ist seine sektorale Zusammensetzung:

Fast 40 Prozent der Mitglieder des zentralen Zirkels sind Politiker. Nimmt man die Vertreter der Ministerialbürokratie noch hinzu, so stellen die Repräsentanten des politisch-administrativen Systems sogar über die Hälfte aller Mitglieder des zentralen Elitezirkels (Hoffmann-Lange 1990, 54).

Die Untersuchung bestätigt zudem die zentrale Bedeutung wirtschaftlicher und wirtschaftspolitischer Entscheidungen; Vertreter der Wirtschaftsverbände, Wirtschaftsunternehmen sowie der Gewerkschaften stellen über ein Viertel dieses Kerns der Machtelite. Keine bedeutsame Rolle spielen dagegen das Militär und die Repräsentanten kultureller Organisationen wie Rundfunkanstalten, Feuilleton oder Verlage.

Zentralbankrat der Deutschen Bundesbank unter Vorsitz von Karl Otto Pöhl

Spektakuläre, von Legenden umwobene Heroen der Industriegesellschaft wie Rockefeller, DuPont, Ford oder Vanderbilt fehlen in der deutschen Geschichte weitgehend. In einer Gesellschaft, die nicht in dem Maße von Aufstiegsmythen lebt wie die amerikanische, treten andere Tugenden in den Vordergrund. Leitbild des deutschen Unternehmers – sieht man einmal von „Ruhrbaronen" wie Krupp und Thyssen oder dem politisch einflußreichen saarländischen Unternehmer Karl Friedrich Freiherr von Stumm-Halberg (Ära Stumm) ab – blieb gemeinhin das des rechtschaffenen, erfindungsreichen Handwerkers und Patriarchen, der Macht und Reichtum eher diskret ausstellt.

Mittelschichten

Schelskys populäre These von der nivellierten Mittelstandsgesellschaft – in der Wissenschaft längst außer Kraft gesetzt – lebt in der persönlichen Einschätzung des größten Teils der Bevölkerung fort. Wer möchte nicht zur Mittelschicht gerechnet werden? Ungeachtet des vielpropagierten Trends zum neuen Luxus und der Yuppies als den Vorboten dieses Zeitgeistes dominiert in der Bundesrepublik ein an der Solidität der „Mitte" sich orientierender Lebensstil. Die Vermeidung der Extreme ist konstitutiv: Das Gediegene, Reelle, Verläßliche sowie Beständigkeit und Sicherheit sind typische Leitwerte der Mittelschichten, die sich in bestimmten Berufen und der Wahl bestimmter (Konsum-)Güter konkretisieren. Will man eine entsprechende deutsche (männliche) Sozialfigur konstruieren, so wäre sie Beamter im mittleren Dienst (die Ehefrau mit abgeschlossener Ausbildung und mit statistischen 1 1/2 Kindern im Haushalt). Wunschziel, sofern nicht schon verwirklicht, ist das Eigenheim mit kleinem Garten; in der Garage ein Mittelklassewagen. Die Sozialkontakte konzentrieren sich auf die Familie und zumindest einen Verein.

Wie differenziert in Wirklichkeit das soziologische Konstrukt Mittelschicht ist, läßt sich symbolisch schon am Beispiel des wohl typischsten Mittelklassewagens illustrieren. Der erfolgreiche Volks-Wagen Golf ist eben kein gleichmachendes Fahrzeug, sondern eröffnet in zahlreichen Varianten nahezu alle Möglichkeiten der subtilen Binnendifferenzierung. Einen tüchtigen, soliden Golf Diesel und einen Golf GTI (Kabriolet, weißes Styling, Ledersitze) trennen Welten, aber auch die scheinbar geringfügigen Unterschiede der feingefächerten Produktpalette und individuellen Veränderungen (Lackierung, Spoiler, Aufkleber) signalisieren überraschend präzise den mutmaßlichen Status der jeweiligen Besitzer.

Gleich, welches Modell der sozialen Schichtung zugrundegelegt wird, fest steht, daß den Mittelschichten üblicherweise etwa zwei Drittel der Bevölkerung zugerechnet werden. Hier zeigt sich zweifellos die Unzulänglichkeit einer Schichteinteilung, die allzusehr an einer vertikalen Struktur der „Arbeitsgesellschaft" orientiert ist. Auch die hilfsweise eingeführten Unterschiede zwischen unterer, mittlerer und oberer Mittelschicht können nicht darüber hinwegtäuschen, wie groß die Distanz zwischen einzelnen Fraktionen der Mittelschichten tatsächlich ist. Im Hinblick darauf ist Reinhard Kreckels Klage sicher berechtigt, daß es der herkömmlichen Ungleichheitsforschung „nur unzureichend gelang, die unterschiedlichen sozialen Lagen der Bevölkerung, insbesondere die gesellschaftlichen Mittellagen mit theoretischen Mitteln so differenziert und genau zu bestimmen, daß die alltägliche Erfahrungswelt der Betroffenen davon nicht bis zur Unkenntlichkeit verfremdet wurde" (Kreckel 1983, 5). Es reicht nicht aus, soziale Unterschiede allein mittels Einkommen oder der (Nicht-)Verfügung über Produktionsmittel zu analysieren. Wenn bei gleichem Einkommen deutlich abweichende Lebensstile zu konstatieren sind, müssen weitere ungleichheitsrelevante Kriterien herangezogen werden.

	Selbständige 1,9 Mill. Haushalte	Arbeitnehmer 13,2 Mill. Haushalte	Rentner 10,3 Mill. Haushalte
über 10 000 DM	36,9	0,6	
6 000 – 10 000 DM	35,2	9,2	4,5
4 000 – 6 000 DM	13,5	23,9	11,2
3 000 – 4 000 DM	6,9	26,8	17,5
2 000 – 3 000 DM	6,3	29,0	24,9
1 000 – 2 000 DM	1,1	9,6	38,0
unter 1 000 DM	0,1	0,9	3,9

Monatliches Einkommen sozialer Gruppen 1985 (Anteile in Prozent)

Plastisch und wie üblich amüsant beschreibt Paul Fussell, John Brooks folgend, an amerikanischen Beispielen Unterschiede, die in den herkömmlichen vertikalen Schichtungsmodellen ausgeblendet bleiben. Verglichen werden zwei amerikanische Familien, die in benachbarten Häusern einer Vorstadt leben:

One man is „blue-collar", a garage mechanic. The other is „white-collar", an employee in a publishing house. They make roughly the same amount of money, but what a difference. „Mr. Blue" bought a small, neat „ranch house". „Mr. White" bought a beat-up old house and refurbished it himself. Mrs. Blue uses the local shops, especially those in the nearby shopping center, and thinks them wonderful, „so convenient". Mrs. White goes to the city to buy her clothes. The Blues drink, but rather furtively, and usually on Saturday night with the curtains closed. The Whites drink openly, often right out in the backyard. „The Blues shout to each other, from room to room of their house or from corner to corner of their lot, without self-consciousness; the Whites modulate their voices to the point where they sometimes can't hear each other" (Fussell 1983, 17f.).

Sucht man nach Spezifika des Selbstverständnisses deutscher Mittelschichten, so stellen sich rasch Bilder ein, die die unverminderte Wirkung des Öffentlichen Dienstes bezeugen. Eine festgefügte Hierarchie, die Dauerhaftigkeit und Sicherheit des Arbeitsplatzes, verbunden mit all den Wohlfahrtsleistungen, die Vater/Mutter Staat seinen/ihren Dienerinnen/Dienern gewährt, konstituieren nicht nur das Selbstbild der deutschen Beamtenschaft, sondern strahlen auch als Leitvorstellung aus auf die Angestellten und teilweise auch in Bereiche der privaten Wirtschaft. Die oft genannten Privilegien der Beamten sind stattlich. Sie bestehen vor allem in folgenden Faktoren:

Unkündbarkeit, Altersversorgung ohne eigenen Beitrag, Befreiung von Arbeitslosenversicherung, Regelbeförderung, Dienstaltersstufen, Stellenanhebung, Durchstufung, Beamtenläden, günstigen Tarifen für Kraftfahrzeug- und Krankenversicherung, Beihilfen im Krankheitsfall, sozialen Hilfswerken, verbilligten Baudarlehen (M. und S. Greiffenhagen 1981, 74).

In der Abstufung der Beamtenschaft spiegelt sich die innere Differenzierung und Hierarchisierung der Mittelschichten; sie beginnt mit dem einfachen Dienst (z.B. einem Oberamtsgehilfen), steigert sich über den mittleren (z.B. Hauptsekretär) und den gehobenen Dienst (Amtmann/-männin) bis zum höheren Dienst z.b. an Universitäten: Akademischer Rat, Akademischer Oberrat, Akademischer Direktor; in Schulen: Studienrat, Oberstudienrat, Studiendirektor, Oberstudiendirektor).

Von einer Laufbahn in die nächsthöhere zu wechseln ist durch viele Hürden erschwert, der Regelaufstieg innerhalb der jeweiligen Laufbahn ist dagegen vorgesehen. Damit immer noch nicht genug: Unterschieden werden muß darüber hinaus zwischen städtischen, Landes- und Bundesbeamten.

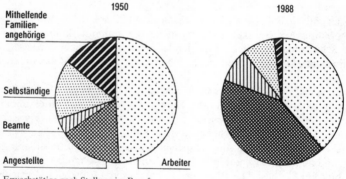

Erwerbstätige nach Stellung im Beruf

Der tertiäre Bereich und mit ihm der öffentliche Dienst, insbesondere Angestellte und Beamte, ist in den vergangenen zwei Jahrzehnten überproportional gewachsen; der landwirtschaftliche und der klassisch industrielle Produktionssektor schrumpfen. Ganze Berufsgruppen, die über ein Jahrhundert das Bild von der mit besonderer körperlicher Belastung und gesundheitlichen Risiken verbundenen Industriearbeit prägten, sind im Schwinden begriffen. Vollautomatisierte und computerisierte Fertigungsstraßen etwa im Automobilbau oder hochaseptische Laboratorien der Mikrochip-Produktion zeigen den vorherrschenden Trend. Damit verschwimmt die früher relativ deutliche Grenzziehung zwischen Arbeitern und Angestellten und zugleich die zwischen Unter- und Mittelschicht. Längst lassen sich ganze Gruppen von Angestellten (z.B. Bürogehilfen, Verkäuferinnen und Verkäufer) identifizieren, die – was das Gehalt angeht – unter den Status von Facharbeitern geraten sind.

Ver-gütungs-Gruppe	Grundvergütungssätze in Stufe (monatlich in DM)											
	1	2	3	4	5	6	7	8	9	10	11	12
I	4335,74	4800,80	5265,80	5509,75	5753,68	5997,55	6241,49	6485,42	6729,31	6973,25	7217,15	7440,51
I a	3941,39	4342,62	4743,81	4967,21	5190,61	5413,99	5637,43	5860,79	6084,25	6307,59	6531,01	6631,29
I b	3583,51	3927,71	4271,96	4490,77	4709,64	4928,46	5147,29	5366,14	5584,97	5803,82	5894,98	–
II	3257,55	3551,60	3845,64	4027,99	4210,38	4392,77	4575,12	4757,51	4939,85	5122,22	5238,53	–
III	2961,19	3214,20	3467,24	3633,67	3800,07	3966,48	4132,87	4299,30	4465,72	4632,13	4657,19	–
IV a	2692,19	2908,72	3125,31	3271,20	3417,11	3562,99	3708,86	3854,79	4000,68	4139,73	–	–
IV b	2448,25	2630,62	2812,99	2940,66	3068,31	3195,95	3323,63	3451,28	3578,96	3679,23	–	–
V b	2231,64	2379,89	2534,91	2648,88	2758,29	2867,72	2977,13	3086,54	3195,95	3268,92	–	–
V c	2057,54	2172,69	2291,77	2391,30	2496,14	2601,01	2705,86	2810,71	2904,18	–	–	–
VI b	1899,09	1994,93	2090,78	2158,30	2228,09	2297,94	2370,79	2448,25	2525,81	2582,75	–	–
VII	1756,30	1836,52	1916,71	1973,42	2030,14	2086,85	2143,91	2203,45	2263,05	2300,02	–	–
VIII	1625,27	1691,77	1758,29	1801,33	1840,43	1879,54	1918,63	1957,79	1996,87	2036,01	2073,16	–
IX a	1564,60	1614,77	1664,94	1703,91	1742,89	1781,92	1820,91	1859,91	1898,87	–	–	–
IX	1505,96	1560,72	1615,50	1656,58	1693,72	1730,90	1768,05	1805,22	–	–	–	–
X	1398,38	1443,38	1488,37	1529,44	1566,60	1603,74	1640,90	1678,09	1703,53	–	–	–

Tabelle der Grundvergütungen für die Angestellten der Vergütungsgruppen X bis I nach Vollendung des 21. bzw. 23. Lebensjahres (zu § 27 Abschn. A BAT), gültig ab 1.1.1991

Versuche, Arbeiter und Angestellte tarifrechtlich gleichzustellen, sind in der chemischen Industrie am weitesten gediehen, wo es künftig nur noch Angestellte geben soll. Die durch den technologischen Wandel entstandenen neuen Berufe und Berufsbilder konkurrieren immer stärker mit den traditionellen Leitmustern des Öffentlichen Dienstes. Das spiegelt sich auch in veränderten Lebensstilen und wird im Freizeitverhalten besonders sichtbar. Man kann beobachten, daß gerade die neuen Mittelschichten individualisierte und leistungsbezogene Sportarten (Tennis, Squash, Jogging und Fitneßtraining) bevorzugen. Klassische Mannschaftsspiele wie Fußball bleiben eher die Domäne der Unter- und „alten" Mittelschichten, deren Arbeitsbedingungen weit mehr kollektive Verhaltensmuster voraussetzen und erzeugen.

Unterschichten

Es scheint nahezu selbstverständlich, Unterschicht und Arbeiterschaft gleichzusetzen. Der skizzierte Strukturwandel zeigt, daß diese einst sinnvolle Gleichung so nicht mehr aufgeht, zumal typisch „proletarische" Berufe und Lebenszusammenhänge im Abnehmen sind. Gleichwohl rekrutiert sich die Unterschicht zu großen Teilen aus jenen Gesellschaftsgruppen, die auf schwere körperliche Arbeit unter oft gesundheitsgefährdenden Bedingungen angewiesen sind.

Auf der industriellen Seite der oberen Unterschicht ist der größte Teil der Industriearbeiter zu finden, also etwa die Elektroschweißer, Eisengießer, Dreher, Maschinenschlosser und Stanzer. Traditionell fühlen sie sich bewußt als „nach unten" gehörig und setzen sich von „denen da oben" ab. Nicht viel anders steht es in der unteren Unterschicht, den Berufen mit harter körperlicher Arbeit im Freien, den Bauarbeitern, Straßenarbeitern, Hafenarbeitern. Das „die da oben" und „wir hier unten" kann als typisch auch für das Gesellschaftsbild dieser Gruppe angesehen werden. Für sie ist die Gesellschaft zweigeteilt. Der obere Teil beginnt bereits kurz über ihnen und schließt alle jene ein, die in irgendeiner, auch noch so geringfügigen Weise an Herrschafts- oder Machtausübung teilhaben (Claessens u.a. 1985, 302).

In der Einschätzung anderer Schichten, aber auch real tauchen verstärkt Gruppen auf, die den Unterschichten zugerechnet werden müssen: viele der ausländischen Arbeitnehmer (Straßenkehrer, Müllabfuhr, Hilfsarbeiter), Dauerarbeitslose und Sozialhilfeempfänger, auch Rentner. Am untersten Rand und oft außerhalb des Blickfeldes rangieren die sozial Verachteten und die Asylbewerber, neuerdings auch zum Teil die Aus- und Übersiedler.

Allen Vorstellungen von einem sozialen Ausgleich zwischen den Schichten zum Trotz zeigen praktisch alle empirischen Untersuchungen deutliche Benachteiligungen der Unterschichten, Lebenschancen wahrzunehmen, die für mittlere und höhere Schichten selbstverständlich erscheinen. Zu den materiellen Benachteiligungen kommen die sozialen, politischen und kulturellen hinzu: Ein Blick in die Gemeinde-, Landes- oder Bundesparlamente mag schlaglichtartig verdeutlichen, wie schlecht diese Bevölkerungsgruppe auf allen politischen Ebenen repräsentiert ist und wie gering ihre Chancen sind, ihre Interessen selbst aktiv zu vertreten.

Bundestag insgesamt	9. WP 1980–83 %	10. WP 1983– %
Regierungsmitglieder	8,7	14,3
Beamte	32,8	31,1
Angestellte des öffentlichen Dienstes	3,1	2,3
Pfarrer (ev.)	0,2	0,4
Angestellte politischer und gesellschaftlicher Organisationen	12,9	13,6
Angestellte in der Wirtschaft	10,2	8,3
Selbständige	12,5	12,8
Angehörige freier Berufe	16,0	12,5
Hausfrauen	1,3	1,5
Arbeiter	1,7	1,9
keine Angaben u. a.	0,6	1,3
Abgeordnete insgesamt	100,0	100,0

Berufsstruktur des Deutschen Bundestages (1980–1984)

Als Beispiel für blockierte oder nicht wahrgenommene Lebenschancen wählen wir den Bereich „Bildung". Keine Bevölkerungsgruppe hat ähnlich geringe Bildungschancen wie die Unterschichten. Und das, obgleich in den 60er und 70er Jahren enorme Anstrengungen zur Reformierung der Bildungspolitik unternommen wurden. Zwar ist seitdem die Zahl der studierenden Kinder aus Arbeiterfamilien gestiegen, doch zeigt sich heute ein paradoxes Ergebnis. Rainer Geißler kommt in seiner Untersuchung der sozialen Schichtung und Bildungschancen zu dem Ergebnis:

Die Kinder aller vier Berufsgruppen (Beamte, Angestellte, Selbstständige, Arbeiter – d.V.) haben ihre Studienchancen vergrößern können, aber die Chancenunterschiede zwischen den Gruppen sind dabei nicht kleiner, sonder größer geworden (Geißler 1987, 85).

Die Kinder aus der Unterschicht, insbesondere von un- und angelernten Arbeitern, profitieren demnach in geringerem Maße von der Bildungsexpansion. Sie haben gegenüber den traditionell begünstigten Schichten und Gruppen relativ an Boden verloren, während beispielsweise Kinder aus Beamtenfamilien, die auch schon früher die höchsten Studienquoten aufzuweisen hatten, die verbesserten Zugangsmöglichkeiten zu den höheren Schulen und Universitäten am stärksten nutzen konnten. Nach den Berechnungen des Bundesministeriums für Bildung und Wissenschaft sah es 1981 so aus: Fünf Prozent der 19–21jährigen Arbeiterkinder begannen ein Hochschulstudium, während 21 Prozent ihrer Altersgenossen aus den Angestellten- und Selbständigenfamilien den gleichen Weg einschlugen und gar 36 Prozent der Beamtenkinder in solchen Laufbahnen wiederzufinden sind. Inzwischen hat sich die Schere weiter geöffnet: Anhaltende Massenarbeitslosigkeit, die Anpassung an den Qualifikationsbedarf des Arbeitsmarktes, die Diskussion über die „Abiturienten-Schwemme" und Akademiker-Arbeitslosigkeit lassen Arbeiterkinder – und unter ihnen wiederum vor allem junge Frauen – mehr als andere weiterführende Bildungschancen nicht wahrnehmen.

Wohnen, Essen, Trinken: Segmente schichtspezifischer Lebensstile

Man erinnert sich an die Klage von Walter Jens, der im Jahre 1964 keine Chance mehr sah, „durch die Beschreibung eines Hutes, einer Handbewegung oder einer Stileigentümlichkeit verbindlich zu sagen: Hier schneuzt sich die Marktfrau, so spricht der Börsianer, dies ist die Manier eines Postsekretärs".

Im Sinne von Pierre Bourdieu, der die Gesamtheit der kulturellen Lebensäußerungen als Ausdruck konkurrierender sozialer Positionen und Lebenslagen versteht, ist das nicht stichhaltig. Generell – und nicht nur auf Frankreich bezogen – gilt, daß die schichtspezifischen Lebensstile und Geschmackssysteme (der jeweilige Habitus) dem Prinzip der Distinktion gehorchen und durch distinktive Merkmale sich jeweils voneinander abgrenzen. Dieses System der „feinen Unterschiede" regiert allenthalben:

Ob Getränke (verschiedene Mineralwasser, Weine, Aperitifs) oder Autos, Zeitungen, Wochenzeitschriften, Ferienorte und Ferienformen, Hauseinrichtung und Gartengestaltung, ganz zu schweigen von politischen Programmen: jedem dieser Bereiche sind jene distinktiven Merkmale beigegeben, mit deren Hilfe die grundlegenden gesellschaftlichen Unterschiede fast ebenso vollständig zum Ausdruck gebracht werden können wie durch die äußerst komplexen und verfeinerten Ausdruckssysteme, die von den legitimen Künsten bereitgestellt werden (Bourdieu 1984, 355).

Es gibt für die Bundesrepublik keine Analysen, die in Umfang und systematischem Ehrgeiz mit denen Bourdieus für die französische Gesellschaft vergleichbar wären. Nicht zum ersten Mal muß daher an dieser Stelle das Fragmentarische und Vorläufige des hier Präsentierten betont werden. Wer seine soziale Wahrnehmung für die „feinen Unterschiede" geschärft hat, dem eröffnet sich eine schier unbeschränkte Fülle von Beobachtungsfeldern, an denen sich kultur- und schichtspezifische Lebensstile dokumentieren lassen.

Der vorliegende Versuch greift, wie gesagt, exemplarisch zwei grundlegende Bereiche des (alt-bundesdeutschen) Alltagslebens heraus: Wohnen, da sich hier ein spezifisch deutsches Verhältnis von Innen und Außen, von Öffentlich und Privat verdichtet; Essen und Trinken, da sich hier die kultur- und schichtspezifische Modellierung eines Grundbedürfnisses konkretisieren läßt und zudem für die Bundesrepublik im Ansatz regionale Traditionen in den Blick kommen.

Wohnen

Wohnen ist – wie die kulturellen Lebensäußerungen insgesamt – nicht einfach die autonome und freie Entfaltung individuellen Geschmacks. „Der Geschmack bewirkt, daß man hat, was man mag, weil man mag, was man hat", formuliert Bourdieu zugespitzt (ebd. 285f.). Bezogen auf das deutsche „Wohnerlebnis" (Alphons Silbermann) der Nachkriegszeit, das durch vielfältige Reglementierungen staatlicher Planung zustande kam, kann von einer allzugroßen Freiheit der Wahl ohnehin kaum die Rede sein. Ziel des ersten Wohnungsbaugesetzes von 1950 war der soziale Wohnungsbau, der schnelle Bau von möglichst vielen Wohnungen. Wolfgang Koeppen läßt im Roman „Das Treibhaus" (1953) seinen Helden Keetenheuve angeekelt an den Beratungen des parlamentarischen Ausschusses teilnehmen, der den Bau von Mindestwohnungen beschließt: „(...) sie bewilligten die Mindestkosten, die Mindestquadratmeter, die Mindestwohnung" (Koeppen 1972, 107). Keetenheuves Gegenspieler Korodin dagegen

> war für das Schrebergartenglück der Arbeiter, auch ihn erfreuten romantische Giebelhäuser im Grünen; er sah aber die Türen und Fenster an Fronleichnam mit Birken geschmückt, aus dem Lautsprecher drang die Predigt des Bischofs, und zufriedene Arbeiter knieten im Vorgarten, fromm auf eigener Scholle (...) (ebd.).

Im Vergleich zu den Bunkerwohnungen, Trümmerunterkünften und Barackenlagern der unmittelbaren Nachkriegszeit brachten diese Wohnungsbauprogramme jedoch auch für die unteren Schichten unbestreitbare Verbesserungen. Die neue Wohnung war für „viele bis weit in die sechziger Jahre hinein ein Sinnbild des Neubeginns" (Brunhöber 1983, 189).

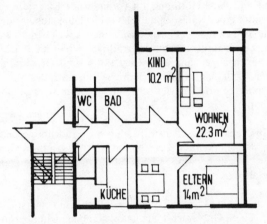

Sozialer Wohnungsbau (Grundriß): Jagdfeldring, Haar bei München

Angesichts der Leistungen des Sozialen Wohnungsbaus und der bald verstärkten Förderung des privaten Eigenheims sprach man gern vom „Wohnungswunder Bundesrepublik". Die Kehrseite dieses Wunders rückte erst später ins Bewußtsein: die weitreichende Standardisierung der Bau- und Einrichtungstypen, die Serienfertigung im Möbelgewerbe und der wachsende Einfluß der Leitbilder des „Schöner Wohnens", all dies und mehr erscheint heute häufig als der Beginn eines unaufhaltsamen Trends zur Vereinheitlichung und Nivellierung der Wohnkultur.

Hannelore Brunhöber konstatiert:

Der Herausbildung und Befestigung eines durchschnittlichen Wohnmusters entspricht die fortschreitende Austilgung aller traditionellen, klassen- und regionenspezifischen Verschiedenheiten. Sei es im Norden oder Süden, in der Stadt und auf dem Dorf, im Arbeiter- oder Angestelltenhaushalt, überall verschwinden unaufhaltsam all jene kulturellen und sozialen Besonderheiten, die unserer Gesellschaft jahrhundertelang das Gepräge und den betreffenden Gruppen ihr Selbstverständnis gaben (ebd. 184f.).

Nicht wenige zeitgenössische Schriftsteller, die die Austauschbarkeit und Gleichförmigkeit der neuen deutschen Städte beklagt haben, geben auf ihre Weise dieser These recht. Der Held von Wolfgang Hildesheimers Roman „Tyn-

125

set" (1965) durchfährt auf seiner imaginären Reise nach Tynset, einem kleinen Ort in Norwegen, deutsche Städte, die nicht mehr zu unterscheiden sind:

> … und da war auch schon die Hermann-Riedel-Straße (…), und immer ist sie unverkennbar: Reihenhäuser beiderseits, erbaut von den Hassern der Baukunst, ohne Farbe, ohne Ansatz zu veredelndem Element, ohne Scham ihrer Häßlichkeit und ohne Hoffnung auf verändernde Mächte, es sei denn die gnädige Gewalt einer Katastrophe –, aber bis dahin stehen sie, unverblümt, Leibwäsche hängt auf eingelassenen Balkonen, Zweirädriges und Dreirädriges lehnt neben Hauseingängen, Vierrädriges schief halb auf dem Bürgersteig, die Ecken abgestumpft, zu Gaststätten und Drogerien, es kreuzen Querstraßen, Schumannstraße, Friedrich-Zelter-Straße, Marschnerstraße, an den Peripherien wird das Musische auf seiner Flucht angehalten und beim Namen genannt (…).

> Ich fuhr, Husarenstraße, Sedanstraße, die war geradeaus gesperrt, bog links, war in der Marschnerstraße, befürchtete Nikolai, Brahms, aber die kamen nicht, dafür eine Silcherstraße, die mündete in eine breite Pappelallee, die hieß Pappelallee (…).

> Ich fuhr zum dritten Mal in die Landeshauptstadt ein, zuerst erschien sie als eine andere, einen Grävenich-Platz hatte ich noch nicht überquert, aber bei der Hamburger Allee, die ich jetzt in der anderen Richtung fuhr, wurde es wieder die gleiche, und jetzt war ich bereit, alle meine Wege noch einmal nachzufahren, mein Leben hier in der Landeshauptstadt hinzubringen, es fahrend auszuhauchen (…) (Hildesheimer 1967, 60–62).

Es fragt sich jedoch, ob die Ironie und der überwiegend formalästhetische Blick des Autors der sozialen Wirklichkeit gerecht werden und ob nicht die Klage über die Vereinheitlichung und Nivellierung der deutschen „Wohnlandschaft" die tatsächliche Variationsbreite sozialer Differenzen unterschätzt.

In der Bundesrepublik fehlen im Unterschied zu den USA sicherlich die krassen Extreme, die Slums auf der einen, die allzu protzig zur Schau gestellten Millionärsvillen auf der anderen Seite. Vielleicht aber fehlt den Autoren, lokal borniert, nur die vergleichsweise bescheidenen schwäbischen Millionäre vor Augen, der Blick für mondäne Prachtentfaltung.

Will man so etwas wie eine typische deutsche Großstadt konstruieren, so dürfen in Variationen immer wiederkehrende Elemente nicht fehlen: das gründerzeitliche Mietshaus (vom Berliner Hinterhof bis zum gehobenen Bürgerhaus), die in der Wiederaufbauphase standardisierten Muster des Sozialen Wohnungsbaus, während sich um die Klein- und Mittelstädte ausgedehnte Eigenheimsiedlungen lagern (in der Ex-DDR: die in Plattenbauweise erstellten Trabantenstädte). Zwar legen allumfassende Vorschriften die jeweilige Bauweise bis zu Farbe und Form der Dachziegel fest, aber eine Vielzahl von Haustypen, vom Billigfertighaus bis zur ausladenden Architektenvilla, signalisiert auch hier die Herrschaft der gar nicht immer nur „‚feinen' Unterschiede".

In hohem Maße bedeutsam ist etwa der Zugang zum Haus, der bereits nach außen den Rang des Besitzers (oder Nichtbesitzers) ankündigt. Ob die kurz bemessene, geteerte Garagenzufahrt oder der gewundene, im Schatten alter Parkbäume sich verlierende Kiesweg, ob schmiedeeiserne Tore oder normierter Gitterzaun, ob pedantische Blumenrabatten mit Stiefmütterchen und Vergißmeinnicht oder das wuchernde Kunterbunt des Ökogartens mit Biotop, all dies sind noch eher grobe Merkmale, die innerhalb der Schichten als Binnendifferenzierung sowie zwischen diesen als Differenzierungssignale fungieren.

Nach geläufigem Urteil aber offenbart sich das „eigentümliche" Wesen der Deutschen nicht im Außen, sondern in der „Entfaltung der Eigenschaften, welche den feingliedrigen strukturellen Aufbau und den symbolischen Differenzierungsreichtum des Innen, des Haues betreffen" (Negt 1980, 121). Aber auch diese Privatheit ist kein gesellschaftsferner Raum und ihre symbolische Differenzierung keine rein subjektive Seelenkultur. Die gesellschaftlichen Verhältnisse stecken selbst in den flüchtigsten Anmutungen, im

> beruhigenden und diskreten Gleiten über den beigefarbenen Teppichboden ebenso wie dem kalten, nüchternen Kontakt mit grellfarbenem Linoleum, dem durchdringenden, scharfbeißenden Geruch von Putzmitteln wie dem unmerklichen Duft von Parfum (Bourdieu 1984, 137).

Freilich macht sich hier das Fehlen exakter und repräsentativer Erhebungen für die Bundesrepublik bemerkbar: Die Impressionen bleiben leicht im Bereich des Subjektiven und sind abhängig vom wertenden „Geschmack" des jeweiligen Beobachters. Auch dieser landeskundliche Versuch wird eine wertende Subjektivität nicht gänzlich neutralisieren können. Aber dies ist eher zu legitimieren, wenn keine systematische Erforschung schicht- und gruppenspezifischer Wohnstile in der Bundesrepublik, sondern – wesentlich bescheidener – die Sensibilisierung für einige ihrer Unterscheidungsmerkmale angestrebt wird.

Es gibt zudem ein allgemeines Wissen über das Wohnen und seine Leitbilder und Gestaltschemata in den unterschiedlichen Schichten, das nicht zu verachten ist. Bevor wir den indiskreten Blick in deutsche Wohnzimmer riskieren, kann die Erinnerung daran dem Beobachter gleichsam die angemessene Optik zur schärferen Wahrnehmung einstellen.

In einem Fragebogen Bourdieus wurden die französischen Testpersonen gebeten, aus einer Liste von neun Adjektiven zur Qualifizierung der Inneneinrichtung, in der sie am liebsten wohnen würden, drei Adjektive auszuwählen. Die nachfolgenden Diagramme verzeichnen das Ergebnis:

Beschaffenheit der Inneneinrichtung.

Bourdieus Auswertung des Befunds läßt sich vereinfacht so zusammenfassen: In den unteren Schichten überwiegen noch „funktionalistische" Optionen (sauber, pflegeleicht, praktisch), während die Mittelschichten, die über das primär Notwendige verfügen, sich vor allem eine intime, komfortable, harmonische Einrichtung wünschen. Den Privilegierten sind wiederum zu größeren Teilen diese Werte selbstverständlich. Um ästhetische Harmonie und Ausgewogenheit bemüht, sind sie so vornehm, daß sie solche Merkmale auch nicht mehr beanspruchen dürfen, da sie zum Allgemeingut geworden sind und somit ihren Distinktionswert verloren haben.

In Deutschland hätte der Fragebogen zur Qualifizierung der gewünschten Inneneinrichtung jedoch zum Teil andere Eigenschaften vorgeben müssen. Was im Französischen durch die Adjektive „intim", „komfortabel", „warm" und „harmonisch" ausdifferenziert wird, ist mehr oder weniger in der deutschen Vorstellung von „gemütlich", „Gemütlichkeit" enthalten.

Zur Zeit des Grimmschen Wörterbuches umfaßte diese Vorstellung nicht nur die Wendung zum Innenleben, sondern auch die Öffnung nach außen. Gemütliche Gesellschaft, so heißt es, sei der Ort, „wo das gemüt sowol angeregt wird als selbst anregt, mit dem innern leben aus sich herauszugehen". Ohne Abwertung werden Belege ausgebreitet, die Gemütlichkeit und Häuslichkeit in eine enge, lebendige Beziehung setzen:

gesellschaften zum vergnügen nennen sich wol auch die gemütlichen. Von einer familie rühmt man, dasz da im hause ein gemütlicher ton herrsche, aber auch ein haus, eine wohnung selbst wird als gemütlich gerühmt, wie man im hause wieder eine gemütliche stube lobt, in dieser wol auch eine gemütliche ecke, die schon viel gemütliches erlebt hat und dazu einladet, wie in einem garten ein gemütlicher winkel, eine gemütliche laube sind, wo das gemüt oder die gemüter gegenseitig leicht aufgehen zu behaglichem freiem und sicherem leben (Grimm 1984, Bd. 5, Sp. 3331f.).

Bald darauf begann in Deutschland die bis heute ungedämpfte intellektuelle Verachtung dieser als kleinbürgerlich apostrophierten Gemütlichkeit. Zielscheibe des Spotts sind in der Gegenwart etwa: das mit bestickten Kissen geschmückte Sofa, die obligate Reproduktion eines röhrenden Hirschs oder des Mannes mit dem Goldhelm, der Käfig mit Peterle, dem Kanarienvogel, oder die vielzitierten Gartenzwerge im Vorgarten. Dahinter steckt ein legitimes Bedürfnis nach dem „Nest", das die ständig präsente Furcht vor Katastrophen abwehren soll, ein Lebensgefühl, das vor dem Hintergrund der Krisenerfahrungen (nicht erst) im 20. Jahrhundert (Kriege, Inflation, Vertreibung, soziale Deklassierung) verständlich wird. Dies verbindet sich mit den bereits früher konstatierten, in Deutschland stärker ausgeprägten Objektbeziehungen, die zumindest in der Sphäre des Privaten Sicherheit und Stabilität verbürgen sollen.

Gemütlichkeit beschränkt sich jedoch nicht nur auf das schwer abgrenzbare Kleinbürgertum. Es setzt sich in der Form gediegener Wohlhabenheit sozial nach oben fort. Die Trennungslinie verläuft eher zwischen den Vermögenden und den Bildungsorientierten.

Die stilvolle und häufig kahle Askese, die sich die intellektuellen Schichten auferlegen, wird durch die Abgrenzung vom deutschen Gemütlichkeitsideal vermutlich noch forciert. Auf dieser Ebene wird man nationale Geschmacksvarianten kaum noch aufspüren können; es gibt eine „Internationale" des guten Geschmacks, die bewirkt, daß etwa bestimmte Architektenhäuser, ob in der Bundesrepublik, Frankreich, Italien, Schweden oder in den USA, sich gleichen bis ins Detail.

Keto von Waberer hat in einem ironischen Essay von ihren eher leidvollen Erfahrungen mit diesem unerbittlich guten Geschmack berichtet:

„Kein Geschmack", sagte mein Vater und machte seinen Mund so schmal, als habe er ein Stück unreife Avocado auf der Zunge. Er sprach selbstverständlich von einem fremden Wohnzimmer, aus dem er soeben mit gesträubtem Fell an seinen eigenen geschmackvollen Eßtisch geflüchtet war. Mein Vater war und ist Architekt (von Waberer 1985, 22).

Die Autorin bekennt, bereits in frühester Jugend den im Elternhaus herrschenden, hohen ästhetischen Anspruch nicht durchgehalten und etwa eine Porzellaneule mit leuchtenden Augen geliebt zu haben, deren Geschmacklosigkeit ihrer Mutter „leise Schreie entlockte".

Ich habe auch später meine Freundin Britta gut verstanden, die sich in ihrer abscheulichen Wohnung, die mit bäuerlichen bayrischen Barockmöbeln vollgestopft war, sehr wohlfühlte, ehe sie dem italienischen Designer in die Hände und ins Bett fiel. Das alte Haus, in das sie mit ihm zog, wurde von ihm ausgeweidet und ganz mit schwarzem Glas, Spiegeln und Chromgestängen ausstaffiert. Kein Nest! Alles ungemein geschmackvoll. Meistens saßen wir, wenn ich Britta besuchte, in der Küche. Dort hatte Britta eine hölzerne Eckbank durchsetzen können. Am Telefon hörte ich sie rufen: „Bitte bringt mir zum Geburtstag keine Objekte mit, die nicht in die Wohnung passen. Am besten Blumen, aber bitte keine farbigen – weiße" (ebd. 22f.).

Deutsche Wohnzimmer

Herlinde Koelbls Fotos in dem Band „Das deutsche Wohnzimmer" (1980) liefern die Grundlage des folgenden Teils. Anders als Alphons Silbermanns Buch „Vom Wohnen der Deutschen" (1963) präsentieren ihre Aufnahmen weder leere Modellwohnungen noch a priori satirische Arrangements. Vielmehr zeigt die Fotografin die Besitzer in deren eigenem Interieur und bringt damit zugleich deren jeweiliges Verhältnis zum Wohnraum ins Bild.

Kommentiert werden im folgenden fünf Wohnzimmer, deren Besitzer sicher nicht repräsentativ sind für die Sozialstruktur der Bundesrepublik, die aber doch als Modelle für schichtspezifische Wohnstile gelten können.

Das erste Beispiel kann vor Augen führen, daß sich die sozialen Schichten nicht nur im Hinblick auf das Verfügen über materielle Güter unterscheiden, sondern in der Tat in ein jeweiliges Geschmackssystem eingebunden sind. Ein durchgängiges Gestaltungsprinzip im abgebildeten Wohn- und Schlafraum ist die großgemusterte Buntheit: die Tapete, das Tischtuch und sogar noch die Hausschuhe von Antoinette S. folgen diesem Prinzip.

Die Fülle der Einrichtungsgegenstände – hier durch Aufräumarbeiten auf den ersten Blick nicht offensichtlich – resultiert nicht allein aus dem Zwang, zwei Erwachsene und acht Kinder in einer kleinen Wohnung unterzubringen. Zugleich ist sie wesentliches Merkmal des Geschmacks (nicht nur) deutscher Unterschichten, der auch in anderen Lebensbereichen vergleichbaren Regeln folgt und in seiner Gesamtheit den schichtspezifischen Habitus bildet. Zu denken ist etwa an die später zu behandelnde Vorliebe für fettes, massives Essen, unreglementiertes Trinken aus der Flasche oder vollen Gläsern.

Das Prinzip läßt sich bis in die Körpersprache verfolgen: Grobheit und Dicke statt Fein- und Schlankheit, Betonung der Kraft anstelle der Ausformung von Eleganz, lautes Lachen im Gegensatz zum kontrollierten, gedämpften Lächeln. In allem steckt zugleich ein aufs Momentane, Gegenwärtige gerichteter Zeithorizont, da es die Lebensbedingungen nicht als „vernünftig" erscheinen lassen, die unmittelbare Wunscherfüllung zugunsten zukünftiger Befriedigungen zurückzustellen.

Für diejenigen, die – wie es so heißt – keine Zukunft haben, die jedenfalls von dieser wenig zu erwarten haben, stellt der Hedonismus, der Tag für Tag zu den unmittelbar gegebenen seltenen Befriedigungsmöglichkeiten („die günstigen Augenblicke") greifen läßt, allemal noch die einzig denkbare Philosophie dar. Verständlicher wird damit, warum der (...) praktische Materialismus zu einem der Grundbestandteile des Ethos, ja selbst der Ethik der unteren Klassen gehört... (Bourdieu 1984, 297).

Antoinette S., 47, Hausfrau, 8 Kinder, Ehemann Hilfsarbeiter. „Wir können uns keine andere Wohnung leisten. Ich und mein Mann schlafen im Wohnzimmer."

Der ein Wohnzimmer der gehobenen Mittelschicht organisierende Geschmack läßt sich bereits an einer eher nebensächlichen Beobachtung illustrieren. Sowohl den Couchtisch der Antoinette S. wie den von Dr. Michael und Christina T. schmückt ein Blumenstrauß. Und doch gehorchen Vase und Blumenarrangement jeweils unterschiedlichen Geschmacksprinzipien. Hier üppig, bunt und rund – dort schlank, ausgesucht und dezent in Farbe und Form, verkörpert sich bereits in einem zufällig herausgegriffenen Detail der gesamte Habitus. Auch im übrigen Interieur herrschen die gleiche Sparsamkeit und ästhetische Ökonomie eines homogenen Stils. Großmustrige Tapeten sind hier undenkbar. Statt dessen der sorgfältige Kontrast zwischen dem Weiß der Wände und den schwarzen Ledersesseln sowie zwei Bildern, deren Distinktionswert nicht zuletzt in ihrer zu vermutenden Echtheit liegt.

Dr. Michael T., 45, Leitender Angestellter in der Industrie. Christina T., 39, Hausfrau. „Unterm eigenen Dach mit der Familie bin ich am liebsten."

Die ausgewogene Gruppierung der Familie im Halbrund, die Lockerheit ihrer Körpersprache sind wesentliche Bestandteile einer Selbstdarstellung, die Wert legt auf Souveränität, stilisierte Natürlichkeit und familiäre Harmonie: „Unterm eigenen Dach mit Familie bin ich am liebsten", sagt Dr. Michael T., leitender Angestellter in der Industrie. Während er sich nach Feierabend beim Back-Gammon-Spiel mit dem Sohn präsentiert, geht von der lesenden Christina T. ein zusätzliches Signal der Verfügung über „kulturelles Kapital" aus: Sie liest das zum Zeitpunkt der Fotoaufnahme aktuelle und vergleichsweise exklusive Buch von Hans Joachim Schädlich: „Versuchte Nähe" (1977).

Die Berufsangaben, wie sie unter den Fotos zu finden sind, lösen teilweise recht deutlich profilierte Berufs-Bilder aus. Man muß damit rechnen, daß bisweilen allzu schnell intrakulturelle Stereotype in der Wahrnehmung der entsprechenden Interieurs einrasten.

Karl Heinz D., 44, Studiendirektor. „Unsere Kinder sollen mehr in der heimatlichen Umgebung aufwachsen und sie kennenlernen." Christine D., 39, Hausfrau. „Wir machen sehr viel zusammen. Das ist meiner Meinung nach das einzige Mittel, die Kinder an die Familie zu binden."

Der Beruf „Studiendirektor" gehört zu den Signalen, bei denen sich die Vorstellung dessen, was „typisch deutsch" und „gutbürgerlich" ist, schlagartig aufdrängt. Mit dem Stand des deutschen Beamten verbinden sich unauflöslich bestimmte Konnotationen wie Sicherheit, Kontinuität, Ordnung und Loyalität, die so etwas wie einen „mittleren" Geschmack als zentrales Merkmal von deutscher Bürgerlichkeit konstituieren. Die hier präsentierte Familie und ihr Wohnzimmer mit seiner soliden, auf subtiles Raffinement verzichtenden Einrichtung entsprechen weitgehend dem Klischee vom „typisch Deutschen". Unter der mild-aufmerksamen Obhut des Elternpaares erscheinen die Kinder nicht nur räumlich in den Vordergrund gerückt. Die den Kindern geschenkte Freundlichkeit lockert die ansonsten eher korrekte Atmosphäre auf: Man denke an

Jackett und Krawatte von Herrn Karl-Heinz D., die ordentlichen Kleider der Kinder, aber auch an das Sofakissen und die aufgeräumte Bücherwand. Der Eindruck von der deutschen Familie wird vervollständigt durch die zwar in den Hintergrund gerückte, aber zugleich räumlich wie seelisch erhöhte Frau und Mutter. Diese starke Betonung familiärer Wärme, die auch aus den beigefügten Zitaten spricht, ist ebenso wesentliches Element deutscher Bürgerlichkeit wie die nicht zu übersehende Strenge und Vermeidung von Auffälligkeiten und Extremen.

Walter Eckhard L., 53, selbständiger Kaufmann. „Besitz zu haben, schafft ein gutes, sattes Gefühl." Irmgard L., 52, Kaufmann

Nicht zufällig haben die Herausgeber des Bandes „Das deutsche Wohnzimmer" dieses Foto als Titelbild und Blickfang ausgewählt. Das spezifisch Deutsche hat hier Züge angenommen, die man, je nach Einstellung, bewundernd zustimmend zur Kenntnis nehmen, aber auch eher als latent bedrohlich oder komisch bewerten kann. In der Körpersprache des selbständigen Kaufmanns Walter Eckhard L. und seiner Position im Bild drückt sich aus, was der Text noch einmal wiederholt: „Besitz zu haben, schafft ein gutes, sattes Gefühl."

In der Tat, hier wird mehr als in allen anderen bisher gemusterten Wohnzimmern neu erworbener Besitz ausgestellt. Dem ökonomischen entspricht nicht gleichwertig das kulturelle Kapital, was nicht zuletzt in der Uneinheitlichkeit der Inneneinrichtung zutage tritt. Der auftrumpfende Stil der Repräsentation will – anders als im Falle von Dr. Michael T. – durch Fülle und (zu vermutende) üppige Farbgebung wirken. Es regiert ein Geschmack, der sich durch den Wert der einzelnen Objekte zwar von den unteren Schichten absetzt, aber dennoch im ganzen wesentlichen Merkmalen eines unterschichtlichen Habitus verhaftet bleibt. Überspitzt formuliert läßt sich die latente Aggressivität dieser Selbstdarstellung in Freizeittracht als umgewendete Angst vor sozialer Deklassierung werten. Auffällig ist die Position der Ehefrau Irmgard L., die durch die patriarchalische Übermacht an die mit Dressurszenen geschmückte Wand gedrängt wird und so gleichsam als Teil des Besitzes erscheint.

Ein Konsul, so „Der große Brockhaus", ist „der ständige Vertreter eines Staates zur Wahrnehmung seiner wirtschaftlichen Interessen in einem anderen Staat ohne diplomatische Eigenschaften und Vorrechte". Hier handelt es sich um einen jener Wahl- oder Honorarkonsuln, die in der Regel „dem Kreise angesehener Kaufleute entnommen" werden. „Ihre Verwendung ist in neuerer Zeit erheblich zurückgegangen" (Der Große Brockhaus 1959, Bd. 6, 539). Kein Zweifel: in unserer Galerie deutscher Wohnzimmer haben wir die – ökonomisch gesehen – höchste Stufe erreicht. Und es muß dabei bewußt bleiben, daß nur ein Vertreter der Kapitalelite ins Bild gerückt ist; andere Fraktionen der Oberschicht präsentieren sich in einem unverkennbar eigenen Interieur (vgl. z.B. im herangezogenen Bildband die Wohnzimmer von J. Kaiser, A. Kluge, H. Höcherl, A. Vietor, Bischof E. T.).

Peter S., Konsul, Unternehmer. „Alle guten Geschäfte, bei denen es um die Wurst geht, finden hier in der Wohnung statt."

Peter S., Konsul und Unternehmer, kommentiert die entscheidende Funktion seines Salons selbst: „Alle guten Geschäfte, bei denen es um die Wurst geht, finden hier in der Wohnung statt". Titel wie Einrichtung dienen dem gleichen Zweck: man zeigt, wer man ist (oder sein will) und vor allem, was man hat. Anders als die Fraktion der Bildungselite, wo Funktionalität und Sachlichkeit der klassischen Moderne ein einheitliches Gestaltungsprinzip vorgeben, erzeugen hier die unterschiedlichsten historischen Anleihen den Eindruck des Kostbaren und zugleich Eklektischen. Gewölbe und Empore schaffen herrschaftlichen Raum: Barocktruhe, italienische Trecento-Malerei, der Militärheilige (süddeutsch, 17. Jh.) fügen sich quasi zu einem Altar, der, bei aller weltlichen Repräsentation, eine für die 50er Jahre nicht untypische religiöse Rückbindung verbürgen soll. Ein zweites Stilelement bilden die Trophäen aus der Kolonialzeit (geschnitzter Armstuhl, Elefanten), die möglicherweise an die konsularischen Geschäfte des Hausherrn anknüpfen. Ein dritter Geschmackskreis deutet sich eher im Hintergrund an: Die rustikale Bar mit Ochsenjoch, der offene Kamin und – vom Besitzer weitgehend verdeckt – das zum Couchtisch umgestaltete Wagenrad geben altdeutsche Bodenständigkeit und Gediegenheit zu erkennen. Mit diesem Besitz im Hintergrund strahlt Peter S. jene selbstverständliche Sicherheit und unangefochtene Jovialität aus, die er sich leisten kann.

Blickt man zurück auf den selbständigen Kaufmann Walter Eckhard L., so macht schon die Körpersprache den Statusunterschied deutlich. Dort ein Abstiegsängsten abgetrotztes Auftrumpfen, hier souveräne Gelassenheit als inkorporierte Klassenlage, die zeigt: wir sind in einer anderen Welt.

Essen und Trinken

„In der Erinnerung der Emigration schmeckt jeder deutsche Rehbraten, als wäre er vom Freischütz erlegt worden", schreibt Theodor W. Adorno (Adorno 1970, 56). Selten ins Bewußtsein gehoben, verbindet sich unwillkürlich mit den heimatlichen Speisen die Eigentümlichkeit eines nationalen Lebensgefühls. Es verwundert daher kaum, daß seit alters her Essen und Eßgewohnheiten zur Kennzeichnung von ethnischen Gruppen dienen. „Krauts", das sind die Deutschen, „Spaghetti-Fresser" die Italiener, „frogs", die Froschschenkel-Esser, sind die Franzosen für Engländer. Was zunächst als Reduktion auf simple Stereotype erscheint, ist in Wirklichkeit eine komplex kodifizierte Information über Selbst- und Fremdwahrnehmung der Völker (und Schichten), über ihren zivilisatorischen Entwicklungsstand und ihre Tabus. Auch im deutsch-amerikanischen Verhältnis sind solche zählebigen Zuweisungen wirksam: Sauerkraut und Eisbein, Kartoffeln, Speck und Würste, selbstverständlich auch Bier, gehören zu den unverzichtbaren Bestandteilen des amerikanischen Deutschenbildes. Kurz: die deutsche Küche gilt – mit Ausnahme des für Amerikaner kärglichen Frühstücks – als „warm and filling".

Eine Ein-Wort-Typisierung für die Amerikaner, entsprechend den Krauts, gibt es merkwürdigerweise im Deutschen nicht. Es mangelt dagegen nicht an abschätzigen und aggressiven Verurteilungen der amerikanischen Eßkultur. Trotz massenhaften Konsums von Coca Cola (und des neuerdings noch durchschlagkräftigeren Pepsi-Cola), Chewing Gum und Ketchup gilt all dies zugleich als existentielle Bedrohung der deutschen, der mitteleuropäischen Kultur. In diesem Sinne macht sich der einflußreiche westdeutsche „Gastrosoph" und Küchenideologe Wolfram Siebeck im „ZEIT-Magazin", „America Special" vom 23. Januar 1987 über den „Hamburger" her: Mit seiner Musterung der Ingredienzien eines Hamburgers gießt Siebeck eine ganze Jägersauce deutscher Vorurteile über dieses „Ding von einmaliger Künstlichkeit" aus:

> Wer mit dem Hamburger eine fingerdicke Lage Zwiebeln herunterschluckt, der muß einen Magen haben wie eine Kuh und eine Haftpflicht, weil er mit seinem Zwiebelatem sogar einen Schaffner des Balkan-Expreß bewußtlos pusten könnte.

„Das Fleisch" sieht für ihn „nicht nur aus wie ein Bremsbelag, es schmeckt auch nicht nach Fleisch. Es schmeckt nach gar nichts. Ich bin davon überzeugt, daß die Erfinder dieser Volksspeise sehr viel Mühe darauf verwendet haben, zu diesem frappierenden Resultat zu kommen." (ebd., 96.)

Schließlich findet Siebeck Trost bei dem Gedanken, daß beim Esser „die Lust auf dieses Kunstprodukt geringer wird", daß Hamburger „im Leben eines Menschen nur eine vorübergehende Erscheinung wie Pubertätspickel" bleiben.

Sowohl das amerikanische „Kraut"- Stereotyp wie die deutschen Vorurteile beruhen auf relativ punktuellen Erfahrungen mit der Eßkultur des anderen Landes und nehmen selbstverständlich nur einen Bruchteil des jeweiligen Speisehaushaltes wahr. Anders als auf deutscher Seite gab es in Amerika bereits früh Kontakte mit den Eßgewohnheiten der deutschen Einwanderer.

Was sich als typisch deutsche Speisen dem amerikanischen kollektiven Gedächtnis einprägte, war eine eher schichtspezifische Auswahl, nämlich die Mahlzeiten überwiegend ländlicher und handwerklicher Bevölkerungsgruppen. Auf der Grundlage dieser primär über das Essen vermittelten Vorstellung entstand ein Bild vom Deutschen, das vor allem Elemente wie Schwerfälligkeit, Massivität und – durchaus schon mit positiver Einfärbung – Gemütlichkeit hervorhob. „Krauts" meint eben nicht nur den Kohl, sondern einen in seinem Ursprung schichtspezifischen und in der Folgezeit verallgemeinerten typisch deutschen Habitus.

Mahlzeiten – schichtspezifisch

Daß auch im Essen soziale Unterschiede ausgeprägt sind, scheint selbstverständlich und ist nur selten genauer analysiert und belegt worden. Der jeweilige schichtspezifische Habitus steuert mehr oder weniger bewußt die Auswahl dessen, was man für bekömmlich, gesund, sättigend, gewöhnlich oder exquisit hält.

Zwischen den Extremen Hunger und Übersättigung liegt eine ganze Welt von subtilen Differenzierungen, die untrüglich den sozial-kulturellen Raum signalisieren, in dem sich eine Person mit bestimmten Trink- und Eßgewohnheiten bewegt. Die Analyse darf sich dabei freilich nicht in pedantischer Aufzählung und schichtspezifischer Zuordnung nationaltypischer Speisen erschöpfen. Wesentlicher erscheint, Essen und Trinken in ihren jeweiligen Figurationen zu fassen, um nationale, soziale und kulturelle Eigenheiten erkenn- und verstehbar zu machen.

Seit der einschneidenden Revolutionierung der Küche in den westlichen Industrienationen (in den USA etwa seit den 30er Jahren, in der Bundesrepublik in den 50er Jahren) haben sich nicht nur die Einstellung zum Essen, die Kochgewohnheiten, sondern vor allem auch die Speisen selbst verändert. Die Einführung moderner Gas- und Elektroherde bis hin zum Mikrowellenherd, Kühlschränke als eine der wichtigsten Konservierungsmöglichkeiten, die Elektrifizierung der Küchengeräte brachten mit der Rationalisierung des Kochens neue Gerichte auf den Tisch. Während nationale und regionale Vorlieben durchaus beibehalten wurden, läßt sich eine Internationalisierung bestimmter Produkte beobachten. Nicht zufällig tauchen in den 30er Jahren in den USA Kochbücher eines neuen Typs auf, die, wie das populärste, in unzähligen Auflagen verbreitete „Joy of Cooking", mehr Spaß am Essen versprechen, als die Realität manchmal einzulösen vermag.

Die Ausdifferenzierung und Internationalisierung der Küche stellt vor allem für die mittleren Schichten in beiden Ländern eine oft verwirrende Vielfalt an Distinktionsmöglichkeiten bereit. Paul Fussell zitiert Roger Price, der sich in offenkundig satirischer Absicht mit den kulinarischen Ambitionen eines „middle-class girl" beschäftigt,

who has come to the city and whose vade mecum is „The New Yorker".

After a few months in the city, prompted by economy and boredom she learns to make a Specialty (…): paella, an authentic curry, quiche Lorraine, roast beef with Yorkshire pudding. When entertaining … beaus, she serves the Specialty by candlelight, with the wine which the beau brings.

After a few unadmitted failures, however, she gives up the Specialty and settles for spaghetti flooded with „her" great sauce, which she makes from hamburger meat, canned tomatoes, and too much oregano … (Fussell 1983, 114).

Die Schwere der deutschen Unterschichtsnahrung zeigt sich beim ersten Hinsehen: Eintöpfe, natürlich Kraut und Schweinshaxen, Kartoffeln oder Teigwaren als Grundnahrungsmittel, der Sonntagsbraten und der Sonntagskuchen, all dies verrät Eßgewohnheiten, denen es mehr auf die Fülle ankommt als auf Qualität.

Sucht man nach einer sich sowohl von der Unter- wie von der Oberschicht abgrenzenden Formel für den „mittleren" Geschmack, so stellt sich in Deutschland der Begriff des „gut bürgerlichen" Essens ein. Dieses Versprechen, das so etwas wie ein Gleichgewicht von Qualität und Quantität garantieren will, ruft einen bestimmten Fundus von Gerichten ab. Eine ganze Palette von Schnitzelgerichten (Wiener Schnitzel, Tellerschnitzel, Jägerschnitzel), Kotelett, diverse Braten; dazu gemischte Salate, Erbsen, Bohnen, Karotten, Kohl und anderes. All dies sind Speisen eher des traditionellen Mittelstandes (Handwerker, Facharbeiter, Beamte des „mittleren Dienstes"). Dabei müssen mehrere Fraktionen innerhalb der Mittelschichten unterschieden werden. Kulturelles oder ökonomisches Kapital bilden auch hier die Pole, um die sich verschiedene Geschmackssysteme gruppieren. Rohkost, Gegrilltes, Molkereiprodukte, Früchte und Frischgemüse und die gelegentliche Lust am kulinarischen Exotismus (italienische, griechische, chinesische Küche), ein eher asketisches Genußverhalten, gepaart mit der Sorge um das Gesunde, gehören zum Habitus der intellektuellen Mittelschichten – Lehrer an Schulen und Hochschulen, Freiberufler und höhere Angestellte.

Wo das ökonomische Kapital in den oberen Mittel- und den Oberschichten überwiegt, bleiben – was materiellen und kulturellen Konsum angeht – Gewohnheiten der unteren Schichten eher erhalten. Zur Masse gesellt sich die gehobene Preisklasse: teures Bratfleisch, Wild in Wein-Sahne-Saucen, natürlich mit Beilagen, gelegentlich einen Hummer zur Vorspeise (über Getränke später!), in jedem Falle von allem eher zuviel als zuwenig. „Ganz oben" – wo die Autoren noch nie waren – speist man wohl so, wie es z.B. Bourdieu auch für Frankreich nachgewiesen hat: Weniges, Erlesenes, klassisch – mit Sinn für Tradition.

Die wahren Gourmets (und alle, die sich dazu zählen) entstammen überwiegend jenem schwer abgrenzbaren Reservoir zwischen „ganz oben" und „neureich" (Ärzte, Rechtsanwälte, leitende Angestellte in Zukunftsindustrien, Unternehmer etc.). Das ist in etwa die Klientel, die z.B. ein Magazin wie „Feinschmecker" anvisiert. Hier werden den Gourmets nicht nur die erlesenen kulinarischen Genüsse *à la mode* serviert, sondern auch jene Sprachmuster vorgeprägt, die im Wettbewerb um den feinsten Chic zum Einsatz kommen. Bei diesem Kampf um Distinktion geht es um Nuancen, um das subtile Gespür für den jeweils tonangebenden Trend. Das macht die geheime Dramatik des Berichts von Wolfram Siebeck (vgl. „Feinschmecker", H. 6, Dez. 1987/Jan. 1988, 60–62) aus, der sich im langjährigen Streit um Deutschlands besten Koch – Winkler oder Witzigmann – auf die Seite des jüngeren Winkler im Münchner Drei-Sterne-Lokal „Tantris" schlägt. Dort genießt Siebeck eine

> subtile Verfeinerung, die nie in verkünstelte Artistik umschlug, und raffinierte Geschmacksnuancen auf dem schmalen Grat zwischen übervorsichtiger Fadheit und banaler Plumpheit. Im einzelnen waren die kalten, sommerlichen Vorspeisen hoch zu rühmen: Eine aromatische Tomatenmousse mit Krebsschwänzen (so was gerinnt meistens zu steriler Konfektion), der Salat mit Bries und Pfifferlingen (woanders ein Dauerthema von beliebiger Laschheit); die Lasagne mit Lachs in einer köstlichen Sauce (bewunderns-

würdiger, hauchdünner Teig) – alles hervorragend abgeschmeckt und elegant präsentiert. Dabei keine überflüssigen Dekorationen (keine Cloches, man staune!) und nie pompös, nie affektiert (ebd., 60f.).

In der „Aubergine" Witzigmanns überzeugt zwar „eine schöne Stör-Lachs-Pastete" und eine bemerkenswerte Kalbsschulter. „Aber die persönliche Handschrift eines Meisters, das erkennbar Außergewöhnliche fehlten ihr" (ebd., 62). Vielleicht signalisiert die Entthronung des „deutschen Bocuse" Witzigmann, daß nach der Vorherrschaft der *Nouvelle Cuisine* nun in stärkerem Maße der Geschmack der Avantgarde sich regionalen deutschen Spezialitäten zuwendet.

Eine Auflistung der vielfältigen Besonderheiten solcher regionaler Speisepläne wäre endlos. Wir beschränken uns auf die auffälligsten Nord-Süd-Kontraste, die schon die von Lübeck nach München verschlagene Tony Permaneder in Thomas Manns „Buddenbrooks" (1901) verzweifeln ließen.

> Es gibt zuwenig Gemüse und zuviel Mehl, zum Beispiel in den Saucen, deren sich Gott erbarmen möge. Was ein ordentlicher Kalbsrücken ist, das ahnt man hier gar nicht, denn die Schlachter zerschneiden alles aufs jämmerlichste. Und mir fehlen sehr die Fische. Und dann ist es doch ein Wahnsinn, beständig Gurken- und Kartoffelsalat mit Bier durcheinander zu schlucken!

Die Verständigungsprobleme mit dem bayrischen Hausmädchen Babette beklagt ein anderer Brief:

> Und wenn ich ‚Frikadellen' sage, so begreift sie es nicht, denn es heißt hier ‚Pflanzerln'; und wenn sie ‚Karfiol' sagt, so findet sich wohl nicht so leicht ein Christenmensch, der darauf verfällt, daß sie Blumenkohl meint, und wenn ich sage: ‚Bratkartoffeln', so schreit sie so lange ‚Wahs!' bis ich ‚Geröhste Kartoffeln' sage, denn so heißt es hier, und mit ‚Wahs' meint sie: ‚Wie beliebt' (Mann 1979, 260 u. 309).

Nachzutragen sind Unterschiede, die nach wie vor deutliche Grenzen markieren: Kartoffeln im Norden, Teigwaren im Süden, süße Suppen und sogar Zucker im Salat im Norden, im Süden dagegen eine Vorliebe für Saures: Salate aber auch saure Saucen. Gewissermaßen quer zum Distinktionsmerkmal „schwer" oder „leicht" liegt die süddeutsche Präferenz für das Derbere (Knödel statt Klopse), das auch in höheren Schichten noch akzeptabel ist.

Trinken

Niemand ist wirklich frei in der Wahl seiner Getränke. Vielleicht mehr noch als das Essen ist Trinken geprägt von sozioökonomischen Normen und schichtspezifischen Geschmacksorientierungen.

> For example: if you are a middle-aged person and you ask for white wine – the sweeter it is, by the way, the lower your host and hostess – you are giving off a very specific signal identifying yourself as upper- or upper-middle class (Fussell 1984, 107).

Mit Paul Fussells „Painfully accurate guide through the American status system" ließe sich die amerikanische Gesellschaft ironisch-umstandslos an Hand ihres Getränkekonsums klassifizieren. Wenigstens 40 Prozent der Amerikaner löschen demnach ihren Durst pro Tag zumindest einmal mit Coke oder einem ähnlichen Getränk und geben sich damit als Unterschichtler zu erkennen. Bier „is college-boy" (ebd., 108), aber es macht immerhin einen Unterschied, ob man von Bud, Michelob, Schlitz oder Molson's und Heineken's betrunken wird und ob man es aus Dosen oder Flaschen zu sich nimmt. Italienische Weine, sofern ihr Name auszusprechen ist (Frascati!) und sie erschwinglich sind, suggerieren einen teuren Import und gelten – in den Mittelschichten – als exklusiv. Seiner angelsächsischen Herkunft wegen rangiert Scotch höher als Bourbon. Und vieles hängt gar vom Zeitpunkt ab: „If you drink martinis *after* dinner, you are a prole" (ebd.).

Mit anderen „Materialien" gelten für die Bevölkerung der Bundesrepublik vergleichbare Spielregeln. Über die besonderen Möglichkeiten der Distinktion, wenn nicht gar der sozialen Einschüchterung, die z.B. die deutsche Weinkultur eröffnet, wird in einem eigenen Exkurs noch zu reden sein.

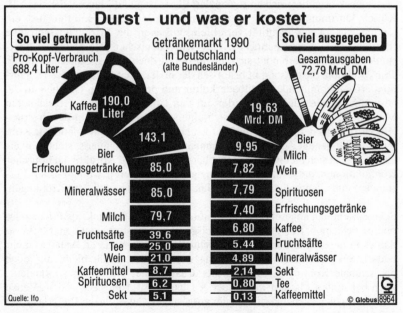

Getränkekonsum der Bundesbürger

Diese Schätzungen des Ifo-Instituts für Wirtschaftsforschung erinnern daran: In erster Linie sind die Deutschen nicht ein Volk der Bier-, sondern der Kaffeetrinker. Daß dieser Kaffee in Deutschland den Amerikanern zu stark, den Deutschen jedoch der in großzügigen Mengen ausgeschenkte Kaffee in den USA zu dünn ist, hat schon viel Gesprächsstoff geliefert und sorgt auch in Percy Adlons Film über einen ganz besonderen Fall von deutsch-amerikanischem Kulturkontakt, „Out of Rosenheim" (1987), für Heiterkeit. Kaffee ist somit nicht ohne weiteres ein völkerverbindendes Getränk, und es bedarf kaum des Hinweises, daß auch die zahlreichen Marken auf dem hart umkämpften Kaffeemarkt der Bundesrepublik vom biederen „Meisterkaffee" über die „Krönung", „Mövenpick (le divin)" bis zur feinen „Ratsherrenmischung" nicht nur den Durst löschen, sondern auch unterschiedliche Prestigebedürfnisse befriedigen.

Mit etwa 3 000 Biersorten und einem Pro-Kopf-Verbrauch von 144 Litern im Jahr 1987 ist der Bierverbrauch in der Bundesrepublik zweifellos imponierend. In einzelnen, ausgesuchten Marken reicht sein Konsum bis in die oberen Schichten hinein (Warsteiner, Fürstenberg oder importiertes Pilsner Urquell), im Prinzip ist jedoch Bier ein Getränk der unteren und mittleren Schichten. Ihr Geschmack orientiert sich an regionalen Biersorten und Marken, die, wie z.B. Kölsch, Dortmunder Union, Hamburger Astra, Münchner Hofbräu, auch ein Gefühl von lokaler Identität vermitteln. Obschon die Erfrischungsgetränke (darunter Cola, Pepsi, Fanta) die klassischen deutschen Mineralwässer überrundet haben, so verbindet sich mit letzteren doch eine spezifisch deutsche Trinktradition. Sie entstammt historisch der in der zweiten Hälfte des 18. Jahrhunderts aufkommenden Heilbäderkultur und profitiert vom Glauben an die gesundheitsfördernde Wirkung der auf den Etiketten penibel verzeichneten Mineralien. Auch hier offenbart sich eine subtile Rangfolge in der Prestige-Konkurrenz, an deren Spitze unangefochten – ein Blick auf internationale Konferenztische genügt – the „queen of table waters", Apollinaris, steht. Unverkennbar zeigt sich hier wie auch sonst bei Getränken die Attraktivität höfischer Konnotationen, die Exklusivität und Dignität suggerieren: König Pilsner, Fürstenberg und allenthalben Hofbräu, Gala-Mischungen und diverse Krönungen.

Sekt galt einmal, abgesehen vom traditionellen Silvestertrunk, als Privileg der oberen Schichten. Inzwischen sind preisgünstige Sektsorten auf dem Markt, so daß es in unteren und mittleren Schichten keines besonderen Anlasses mehr bedarf, Sekt zu trinken. Als Rettung wahrer Exklusivität bleibt nur noch das schmale Kontingent französischer Champagner mit seinen „normalen", noch bekannten Marken wie „Moet & Chandon", „Heidsieck" oder „Veuve Cliquot", wobei auch und gerade hier ausgesuchte Cuvées in der Preisklasse um 300 Mark feinste Unterschiede wahren.

Exkurs zur deutschen Weinkultur

Norddeutschland ist bereits seit langem nicht mehr ausschließlich eine Bier- und Teetrinkerregion; was Süddeutsche keineswegs davon abhält, auf alten Vorurteilen zu beharren. Letztere sind noch immer davon überzeugt, daß man sich etwa in einem Hamburger Lokal damit begnügt, zwischen „rot" und „weiß" zu wählen. Entwickeltere Kriterien wie etwa „trocken", „süffig" oder „lieblich" würden sie in der Regel nur in einem Etablissement der höheren Klasse erwarten.

Nicht anders als Norddeutschen ergeht es weinunkundigen Ausländern, denen Eingeweihte gern Lehrstunden in Weinkultur angedeihen lassen. Und in der Tat, inländischer oder ausländischer Wein, Region und Rebe, Lage und Jahrgang, Temperatur, Gläserwahl und natürlich die Vereinbarkeit von Gerichten und Weinsorten, all dies ist eine Geheimwissenschaft, die höchste Kultiviertheit unter Beweis stellen kann und Nichtkenner als Banausen entlarvt.

Alte Weine und sehr vollmundige, extraktreiche Weißweine mit großer Duftfülle (auch wenn sie jung sein sollten) entfalten sich optimal in diesem „Altweinglas". Die Oberfläche ist hier betont klein gehalten; aus dieser apfelförmigen Glasform muß man den Wein förmlich heraussaugen, weil ein Nippen nicht möglich ist. Über den scharfen Mundrand des Glases überspringt dabei der Wein die Zungenspitze und gelangt sofort auf die Zungenmitte und auf das Zungenende, wo man die leichte Edelfirne eines alten Weines, oder auch die Aromafülle bestimmter jüngerer Weine voll wahrnehmen kann.

Passende Weine für dieses Glas sind: Spitzenweine des Rieslings, Ruländer, Traminer, Chablis, Meursault, die weißen umbrischen und sizilianischen Weine (Orvieto, Torgiano, Corvo, Alcamo, Etna), Amigne, Arvine, Ermitage, Johannisberg (Wallis); (Steurer 1986, 119).

„Altweinglas". Glas für alten oder kräftigen Weißwein.

Und was muß man nicht alles lernen! Wer weiß schon zweifelsfrei Weine zu charakterisieren? Sind sie nun erdig, feurig, fest, schwer oder edel, fein, elegant, lieblich, oder sind sie kernig, körperreich, nervig, rassig, rund? Und wie soll man entscheiden, ob zur feinen getrüffelten Gänse- oder Entenleber ein lieblicher oder fruchtiger halbtrockener oder ein erstklassiger trockener Weißwein gehört? Und wer weiß schon, warum zu altem oder kräftigem Weißwein eine apfelförmige, Nippen verunmöglichende Glasform gehört?

Wein ist in Deutschland nicht nur das Privileg der gehobenen Schichten. Vor allem in den Weingegenden Deutschlands sind einheimische Tafelweine, aber auch preiswerte EG-Importe in den Unterschichten verbreitet. Allzu üppige und farbenfrohe Etiketten sind als Blickfang für Unkundige oder wenig zahlungskräftige Konsumenten gedacht; den Geschmacksvorlieben der Mittelschichten kommen eher vertrauenerweckende Qualitätssiegel und Prämierungshinweise entgegen. Je nobler jedoch die Tafelrunde, desto rarer die Sorten, desto älter die Jahrgänge. Man braucht nicht gleich Deutschlands erfolgreichster Weinsammler Hardy Rodenstock zu sein, der mit erlesenen Gästen einen Château Lafitte 1787 – mit Thomas-Jefferson-Initialen auf der Flasche – verkostet (Sammlerwert 400 000 DM; vgl. „Der Spiegel" Nr.7, 15.2.1988, 206–209). Für diejenigen, denen es an ererbtem Kapital mangelt, steht für den langen Weg vom Weinliebhaber hinauf zum Weinkenner eine reichhaltige Ratgeberliteratur zur Verfügung. So verspricht z.B. Rudolf Steurers Brevier „Welcher Wein zu welchem Essen?" (1986) schon im Klappentext: „Die Weinkarte im Restaurant und das Angebot in den Geschäften geben keine Rätsel mehr auf."

Deutsche und amerikanische Tischsitten

Dem erfahrenen Marquis de Venosta in Thomas Manns „Bekenntnisse des Hochstaplers Felix Krull" entgeht es nicht, daß er es bei dem vermeintlichen Kellner Armand „nicht mit einem Menschen der Unterklasse, sondern sozusagen mit einem verkappten Gentleman zu tun hat" (Mann 1984, 182). Felix Krull wiederum weiß, wie er diesen schmeichelhaften Verdacht bestätigen kann:

> Ich sah wohl, daß er meine Art zu essen beobachtete, und verlieh ihr, unter Vermeidung aller Affektion, eine gewisse wohlerzogene Strenge, aufrecht, Messer und Gabel bei angezogenem Ellbogen handhabend (ebd., 182f.).

Angesichts solch vorbildlicher Eßweise holt der Marquis zu kontrastiven Betrachtungen aus, die eine kuriose Abweichung von der ihm als Norm geltenden europäischen Eßkultur aufs Korn nehmen.

> In Amerika, so habe er gehört, erkenne man den Europäer daran, daß er die Gabel mit der linken Hand zum Munde führe. Der Amerikaner schneide sich alles erst einmal vor, lege das Messer dann fort und speise mit der Rechten. „Hat etwas Kindliches, nicht wahr?" Übrigens wisse er es nur vom Hörensagen (ebd., 183).

Diese zweifellos auffälligste Divergenz zwischen europäischen und amerikanischen Tischsitten hat auch in den USA nicht aufgehört, für Gesprächsstoff zu sorgen. Judith Martin, schlicht und besser als „Miss Manners" bekannt, tadelt in ihrem millionenfach verbreiteten Anstandsbuch die Amerikaner, die sich der „continental method" bedienen,

> in order to appear fashionably foreign. Nor does she accept their excuse that the foreign method is more efficient. Efficiency in food service or consumption is not desirable (Miss Manners' Guide 1983, 123f.).

Bei einem Vergleich der einschlägigen deutschen und amerikanischen Ratgeberliteratur zeigt sich – sieht man einmal von der erwähnten „fork-switching-method" und den Spezialtücken kulturspezifischer Gerichte (*Chips and Dips, Corn on the Cob* etc.) ab – eher eine weitgehende Konvergenz. Die Nöte und Verhaltensunsicherheiten der (aufsteigenden) Mittelschichten in der Bundesrepublik und den USA, auf die die Tischsitten-Literatur beider Länder vor allem reagiert, sind sich sehr ähnlich. Wie ißt man Fisch, Schnecken oder Austern und wie Spaghetti, nimmt man den Spargel in die Hand oder auf die Gabel – und wie bewältigt man – gleichzeitig gelöst und heiter plaudernd – diverse Sorten Obst?

Ein Unterschied fällt gleichwohl auf. Miss Manners ist ganz ohne Zweifel humorvoller und realitätsnäher als ihre deutsche Kollegin Papritz oder vergleichbare deutsche „Knigges". Man wird dort vergeblich nach Auflockerungen wie etwa der Anfrage eines Spaßvogels suchen, der Miss Manners Vorschrift, den Spargel mit den Fingern zu essen, nicht recht verstehen will.

> I have it on good authority that one's fingers should never be eaten with any other food.

Miß Manners unerschrockene Antwort:

> Gentle Reader: How right you are. But after the fingers convey the asparagus to the mouth, the fingers may then be eaten with whatever remains of the hollandaise sauce (ebd., 143).

Tischsitten – schichtspezifisch

Leicht wird vergessen, daß Benimmbücher wie die hier zu Rate gezogenen nichts anderes als die Anstandsregeln und die Eßkultur der Mittelschicht fixieren. Die ganze Vielfalt der Tischsitten und -gespräche, die Kleidung, die Art und Weise des Servierens und Präsentierens bis hin zur Körpersprache, all diese Signale spezifischer Verhaltensstile bleiben dadurch verdeckt. Auf sie kommt es jedoch an, wenn es darum geht, bei einer so zentralen kulturellen Situation wie dem Essen in der eigenen oder fremden Gesellschaft den sozialen Raum zu bestimmen, in dem man sich bewegt. Was im Materiellen der Nahrung als Gegensatz von schwer und leicht, grob und fein beschrieben wurde, kehrt hier als Opposition von ungezwungenem und förmlichem, von unmittelbarem und aufgeschobenem Verhalten wieder.

Der Stil der Unterschichten verzichtet auf selbstauferlegte oder fremdbestimmte Zwänge. Das Essen dient primär der Befriedigung von Bedürfnissen, und niemand bemüht sich um das Einhalten von Formen. Es kommt mit einem Schlag auf den Tisch, weder das Fernsehen noch später hinzukommende Familienmitglieder oder Freunde stören... In der Optik „von oben" kann das Ungeordnete der Eßsituation, das hemdsärmelige Sich-gehen-lassen ihrer Teilnehmer leicht als allzu natürlich, schlampig, ja vulgär erscheinen. Gerade von dieser familiären Ungeniertheit distanzieren sich die Mittelschichten mit einem „Habitus, dem Ordnungsverhalten, Haltung und Zurückhaltung konstitutiv ist" (Bourdieu 1983, 316). Natürlich wird gewartet, bis alle beisammen sind und sich – diskret bemessen – bedient haben. Das Einhalten der Sitzordnung, Arrangement der Gedecke und Präsentation der Speisen, die Tabuisierung körperlicher Äußerungen, kurz, die Inszenierung des Essens als gesellschaftliche Zeremonie drängt das Eigentliche, Materielle zurück. An keiner anderen Stelle gibt der scheinbar ungerührte Beobachter Bourdieu seine Sympathie für den „Realismus der ‚einfachen Leute'" und die Aversion gegen „das Gedruckse und Geziere, gegen das Förmliche und Manirierte" (ebd., 321) deutlicher zu erkennen. Abstrakter konstatiert er im Vergleich zu den Unterschichten eine nach oben hin zunehmende Tendenz, die „von der Substanz und Funktion hin zur Form und Manier" (ebd., 317) führt und in die Verleugnung der Wirklichkeit des grob materiellen Eß- und Trinkvorgangs mündet.

Was in der Theorie zwangsläufig und einleuchtend erscheint, ist in der Praxis für uns nicht immer einsehbar. Zumindest in der Vorstellung der Aufsteiger ist ganz oben – idealiter bei Deckungsgleichheit von ökonomischem und kulturellem Kapital – die Anstrengung im Kampf um die soziale Distinktion natürlicher Selbstgewißheit und eleganter Selbstverständlichkeit gewichen.

Familienmahlzeiten

Wenigstens dem Anspruch nach sind Familienmahlzeiten – und hier kommen vor allem die Mittelschichten in den Blick – keineswegs formlos. In Deutschland hat die ungleich größere Bedeutung der Privatheit die Idealisierung der Familienmahlzeit begünstigt. Die Harmonie- und Ordnungsbedürfnisse in den Wunschbildern des Sich-Zusammenfindens bei Tisch sind schwer zu übersehen. „Das häusliche Glück", ein Haushaltsbuch „nebst Anleitung zum Kochen für Arbeiterfrauen" aus dem Jahre 1882, malt die Freuden der familiären Essensrunde so aus, wie man sich die Familienmahlzeit in der „guten, alten Zeit" wohl auch heute noch vorstellen mag:

> Am Tische soll die Familie außer der nöthigen Nahrung auch Erholung und Freude finden. Hier finden sich Alle zu bestimmter Stunde zusammen, während sie sonst vielfach getrennt, der Vater draußen auf seiner Arbeitsstätte, die Kinder in der Schule oder auf dem Spielplatz, die Mutter emsig waltend im Hause herum verkehren. Bei Tische sieht der Vater die Seinen alle um sich geschaart, da kommt die Vaterfreude, die Mutterliebe und auch der Kinder Wohlbehagen am besten zur Geltung; manches traute Geplauder

zwischen Eltern und Kindern, was sonst nicht möglich wäre, bei Tische, nach einer wohlschmeckenden Mahlzeit kommt's von selbst (Das häusliche Glück 1975, 90f.).

Aber auch ein Klassiker der Moderne wie Elias Canetti rückt die Eßsituation noch in die Nähe des säkularisierten Modells der Eucharistiefeier, und es heißt, „am innigsten" sei das Leben der Familie „dort, wo man am häufigsten zusammen ißt" (zit. n. Wierlacher 1987, 163).

Solche Idealbilder der in Wirklichkeit schütteren und konfliktträchtigen Institution Familienmahlzeit sind nicht erst in der Gegenwart dementiert worden. Bereits der Suppen-Kasper oder der Zappel-Philipp in Heinrich Hoffmanns „Struwwelpeter" erinnern drastisch an die nicht-domestizierbaren Kinder als Störenfriede des „häuslichen Glücks".

Seht, ihr lieben Kinder, seht,
Wie's dem Philipp weiter geht!
Oben steht es auf dem Bild.
Seht! Er schaukelt gar zu wild,
Bis der Stuhl nach hinten fällt;
Da ist nichts mehr, was ihn hält;
Nach dem Tischtuch greift er, schreit.
Doch was hilft's? Zu gleicher Zeit
Fallen Teller, Flasch' und Brot,
Vater ist in großer Not,
Und die Mutter blicket stumm
Auf dem ganzen Tisch herum.

Heinrich Hoffmann: Der Struwwelpeter (1847)

In der Gegenwartsliteratur erscheint die Familienmahlzeit als bevorzugtes Angriffsziel, um den „Abschied von den Eltern" (Peter Weiss), die Auflösung der Tischgemeinschaft, Entfremdung und Sprachlosigkeit, den Kampf der Generationen besonders eindrücklich in Szene zu setzen (vgl. Wierlacher 1987, 145–164). Diese Diagnose trifft – trotz der satirischen Überspitzung und der eher negativen Darstellungskonventionen der zeitgenössischen Literatur – einen tatsächlich zu beobachtenden Auflösungsprozeß.

Sieht man einmal von der oft beschworenen Krise der Familie ab, so haben die Berufstätigkeit der Frauen, Kantinen und Schnellimbisse, die größere Eigenständigkeit der Jugendlichen und die Veränderungen des Lebensstils insgesamt zu dieser Entwicklung beigetragen. Die ehemals geheiligte Tradition des deutschen Mittagessens – im Gegensatz zum amerikanischen *dinner* – ist somit endgültig mehr Ideologie als Wirklichkeit.

Als letzter Kristallisationspunkt der familiären Essensgemeinschaft (in den Mittelschichten) behauptet sich das Abendessen und das Mittagsmahl am Sonntag, sofern es nicht der neueren Sitte des *brunch* und des formlosen Sich-Bedienens am Kühlschrank zum Opfer fällt.

Eß-Situationen

Die abstrakte Richtigkeit des in diesem Kapitel immer wieder durchbuchstabierten sozialen Schemas modifiziert sich freilich je nach Situation und Anlaß – die Alltagswirklichkeit (nicht nur) der deutschen Mittelschichten ist zweifellos verwirrender. In der privaten Sphäre der engeren Familie lockern sich die Verhaltenszwänge, die bei öffentlichen und halböffentlichen Anlässen leitend bleiben. Je höher der Rang der Eingeladenen, desto förmlicher die Tischzeremonien. Obgleich die Regeln der einschlägigen Benimm-Literatur nicht ohne weiteres mit dem tatsächlichen Verhalten gleichgesetzt werden dürfen, bleiben sie eine wichtige Quelle. Irmgard Wolters schweben in „Der gute Ton" für eine solche förmliche Essenseinladung im eigenen Heim „zwei nebeneinanderliegende Räume vor (...), deren einer als Speisezimmer dient, deren anderer fürs gemütliche Beisammensein nach dem Essen vorgesehen ist" (Wolters 1982, 26). Die Tafel ist einheitlich gedeckt, weißer Damast, Silberbesteck (falls vorhanden), Blumen dürfen nicht fehlen.

> Bei der mittleren bis großen Gesellschaft sitzt die Hausfrau entweder an der einen Schmalseite des Tisches und ihr Mann gegenüber auf der anderen, oder sie nimmt den Mittelplatz an der einen Breitseite ein, und ihr Mann sitzt ihr gegenüber. Ihr zur Rechten und zur Linken sitzen die jeweils würdigsten oder am meisten zu ehrenden Herren; zur Linken des Hausherrn sitzen die würdigsten Damen (ebd., 73).

Dieses Arrangement spiegelt nicht nur Statusunterschiede der Gäste wider, sondern versteht sich auch als Bedingung für eine zwanglose, abwechslungsreiche und entspannte Konversation, die problematische Themen zu vermeiden angehalten ist. Nach Tisch, „wenn es erst richtig gemütlich" wird (ebd., 102), lockert sich die Tafelkonfiguration: die Herren – nun unter sich – verhandeln beim Kaffee Tagespolitik und Berufsperspektive, die Damen tauschen sich über Rezepte und Kindererziehung aus.

Diese Klischeebeschreibung trifft zweifellos nicht mehr die Wirklichkeit der Mittelschichten in ihrer Gesamtheit. Hierarchisch-zeremonielle und geschlechts- und rollenspezifische Verhaltensmuster finden sich jedoch nach wie vor auch bei weniger formellen Anlässen (Stehempfang, Mitbring-Parties etc.). Wer jedoch mit dem unverminderten Fortwirken obrigkeitsstaatlicher Steifheit und Förmlichkeit rechnet, wird häufig vom Gegenteil überrascht sein. Vor allem in den neuen Mittelschichten ist das traditionelle Ordnungsverhalten vielleicht nachhaltiger aufgelockert als in europäischen Nachbarländern wie Frankreich, Italien oder England. Der formlosere Umgang des privaten Lebensbereichs wird zunehmend in die halb-öffentliche und öffentliche Sphäre hineingetragen.

Auswahlbibliographie

Adorno, Theodor W.: Minima Moralia. Reflexionen aus dem beschädigten Leben. Frankfurt/M. (1951) 1970.

Benz, Wolfgang (Hg.): Die Bundesrepublik Deutschland. Geschichte in drei Bänden. Frankfurt/M. 1983.

Bourdieu, Pierre: Die feinen Unterschiede. Kritik der gesellschaftlichen Urteilskraft. 2. Aufl. Frankfurt/M. 1983.

Brügge, Peter: „Mann, da ist im Gaumen die Hölle los". Peter Brügge über den deutschen Weinsammler Hardy Rodenstock. In: Der Spiegel Nr. 7, 42. Jg., 15.2.1988, S. 206–209.

Brunhöber, Hannelore: Wohnen. In: Wolfgang Benz (Hg.): Die Bundesrepublik Deutschland. Geschichte in drei Bänden. (Band 2: Gesellschaft). Frankfurt/M. 1983, S. 183–208.

Claessens, Dieter; Klönne, Arno; Tschoeppe, Armin: Sozialkunde der Bundesrepublik Deutschland. Grundlagen, Strukturen, Trends in Wirtschaft und Gesellschaft. Reinbek b. Hamburg (1978) 1985.

Das häusliche Glück. Vollständiger Haushaltunterricht nebst Anleitung zum Kochen für Arbeiterfrauen; zugleich ein nützliches Hülfsbuch für alle Frauen und Mädchen, die billig und gut haushalten wollen. Neu hg. mit Interviews aus Arbeiterfamilien von Richard Blank. (1982), München 1975.

Datenhandbuch zur Geschichte des Deutschen Bundestages 1980–1984. Bonn 1986.

Datenreport 1989. Hg. vom Statistischen Bundesamt. Zahlen und Fakten über die Bundesrepublik Deutschland. Bonn 1989.

Die Lust auf den Luxus. In: Der Spiegel Nr. 48, 40. Jg., 24.11.1986, S. 230–241.

Fischer, Ludwig (Hg.): Literatur in der Bundesrepublik Deutschland bis 1967. München, Wien 1986.

Franklin, Benjamin: Advice to a young tradesman. In: The Select Works of Benjamin Franklin Including His Autobiography by Epes Sargent. Boston 1855, S. 360.

Fussell, Paul: Class. A painfully accurate guide through the American status system. New York 1983.

Geiger, Theodor: Arbeiten zur Soziologie. (= Soziologische Texte. Hg.v. Heinz Maus und Friedrich Fürstenberg, Bd. 7). Neuwied/Berlin 1962.

Geißler, Rainer (Hg.): Soziale Schichtung und Lebenschancen in der Bundesrepublik Deutschland. Stuttgart 1987.

Grau, Helmut: Einführung in die Soziologie. Bad Homburg 1978.

Greiffenhagen, Martin und Sylvia: Ein schwieriges Vaterland. Zur politischen Kultur Deutschlands. Frankfurt/M. 1981.

Hildesheimer, Wolfgang: Tynset. Frankfurt/M., Hamburg 1967.

Hoffmann, Heinrich: Der Struwwelpeter oder Lustige Geschichten und drollige Bilder für Kinder von 3 bis 6 Jahren. Frankfurter Originalausgabe o.J. (1847).

Hoffmann-Lange, Ursula: Wer gehört zur Machtelite der Bundesrepublik? Ergebnisse einer Elitestudie von 1981. In: Der Bürger im Staat, H. 1, 40. Jg., 1990, S. 54–58.

Hradil, Stefan: Soziale Schichtung und Arbeitssituation. In: Rainer Geißler (Hg.): Soziale Schichtung und Lebenschancen in der Bundesrepublik Deutschland. Stuttgart 1987, S. 25–49.

Koelbl, Herlinde (Fotografie); Sack, Manfred (Text), mit einem Beitrag von Alexander Mitscherlich: Das deutsche Wohnzimmer. 4. Aufl. München/Luzern 1980.

Koeppen, Wolfgang: Das Treibhaus. Frankfurt/M. 1972.

Krause, Detlef; Schäuble, Gerhard: Jenseits von Klasse und Schicht. Verteilung von Lebenschancen zwischen traditionellem Reduktionismus und aktueller Formenvielfalt. Stuttgart 1988.

Kreckel, Reinhard (Hg.): Soziale Ungleichheiten. (= Soziale Welt, Sonderband 2). Göttingen 1983.

Kreckel, Reinhard: Theorien sozialer Ungleichheit im Übergang. In: Ders. (Hg.): Soziale Ungleichheiten (= Soziale Welt, Sonderband 2). Göttingen 1983, S. 3–12.

Krysmanski, H.J.; Neumann, Thomas: Gruppenbild. Deutsche Eliten im 20. Jahrhundert. Reinbek b. Hamburg 1989.

Krysmanski, H.J.: Zentralbankrat. In: Klaus Blanc (Hg.): Dies schöner Land. 62 Nahaufnahmen. München 1990, S. 166–168.

Mann, Thomas: Bekenntnisse des Hochstaplers Felix Krull. Frankfurt/M. 1984.

Mann, Thomas: Buddenbrooks. Verfall einer Familie. Frankfurt/M. 1979.

Martin, Judith: Miss Manners' Guide to Excruciatingly Correct Behavior. (1. Aufl. 1938) Reprint New York 1982.

Miller, Stuart: Verschlossene Gesellschaft. Europäische Innenansichten. Reinbek 1988.

Negt, Oskar: Blick zurück nach vorn. Brüder Grimm: Der Wolf und die sieben Geißlein. In: Freibeuter 5 (1980), S. 117–125.

Rath, Claus-Dieter: Reste der Tafelrunde. Das Abenteuer der Eßkultur. Reinbek 1984.

Rombauer, Irma S.; Rombauer Becker, Marion: Joy of Cooking. The All-Purpose Cookbook. 2 Bde. (1. Aufl. 1931), 18. Aufl. o.O. o.J.

Schäfers, Bernhard: Sozialstruktur und Wandel der Bundesrepublik Deutschland. Ein Studienbuch zu ihrer Soziologie und Sozialgeschichte. Stuttgart 1981.

Schelsky, Helmut: Die Bedeutung des Schichtungsbegriffes für die Analyse der gegenwärtigen Gesellschaft (zuerst 1954). In: Ders.: Auf der Suche nach Wirklichkeit. Ges. Aufsätze. Düsseldorf, Köln 1965, S. 331–336.

Siebeck, Wolfram: Ein Ding von einmaliger Künstlichkeit. In: ZEIT*magazin* Nr. 5, 23.1.1987. „Amerika Spezial. From Coast to Coast", S. 96.

Siebeck, Wolfram: Winkler contra Witzigmann. In: Feinschmecker, H. 6, Dez. 1987/Jan. 1988, S. 60–64.

Steurer, Rudolf: Welcher Wein zu welchem Essen. 3. Aufl. Zürich u.a. 1986.

Teuteberg, Hans Jürgen; Wiegelmann, Günter: Der Wandel der Nahrungsgewohnheiten unter dem Einfluß der Industrialisierung. Göttingen 1972.

Waberer, Keto von: Schöne Sachen. In: Kursbuch 79 (1985), S. 22–26.

Wierlacher, Alois: Vom Essen in der deutschen Literatur. Mahlzeiten in Erzähltexten von Goethe bis Grass. Stuttgart u.a. 1987.

Wolters, Irmgard: Der gute Ton. o.O. 1982.

Rainer Prätorius

NEUE GRUPPIERUNGEN UND DISPARITÄTEN

Wie bereits das Kapitel „Lebensstile in der Bundesrepublik Deutschland" thematisiert auch diese Untersuchung die soziale Differenziertheit der deutschen Gesellschaft und zeigt neue Gruppierungen und Disparitäten, um der Gefahr einer unzulässigen Homogenisierung zu begegnen. Während das Lebensstil-Kapitel die Distinktionsfunktion sozialer und kultureller Unterschiede betonte, geht die folgende Darstellung von Individualisierungsprozessen aus, die weniger in ihrer kulturspezifischen Ausprägung als vielmehr im Kontext vergleichbarer internationaler Entwicklungen in modernen Industriegesellschaften betrachtet werden. Wenn man eine deutsche Besonderheit in dieser Entwicklung sucht, so muß man natürlich an die unterschiedlichen Gesellschaftssysteme in beiden deutschen Staaten denken – an eine nach westlichem Muster organisierte in der alten Bundesrepublik und eine überwiegend patriarchalisch strukturierte in der ehemaligen DDR mit ihrer alle Lebensbereiche umfassenden staatlichen Reglementierung und Fürsorge. Es ist noch nicht absehbar, wie die in der früheren Bundesrepublik längst in Gang gekommene Individualisierung (verstanden als freiwillige wie erzwungene Selbstzuständigkeit von einzelnen und Gruppen) sich in den neuen Bundesländern auswirken wird, wo eine ganze Gesellschaft jäh mit bis dahin unbekannten Risiken fertig werden muß. Die folgende Diagnose orientiert sich aus diesem Grunde fast ausschließlich an Disparitäten und neuen Gruppierungen in Westdeutschland.

Return to Waterloo

Das Phänomen der „Gruppenkulturen" und „Subkulturen" ist alt, die Bezeichnungen aber gelangten in ihre medienwirksame Hochkonjunktur erst während der sechziger Jahre dieses Jahrhunderts. Die deutsche Wandervogelbewegung nach der Jahrhundertwende etwa war ein Paradebeispiel für eine generationsspezifische Gruppenkultur, sie wird aber erst nachträglich in dieses Schubfach eingeordnet. Der Grund dafür ist nicht allein im Siegeszug der soziologischen Begrifflichkeit zu suchen, sondern ebenso in einer Internationalisierung von Gruppenkulturen und Lebensstilen. Die Wandervögel begriffen sich zwar im Kontext grenzüberschreitender Kulturwandlungen, in ihrer Praxis waren sie jedoch ganz auf ihre deutsche Sprache und daran gebundene Traditionen bezogen. Die sechziger Jahre hingegen waren ein durch und durch „anglo-amerikanisches" Jahrzehnt. Selbst Subkulturen, die sich als entschiedene Opposition zu *dem* US-System verstanden, wie die Studentenbewegung, die Hippies, die existentialistischen Beatnicks, waren geprägt durch kulturelle Vorbilder, die sich am reinsten in Berkeley, in San Francisco oder in Greenwich Village herausschälten. Den Unterschied zu erklären verlangt keine außergewöhnliche Tiefgründigkeit: Die Wandervögel mußten sich noch auf Kulturmedien beschränken, die nur eine sehr begrenzte Reichweite besaßen: die akustische Gitarre, der eigene Gesang, Flugschriften und Versammlungen unter freiem Himmel. Das Kino, das Radio, das Fernsehen, die Schallplatte haben diese Fesseln gesprengt und den Weg für weltumspannende Trends geebnet, in denen nationale Subkulturen meist nur als Abwandlungen oder gar Epigonen erschienen. Die Verbreitung von Englischkenntnissen durch die Ergebnisse des Zweiten Weltkrieges und durch steigende Ausbildungsniveaus mag den Trend unterstützt haben. Der beispiellose Erfolg der englischen und amerikanischen Popmusik in den sechziger Jahren hat diesem Jahrzehnt den Stempel aufgedrückt – befragten Zeitgenossen fallen oft zuerst Namen wie John Lennon oder Bob Dylan ein, wenn es gilt, „prägende Persönlichkeiten" dieser Epoche zu nennen. Für die Profilierung einer kulturellen Gruppenidentität, die sich in bewußten Gegensatz zur überkommenen, routinierten Erwachsenenwelt brachte, war das Medium „Rockmusik" zur dominierenden Ausdrucksform geworden. Dies erklärt auch die nostalgische Glorifizierung aus der Sicht der heute Vierzigjährigen: Die „Sixties" erscheinen als die Emanation einer internationalen Jugendkultur mit vielen Darstellungsformen, aber doch gleichem Sprachschatz, der sich in der Pop-Kultur kristallisierte. Die Helden und Kinder sind müde bzw. alt geworden – die sechziger Jahre haben aber auch aus heutiger Sicht ihre Schlüsselstellung behalten. Sie sind gewissermaßen der Knotenpunkt, von dem die heutige Vielfalt kultureller Verflechtungen und Entwicklungsfäden ihren Ausgang nimmt. Einige der Fäden lassen sich auch bis in die Gegenwart hinein verfolgen. Die englische Gruppe „Kinks" ist z.B. immer noch auf der Szene. Als getreulicher Repetitor des Zeitgeistes porträtiert Ray Davies in seinen heutigen Songs junge, smarte Konservative, zeitvergessene Rock'n'Roll-Fans, arbeitslose „Videoten", alerte Business-Jetter... Der Sarkasmus war immer da, in den sechziger Jahren aber wählte er sich ein anderes Objekt:

'Cause he gets up in the morning
And he goes to work at nine
And he comes back home at 5.30
Gets the same train every time
'Cause his world is built on punctuality it never fails
And he's oh so good
And he's oh so fine
And he's oh so healthy in his body and his mind
He's a well-respected man about town
Doing the best things so conservatively.
(A Well-Respected Man, 1965)

Der Spott richtete sich gegen die eigenschaftslosen Durchschnittsmenschen der unteren Mittelschicht, sie erschienen als stumpfe, gesichtslose Masse („Millions of people swarming like flies round Waterloo underground", Waterloo Sunset, 1967), ihr Leben versandete in immer gleichen Routinen:

154

I like my football on a Saturday
Roast beef on Sunday's alright
I go to Blackpool for my holidays
Sit in the open sunlight
This is my street and I never gonna leave it…
(Autumn Almanac, 1967)

Die „Kinks" verhöhnten die Welt, der sie selbst entstammten: den grauen All-tag ängstlicher „kleiner Leute", die stets darauf bedacht waren, nicht anders zu sein als ihre Nachbarn. Der Spott aber markiert bereits eine Ablösung: die Pop-Heroen entfremdeten sich rasch ihrer Herkunft und wurden zu Leitfiguren der vielen Jugend- und Subkulturen, die in den sechziger Jahren hervorsprossen. Was die „Kinks" eine Zeitlang für die Mods waren, bedeuteten andere Grup-pen für die Hippies, die Peacenicks, die Rocker, die psychedelischen Drop-Outs. Diese Eruption vielfältiger, unkonventioneller Lebensformen begründet auch heute noch die Legende der sechziger Jahre, gerade vor dem Hintergrund der angepaßten Langeweile, die dem Jahrzehnt davor zugeschrieben wird. Legenden entstehen selten aus dem Nichts – auch der Themenwechsel bei den „Kinks" signalisiert ja, daß sich seither etwas verändert hat. Die Welt ist – ober-halb eines gewissen Wohlstandsniveaus zumindest – buntscheckiger und be-weglicher geworden, alte Routinen haben ihre Selbstverständlichkeit einge-büßt. Eine Chance, die in den sechziger Jahren zuerst rebellische Jugendkultu-ren ergriffen, hat inzwischen viel weitere Kreise gezogen: die Chance, sein eigenes Leben bewußt nach bestimmten, in Grenzen wählbaren Kulturmustern auszurichten, statt nur das Vorgefundene zu wiederholen, in das man hineinge-boren wurde. Der heute in der Sozialwissenschaft so gängige Begriff des „Lebensstils" zeigt diese aktive Komponente im Sinne einer „Selbststilisie-rung" an (vgl. Lüdtke 1989, 40).

Diese Chance aber ist – was noch dargelegt wird – keineswegs gleichmäßig über die Gesellschaft verteilt; sie ist geprägt durch soziale Ungleichheit und schafft neue Ungleichheiten zwischen den Menschen. Ferner sind die Wahlmöglich-keiten nicht grenzenlos und beliebig, sie halten sich an gesellschaftlich vorge-prägte Repertoires: schließlich will auch der „Unkonventionelle" bei Gleich-gesinnten Beifall finden! Beide Aspekte der Themenstellung gehören darum zusammen: wir erleben eine Gesellschaft, die sich in mancherlei Hinsicht neu „gruppiert", die darum aber auch „disparat" erscheint. Der Zugang zu Grup-penkulturen ist ungleich verteilt, die Gesellschaft wird aber auch ungleich erfahren, je nachdem, welche Zugehörigkeit die Wahrnehmung prägt.

„Disparitäten" werden häufig mit der Claus Offe und anderen Erben der „Frankfurter Schule" zugeschriebenen „Disparitätsthese" gleichgesetzt. Diese These besagt im Kern, daß im „Spätkapitalismus" die vertikale Ungleichheit zwischen den überkommenen Klassen überlagert werde von neuen, zum Teil horizontalen Disparitäten, die vor allem aus den Steuerungs- und Verteilungs-leistungen des Staates folgen. Die Begünstigung oder Schädigung von Lebens-bereichen und sozialen Lagen folgt dann vor allem aus politischen Einflußmöglichkeiten – wie z.B. aus der Konflikt- und Organisationsfähigkeit von Interessen (vgl. Offe 1972, 153f.).

Der hier verwendete Disparitätsbegriff ist anspruchsloser und weiter zugleich: anspruchsloser, weil mit ihm kein Anlauf zu einer neuen Gesellschaftstheorie unternommen wird, weiter, weil er nicht auf die staatliche Vermittlung von Lebenschancen allein zielt, sondern ganz allgemein auf Entwicklungen, die ein und dieselbe Gesellschaft aus unterschiedlichen Perspektiven als „disparat" erscheinen lassen. Dies kann aus objektiven Gründen geschehen, sei es durch die vertikale Gliederung sozialer Ungleichheit, sei es durch die eher horizontale Verteilung von Milieus, Regionen usw. In diesem Sinne verwenden wir „Gruppen" als einen vagen Stellvertreterbegriff für größere soziale Gebilde, deren genauere Bestimmung jeweils noch aussteht. „Gruppenkulturen" deutet darüber hinaus an, daß die neue „Disparität" der Gesellschaftserfahrung zusätzlich auch eher subjektive Gründe haben kann. Vorurteile, subkulturelle Deutungsmuster und Entfremdungsphänomene seien hier nur als Stichworte genannt.

Individualisierung

Um Maßstäbe für die heutige Dynamik der Individualisierung und Bildung von neuen Gruppierungen zu gewinnen, stecken wir den Rahmen bewußt sehr weit ab. Nehmen wir also als Gegenbild zunächst vormoderne, ländliche Verhältnisse, in denen das gesamte Leben für viele in nur einer engen, örtlichen Gemeinschaft ablief. Hier fehlen wesentliche Aspekte, die wir mit unserem heutigen Verständnis einer Persönlichkeitswerdung untrennbar verbinden: Rollenwechsel, dramatische Wandlungen des Selbstverständnisses in verschiedenen Etappen des Generationenkonflikts, die Krisen des Bildungsprozesses und der Haushaltsgründung. Im Vergleich zu heute waren die Menschen von Beginn an auf nur wenig veränderliche Rollenmuster festgelegt; durch ihren Lebenslauf entfalteten sie nicht ihre inneren Anlagen, sondern füllten das Raster aus, das ihnen durch die traditionalen Ordnungen und die gemeinschaftlichen Erwartungen vorgegeben war. Die Individualisierung ist nicht von der Herauslösung aus lokalen, stabilen Ordnungen zu trennen – nur der Mensch, der in immer neuen, nicht vorgeprägten sozialen Begegnungen sich bewähren muß, wird bei der Beantwortung der Frage „Wer bin ich eigentlich?" auf die Entwicklung des eigenen Inneren zurückgeworfen. Nicht zufällig beginnt der moderne Bildungsroman in Deutschland als Reisebeschreibung. Die Formierung von Individualität wird bekanntlich oft als sehr krisenhaft erfahren – es entsteht der Bedarf für eine Kontinuitätserfahrung, die an die Stelle der früheren, lokalen Stabilität tritt. Soziologen sehen diese Funktion ausgefüllt mit den Stadien der Normalbiographie, die ja nicht nur bestimmte Lebensphasen umriß (Kindheit, Jugend, Erwachsensein), sondern diesen auch Verhaltenserwartungen und somit Orientierungshilfen beigab. Solche Phasen schufen gewiß auch Gruppenkulturen, doch waren diese durch breitere Soziallagen eingefärbt. Das in der deutschen Gegenwartsliteratur so beliebte Sujet der bäuerlichen Rückerinnerung macht uns klar, daß Kindheit auf dem Dorf etwas grundsätzlich anderes bedeutete als „Unordnung und frühes Leid" in einem Professorenhaushalt, wie ihn Thomas Manns Erzählung aus dem Jahr 1925 darstellt.

Wohlgemerkt: die Schichtzugehörigkeit bestimmt die jeweilige Ausformung der biographischen Stadien, diese erlangen jedoch als institutionalisierte Kulturmuster eine relative Selbständigkeit gegenüber Klassen und Schichten. Es kann sogar sein, daß zeitweilig die Bedeutung von solchen generationsspezifischen Orientierungen zunimmt, weil die Prägekraft der Klassen- und Schichtzugehörigkeit nachläßt. Während der sechziger Jahre hat Ralf Dahrendorf die zuletzt genannte Entwicklung für die westlichen Gesellschaften behauptet: Die Konfliktfronten verliefen nicht mehr entlang alles dominierender Klassenlagen, sondern trügen mittlerweile einen vielfältig überlappenden und gruppenspezifischen Charakter, der nicht mehr nur die übermächtige Front „Lohnarbeit versus Kapital", sondern vor allem buntscheckige, pluralistische Interessendurchsetzung auf den Plan rufe (Dahrendorf 1972, 90). Dieser Befund, der zunächst nur den Konjunkturaufschwung für Interessenorganisationen erklären helfen sollte, kann auch auf das Aufkommen einer „Generationspolitik" ausgedehnt werden. Die Jugend- und Studentenproteste der sechziger und siebziger Jahre lassen sich zu einem maßgeblichen Teil darauf zurückführen, daß die überkommenen Organisationsformen des Klassenkonfliktes (Parteien, Gewerkschaften) keinen tauglichen Rahmen mehr abgaben für eine Fundamentalopposition, die sich der kompromißlerischen Erstarrung dieser Gesellschaft widersetzte. Die (sicherlich überbewertete) Formel „Trau keinem über 30!" zeigte an, daß sich politische Entfremdung eine Formgebung durch die generationsspezifische Subkultur suchte, weil die alten Konfliktlinien die Front des neuen Unmuts nicht mehr abbildeten.

Genau hier verlief bezeichnenderweise der Bruch zwischen „alten" und „neuen" Linken, der sich erstmals im Juni 1962 auftat, als die amerikanischen „Students for a Democratic Society" (SDS) ihr berühmtes „Port Huron Statement" verabschiedeten. Die Mutterorganisation, die alt-linke „League for Industrial Democracy", reagierte entsetzt, denn sie fand ihre liebgewordenen Frontstellungen nicht mehr akzentuiert: Antikommunismus, aber auch organisierte Lohnarbeit und Kapital, denn beide erschienen dem akademischen Nachwuchs als Ausdruck einer entfremdeten, bürokratischen Sozialordnung. Das Zerwürfnis gewann bald seine eigene Dynamik und nahm die Gestalt eines Generationenkonflikts an. Der Verfasser des Manifests, Tom Hayden, erinnert sich:

As a formative experience, we learned a distrust and hostility toward the very people we were closest to historically, the representatives of the liberal and labor organizations who had once been young radicals themselves. We who had enough trouble gaining acceptance from our real parents were now rejected by our political father figures. What was at stake was not ideology, but basic trust from one generation to the next (Hayden 1988, 91).

Was lag näher, als den erlebten Konflikt zum neuen politischen Inhalt zu machen? Die später verfaßte Einleitung betont also den Generationenkonflikt, den ethischen Appell an die Jugend, der Zukunft des Landes eine andere Richtung zu geben. Ein weiterer Akzent war bemerkenswert: Die politische Rhetorik der Jungen entfaltete die Kluft zwischen amerikanischen Idealen und amerikanischer Wirklichkeit als Paradoxien – „the old Left would have said contradictions, but paradox was an intellectual discovery, not an objective conflict" (Hayden 1988, 93). Das ist der entscheidende Unterschied: Die Wahl der Konfliktfronten wird in das Subjekt verlagert! Wo prinzipiell alles und jedes „politisierbar" ist, verlieren die alten Lager und ihre Organisationen ihre strukturierende Kraft – die freigesetzte „progressive" Energie wird vagabundierend. Die Suche nach neuen Koalitionen, Gruppen und auch Gegnern ist die erwartbare Konsequenz; zunächst aber wirkte noch das Wir-Gefühl der Generation, die dies erlebte, als Kitt.

Wenn aber gegenwärtig in der Sozialwissenschaft wieder viel von „Individualisierung" gesprochen wird, dann ist damit in der Regel eine qualitativ neue Stufe gemeint, die die genannten Konstellationen der sechziger Jahre weit hinter sich läßt. Die Studentenbewegung in Europa versuchte ja immerhin noch, ihren subkulturellen Protest in die tradierten Raster des Klassenkonflikts zu übersetzen: zunächst, in Verballhornung Herbert Marcuses, als revolutionäres Subjekt auf der Seite der Erniedrigten und Beleidigten der „Dritten Welt", danach im Milieu kommunistischer Splittergruppen als Agitatoren einer desinteressierten Arbeiterklasse. Die Übersetzung scheiterte zwar, sie erschien aber immerhin plausibel, weil die Protesthaltung als Gemeinschaftserlebnis eines Großkollektivs erfahren wurde. Diese Selbsteinschätzung war nicht einmal ganz unrealistisch, denn – ähnlich wie im Fall der „Woodstock-Generation" der USA (vgl. Weiner/Stillman 1979) – blieben auch in Deutschland die „aktiven 68er" in erstaunlichem Maße ihren progressiven Neigungen treu und stellten später den Rückhalt für die Wählerschaft und die Mitglieder der „Grünen" (vgl. Fogt 1986).

Hier haben wir noch einmal einen späten Beleg dafür, daß eine gemeinsam durchlebte Biographiephase („Postadoleszenz") mit einem gemeinsamen Sozialstatus (hohe Formalbildung) auch eine relativ homogene und breit streuende Gruppenkultur (nämlich Linksorientierung) hervorbrachte. Die Repräsentanten dieser Kultur zieren seit geraumer Zeit die Witzblätter derer, die an den Gymnasien unter ihnen zu leiden hatten, sie selbst haben sich resignierend schon längst daran gewöhnt, daß „Jungsein" und „Linkssein" durchaus nicht mehr kongruent sind. Darin äußert sich symptomatisch ein Wandel, der offenbar auch durch Generationserfahrung die Ausprägung breiter kultureller Gemeinsamkeiten unwahrscheinlich macht. Insofern ist eine zweite Stufe der Individualisierung erreicht, als nicht nur die alten Milieus der Klassengesellschaft ins Schwimmen geraten, sondern auch die dazu quer liegende Dimension der Biographiestadien (und der zugehörigen Teilkulturen) ihre Konturen verliert.

Neue Lebensstile und neue Risiken

„Individualisierung" hat sich als Schlagwort den Weg hinauf bis zur höchstrangigen Politikberatung gebahnt. In einem Gutachten für das Bundeskanzleramt lesen wir:

> Immer mehr Menschen, immer mehr Familien und Haushalte finden sich in Lebensumständen, für die es keine klaren Verhaltensregelungen gibt. In mancher Hinsicht verringern sich dadurch traditionelle Konflikte und Spannungen. Die Wahlmöglichkeiten für die einzelnen Individuen und Haushalte steigen. Aber auch die Gestaltungs- und Entscheidungsnotwendigkeiten steigen, und es entstehen neue Konflikte und neue Ungleichheiten (Zapf u.a. 1987, 17).

Das Resultat sei eine Pluralisierung der Lebensstile, definiert als „Zunahme von gruppen-, milieu- und situationsspezifischen Ordnungsmustern zur Organisation von Lebenslage, Ressourcen und Lebensplanung. Diese Zunahme ist im Querschnitt zu beobachten, d.h. wir können eine größere Streuung innerhalb der Bevölkerung erwarten, und sie ist auch im Längsschnitt zu beobachten, d.h. wir können häufigere Wechsel des Lebensstils im Lebensverlauf erwarten" (ebd, 18).

Erinnern wir uns: die typisierenden Biographienmuster und -stadien waren eine Orientierungshilfe für jene Menschen an der Schwelle zur Moderne, die begannen, sich aus der statischen und lokal beengten Festschreibung ihres Lebens freizumachen. Zusammen mit der Einordnung, auch der Solidarität in Schichten, Klassen, Konfessionen, schuf die Planbarkeit einer „Normalbiographie" ein gewisses Maß an Verhaltenssicherheit. Was geschieht nun, wenn sich die Biographie tatsächlich zu einer Lotterie oder bestenfalls zu einem wählbaren Menü zu wandeln scheint? Befreiung von fremdbestimmten Zwängen, mehr Optionen und gesellschaftliche Vielfalt – so lautet die optimistische Interpretation, die viele gute Argumente für sich hat. Man muß aber kein Fortschrittsfeind sein, um auch die denkbare Schattenseite erwähnen zu dürfen. Mehr Optionen enthalten immer auch mehr Risiken und wecken Ängste vor unbekannten Wegen. Eine denkbare Zuflucht daraus kann in vermeintlich oder tatsächlich bergende neue Kollektive führen. In exakt diesem Sinne möchten wir hier das Phänomen „Gruppen und Gruppenkulturen" als Resultat einer „neuen Beweglichkeit" erörtern. Betrachten wir zunächst einmal die unbestrittenen Phänomene, die der oben zitierten Diagnose zugrunde liegen. Dies sind – unvollständig und unsystematisch – etwa die stetig steigende Scheidungsrate oder längere Phasen der Postadoleszenz, die den relativen Lebensanteil in der herkömmlichen Kleinfamilie senken, nicht-eheliches Zusammenleben ebenso wie Einpersonenhaushalte, Anforderungen der Mobilität und des „lebenslangen Lernens", gewandeltes Selbstverständnis der Frauen und ihre erhöhte Teilnahme am Erwerbsleben – die Liste ließe sich beliebig verfeinern und verlängern. Dazu kommt, daß sich in den letzten Jahrzehnten auch die Bewertungsmaßstäbe für die Lebensgestaltung in früher kaum gekannter Geschwindigkeit verändert bzw. verwischt haben – denken wir nur an Erziehungsziele oder Normen im Verhalten zwischen den Geschlechtern. Das alles sind natürlich keine Wandlungen, die sich allein in der Bundesrepublik zutrugen. Jüngst beschrieb das amerikanische Wirtschaftsmagazin „Fortune" die *workaholics* der *baby-boomer*-Generation, also jene überehrgeizigen Jungmanager, die trotz unglaublichen Arbeitseinsatzes noch immer nicht die saturierte Generation ihrer Väter aus den Chefsesseln verdrängt hat. Als eine Ursache dieser krankmachenden Arbeitswut erschien die Verunsicherung über Lebensgestaltung und Werte, die mit der Dynamik dieser Jugend einherging:

... at least some of the boomers' immersion in work represents an attempt to escape disquietude elsewhere in their lives. If your marriage is breaking up, if you're not quite sure what's expected of you as a parent, if you find yourself living in a city a thousand miles from the small town where you grew up, where do you turn for a measure of stability and support? To your job, of course (Kiechel 1989, 52f.).

Es dürfte nicht schwerfallen, die Entsprechungen im westdeutschen Wirtschaftsleben aufzufinden. Wichtiger aber ist der folgende Hinweis: Der Jungmanager, der mit *workaholism* Verunsicherung übertüncht, tut das nicht für sich allein, sondern auch für ein Publikum; er will bevorzugt Gleichaltrigen und Gleichgesinnten imponieren. Die Ritualisierung des Lebens unter konkurrierenden, latent nihilistischen Arbeitsfanatikern schafft somit eine generationsspezifische Gruppenkultur – aber eben nicht als einzig mögliche Reaktionsweise. Die Jugendlichen, die Klaus Allerbeck und Wendy Hoag 1983 befragten, gehören ebenfalls noch (knapp) zur *baby-boomer*-Generation. Sie wurden aber von den Autoren als wenig tauglich für den heutigen Wirtschafts- und Organisationsalltag eingeschätzt. Da sie Sozialbeziehungen hauptsächlich in *peergroups* und Cliquen einübten, in denen Kontakte frei gewählt und symmetrisch-emotional gefärbt werden, seien sie nicht vorbereitet auf die Berufswelt etwa, in der Kontakte nicht wählbar seien und in der man auch mit Fremden „auskommen" müsse (Allerbeck/Hoag 1985, 51). Vielleicht aber, so können wir anfügen, ist das Sich-Klammern an bergende, emotionale Kleingruppen nur eine Antwort auf die oben erwähnten Verunsicherungen und „Pluralisierungen". Der egozentrische und gleichzeitig selbstzerstörerische *workaholic* einerseits, sowie der anlehnungsbedürftige Cliquenmensch andererseits wären dann beide Antworten auf dieselbe Erfahrung, obwohl derselben Generation und unter Umständen demselben Sozialstatus zugehörig. Genau das meint „Disparität" im Zusammenhang mit Gruppenkulturen und markiert somit auch den Unterschied zu der noch relativ homogenen Verarbeitung der „68er"-Erfahrung.

Soziale Ungleichheit – immer noch ein Thema

Diese Beobachtungen sollen nun aber nicht den Eindruck erwecken, als würden gruppenhafte Disparitäten gänzlich an die Stelle von sozialer Ungleichheit der bekannten, vertikalen Art treten. Das behauptet nicht einmal Ulrich Beck, der hierzulande die Gesellschaftswandlungen in den kräftigsten Farben malt (vgl. Beck 1983 u. 1986). Als Kräfte der Individualisierung macht er aus: gestiegene Bildungschancen auch für die unteren Schichten, die aus dem klassengeprägten Herkunftsmilieu herausführen, soziale Sicherungsinstanzen, die alte Solidaritäten ersetzen, Angleichung der Konsummöglichkeiten, die gerade auf der Ebene der Arbeiterschaft überproportional erfahren werden (Beck 1983, 37) und das individuelle Freizeitverhalten an die Stelle der solidarischen Arbeitsplatzerfahrung schieben. Dazu kommt neuerdings die gleichmachende Wirkung globaler, ökologischer Risiken, die unabhängig von der Soziallage drohen und keinen Verteilungskonflikt zwischen Besitzenden und Nichtbesitzenden konstituieren (Beck 1986, 47 und 52f.). Weiterhin sei der Verrechtlichungsprozeß (z.B. Kündigungsschutz) erwähnenswert, der den einzelnen Arbeitnehmer seine Stellung im Produktionsprozeß stärker als individuelle Rechtsposition, nicht als kollektive Klassenlage erfahren lasse (Beck 1983, 41f.). Doch sei dieser Prozeß, so räumt Beck (ebd., 45) ein, auch umkehrbar, dann nämlich, wenn z.B. Arbeitslosigkeit und das Versagen der individualisierenden Sicherungsformen als ein kollektives Schicksal des Ausgeschlossenseins erlebt werden. Nun ist gerade das Risiko der Arbeitslosigkeit keine Gefährdung, die auf die Gesellschaft unterschiedslos herniedergeht wie saurer Regen! Langzeitarbeitslosigkeit etwa trifft bekanntlich vor allem Minderqualifizierte, gesundheitlich Beeinträchtigte und andere Gruppen, die an den unteren Rängen der vertikalen Schichtungsskala zu finden sind (statt vieler: Bahlsen u.a. 1985). Arbeitslosigkeit ist zudem regional ein Problem, das Gebiete überproportional trifft, in denen die überkommenen Klassenmilieus der Industriearbeiterschaft traditionell stark waren (und es relativ noch sind). Schließlich sind subjektiv und objektiv die Ausländer überdurchschnittlich von Arbeitslosigkeit gefährdet – eine Bevölkerungsgruppe, von der in Becks „Risikogesellschaft" bemerkenswert wenig die Rede ist.

Wir können also zwischenbilanzieren: Die Möglichkeit, daß Individualisierungsprozesse scheitern und in die Benachteiligung bestimmter Gruppen münden, stellt sich nicht unabhängig von der vertikalen Struktur sozialer Ungleichheit ein. Das gleiche gilt dann auch für die positive Chance der Individualisierung – sie ist überproportional eine Erscheinung der Mobilität in den sogenannten „neuen Mittelschichten". Es ist zutreffend, daß diese Schichten sich auf Kosten des Arbeiteranteils an der Beschäftigtenstruktur ausgedehnt haben und somit auch durch Aufstieg aus Arbeiterhaushalten gespeist wurden. Einmal etabliert, hat diese „neue Mittelschicht" aber ein Verfahren der Selbstreproduktion eingeübt, das vor allem ihr selbst wieder neue Chancen der Individualisierung und des Aufstiegs eröffnet. Die „neue" Mittelschicht unterscheidet sich von der „alten" darin, daß Bildung, nicht Besitz, den Zugang zu ihr sichert. Im Gegensatz zum Handwerker, der seinem Sohn einen Betrieb vererbt, überträgt der Beamte, der seinen Sohn studieren läßt, nicht Erfahrungsschatz und Lebensweise auf die nächste Generation. Die Milieus lockern sich damit auf, der Erfolg erscheint unmittelbarer auf die eigene Person zurückbe-

zogen. Dennoch bleibt er zugleich auch ein Schichtphänomen. Die Bildungsexpansion hat zwar zunächst den Anteil der Arbeiterkinder an den Universitäten gesteigert, aber sie erreichte niemals eine wirkliche „Parität", zudem sta-
gniert diese Entwicklung seit der Mitte der siebziger Jahre (vgl. Berger 1986,
106). Offenbar handelt es sich um eine Stabilisierung auf neuem Niveau: Diejenigen, die den Aufstieg in bildungsnahe Schichten geschafft haben, nutzen
jetzt die Bildungsinstitutionen zur Verteidigung des sozialen Status. Der immer
noch beklagenswert schlechte Schulerfolg vieler Ausländerkinder macht klar,
wo die „äußere Verteidigungslinie" verläuft! Das schützt die neuen Mittelschichten aber nicht vor inneren Friktionen. Die individuelle Zuschreibung des
Lebenserfolges über die Bildungswege weckt Gerechtigkeitserwartungen, die
oft nicht eingelöst werden. Junge Frauen, die trotz besserer Schul- und Univer-
sitätszeugnisse schlechtere Berufsschancen vorfinden als ihre männlichen
Altersgenossen, fordern mit ihrem Protest nur jene Ideologien ein, denen die
„neuen Mittelschichten" ihren Aufstieg verdanken.

Wir hatten jedoch eine andere Betrachtungsweise vorausgeschickt: Individualisierungsprozesse in den neuen Mittelschichten erzeugen nicht nur neue Gruppierungen und Gruppenkulturen, also „horizontale Disparitäten" in einem
neuen Wortsinne, sondern sie bewirken auch Gruppenkonflikte gegenüber solchen Menschen, die am Aufstieg nicht teilhaben. Der „Gruppen"-Begriff muß
dann sehr vorsichtig gebraucht werden, denn diese Menschen geraten sehr oft
eher passiv in eine gemeinsame Situation und gruppieren sich nicht wissentlich
und aus eigenem Antrieb. Eine solche Gruppe sind z.B. die sogenannten „jungen Alten", also Vorruheständler, von Sozialplänen Betroffene, „frühverren-
tete" Arbeitslose usw. (Steven/Veelken 1986). Diese Gruppe kann ihren Status
nicht durch Bildung verbessern, weil sie ihr Qualifikationsprofil bereits vor
Jahrzehnten erreichte, dieses aber nun in einer neustrukturierten Wirtschaft als
entwertet gilt. Außerdem findet sie sich in einer Lage, für die es noch keine gesellschaftlich akzeptierten Rollenbilder gibt: Für den Ruhestand zu jung, aber
aus dem Arbeitsleben endgültig verabschiedet, fühlen sie sich auf der Parkbank
der Rentner ebenso fehl am Platze wie in der Feierabendkneipe der ehemaligen Kollegen! Eine noch stärker „aussortierte" Gruppe sind die nicht-„auto-
mobilisierten" alten Menschen auf dem Lande. Sie zahlen den Preis für die Vorteile, die andere Gruppen aus einer immer mobiler werdenden Gesellschaft
ziehen – die vielfältigeren Angebote in der kleinstädtischen *shopping-mall*
nützen ihnen, die im eigenen Dorf nicht einmal mehr einen Krämerladen finden, herzlich wenig. Dazu kommt, daß die höhere Mobilität im Pendlerdorf
nun auch die alten Solidaritäten auflöst, die ihnen früher einmal Unterstützung
gewährt hatten.

Eingeschränkte, behinderte oder auch erzwungene Mobilität – vor allem in der
räumlichen Dimension! – erscheint ohnehin als eine der plastischsten Ausdrucksformen, in denen die neuen Gruppendisparitäten Gestalt annehmen.
Fehlende Teilhabe an sozialer Mobilität drückt sich oft auch in örtlichem
Beharren aus: der Bauer, der seinen unrentablen Hof nicht aufgeben will, der
arbeitslose friesische Facharbeiter, der nicht nach Sindelfingen ziehen will, die

alte Frau vom Lande, die nicht mehr mit dem Bus zum Einkaufen in die Stadt fahren kann, aber auch der alt gewordene Alternativ-Freak, der nie die Universitätsstadt verläßt und in der er außer den Szene-Kneipen schon lange nichts „Akademisches" mehr frequentiert!

Die genannten Beispiele könnten zum Teil auch noch als freiwilliger Mobilitätsverzicht gedeutet werden; vordergründig zumindest verweisen sie auch nicht auf Konflikte zwischen Gruppen. Ganz anders sind die Mobilitätszwänge und -beschränkungen auf den innerstädtischen Wohnungsmärkten zu werten – hier bietet sich ein Bild, das fatal an die sozialdarwinistischen Deutungen durch die frühe Sozialökologie gemahnt!

Das markanteste Beispiel liefern dafür die Ausländer. Nach dem Anwerbestop des Jahres 1973 haben diese den Charakter der „Gastarbeiter" endgültig aufgegeben und sich zur „ethnischen Minorität" gewandelt – die Bundesrepublik wurde auf diese Weise zum nicht erklärten, aber faktischen Einwanderungsland (vgl. Heckmann 1982). Der Anwerbestop reduzierte nämlich die abermalige Rückkehrchance und lenkte darum die langfristige Lebensplanung auf das Verbleiben in Deutschland (vgl. Kühne/Schäfer 1986, 229) – der Nachzug der restlichen Familie war die wichtigste Konsequenz. Nicht mehr individuelle, in Männerwohnheimen der Öffentlichkeit entzogene „Gastarbeiter" bestimmten das Bild, sondern ganze, zum Teil noch kinderreiche Familien (vgl. Esser 1985, 122f.). Der subjektive Wunsch nach Adaption im „Gastland" steht in scharfem Widerspruch zur weitgehenden Ausgrenzung der Ausländer von den Wandlungsprozessen der deutschen Gesellschaft.

Die Ausländer hatten beispielsweise kaum Teil an dem Tertiarisierungsprozeß der westdeutschen Wirtschaft – d.h. sie sind beruflich immer noch stark auf das produzierende und verarbeitende Gewerbe konzentriert und dort auf weniger qualifizierte und zukunftsgerichtete Arbeitsplätze. Sie wirken durch ihr höheres Arbeitsplatzrisiko wie ein „Puffer" am Arbeitsmarkt (vgl. Kühne/Schäfer 1986, 235–237), indem sie indirekt die relativen Risiken für die deutsche Erwerbsbevölkerung mindern. Das gleiche gilt für die relativen Mobilitätschancen: Da Ausländer innerhalb ihrer Berufsbiographie wesentlich weniger Aufwärtsmobilität erfahren (vgl. ebd., 232), verteilen sich die relativen Chancen zugunsten der Inländer, die den attraktiveren Teil der Erwerbsstruktur für sich reservieren. Mit der beruflichen Aufwärtsmobilität ist aber unmittelbar die Chance zur selbstbestimmten räumlichen Mobilität verknüpft. Es ist kein Zufall, daß gerade die ausländischen Mitbürger über unzureichende Wohnverhältnisse klagen (vgl. Zapf u.a. 1987, 107f.). Ausländer benötigen jene Wohnnungen, die in den letzten beiden Jahrzehnten systematisch den Bedürfnissen junger, mobiler und aufstiegsorientierter Schichten zum Opfer gebracht wurden: preiswerte, innerstädtische Altbauwohnungen, die genügend Platz für mehrköpfige Familien bieten. Manchmal gelangten sie in solche Räume, doch nur zu kurzfristigen, fremdbestimmten Zwecken: So wurden beispielsweise in Berlin Wedding geplante Abrißprojekte bewußt mit Ausländern zum Zwecke des „Herunterwohnens" belegt, die danach errichteten Neubauten aber mit zahlungskräftigen Deutschen – die Ausländer wurden weiterverschoben in das nächste Sanierungsgebiet. Sanierung und Umwandlung in Eigentum schuf gehobenen Wohnraum für „Yuppies" (wo nicht gänzlich gewerbliche Nutzung sich durchsetzte) und verdrängte Familien (Kreibich 1985, 186 und 190f.), die um den verbleibenden, erschwinglichen Bestand an Altbauwohnungen auch noch mit jugendlichen Wohngemeinschaften konkurrieren mußten. Diese Entwicklungen der siebziger und frühen achtziger Jahre waren deshalb so fatal, weil gleichzeitig auch die Ausweichmöglichkeiten schrumpften (vgl. Häußermann/Siebel 1989). Der soziale Wohnungsbau wurde nahezu eingestellt, alte Sozialwohnungen wurden (zum Teil wegen vorzeitiger Rückzahlung der öffentlichen Kredite) in großer Zahl aus der Mietpreisbindung entlassen. Betroffen waren und sind davon natürlich alle einkommensschwachen Familien, die ausländischen darunter aber in gesteigertem Maße, da sie auch noch mit Benachteiligung durch Vermieter des sogenannten „freien Marktes" rechnen müssen.

Die neue, innerstädtische Wohnungsnot mit ihren Begleiterscheinungen wie Gentryfication einerseits und Ghettoisierung andererseits läßt sich also ein Stück weit als ein Verteilungskampf zwischen disparaten Gruppen, zwischen „Aufsteigern" und „Verlierern" interpretieren. Diese „sozialökologische" Betrachtungsweise des Konflikts steht aber in der Gefahr, nur die Verdrängungsprozesse zwischen den Gruppierungen zu betonen und dabei die politisch beeinflußten, ja bewirkten, Effekte herunterzuspielen. Mobilität ist wichtig, aber sie erklärt nicht alles: Zu den Verlierern im innerstädtischen Verdrängungsspiel zählt auch die Gruppierung „Alternative und/oder jugendliche Subkulturen", die durchaus mobil sein kann, die jedoch für ihre Entfaltung auf zentralen und gleichwohl preiswerten, urbanen Wohnraum angewiesen ist (Stracke 1980).

Linke Studenten haben mit türkischen Familien nur sehr wenig gemeinsam, aber das wenige genügt. Beide sind nicht zahlungskräftig und bei politischen Entscheidungsträgern nicht wohlgelitten. Die Politisierung setzt bei der gegenwärtigen Verdrängung kaum ein, da der „Gegner" nicht so emotionalisierend wirkt, doch die Tatsache, daß statt Banken nun die „neuen Haushaltstypen" der jungen Aufsteiger nachdrängen, ändert nichts daran, daß der Prozeß politisch gewollt ist. Es mag zwar sein, daß der Begriff „Gentryfication" eigentlich unpassend ist, weil diese Gruppen hauptsächlich innerstädtisch ihren Standort verändern (vgl. Droth/Drangschat 1985, 169), was den Kommunen also keinen Wanderungsgewinn bringt, dennoch haben sich Bundes-, Landes- und Kommunalpolitik seit den frühen siebziger Jahren bemüht, dieser Wanderung in die Stadtzentren gute Voraussetzungen zu schaffen. Erwähnt sei nur die progressive Steuerbegünstigung für den Eigentumserwerb, auch von Altbauwohnungen, die Sanierung und die Förderung von Luxusmodernisierung. Das Kalkül der „Stadtväter" liegt auf der Hand: ein Einpersonen-„Yuppie"-Haushalt besetzt unter Umständen genausoviel Wohnfläche wie eine vierköpfige Familie, zahlt aber mindestens soviel Einkommensteuer und beansprucht weniger soziale Infrastruktur (Kindergärten etc.). Das Lamento über den Bevölkerungsverlust der Großstädte wirkt unter diesen Vorzeichen leicht heuchlerisch.

Schlägt sich also, so können wir uns nun im Ausblick fragen, die Politik immer und recht zwangsläufig auf die Seite der Modernisierungsgewinner, der Aufsteiger und freiwillig Mobilen? Wird umgekehrt Ausgrenzung und Benachteiligung auch noch durch politische Mißachtung verstärkt? Die Illustration durch nur ein Beispiel darf natürlich nicht zu derart weiten Verallgemeinerungen führen, doch eine langfristige Beobachtung etwa des Wahlverhaltens oder der Sozialstruktur nährt ebenfalls solche Befürchtungen. Den „neuen Mittelschichten" wird bescheinigt (z.B. Brinkmann 1988), daß sie ihr Wahlverhalten in weit geringerem Maße als in der Vergangenheit üblich an beständige Parteiloyalitäten binden. Ihre Abstimmung ist schlechter vorhersagbar, sie wechseln ihre Parteipräferenz öfter und orientieren sich an Einschätzungen der Parteien gemäß der eigenen Wert- und Vorteilprioritäten. Bei Wahlen, die wie bisher gehabt, zwischen zwei großen Parteiblöcken in der Konkurrenz um die „Mitte" entschieden werden, ist damit zu rechnen, daß die flexiblen und ungebundenen Wähler überproportional umworben werden. Da sie mehr als andere Wähler konkreten *issues* statt allgemeinen Stimmungen den Vorzug geben, ist auch zu erwarten, daß sie handfesten Vorteil aus dieser „Braut"-Situation ziehen. Aus den oben geschilderten Einzelfällen könnte dann vielleicht ein Strukturmuster werden.

Doch ist, wie bei allen Prognosen, auch hier Vorsicht und Einschränkung am Platz. Die These von der Individualisierung und Pluralisierung der Lebensstile wäre ad absurdum geführt, wenn wir uns die „neuen Mittelschichten" nun selbst wieder als eine homogene Kultur- und Interessengemeinschaft vorstellen würden. Die „Alternativkultur" z.B. überlagert sich in ganz erheblichem Maße mit dieser Schichtzugehörigkeit, mit den „Grünen" hat sich die entsprechende politische Artikulationsform eingestellt, die es ermöglicht, daß auch solidarische und umverteilende Werte dieser Gruppen betont werden. Es ist also nicht zwangsläufig, daß diese Gruppen immer nur zum Sachwalter des Eigeninteresses werden, sie können auch für die gesellschaftlich Schwächeren einstehen.

Wenn aber heute auch etablierte Parteien in der Kommunalpolitik ihr Herz für die „Alternativkultur" entdecken (vgl. Wagner 1989), dann muß das nicht allein auf grüne Initiativen im Stadtparlament zurückgeführt werden. Werte und Positionen, die von den sogenannten „Neuen Sozialen Bewegungen" (also z.B. Studenten-, Friedens-, Frauen- und Ökologiebewegung) einst kontrovers vertreten wurden, sind, ihrer Militanz entkleidet, heute für breitere Bevölkerungskreise konsensfähig geworden (vgl. Pappi 1989). Die etablierten Parteien versuchen, einem solchen „Versöhnungsangebot" gerecht zu werden, indem sie nicht mehr allein auf Wirtschaftskompetenz, sondern auch auf die Garnierung des Wohlstandes durch Sinnerfüllung und kulturelle Vielfalt setzen. Der smarte, junge Diplomkaufmann eines innerstädtischen Consulting-Unternehmens mag zwar die Ideologie und die Lebensform der Straßentheatertruppe, die er flüchtig in der Fußgängerzone trifft, keineswegs teilen, doch auf die Belebung seiner Mittagspause würde er nicht gerne verzichten.

Es werden aber nicht tausend Blumen blühen. Die Pluralität findet da ihre Grenzen, wo eine Sanktionsmacht droht und wo dies nicht durch die Vorteile des Zusammenlebens unter Verschiedenartigen zumindest teilweise ausgeglichen wird. Die Ausländer, die weder wählen dürfen, noch wirklich in den Alltag der Aufsteiger integriert sind, erfüllen beide Negativkriterien. Die Forderung nach einem kommunalen Ausländerwahlrecht läßt sich darum wohl auch mit der Zielsetzung einer kulturellen Pluralität begründen.

Das wirft zum Abschluß die Frage nach der sozialpolitischen Motivation auf. Diese ist ja immer dort gefordert, wo wahlpolitische Gratifikationen nicht unmittelbar zu erhoffen sind, wo aber aus normativen Erwägungen gleichwohl Hilfe und Ausgleich geboten werden sollen. Gruppendisparitäten an sich sind noch kein automatischer Auftrag an die Sozialpolitik, können wir sie doch auch positiv als Ausdruck gesellschaftlicher Vielfalt umschreiben. Wenn wir diese vielgestaltige Gesellschaft dann zusätzlich als wandelbar und dynamisch akzeptieren, dann können wir auch in der Tatsache, daß Menschen und Gruppen unter Änderungsdruck geraten, nicht zwangsläufig einen Mißstand erblicken. Problematisch ist stets nur jener Änderungsdruck, auf den die Betroffenen im Rahmen ihrer Möglichkeiten nicht reagieren können. Wir kehren zu früheren Beispielen zurück: Die alte Frau im Dorf, die kein Bus mehr zum Einkaufen bringt, kann keinen Führerschein und kein Auto mehr erwerben. Der 58jährige, arbeitslose Schweißer kann nicht mehr auf Programmierer umschulen. Der Ausländer schließlich kann in den Wahlmöglichkeiten Rückkehr, Ausgrenzung oder Verlust der kulturellen Identität keine akzeptablen Alternativen erkennen.

Wir begannen mit der Diagnose der Internationalisierung. Im Ausblick müssen wir uns – nahezu zwangsläufig – unter gewandelten Umständen der Frage nach der „Re-Nationalisierung" stellen. Die soziologischen Befunde, die in der Argumentation verarbeitet wurden, bezogen sich ja ausschließlich auf die alte Bundesrepublik Deutschland. Wie tragfähig bleiben die Interpretationen unter den Bedingungen eines nationalen Einigungsprozesses, der nicht ohne nationale Borniertheiten und ideologische Rückwärtsentwicklungen sich abzuwickeln scheint? Diese Fragen verweisen noch immer in das Reich der Spekulation, unter solchem Vorbehalt müssen demgemäß auch die abschließenden Bemerkungen stehen. Die Integration der ehemaligen DDR bringt für die alten Bundesländer offensichtlich keine neuen „Lebensstile" in die Sozialstruktur ein, soweit damit im dargelegten Sinne Selbststilisierung gemeint ist. Die Bereitschaft, westliche Kulturmuster als Schablone zu übernehmen, muß insbesondere bei jüngeren DDR-Bürgern hoch veranschlagt werden, sie stößt jedoch bei den Trägerschichten der „Revolution" zunehmend auf Skepsis. Insofern ist keine grundsätzliche Abweichung von der Art zu erwarten, in der die deutsche Sozialstruktur und politische Kultur grundlegende Muster moderner Industriegesellschaften reflektiert. Das geschilderte Problem der neuen Disparitäten wird sich aber noch verschärfen, da in der DDR beträchtliche Bevölkerungsteile in der zuvor geschilderten Weise unter einen Veränderungsdruck gesetzt werden, auf den sie im Rahmen ihrer Handlungsmöglichkeiten nicht reagieren können: Die „Durchkapitalisierung" der Wirtschaft, der Umbruch in den Ideologie- und Bildungsinhalten, die enormen Wanderungsbewegungen der letzten

Jahre werden viele, insbesondere ältere Menschen damit konfrontieren, daß alte Lebensroutinen entwertet, neue aber nicht wie ein Konsumartikel erwerbbar sind. Fazit: auch wenn die deutsche Einheit im Kulturellen wohl eher einen „Anschluß" bringt, so wird die Diskrepanz zwischen Modernisierungsgewinnern und -verlierern das Disparitätenproblem erheblich verschärfen.

Auswahlbibliographie

Allerbeck, Klaus; Hoag, Wendy: Jugend ohne Zukunft? Einstellungen, Umwelt, Lebensperspektiven. München 1985.

Bahlsen, Werner u.a.: Die neue Armut. Ausgrenzung von Arbeitslosen aus der Arbeitslosenunterstützung. 3. überarb. Aufl. Köln 1985.

Beck, Ulrich: Jenseits von Stand und Klasse? Soziale Ungleichheiten, gesellschaftliche Individualisierungsprozesse und Entstehung neuer sozialer Formationen und Identitäten. In: Reinhard Kreckel (Hg.): Soziale Ungleichheiten (= Soziale Welt, Sonderband 2). Göttingen 1983, S. 35–74.

Beck, Ulrich: Risikogesellschaft. Auf dem Weg in eine andere Moderne. Frankfurt/M. 1986.

Berger, Peter A.: Entstrukturierte Klassengesellschaft? Klassenbildung und Strukturen sozialer Ungleichheit im Wandel. Opladen 1986.

Brinkmann, Heinz Ulrich: Wahlverhalten der „neuen Mittelschichten" in der Bundesrepublik Deutschland. In: Aus Politik und Zeitgeschichte, B. 30–31, 22.7.1988, S. 19–32.

Dahrendorf, Ralf: Konflikt und Freiheit. Auf dem Weg zur Dienstklassengesellschaft. München 1972.

Droth, Wolfram; Drangschat, Jens: Räumliche Konsequenzen der Entstehung „neuer Haushaltstypen". In: Jürgen Friedrich (Hg.): Die Städte in den 80er Jahren. Demographische, ökonomische und technologische Entwicklungen. Opladen 1985, S. 147–180.

Esser, Hartmut: Ausländische Bevölkerung und großstädtische Entwicklung. In: Jürgen Friedrich (Hg.): Die Städte in den 80er Jahren. Demographische, ökonomische und technologische Entwicklungen. Opladen 1985, S. 117–146.

Fogt, Helmut: Die Mandatsträger der GRÜNEN. Zur sozialen und politischen Herkunft der alternativen Parteielite. In: Aus Politik und Zeitgeschichte, B. 11/86, 15.3.1986, S. 16–33.

Häußermann, Hartmut; Siebel, Walter: „Eine Frage des Preises". In: Die Zeit, Nr. 22, 26.5.1989, S. 41f.; „Auf Sand gebaut". In: Die Zeit, Nr. 23, 3.6.1989, S. 38f.

Hayden, Tom: Reunion. A Memoir. New York 1988.

Heckmann, Friedrich: Die Gastarbeiter als ethnische Minoritäten. Theoretische Orientierungen zur Erklärung ihrer sozialen Lage. In: Günter Albrecht; Manfred Brusten (Hg.): Soziale Probleme und soziale Kontrolle. Neue empirische Forschungen, Bestandsaufnahme und kritische Analysen. Opladen 1982, S. 55–72.

Kiechel, W.: The Workaholic Generation. In: Fortune, April 10, 1989, S. 50–62.

Kreibich, Volker: Wohnversorgung und Wohnstandortverhalten. In: Jürgen Friedrich (Hg.): Die Städte in den 80er Jahren. Demographische, ökonomische und technologische Entwicklungen. Opladen 1985, S. 181–195.

Kühne, Peter; Schäfer, Hermann: Soziale Ungleichheit von Ausländern. Zur Lage auf dem Arbeitsmarkt und in den Betrieben. In: Hans-Werner Franz; Wilfried Kruse; Hans-Günter Rolff (Hg.): Neue alte Ungleichheiten. Berichte zur sozialen Lage in der Bundesrepublik. Opladen 1986, S. 229–248.

Lüdtke, Hartmut: Expressive Ungleichheit. Zu Soziologie der Lebensstile. Opladen 1989.

Noelle-Neumann, Elisabeth: Eine demoskopische Deutschstunde. Zürich/Osnabrück 1983.

Offe, Claus: Politische Herrschaft und Klassenstrukturen. Zur Analyse spätkapitalistischer Gesellschaftssysteme. In: Gisela Kress; Dieter Senghaas (Hg.): Politikwissenschaft. Eine Einführung in ihre Probleme. Frankfurt/M. 1972, S. 135–164.

Pappi, Franz Urban: Die Anhänger der neuen sozialen Bewegungen im Parteiensystem der Bundesrepublik Deutschland. In: Aus Politik und Zeitgeschichte, B.26/89, 23.6.1989, S. 17–27.

SINUS: Die verunsicherte Generation. Jugend und Wertwandel. Opladen 1983.

Steven, Elke; Veelken, Ludger: Junge Alte. Soziale Probleme in einer neuen gesellschaftlichen Gruppe. In: Hans-Werner Franz; Wilfried Kruse; Hans-Günter Rolff (Hg.): Neue alte Ungleichheiten. Berichte zur sozialen Lage in der Bundesrepublik. Opladen 1986, S. 85–101.

Stracke, Ernst: Stadtzerstörung und Stadtteilkampf in Frankfurt am Main. Innerstädtische Umstrukturierungsprozesse, Wohnungsnot und soziale Bewegungen in Frankfurt am Main. Köln 1980.

Wagner, Bernd: Wohin wird die Kultur „gewendet"? Konservative Kulturkonzeptionen zwischen Tradition und Moderne. In: Thomas Nötzel; Horst Dieter Zahn (Hg.): Die Kunst des Möglichen. Neokonservatismus und industrielle Kultur. Marburg 1989, S. 153–166.

Weiner, Rex; Stillmann, Deane: Woodstock Census. The Nationwide Survey of the Sixties Generation. New York 1979.

Zapf, Wolfgang u.a.: Individualisierung und Sicherheit. Untersuchungen zur Lebensqualität in der Bundesrepublik Deutschland. München 1987.

Ulrich Herrmann

„BILDUNG" IN DER DEUTSCHEN TRADITION

„Bildung" scheint eine so deutsche Angelegenheit, daß es schwer fällt, diesen Begriff mit all seinen Konnotationen in andere Sprachen zu übersetzen. Was der Sache nach mit „Bildung" gemeint wird oder was darunter verstanden werden sollte, darüber gehen auch in Deutschland – sowohl in der Vergangenheit wie in der Gegenwart – die Meinungen weit auseinander. Wort und Begriff kommen in den unterschiedlichsten Zusammensetzungen und Konstellationen vor: Man spricht von „politischer Bildung", „Erwachsenenbildung" und „Allgemeinbildung", aber auch von „Gesangsbildung", „Geschmacksbildung" und vom „Bildungswert" eines Kulturgutes; man unterscheidet „Bildung" von „Ausbildung"; den sogenannten „Gebildeten" wird (in der Regel) eine „höhere Bildung" zugeschrieben, während „einfache Leute" nur eine „volkstümliche Bildung" haben; das allgemeine Schulwesen wird auch als „Bildungswesen" bezeichnet, und die Bundesregierung in Bonn verfügt neben einem Bundesministerium für Forschung und Technologie über ein Ministerium für „Bildung und Wissenschaft"; im 19. Jahrhundert bezeichnete man es als eine der Hauptaufgaben der Universitäten, „Bildung durch Wissenschaft" zu vermitteln. – Die Reihe läßt sich fortsetzen bis zu Modernismen wie „Bildungsnotstand", „Bildungskatastrophe" und „Bildungsurlaub".

„Bildung" ist offenbar etwas anderes als „Erziehung", „Qualifikation", „Sozialisation" oder „Habitus". „Bildung" kann nicht ohne weiteres ins Englische oder Französische mit *formation* oder *culture* übersetzt werden, und in der deutschen Vorstellung ist der/die „Gebildete" nicht nur *un homme/une femme cultivé/e* oder *an educated man/woman*. Das belegt der Blick in die Wörterbücher. Im Französischen etwa heißt „Bildung" meist *formation*, kann aber auch *développement* oder *perfectionnement* meinen; „geistige Bildung" heißt *culture intellectuelle*, die „Bildung" eines Volkes einfach *culture* oder *civilisation* (was im Deutschen streng unterschieden wird); „gelehrte Bildung" heißt *éducation littéraire*, ein Mangel an „Bildung" kann im Französischen als Mangel an *instruction* oder *éducation* ausgedrückt werden. Im Englischen ist die Lage nicht anders. Was gewöhnlich *formation* heißt, kann im Falle der „formalen/allgemeinen Bildung" auch als *education* oder *training* bezeichnet werden, aber auch als *culture*, im Falle von „gelehrter Bildung" als *learning* oder *knowledge*; Einrichtungen der „höheren Bildung" sind solche der *secondary/higher education*.

Die babylonische Sprachverwirrung wollen wir ein wenig aufklären durch sprachliche Umschreibung von „Bildung", um das im alltäglichen Sprachgebrauch Gemeinte, das sich nicht terminologisch präzise fassen läßt, zu erläutern:

– „Allgemeinbildung" bezeichnet einen persönlichen Habitus, eine Lebensform, die innere Gestalt eines Menschen, die sich auszeichnet durch ein breites Interessenspektrum über die unmittelbaren Berufsaufgaben hinaus; „Allgemeinbildung" bezeichnet aber auch das Ensemble der Wissensstoffe (als „Bildungsinhalte" oder „Bildungsgüter"), die in der Schule vermittelt werden; das „Allgemeine" ist dann das allen Gemeinsame.

– „Bildungswert" hat etwas, wenn es für die Bildung eines Menschen besondere Bedeutung hat: das Erlebnis einer fremden Kultur, fremder Länder und Menschen; die Beschäftigung mit großen Kunstwerken; die Klärung und Disziplinierung des Denkens durch Philosophie und Logik; das Nacherleben menschlicher Probleme und Konflikte in der großen Literatur, aber auch im Theater und im Kino.

– „Bildung" und „Ausbildung" werden unterschieden, weil im ersten Fall meist „Allgemeinbildung", „menschliche Bildung", Habitus, Gestalt gemeint ist, im zweiten Fall die Erlernung und Aneignung bestimmter (beruflicher) Kenntnisse und Fertigkeiten.

– Die „Gebildeten" bzw. das „Bildungsbürgertum" sind jene, die eine „höhere Schulbildung" und (in der Regel) eine „akademische Bildung" durchlaufen haben; sie unterscheiden sich durch einen spezifischen kulturellen Habitus von den „Ungebildeten", so daß diese Unterscheidung zugleich soziale Gruppen und Schichten differenziert.

– „Bildungswesen" kann man im Deutschen das Schulwesen deshalb nennen, weil die Schule nicht nur durch den Unterricht Kenntnisse und Fertigkeiten vermitteln soll, sondern zugleich einen Erziehungs- und einen Bildungsauftrag hat: Sie soll durch Erziehung bestimmte Verhaltensweisen bewirken – z.B. soziale Verhaltensweisen wie Fairness, Wettbewerb, Leistungsbereitschaft – und auf diese Weise einen Menschen bilden, das heißt seiner Entwicklung und Entfaltung eine bestimmte Gestalt geben.

– „Politische Bildung" bedeutet hier soviel wie Informiertheit, Urteilsfähigkeit, Verständnis für komplizierte politische Sachverhalte und Zusammenhänge.

– „Bildungsnotstand" und „Bildungskatastrophe" nannte man in den 1960er Jahren den Umstand, daß in Deutschland der Anteil von Gymnasiasten und Studenten in einem Jahrgang geringer war als z.B. in den USA, so daß man auf die Dauer eine zu geringe Zahl von qualifizierten Personen im Berufsleben, vor allem in den Führungspositionen befürchtete; ähnlich reagierte man in den USA Ende der 1950er Jahre nach dem „Sputnik-Schock".

Mit „Bildung" kann also einmal ein persönlicher oder kollektiver Habitus, ein andermal ein Prozeß der Qualifizierung oder Professionalisierung gemeint sein; „Bildung" unterscheidet soziale Gruppen und Schichten, besonders die „gebildeten" Eliten von allen anderen; „Bildung" bedeutet gleichzeitig einen individuellen lebensgeschichtlichen Prozeß und dessen Ergebnis, zumeist verstanden als charakterliche Haltung, intellektuelle Differenziertheit, mitmenschliche

Verständnisbereitschaft. Mit einem Wort: der „Gebildete" ist diszipliniert und kultiviert, oder richtiger: er sollte es zumindest sein...

In allen Völkern, Nationen und Staaten gelten teils gemeinsame, teils unterschiedliche spezifische Konventionen, Symbole, informelle und formelle Prozeduren, um die sozialen und kulturellen Strukturen zu gliedern, unterscheidbar zu machen, zu stabilisieren oder auch zu transformieren. Dazu gehören Verteilung und Besitz von materiellen Dingen, die Zugehörigkeit zu Konfessionen und ethnischen Minder- bzw. Mehrheiten, die Zugangsmöglichkeiten zu einflußreichen Positionen, die Geschlechtszugehörigkeit usw. Vor allem aber in modernen Gesellschaften, die an Leistung und Mobilität orientiert sind, kommt den Zugangsmöglichkeiten zu Wissen und Qualifikation besondere Bedeutung zu. Für diesen letzteren Bereich steht in der Tradition der deutschen Gesellschaftsgeschichte der Zugang zur „Bildung". Was dies in der deutschen Sozialgeschichte bedeutet hat und welche Auswirkungen es zum Teil bis heute auf die Gesellschaft in der Bundesrepublik Deutschland hat, soll im folgenden an einigen wichtigen Aspekten verdeutlicht werden. Das erste Kapitel zeigt die Etappen in der Geistes- und Sozialgeschichte der „Bildung"; das zweite Kapitel beschäftigt sich mit den beiden wichtigsten Trägerinstitutionen von „Bildung", mit dem Gymnasium und der Universität; das dritte Kapitel versucht eine Einführung in einige Aspekte der „Krise der Bildung" in der Gegenwart.

„Bildung" in der deutschen Geistes- und Sozialgeschichte

Es kann hier keine zusammenhängende Darstellung des Konzepts „Bildung" und seiner (sozial-)geschichtlichen Bedeutung gegeben werden. Vielmehr sollen lediglich drei geschichtliche Konstellationen herausgegriffen werden, die zum Verständnis von „Bildung" und ihrer Bedeutung unerläßlich sind:
– „Bildung" im Zeitalter der Aufklärung und des Neuhumanismus;
– „Bildung" und die Kritik daran im Wilhelminischen Kaiserreich;
– „(Allgemein)-Bildung" heute.

„Bildung" im Zeitalter der Aufklärung und des Neuhumanismus (1770 – 1830)

In der Aufklärung wurden „Natur" und Zukunft des Menschen neu entworfen, desgleichen im aufklärerischen Naturrecht die Ordnung der Gesellschaft. In Preußen-Deutschland entsprach dieses neue Menschen- und Gesellschaftsbild der Tatsache, daß drei neue soziale Gruppen, die keine Geburtsstände darstellten, großen Einfluß in Staat und Gesellschaft erreichten: die Beamten, die Akademiker und die Gelehrten sowie das Wirtschaftsbürgertum (der „Mittelstand" zwischen Adel und dem „gemeinen Mann"). Die Angehörigen dieser Gruppen besaßen ihr soziales Ansehen, ihren politischen Einfluß und ihren wirtschaftlichen Erfolg nicht aufgrund von Besitz und Herkunft, sondern dank besonderer Kenntnisse und Leistungen, die sie auf Schulen und Universitäten, in der Berufsausbildung und auf Auslandsreisen erworben hatten. Sie waren nicht in einen Stand hineingeboren worden, sondern hatten sich ihren sozialen und kulturellen Status erst erwerben müssen, und zwar durch die Aneignung eines besonderen Wissens: im Falle der Juristen und Beamten durch Herrschaftswissen (Jurisprudenz, Kameralistik), im Falle der Gelehrten und besonders der Theologen durch Deutungswissen (Philosophie, Theologie, Philologie), im Falle der Ökonomen, Techniker, Naturwissenschaftler und Ärzte durch Leistungswissen (*science* im Unterschied zu den *humanities*).

Da diese Gruppen nicht den Geburtsständen entstammten oder ihnen zugerechnet wurden, waren sie die hauptsächlichen Träger der neuen Menschen- und Gesellschaftsbilder. Die Gesellschaft sollte in eine „bürgerliche" transformiert werden, orientiert an den „bürgerlichen Tugenden" des Fleißes und der Leistung, der Gemeinnützigkeit („Patriotismus") und der Mitverantwortlichkeit für die allgemeine Wohlfahrt. Zu diesem Zweck mußte der „Bürger", der nicht länger bloß als „Untertan" verstanden werden durfte, aufgeklärt und „gebildet" werden. Wenn er der Träger des geschichtlichen und gesellschaftlichen Fortschritts war, dann mußte sich sein Handeln an den Kriterien der Rationalität und der kulturellen Differenzierung orientieren. Die Weiterentwicklung der Gesellschaft sollte für den Bürger – und das waren prinzipiell alle Staatsbürger – nicht nur mehr Aufklärung, Wohlfahrt und Gerechtigkeit mit sich bringen, sondern dem einzelnen Menschen eine Höherentwicklung seiner „Kräfte" und „Vermögen", eine höhere Form seiner „Individualität" ermöglichen. Aufklärung soll den Menschen verbessern, Bildung soll ihn „versittlichen". „Bürgerliche Bildung" zielt darauf, den Menschen geschickt und nützlich zu machen. Die „wahre Menschenbildung" jedoch soll seinen Charakter und sein moralisches Empfinden stärken. Zu diesem Zweck der „Menschenbildung" muß der junge Mensch nicht vielerlei Wissen ansammeln, sondern seine werdende Persönlichkeit möglichst vielseitig entwickeln; nicht der Umfang des Wissens ist für wirkliche Bildung wichtig, sondern die Intensität, mit der die Interessen und besonderen Talente eines jungen Menschen gefördert werden. Es ist nicht entscheidend, daß jemand über viel Wissen verfügt, sondern daß er gelernt hat, die Begründungen und Zusammenhänge dieses Wissens zu durchschauen. Ausschlaggebend bleibt, daß dieses Verständnis von Gründen und Zusammenhängen nicht blindes Nachbeten ist, sondern in eigener produktiver geistiger Tätigkeit erworben werden muß.

Die Merkmale der „Bildung" sind also Vielseitigkeit und Gründlichkeit, geistige Beweglichkeit bei produktiver Einseitigkeit, Urteilsfähigkeit und Selbstkritik. Bildung ist mithin etwas, das ein Mensch nur „bei sich selbst" und „durch sich selbst" bewirken kann: sie ist Selbst-Bildung. Man kann Menschen erziehen und unterrichten, man kann ihre äußeren Verhaltensweisen modellieren und ihnen allerlei Wissen beibringen, aber auf ihren geistigen und ihren charakterlichen Habitus hat man nur begrenzt Einfluß, weil die Identität der Persönlichkeit sich immer auch in der reflexiven Selbst-Bildung des Individuums entwickelt, formt und individuelle Gestalt gewinnt.

Dieser Aspekt der Selbst-Bildung der inneren Gestalt und Identität der Persönlichkeit ist es, der dazu geführt hat, daß man dem Menschenbild und der Bildungstheorie des Neuhumanismus Weltfremdheit, Weltflucht und unpolitische Innerlichkeit vorgeworfen hat. Dieser Vorwurf greift jedoch zu kurz, denn die Bewährung in der Welt und die Wahrnehmung politischer Rechte und Pflichten setzt menschliche „Reife" voraus. Berechtigt aber ist der Hinweis auf die Einseitigkeit des neuhumanistischen Bildungskonzepts, das nicht die bürgerliche und gesellschaftliche „Brauchbarkeit" des Menschen betont, sondern seine individuelle Kultiviertheit, und deswegen als „Bildungsgüter" vor allem Sprachen, Literaturen und Geschichte sowie – zur Schulung des formalen Denkens – Philosophie und Mathematik hochschätzt.

Dieses Bildungskonzept entstammt der Epoche vor dem Siegeszug der Naturwissenschaften und der Technik sowie der Umgestaltung der gesamten Zivilisation und Kultur durch die Industrielle Revolution. Deren Anfänge waren zwar im 18. Jahrhundert in England sichtbar gewesen, und am Ende des 18. Jahrhunderts waren alle grundlegenden naturwissenschaftlichen Entdeckungen und technischen Erfindungen für den ersten industriellen Entwicklungsschub auf dem Kontinent gemacht. Aber als Wilhelm von Humboldt seine Bildungsphilosophie konzipierte, stand in Berlin noch keine Dampfmaschine. Naturwissenschaft und Technik blieben dem neuhumanistischen Bildungsdenken fremd. „Bildung" bedeutete daher im 19. Jahrhundert zunächst nichts anderes als sprachlich-literarische sowie historische und ästhetische Bildung. Die Zugehörigkeit zu einem bestimmten kulturellen Habitus auf der Grundlage der Teilhabe an einem kollektiven Geschichtsbild und einer sprachlich-ästhetischen Praxis definierte den „Gebildeten".

Gegen diese Bildung der „Gebildeten", die als „humanistische Bildung" ihren Kern in den alten Sprachen und in der Geschichte sah, wurde von Anfang an eine „realistische Bildung" gesetzt, die ihr Zentrum in den „Realia" haben sollte: den neueren Sprachen, den modernen (Natur-)Wissenschaften und in unmittelbar praktisch verwertbaren Kenntnissen und Fertigkeiten. Mit dem Erstarren der „humanistischen Bildung" in formelhafter Oberflächlichkeit und mit dem Siegeszug der Naturwissenschaften und der Technik in der zweiten Hälfte des 19. Jahrhunderts war das Vordringen der „realistischen Bildung" unvermeidlich und die inzwischen fast vollständige Verdrängung der altsprachlich-humanistischen Bildung vorhersehbar.

In der Sozialgeschichte der Ideen ist es eine allgemeine Erscheinung, daß die historische Verwirklichung immer hinter den ideellen Ansprüchen zurückbleibt. So ging es mit den Ideen der sozialen Gerechtigkeit, der politischen Freiheit, der individuellen Glücksmöglichkeiten. Nicht anders war es – wie angedeutet – mit der Idee der Bildung. Jedoch: Sowenig wir auf die Proklamation zum Beispiel der Menschenrechte verzichten können, sondern im Gegenteil darauf bestehen müssen, um ihre Verletzung kritisieren zu können, sosehr müssen wir auf dem aufklärerisch-humanistischen Konzept von „Bildung" bestehen, um die Strukturen und Institutionen der Bildungsbegrenzung kritisieren

und immer mehr jungen Menschen zu besseren (Selbst-)Bildungschancen ver-
helfen zu können.

„Bildung" und die Kritik daran im Wilhelminischen Kaiserreich

Mit der Umwandlung Deutschlands in eine Industrienation und der Um-
formung der feudalen und agrarischen Gesellschaftsordnung in eine Klassengesellschaft verlor das neuhumanistische „Bildungswissen" als Herrschafts-,
Deutungs- und Leistungswissen zuerst sein Monopol, dann seine Vorrangstellung. Schließlich wurde die herkömmliche Bildung als äußerliche Attitüde
karikiert; der „Bildungsbürger" besäße gar keine „wahre Menschenbildung"
mehr, sondern nur noch eine äußerliche „Politur". Der Berliner Philosophie-
und Pädagogik-Professor Friedrich Paulsen schrieb am Ende des 19. Jahrhunderts:

> Wenn ich mein Sprachgefühl ganz gewissenhaft erforsche, so finde ich die-
> ses: gebildet ist, wer nicht mit der Hand arbeitet, sich richtig anzuziehen und
> zu benehmen weiß, und von allen Dingen, von denen in der Gesellschaft die
> Rede ist, gehört hat und mitreden kann. Ein Anzeichen ist auch der Ge-
> brauch von Fremdwörtern, das heißt der richtige: wer in der Bedeutung oder
> der Aussprache fehlgreift, der erweckt gegen seine Bildung ein ungünstiges
> Vorurteil. Dagegen ist die Bildung so gut wie bewiesen, wenn er fremde
> Sprachen kann, das heißt gebildete Sprachen, französisch oder italienisch,
> oder gar lateinisch oder griechisch; wer bloß deutsch kann, hat keinen An-
> spruch auf Bildung. Auch der Wert der Fremdwörter als Bildungsmerkmal
> beruht offenbar darauf, daß man dadurch zu verstehen gibt, man könne auch
> fremde Sprachen und würde in ihnen seine Gedanken noch viel feiner und
> besser auszudrücken wissen als in der in der Bildung etwas zurückgebliebe-
> nen deutschen Sprache. Damit kommen wir denn auf das letzte und ent-
> scheidende Merkmal: gebildet ist, wer eine „höhere" Schule durchgemacht
> hat (...) Und um über den Erfolg, also über den Besitz der Bildung keinen
> Zweifel zu lassen, besteht in Deutschland allgemein die Einrichtung, daß der
> Schüler (...) geprüft und ihm über das Vorhandensein der Bildung eine Be-
> scheinigung ausgestellt wird (Paulsen 1912, 128).

Dieses Zitat belegt auf eindrucksvolle Weise, wie nachhaltig sich die gesellschaftlich maßgebliche Vorstellung von „Bildung" festgesetzt hatte und sich
trotz aller politischen, gesellschaftlichen, ökonomischen und mentalitären
Umwälzungen der letzten hundert Jahre als soziales Vorurteil durchhalten
konnte. Paulsen benennt auch die Gründe dafür, an denen sich bis heute wenig
geändert hat:

> Wie ist doch die „Bildung" zu dieser erstaunlichen Geltung gekommen? Die
> Sache hängt offenbar mit der großen Wandlung zusammen, welche die
> Gesellschaft in den letzten hundert Jahren erlebt hat. Die alte ständische
> Gliederung in Adel, Bürger und Bauern, die aus dem Mittelalter überkom-

men war, ist in Trümmer gegangen; die Gesellschaft ist aufgelockert und atomisiert, der Einzelne gilt als solcher; seine Stellung hängt nicht mehr ab von seiner Geburt, sondern von dem, was er selber hat und was er kann. Besitz ist das erste, wodurch sie bestimmt wird; Vermögen gibt Einfluß. Aber: noblesse oblige; wie der Adel zur politesse und conduite verpflichtete, so verpflichtet die neue Gesellschaft ihre Glieder zur Bildung. Besitz ist zwar die wesentliche Grundlage, doch macht selbst Reichtum ohne Bildung nicht ganz gesellschaftsfähig. Und bis zu einem gewissen Grade ist Bildung sogar imstande, über den Mangel des Besitzes hinwegzuhelfen; die „akademische Bildung" wenigstens macht in Deutschland gesellschaftsfähig auch ohne Vermögen. Im ganzen aber gehören Besitz und Bildung zusammen, wie es ja auch der Sprachgebrauch in der Zusammenfassung der „besitzenden und gebildeten Klassen", im Gegensatz zu den „arbeitenden und besitzlosen Klassen", die auch die „ungebildeten" sind, zum Ausdruck bringt (Paulsen 1912, 129f.).

Paulsens Kritik zeigt, daß die Idee und die praktische Umsetzung von Bildung in den Gymnasien und Universitäten die moralisch-politische Dimension (was das 18. Jahrhundert *public spirit* nannte) verloren hatte. Zugleich aber wird ihre immense Ausweitung und Anerkennung deutlich, nämlich als Unterscheidungsmerkmal der „gebildeten" von den anderen Gruppen und Schichten der Gesellschaft. Insgesamt kann also von einem Erfolg des Bildungskonzepts gesprochen werden – wenn auch in anderem Sinne, als noch am Beginn des Jahrhunderts erwartet worden war. Das läßt sich in etwa folgendermaßen formulieren.

Mit der Idee der „höheren Bildung" bzw. mit der Möglichkeit des sozialen Aufstiegs und einem Zugewinn an Sozialprestige wird ein attraktiver Mechanismus der Nachfrage nach „Bildung" etabliert, der sich zum einen als eine äußerst wirksame Form der sozialen Mobilisierung als Aufstieg erweist und zum anderen eine Kodifizierung der „Bildungs"-Merkmale als Kennzeichen der Zugehörigkeit zu den „Gebildeten" erfordert. Diese Kodifizierung ist – soziologisch gesehen – als Möglichkeit und Angebot der Teilhabe immer eine Form der Verbreitung und Trivialisierung von „Bildung", hebt also ihren Exklusivitätscharakter auf. Das Ergebnis hat Paulsen beschrieben.

Aber das ist nur die eine Seite der Sache, denn auf der anderen Seite ist zu konstatieren, daß die Bildungsbeteiligung der Bevölkerung zugenommen hat und daß der Zugang zur Gruppe der „Gebildeten" sozial geöffnet wurde, jedenfalls in dem Umfang, wie es die Sicherung der schon vorhandenen Bildungsprivilegien nicht zu gefährden schien. Dies ist ein Vorgang, der in allen modernen Gesellschaften diesseits und jenseits des Atlantiks seit dem 18. Jahrhundert zu beobachten ist: Bildungsexpansion im Zeichen von sozialer Gerechtigkeit und Chancen-„Gleichheit" auf der einen, Bildungsrestriktion und Auslese im Zeichen von nationaler und individueller Leistungsfähigkeit im wirtschaftlichen und beruflichen Wettbewerb auf der anderen Seite.

Aber auch eine dritte Variante der Bildungspolitik ist historisch erkennbar, sowohl in den sechziger Jahren unseres Jahrhunderts wie um die Jahrhundertwende vom 19. zum 20. Jahrhundert: Expansion im Bildungsbereich im Dienste der Leistungsfähigkeit der Nation als ganzer. Dies führte im Wilhelminischen Kaiserreich zu einer enormen Ausweitung des Elementar- und Sekundarschulwesens sowie – vor allem in Preußen unter Friedrich Althoff – zu einer Qualitätssteigerung des Wissenschaftsbetriebs. Die deutschen Universitäten und Forschungseinrichtungen galten vor dem Ersten Weltkrieg in aller Welt als vorbildlich; in vielen Wissenschaften war Deutsch die Publikations- und Verkehrssprache; in Deutschland studiert und einen akademischen Grad erworben zu haben galt in vielen Ländern als ein erstklassiger Qualifikationsausweis. Zieht man die Zahl der an deutsche Forscher verliehenen Nobelpreise (in den Naturwissenschaften und der Medizin) als Indikator heran, dann bestätigt sich der Ruf der deutschen Forschungseinrichtungen in und neben den Universitäten.

Zugleich aber – das darf selbstkritisch nicht vergessen werden – verstand sich die „deutsche" Wissenschaft weithin als Repräsentantin eines deutschen Weltgeltungsstrebens, das in Einklang stand mit dem politisch-imperialistischen Weltmachtstreben, so daß das deutsche akademische Milieu in großen Teilen durch Illiberalismus und Nationalismus – wenn nicht: Chauvinismus – gekennzeichnet ist, was Konrad H. Jarausch herausgearbeitet hat.

Man hat diese Entwicklung in dem Schlagwort „Bildung durch Wissenschaft" zusammengefaßt und damit gemeint: „Bildung durch fachwissenschaftliche Ausbildung". Die moralisch-politische Bildung im engeren Sinne und die Frage nach der moralisch-politischen Verantwortung der Wissenschaftler für das Gemeinwesen sind dabei in den Hintergrund getreten und zumeist nur von Außenseitern thematisiert worden. Außerdem löste sich mit der fachwissenschaftlichen Akzentuierung der „Bildung" der Aspekt der „Allgemeinbildung" auf, das heißt die Frage nach dem Verbindenden und Verbindlichen in der Lebenspraxis der „Gebildeten".

„Allgemein-Bildung" heute

Die Tatsache, daß ein fester Bildungskanon nicht mehr formuliert werden kann, bedeutet keineswegs, daß nicht angegeben werden kann und muß, welche Anforderungen heute an Menschen zu stellen sind, die ihr Leben selbstverantwortlich führen können sollen. Ihre „Bildung" charakterisierte der Marburger Erziehungswissenschaftler Wolfgang Klafki so: Gebildete Menschen sollten über folgende Grundfähigkeiten verfügen:

- Kritikfähigkeit einschließlich der Fähigkeit zur Selbstkritik,
- Argumentationsfähigkeit,
- Empathie im Sinne der Fähigkeit, eine Situation, ein Problem, eine Maßnahme aus der Lage der jeweils anderen Betroffenen sehen zu können.

176

Offenkundig steht Klafki mit dieser Auffassung durchaus in einer direkten Tradition zur aufklärerisch-humanistischen Bildung, deren grundsätzlicher Anspruch und Auftrag keineswegs geleugnet oder aufgegeben werden kann. Im Unterschied aber zu einem inhaltlichen Kanon von „Bildungsgütern" und „Bildungsinhalten" wird das heutige Verständnis von „Bildung" bzw. „Allgemeinbildung" definiert durch die Auseinandersetzung mit Problemen, die für die gemeinsame Lebenspraxis der Menschen grundlegend sind. Klafki nennt sie „Schlüsselprobleme", deren wichtigste sind:

- die Friedensfrage und das Ost-West-Verhältnis,
- die Umweltfrage,
- Möglichkeiten und Gefahren des naturwissenschaftlichen, technischen und ökonomischen Fortschritts,
- sogenannte „entwickelte Länder" und „Entwicklungsländer" sowie das Nord-Süd-Gefälle,
- soziale Ungleichheit und ökonomisch-gesellschaftliche Machtpositionen,
- Demokratisierung als generelles Orientierungsprinzip der Gestaltung unserer gemeinsamen Angelegenheiten (...),
- Arbeit und Arbeitslosigkeit in ihrer ökonomisch-gesellschaftlich-politischen Bedeutung und in ihrer Bedeutung für die individuelle und soziale Identität des Einzelnen,
- Arbeit und Freizeit (...),
- das Verhältnis der Generationen zueinander,
- die menschliche Sexualität und das Verhältnis der Geschlechter zueinander,
- traditionelle und alternative Lebensformen,
- individueller Glücksanspruch und zwischenmenschliche Verantwortlichkeit (...),
- Behinderte und Nichtbehinderte,
- Möglichkeiten und Problematik der Massenmedien und ihrer Wirkung (Klafki 1985, 12f.).

Diese Version einer „modernen Allgemeinbildung" ist auch in Deutschland nicht unwidersprochen geblieben. Der Widerspruch erfolgt jeweils auf einer inhaltlichen, politischen und pädagogischen Ebene:
- Kaum jemand kann auf allen der genannten Problembereiche wirklich kompetent urteilsfähig sein, weil die fachlichen und sachlichen Informationen und deren Bewertung nicht zur Verfügung stehen. Das Gegenargument heißt: Überforderung, Dilettantismus.
- Kaum jemand kann die politischen Voraussetzungen und politischen Folgewirkungen der Bearbeitung dieser Schlüsselprobleme abschätzen. Das Gegenargument lautet: Entscheidungsunmöglichkeit, Sachzwänge.
- Kaum jemand kann auf Dauer mit dieser Problematisierung leben, er muß auch eine positive Perspektive genannt bekommen. Das Gegenargument lautet: Entmutigung und Demoralisierung.

In allen modernen westlichen Gesellschaften werden diese Fragen als ideologisch-politische und pädagogische behandelt, was darauf hinweist, daß es sich um Grundfragen der modernen Industriegesellschaften handelt, für die keine einfachen bzw. eindeutigen Antworten bereitstehen können. Soll aber die Beantwortung und Entscheidung nicht den politischen Instanzen unkontrolliert überlassen werden und die Mitbeurteilung und Mitbestimmung durch den sachkundigen Bürger sichergestellt bleiben, dann stellt sich das Problem der „(Allgemein-)Bildung" erneut und verschärft. Drei Aspekte sind es, die hier ausschlaggebend sind: „Wem nützt es?" „Was betrifft mich?" „Was kann ich verantworten?" Die unterschiedliche Beantwortung dieser Fragen markiert in der Regel die Präferenz für bestimmte politische Positionen.

Klafkis Auffassung von „Bildung" mit ihrer Betonung kognitiver Fähigkeiten thematisiert nicht das Problem, wie denn elementare Kenntnisse erworben werden können, die eine sachliche Grundlage für Argumente, Wertungen, Entscheidungen und Alternativen bieten können; sie klammert auch den Bereich der geschichtlichen Kenntnisse aus, ohne die eine Beurteilung unserer Gegenwart gar nicht möglich ist; und zu ergänzen wäre der Bereich der musisch-ästhetischen Praxis. Aber sie kennzeichnet sicherlich zutreffend den Konsens, was eine moderne „Allgemeinbildung" bedeuten soll. Ob diese „Allgemeinbildung" für heranwachsende Menschen heute allerdings zu verwirklichen ist – hinter diese Hoffnung der Pädagogen muß ein kräftiges Fragezeichen gesetzt werden! Denn wer ist schon in der Lage, sich all jene Informationen zu beschaffen, die es erlauben würden, in den genannten „Schlüsselproblemen" tatsächlich urteilsfähig zu sein? Selbst das Urteil von Fachleuten fällt doch in der Regel nicht eindeutig aus, wenn es um die Klärung der Problemlage und die Einschätzung der praktischen Konsequenzen geht.

Deshalb ist die Situation der „Bildungsanstalten" – wie Gymnasium und Universität – heute zwiespältig. Einerseits sollen sie solide Kenntnisse und praktische Fertigkeiten vermitteln, andererseits aber einen „Bildungsauftrag" wahrnehmen, das heißt zu kritischem Denken und zur analytischen Relativierung anleiten. Auf diese Weise haben sich bei den „Gebildeten" und den Akademikern heute zwei unterschiedliche Kulturen in der Auseinandersetzung mit „Schlüsselproblemen" unserer Gegenwart herausgebildet: der Habitus der „Fachleute" (*professionals*), die als Spezialisten eine höhere Kompetenz „in der Sache" beanspruchen, und der Habitus der „Kritiker", die eine größere Kompetenz in der Beurteilung der Folgewirkungen der ungelösten – oder unlösbaren? – „Schlüsselprobleme" für sich behaupten. Es gehört in allen Ländern zu den für einen Ausländer häufig nur schwer zu durchschauenden Umständen, daß diese beiden genannten „Argumentationskulturen" oft unverbunden nebeneinander und häufig konträr zueinander stehen. Das gilt für den Bereich der Politik ebenso wie für die Wissenschaften.

In der Konzeption der „Schlüsselprobleme" steckt der alte Anspruch und die alte Verantwortungsherausforderung der aufklärerisch-humanistischen Bildung: sich der Verpflichtung nicht zu entziehen, für die „allgemeinen Angelegenheiten" mitverantwortlich zu sein – und sei es nur in dem Sinne, daß die Fachleute und die Regierenden sich kritischen Fragen ausgesetzt sehen und politisch kontrolliert werden. Das aber geht nicht ohne eine „gebildete Öffentlichkeit", wie man sie als „bürgerliche" im 18. Jahrhundert entworfen hat. Insofern nun in allen Industrieländern und Demokratien dieses Potential einer kritischen Öffentlichkeit vorhanden ist, sich artikuliert und wächst, kann von einem weltgeschichtlichen Erfolg des Bildungskonzepts gesprochen werden, analog durchaus zum Bemühen um die weltweite Durchsetzung der Menschenrechte.

Gymnasien und Universitäten als deutsche „Bildungsanstalten"

„Bildung" wurde, wie wir gesehen haben, konzipiert als „Menschenbildung", als Aufklärung des Verstandes und „Versittlichung" des Charakters, für alle Menschen. Sofern ihre Vermittlung aber gebunden wurde an eine Institution, lag es auf der Hand, daß nicht alle jungen Menschen in den Genuß von Bildung kommen konnten: entweder weil der Besuch einer solchen Institution nicht ihrem „Stand" entsprach, weil die Eltern den Besuch nicht bezahlen konnten oder weil sie nicht über die nötige Vorbildung verfügten. Im ersten Abschnitt wird kurz umrissen, wie dies im Falle des Gymnasiums als der grundlegenden Institution für die Vermittlung von „Bildung" historisch aussah.

Die Universitäten dienten ursprünglich der Ausbildung von Fachleuten in bestimmten Berufen. Die Unterstufe der Universität – die „Artisten-Fakultät", in der die *septem artes liberales* als Grundlage einer allgemeinen Studierfähigkeit unterrichtet wurden – entsprach funktional der heutigen Oberstufe des Gymnasiums bzw. einem *College*. Die Universität umfaßte ursprünglich die drei „Berufs"-Fakultäten für Theologen, Juristen und Ärzte. Die Humboldtsche Gymnasial- und Universitätsreform am Anfang des 19. Jahrhunderts machte nun aus dem Gymnasium und der Universität „Bildungsanstalten".

Das deutsche Gymnasium als „Bildungsanstalt"

Zwischen den Volksschulen, die den einfachen Elementarunterricht im Lesen, Schreiben und Rechnen erteilten, und den Universitäten, die eine fachlich-akademische Ausbildung für nur wenige anboten, konnte nur das Gymnasium jene Institution sein, die die Bildung der heranwachsenden jungen Menschen zu besorgen imstande war. Das Gymnasium sollte nach Wilhelm von Humboldts Vorstellung künftig eine „Bildungsanstalt" sein, die zwei Aufgaben zu erfüllen hatte: die Vermittlung einer „allgemeinen Menschenbildung" und – durch den Wegfall der „Artisten-Fakultät" und die Verlängerung der Gymnasialzeit um zwei Jahre – die Vorbereitung auf ein Universitätsstudium. Humboldt schrieb 1809:

Alle Schulen aber, deren sich nicht ein einzelner Stand, sondern die ganze Nation, oder der Staat für diese annimmt, müssen nur allgemeine Menschenbildung bezwecken. – Was das Bedürfnis des Lebens oder eines einzelnen seiner Gewerbe erheischt, muß abgesondert, und nach vollendetem allgemeinen Unterricht erworben werden. (...)

Die Organisation der Schulen bekümmert sich daher um keine Kaste, kein einzelnes Gewerbe, allein auch nicht um die gelehrte (...)

Der allgemeine Schulunterricht geht auf den Menschen überhaupt, und zwar
als   gymnastischer
       ästhetischer
       didaktischer und in dieser letzteren Hinsicht wieder
       als
             mathematischer
             philosophischer (...)
             und
             historischer
       als die Hauptfunktionen seines Wesens.

Dieser gesamte Unterricht kennt daher auch nur Ein- und dasselbe Fundament. Denn der gemeinste Tagelöhner, und der am feinsten Ausgebildete muß in seinem Gemüth ursprünglich gleich gestimmt werden, wenn jener nicht unter(halb) der Menschenwürde roh, und dieser nicht unter der Menschenkraft sentimental, chimärisch und verschroben werden soll (Humboldt 1964, 188f.).

In der Sprache von heute umfaßt das Bildungsprogramm der allgemeinbildenden Schule die gymnastische, musisch-ästhetische und kognitive Bildung. Diese drei Dimensionen wurden als die „Hauptfunktionen des Wesens" des Menschen überhaupt gesehen, und durch die jeweilige subjektive Herausbildung dieser Hauptfunktionen entfaltet ein Mensch seine ihm eigentümliche Individualität und Kraft.

Tatsächlich wurde das Gymnasium im 19. Jahrhundert aber nicht eine Bildungsanstalt für die „ganze Nation", die nur „allgemeine Menschenbildung" vermittelte, sondern etablierte sich als Standesschule des Bürgertums und der „Gebildeten", die ihre Kinder über den Gymnasial- und Universitätsbesuch in die akademischen Berufe beförderten. Deshalb wurde der Zugang zum Gymnasium eng gehalten, sein Abschluß mit einer „Berechtigung" versehen (der Abiturprüfung) und der Zugang zur Universität seit den 1830er Jahren an den Nachweis des Abiturs gekoppelt. Dabei ist es in Deutschland im wesentlichen bis heute geblieben.

So wurde das Gymnasium unter der Hand doch wieder eine Spezialschule, nämlich für die Vorbereitung auf das Universitätsstudium. Und die Dimensionen des Schulunterrichts, die sich an den anthropologisch betrachteten Hauptfunktionen des Wesens des Menschen orientierten, wurden nun zum Inhaltskanon des Gymnasialunterrichts umgedeutet: Geschichte, Philosophie, die alten Sprachen, ein wenig Mathematik, dazu eine Reihe weiterer „Gegenstände" wie Religion, Muttersprache, Geographie usw.

Unter der fälschlichen Behauptung einer „höheren Bildung", die diese „Höhere Bildungsanstalt" angeblich vermittle, wurden tatsächlich nur schmale philologische Spezialkenntnisse geboten, da die Kernfächer im Abitur Griechisch und Latein waren. Die Gymnasiasten hatten also weder für „die Bedürfnisse des Lebens" etwas Praktisches und Brauchbares lernen können, noch hatten sie sich im Sinne ihrer Interessen und Kräfte wirklich „bilden" können, da sie ein schematisches Curriculum zu absolvieren hatten. Das Fazit dieser Schulbildung zog Paulsen am Ende des 19. Jahrhunderts:

> In den höheren Schulen kann man überall sehen, wie junge Leute beider Geschlechter jahrelang zum Lernen von Dingen angehalten werden, für die sie weder Neigung noch Begabung haben. Die Folge ist jene Erscheinung, die neuerdings den Beobachtern unseres Lebens so viel zu schaffen macht: die Halbbildung. Halbbildung, so werden wir sagen, ist eben das, was der Sprachgebrauch „Bildung" nennt: das „alles gehabt haben" und „von allem mitreden können". Sie entsteht überall da, wo ohne Rücksicht auf die Naturanlage „Bildungsstoffe" aufgenötigt werden, die zu assimilieren die Natur sich weigert. (...) So gibt es die Etymologie an die Hand: entsteht Bildung durch innere Verarbeitung und Assimilation, so entsteht Halbbildung da, wo Stoffe bloß äußerlich aufgenommen werden. Ins Gedächtnis gepackt, liegen sie wie fremde Körper in der Seele, hemmen die natürliche Entwicklung und verzerren und verunstalten die geistige Bildung.
>
> Eine solche Bildung ist allerdings ein Unglück. Ist ihre Erwerbung eine Plage, so ist ihr Besitz ein Unsegen. Halbbildung macht eitel und gefallsüchtig; wie aller Putz zur Schaustellung drängt, so auch jener Bildungsflitter; er hat ja keinen Wert, wenn ihn niemand sieht. Halbbildung macht hochmütig und herrisch. Da sie keinen inneren Wert hat, so sieht man um so mehr auf äußere Anerkennung des Vorzugs und verachtet die anderen, die keine „Bildung" haben. Halbbildung macht unduldsam und brutal. Seiner selbst nicht sicher, kann man andere Art nicht gelten lassen, sondern empfindet sie als ein Attentat auf die eigene „Bildung". Der Halbgebildete ist überall daran zu erkennen, daß er alles, was nicht den gleichen Fabrikstempel trägt, schmäht und verfolgt. Daher seine angeborene Feindschaft gegen alles Ausgezeichnete und Eigentümliche; Originalität ist ihm Insolenz. Endlich macht Halbbildung unzufrieden und unglücklich. Wie könnte auch einem Wesen, das so zu sich selbst und seiner Umgebung steht, wohl in seiner Haut sein? (Paulsen 1912, 149f.)

Bildung, die auch ohne Familientradition und (materiellen) Besitz gesellschaftsfähig hätte machen sollen, war zu einem gesellschaftlichen Ärgernis geworden. Sie hatte nicht nur die „Gebildeten" von den „Ungebildeten" getrennt, sondern den „Gebildeten" gesellschaftliche Privilegien verschafft, die lediglich an die schulischen und akademischen Zertifikate („Berechtigungen": Abitur, akademische, staatliche und kirchliche Examina) gebunden waren und den Inhabern dieser Zertifikate Laufbahnen eröffneten, die den anderen verschlossen blieben. Nicht so sehr Begabung und Leistung waren für den sozialen Aufstieg ins Bildungsbürgertum maßgebend, sondern der von der Herkunftsfamilie ermöglichte Besuch eines Gymnasiums. Daß mit dem Ausbau des Höheren Schulwesens in Preußen-Deutschland im letzten Drittel des 19. Jahrhunderts aber auch immer mehr soziale Aufsteiger diesen Weg nehmen konnten, darf nicht verschwiegen werden. Das ändert aber nichts an den bis heute – mit gewissen Modifikationen – unverändert geltenden Sachverhalten,

– daß „höhere" gymnasiale und akademische „Bildung" als solche immer noch höheres gesellschaftliches Ansehen verleiht und die „Gebildeten" sich immer noch auf diese Weise von den „Ungebildeten" unterscheiden bzw. unterschieden werden;

– daß der Eintritt in die Laufbahnen der (akademischen) Berufsausbildung und Berufsausübung noch immer nicht über Eignungs- und Leistungsprüfung beim Eintritt kanalisiert wird, sondern daß die vorausgehende Institution die Berechtigung zum Besuch der darauffolgenden verleiht: das Abitur am Ende der Gymnasialzeit berechtigt zur Immatrikulation an der Universität, das akademische Examen berechtigt zum Eintritt in die Berufslaufbahn (auch wenn heute Erschwerungen eingetreten sind durch den Numerus Clausus und Aufnahmequoten z.B. für das staatliche Lehramt);

– daß die Tatsache des Absolvierens der „Bildungsanstalten" noch immer wichtiger ist als der Nachweis der dort erworbenen Kenntnisse und Fertigkeiten – heute nicht zuletzt deswegen, weil das System der Wahlfächer und Leistungskurse die Gemeinsamkeiten und die Allgemeinheit der „gymnasialen Bildung" weitgehend aufgelöst hat.

Bis heute vermittelt das deutsche Gymnasium weder eine lebens- und berufsbezogen-praktische Allgemein- oder Grundbildung noch eine für das Hochschulstudium erforderliche Vorbildung. Die „Passung" (*adjustment*) zwischen Gymnasium und Studium ist verlorengegangen, ohne daß ein *College* als Übergang eingeführt worden wäre. Auf diese Weise lassen sich wohl am ehesten die charakteristischen Unterschiede der deutschen und amerikanischen Studierenden im Grund- und Hauptstudium erklären.

Die Krise des Gymnasiums und seine Reformbedürftigkeit zu unterstreichen ist das eine. Das andere ist der Hinweis auf den Umstand, daß ein Ersatz für diese Institution nicht vorhanden ist und viele junge Menschen immer noch darauf angewiesen sind, sich im Gymnasium wichtige Grundlagen ihrer Allgemeinbildung anzueignen: alte und neue Sprachen, Naturwissenschaften, Geschichte. Der Hinweis auf das fehlende *College* zeigt überdies, daß das Gymnasium als Zubringereinrichtung zur Universität nicht reformiert werden kann ohne eine Umstrukturierung der Eingangsstufe der Universitäten und Hochschulen.

Die deutsche Universität als „Bildungsanstalt"

Die ältere Universität vor der Humboldtschen Reform am Beginn des 19. Jahrhunderts diente der unmittelbaren Berufsausbildung der künftigen Pfarrer,

Ärzte, Juristen, Ökonomen und Verwaltungsbeamten. Nach Humboldt hat die Universität jedoch vor allem eine „Bildungsaufgabe": nämlich die Bildung des Geistes durch selbständiges Forschen und „Einsicht in die reine Wissenschaft". Humboldt schrieb 1809 im „Königsberger Schulplan":

> Darum ist auch der Universitätslehrer nicht mehr Lehrer, der Studierende nicht mehr Lernender, sondern dieser forscht selbst, und der Professor leitet seine Forschung und unterstützt ihn darin. Denn der Universitätsunterricht setzt nun in Stand, die Einheit der Wissenschaft zu begreifen, und hervorzubringen (...)
>
> Das Collegienhören selbst ist eigentlich nur zufällig; das wesentlich Notwendige ist, daß der junge Mann zwischen der Schule und dem Eintritt ins Leben eine Anzahl von Jahren ausschließend dem wissenschaftlichen Nachdenken an einem Ort widme, der Viele, Lehrer und Lernende in sich vereinigt (Humboldt 1964, 170f.).

An anderer Stelle heißt es (1809 im „Litauischen Schulplan"):

> Der Universität ist vorbehalten, was nur der Mensch durch und in sich selbst finden kann, die Einsicht in die reine Wissenschaft. Zu diesem Selbst-Actus im eigentlichen Verstande ist notwendig Freiheit, und hülfreich Einsamkeit, und aus diesen beiden Punkten fließt zugleich die ganze äußere Organisation der Universitäten. Das Kollegienhören ist nur Nebensache, das Wesentliche (ist), daß man in enger Gemeinschaft mit Gleichgestimmten und Gleichaltrigen, und dem Bewußtsein, daß es am gleichen Ort eine Zahl schon vollendet Gebildeter gebe, die sich nur der Erhöhung und Verbreitung der Wissenschaft widmen, eine Reihe von Jahren sich und der Wissenschaft lebe (ebd. 191).

Von diesen Formulierungen leiten sich die Schlagworte her, die das Selbstverständnis der deutschen Universität seit Humboldt kennzeichnen und zugleich ihre bis heute bestehenden Strukturprobleme bezeichnen.

– „Einheit von Forschung und Lehre":
Die Fiktion ist, daß der Professor nur das lehrt, was er selber erforscht (hat) oder im Begriff ist zu erforschen, ferner: daß die Studierende an diesen Forschungen selber teilnimmt, daß er also forschend lernt. Das mag für Humboldts Zeiten gegolten haben, als die meisten Wissenschaften noch unentwickelt waren bzw. erst noch geschaffen werden mußten. Heute trifft Humboldts Modell nur für ganz wenige Fächer und außergewöhnliche Studiensituationen zu.

– „Einheit der Wissenschaft":
Nach Humboldt soll das Universitätsstudium zum Verständnis der Prinzipien wissenschaftlichen Denkens und Forschens anleiten und zur Einsicht in die „Einheit der Wissenschaft" führen, das heißt zur Einsicht in die theoretischen und systematischen Begründungen einer Wissenschaft. In diesem Sinne ist das Studium strikt theoretisch; denn nur die begriffliche und systematische Arbeit in und an der Theorie schult den Geist und den Verstand, und nur die theoreti-

sche Einsicht vermag später zur richtigen Praxis zu führen. Deshalb spricht Humboldt auch vom Prinzip der

– „Einsicht in die reine Wissenschaft":
Die Praxis ist durch unübersehbar viele Rahmenbedingungen und Zufälligkeiten nicht im voraus berechenbar und bestimmbar. Deshalb muß das Studium die Bedingungen einer „möglichen" Praxis zum Gegenstand haben, also die „reine" Wissenschaft. Denn der auf diese Weise wissenschaftlich „Gebildete" unterscheidet sich vom nicht wissenschaftlich Ausgebildeten zumindest dem Anspruch nach dadurch, daß letzterer zwar Anwendungserfahrung hat, diese aber nicht aus Begründungen und Prinzipien herleiten kann.

– „Einsamkeit und Freiheit":
Die Lebensform der Wissenschaftler und der Studierenden ist für Humboldt charakterisiert durch Muße. Der Wissenschaftler arbeitet an der „Erhöhung und Verbreitung" der Wissenschaft, der Student lebt – unter „Gleichgesinnten" – „sich und der Wissenschaft". Der gesellschaftliche Bedingungsrahmen der Institution Universität erscheint ausgeblendet, das politische Problem des Verhältnisses von Wissenschaft und Gesellschaft kommt nicht in den Blick. Man hat daher diese Universität auch den berühmten „Elfenbeinturm" genannt, und bis heute ist das Verhältnis von Wissenschaft und Gesellschaft eines der sensibelsten und brisantesten Probleme, zumal unsere politische Verfassung die „Freiheit" von Forschung und Wissenschaft garantiert.

Es ist einleuchtend, daß an eine solchermaßen konzipierte Universität die Hoffnung geknüpft werden konnte, sie sei als „Bildungsanstalt" geeignet, und akademisches Denken kulminiere in philosophischem Denken über die Prinzipien der Wissenschaft. Die Grundprinzipien der Humboldtschen Universität haben sich aber als hochgradig illusionär erwiesen (selbst wenn das auch heute noch nicht immer zugegeben wird!), weil die sozialen und institutionellen Bedingungen ihrer Verwirklichung in der Regel nicht gegeben sind.

Die „Einheit" der Wissenschaften nach philosophischen Prinzipien war ein Traum des 18. Jahrhunderts. Schon am Beginn des 19. Jahrhunderts wußte es ein Gelehrter, der selbst praktische Forschungserfahrung besaß, anders: „Die Wissenschaften zerstören sich auf doppelte Weise selbst: durch die Breite, in die sie gehen, und durch die Tiefe, in die sie sich versenken." Goethe, der diese Sentenz prägte, hatte völlig recht. Kein Gelehrter und Wissenschaftler überblickt heute das Ganze seines Faches. Eine Voraussetzung für die wissenschaftliche Produktivität ist die Spezialisierung. Und hier kommt für den Studenten „das dicke Ende": Gründet die Lehre in dieser spezialisierten Forschung, dann kommt die Einführung in die Grundprobleme und Grundfragen des Fachs zu kurz, und vor lauter Spezialitäten im Angebot versteht der Anfängerstudent, wenn er Pech hat, zunächst einmal gar nichts! In vielen Fächern und Fakultäten ist daraus der Schluß gezogen worden, auch in der Universität ein Lehrangebot bereitzustellen, das den Anfänger systematisch *ein*führt, und ihn nach und nach *weiter*führt. In anderen Bereichen herrscht dagegen eine schwer durchschaubare Beliebigkeit, die sich nicht zuletzt den „Steckenpferden" der Lehrenden verdankt. Obwohl es Studienordnungen und Pflichtprogramme gibt, bleibt es an der deutschen Universität eine genuin eigene Leistung der Studierenden, „sich selbst erfolgreich zu machen". Darin unterscheidet sich die deutsche Universität von einer englischen, französischen oder einer amerikanischen.

Um die Studiensituation an den deutschen Hochschulen und Universitäten richtig einzuschätzen, muß man sich klarmachen, daß für annähernd 1,5 Millionen Studierende nicht einmal eine Million Studienplätze zur Verfügung stehen. Der Mangel an Räumen und Personal, Geld- und Sachausstattung ist in den meisten Fächern und Fakultäten unübersehbar. Mag aber die Universitätsausbildung noch so bruchstückhaft und unzulänglich ausgefallen sein, sie vermittelt immer noch das Sozialprestige der „Gebildeten" und sichert ungewöhnlich besser als bei den Nichtakademikern ein berufliches Einkommen.

Im Unterschied zur amerikanischen Universität ist die deutsche dadurch gekennzeichnet, daß sie kein *College* als Eingangsstufe und erst seit kurzer Zeit Post-Graduierten-Programme als Ausgangsstufe kennt und daß sie im Grund- und Hauptstudium in aller Regel weder das eine noch das andere gut leistet: weder eine Einführung in die Wissenschaft noch eine Teilnahme an der Forschung, weder eine qualifizierte theoretische Ausbildung auf hohem Standard noch eine ausreichende Praxisqualifizierung für den Übergang in den Beruf. Selbst wenn es von Fall zu Fall und von Fach zu Fach unterschiedlich gelagert oder auch strittig sein mag, ob eine mehr theoretische oder eine mehr praxisorientierte Ausbildung an der Universität richtig ist, so hat die deutsche Universität im ganzen jedenfalls nicht die strukturellen und organisatorischen Konsequenzen gezogen und bietet nach wie vor keine erforderlichen internen Differenzierungen (nach Studiengängen und Abschlüssen) an. Vor allem wohl deswegen erscheint sie auch dem deutschen Studierenden in vieler Hinsicht als unübersichtlich und in ihren Angeboten beliebig und unkoordiniert. Die Situation ist paradox und das Dilemma tief: Die Universität soll keine „Schule" sein, und als „Bildungsanstalt" funktioniert sie nicht!

Die politischen und sozialen Funktionen der deutschen „Bildungsanstalten"

Der geschichtliche Hintergrund der Entstehung des modernen deutschen Gymnasiums und der modernen Universität in Deutschland macht klar, daß beide Institutionen vor allem die Selbstrekrutierung der „Gebildeten", der Akademiker, der „Bildungsbürger" zu betreiben hatten. Die hohen Ausbildungskosten garantierten, daß aus den besitzlosen Schichten oder aus dem Kleinbürgertum der soziale Aufstieg nur mittels Stipendien möglich und demzufolge leicht zu kanalisieren und kontrollieren war. „Bildung" und „Besitz" – Paulsen wies schon darauf hin – gehören also in der Realität und Vorstellung des 19. Jahrhunderts (bis weit ins 20. Jahrhundert) eng zusammen. Die enge Anbindung aber der „Gebildeten" und Akademiker an die Besitzenden und ihr Einrücken in die Stellen für Staats- und Kommunalbeamte verband sich mit einer strengen Loyalität dem Staat gegenüber. Für diese und seine politische Zurückhaltung wurde der Beamte auch mit einer Sonderstellung seiner beruflichen Position belohnt: Er hat ein lebenslang gesichertes Einkommen, und der Staat garantiert nicht nur den „standes"-gemäßen Lebensunterhalt seines Beamten, sondern auch die Versorgung seiner Familie. Für dieses Versprechen und für die Privilegien sollte der Beamte bis zum Ende des Kaiserreichs auf politische Betätigung verzichten (jedenfalls eine solche, die seinen Vorgesetzten mißliebig sein mußte), und der deutsche Beamte hat bis heute kein Streikrecht!

So kann es nicht verwundern, daß die deutschen Gymnasiallehrer und Universitätsprofessoren als Staatsbeamte im 19. und 20. Jahrhundert in ihrer überwiegenden Mehrheit staatsfromm und regierungstreu waren. Politische Opposition aus den Kreisen der Gymnasiallehrer und Universitätsprofessoren wurde nicht geduldet, die Opponenten aus dem Staatsdienst entlassen. Die Mehrheit von ihnen dachte unpolitisch oder im Sinne des jeweils herrschenden Systems. Die Universitätsprofessoren lebten (und leben großenteils) in der Illusion einer unpolitischen Wissenschaft, was Humboldts Universitätskonzept ihnen suggeriert (hatte). Nur eine kleine Minderheit neigte dem politischen Liberalismus oder den Sozialisten bzw. Sozialdemokraten zu. Die durchgehend deutschnational-völkische Einstellung der Mehrheit hingegen machte sie ebenso wie die große Mehrheit der Studenten nach dem Ersten Weltkrieg anfällig für die Ideologie des Nationalsozialismus. – Erst seit den 60er Jahren werden die politischen, ökonomischen und gesellschaftlichen Voraussetzungen und Konsequenzen von Wissenschaft und Forschung thematisiert und zum Gegenstand der öffentlichen Diskussion in der Universität gemacht.

Wenn die soziale Funktion der deutschen „Bildungsanstalten" mit der Selbstrekrutierung der „Gebildeten" und der Akademiker zutreffend bezeichnet ist, dann leuchtet ein, daß sie immer nur durch enge Eingangspforten zugänglich sein durften und daß ihre Aufgabe vor allem Auslese und nicht Förderung von Begabung sein mußte. Dies deshalb, weil die Anzahl der Beamtenstellen und der lukrativen Positionen in den akademischen freien Berufen meist geringer ist als die Zahl der Aspiranten. Bis in die 1960er Jahre haben das deutsche Gymnasium und die deutsche Universität nur ausnahmsweise ihre Aufgabe darin gesehen, materiell unbemittelten Begabten eine Aufstiegschance zu ermöglichen. Wenn allein schon aus Gründen des Bevölkerungswachstums immer mehr junge Leute auf die Gymnasien und Universitäten strömten – so in den 1880er und 1960er Jahren –, wurde sogleich die Gefahr eines „akademischen Proletariats" heraufbeschworen, obwohl damals wie heute die Akademiker-Arbeitslosigkeit, sieht man von den gesperrten Zugängen zum staatlichen Justiz- und Schuldienst ab, verschwindend gering ist.

Sozialdemokratische Regierungen haben in den ersten Jahren der Weimarer Republik und in den Jahren um 1970 versucht, den Selbstrekrutierungsmechanismus der „Gebildeten" und Akademiker zu durchbrechen: durch die soziale Öffnung der Höheren Schulen und der Universitäten. Der Erfolg solcher Maßnahmen hängt aber nicht nur von Einstellungsveränderungen ab – zum Beispiel im Hinblick auf die gymnasiale und akademische Ausbildung von Mädchen und Frauen –, sondern auch von Laufbahnvorschriften, Berechtigungen und vor allem vom Arbeitsmarkt und von der Bevölkerungsentwicklung. Aufgrund der Weltwirtschaftskrise der 1920er Jahre, der Rezessionen Mitte der 1970er Jahre und der damit einhergehenden schrumpfenden Finanzierungsmöglichkeiten für Gymnasial- und Universitätsbesuch waren jedesmal den alternativen Versuchen einer anderen Bildungspolitik – nämlich zu fördern, statt auszulesen, den Zugang zur „Bildung" weiter zu öffnen, statt die Bildungschancen zu verknappen, mehr Chancengerechtigkeit zu verwirklichen – längerfristige Erfolge versagt. Immerhin: Der Anteil der männlichen und weiblichen Abiturienten an der 18jährigen Wohnbevölkerung in der Bundesrepublik hat sich von 1960 bis 1986 von 7,3 auf 21 Prozent erhöht und beträgt zu Beginn der 1990er Jahre fast 30 Prozent! Der Grund für diese Entwicklung liegt in der demographischen Entwicklung: der Stärke von Jahrgangskohorten einerseits und der Zunahme von Übertritten vom Sekundarschulwesen in die Hochschulen andererseits, auch bei sinkenden absoluten Zahlen der Jahrgangsstärken. Die Erfahrung von Arbeitslosigkeit bzw. Arbeitsplatzrisiken hat eine bildungssoziologische Schlußfolgerung durchgesetzt: Höhere Abschlüsse und Qualifikationen mindern das Beschäftigungsrisiko und motivieren zum Erwerb immer höherer Abschlüsse.

Die „Bildungskrise" der Gegenwart

Die Amerikaner – und nicht nur sie – versuchten nach 1945, in Deutschland ein demokratisches Schulwesen einzurichten. Sie dachten dabei an eine Art Einheitsschule, die intern nach Begabungen und Leistungen differenziert ist. Ihre Bemühungen hatten ebensowenig Erfolg wie die der deutschen Schulreformer seither.

Die Schullaufbahnentscheidungen müssen in der Regel am Ende der Grundschule – also im 10. Lebensjahr – getroffen werden, sie sind deshalb häufig unsicher und ungerecht. Mehr noch: wer einmal „den Zug verpaßt hat", dem ist meistens für den Rest seines gesamten Lebens der Zugang zur akademischen Bildung und damit zu einer entsprechenden beruflichen Position versperrt. Die Inflexibilität der internen Übergänge zwischen Schularten und Schulstufen perpetuiert diesen mißlichen Zustand. Der Versuch, das dreigliedrige Schulwesen durch die Gesamtschule (*comprehensive school*) zu ersetzen, ist in Deutschland weitgehend gescheitert; Gesamtschulen als Regelschulen gibt es nur in den sozialdemokratisch regierten Bundesländern.

Inzwischen hat sich das Schulbesuchsverhalten der Bevölkerung verändert und damit der Bildungskrise der Gegenwart ganz neue und unerwartete Züge verliehen. Auch in Deutschland hält – wie in der westlichen und fernöstlichen Welt insgesamt – der Trend zum Besuch weiterführender Schulen ungebrochen an. In deutschen Großstädten liegt die Übergangsquote von der Grundschule in die

Gymnasien zum Teil schon über 60%. Die Hauptschule – die alte „Volksschule" – wird zur „Restschule" für weniger begabte Kinder (oder für Ausländer). Die Sekundarstufe I ist *de facto* eine Gesamtschule, da auch die Nachfrage nach der Realschule rückläufig ist. Und die Sekundarstufe II ist nicht einfach mehr eine gymnasiale Oberstufe zur Vorbereitung auf ein Studium, da die Zahl der Abgänger in eine praktische Berufsausbildung zunimmt. Das „alte" Gymnasium ist weitgehend als Institution verschwunden, und es muß heute Aufgaben übernehmen, die ihm am Beginn des 19. Jahrhunderts – wie wir gesehen haben – als Schule „für alle" zugedacht gewesen waren. Darauf sind die Lehrer nicht vorbereitet.

Ungelöst sind auch die Organisations- und Strukturprobleme im Bereich des Hochschulwesens im allgemeinen und der Universitäten im besonderen. Im tertiären Bereich der Hochschulen bestehen nebeneinander Fachhochschulen, Fachakademien, Pädagogische Hochschulen (teilweise als Bestandteil der Universitäten), Gesamthochschulen und Universitäten. Da letztere die Abgangszertifikate mit dem höchsten Wert für den Eintritt in eine Berufskarriere erteilen und für fast alle akademischen Laufbahnen im Staatsdienst sowie für fast alle freien Berufe das Ausbildungsmonopol haben, hält der Andrang zu ihnen unvermindert an. Gemessen an der Zahl der Studierenden ist jedoch die Ausstattung der Universitäten mit Betriebsmitteln sowie mit hauptamtlichem Lehr- und Forschungspersonal völlig unzureichend. Der Zugang zu Arbeitsmöglichkeiten in den Bibliotheken, Kliniken und Labors ist nicht ohne weiteres sichergestellt; das Arbeiten in kleinen Gruppen und die Teilnahme an Forschungs- und Entwicklungsarbeiten eher die Ausnahme. Auch Spezialangebote, mit denen die Universität auf die Ausbildungs- und Studieninteressen ihrer Absolventen angesichts eines enger und unübersichtlicher werdenden Arbeitsmarktes reagieren müßten, können mangels Personal und Geld nur selten realisiert werden.

So ist es nicht verwunderlich, daß die Motivation und Orientierung der Studierenden nicht optimal ist und daß sich die Studienzeiten verlängern: Die Mehrzahl der Studierenden hat keinen angemessenen Arbeitsplatz in der Universität, hat Wohnungs- und Geldsorgen und muß sich nach Zusatzqualifikationen außerhalb der Hochschule umsehen. Nach dem Abitur mit 19, zwei weiteren Jahren beim Wehr- oder Ersatzdienst (für die jungen Männer) und einem Studium von durchschnittlich sieben Jahren ist in Deutschland die Phase der akademischen Berufsvorbereitung erst mit 28 oder 30 Jahren abgeschlossen, und in manchen Fächern schließen sich dann noch einige Jahre für die Promotion oder für die Facharztausbildung an.

Die zentralen Themen der „Bildungskrise" in der Bundesrepublik, bezogen auf die höheren Schulen oder Universitäten, sind:

– Die Gymnasialzeit dauert zu lange (neun Jahre statt acht wie in fast allen westlichen Ländern), und sie bietet in aller Regel keine angemessene Vorbereitung auf das Universitäts- und Hochschulstudium. Für die Studierenden in Deutschland gibt es keinen gleitenden Übergang von der *High-School* über das

College auf die Universität, woraus die besonderen Orientierungs- und Motivationsprobleme im Grundstudium resultieren (können).

– Die universitären Studiengänge sind nicht in sich nach verschiedenen Abschlußstufen gegliedert und differenziert. Man kann sie nur „ganz" oder „gar nicht" bewältigen – ein Verfahren, das notwendigerweise die einen über- und die anderen unterfordert. Da eine Post-Graduierten-Ausbildung meist fehlt, werden die hervorragend Begabten nicht motiviert und unzulänglich gefördert. Dieser Umstand ist in der Bundesrepublik deswegen so bedenklich, weil – anders als in den USA – die Konkurrenz der staatlichen und privaten Universitäten fehlt. Deshalb verlassen in den naturwissenschaftlichen und technischen Fächern die besten Universitätsabsolventen zumeist die Universitäten, weil diese ihnen weder eine weitere Förderung noch angemessene Forschungs- und Arbeitsmöglichkeiten bieten können.

– Über das „Normalprogramm" des Studiums hinaus müßten in allen Fächern erstens Praxiskontakte, zweitens Fremdsprachenkenntnisse und drittens den Bildungshorizont erweiternde „Studium-generale"-Veranstaltungen intensiviert werden. Nur so könnte wenigstens annäherungsweise eine Idee vermittelt werden von der möglichen Verbindung von Kenntniserwerb und Lebenserfahrung, Qualifikation und – „Bildung".

Einstweilen lebt die deutsche Universität in einer Illusion und in einem Zwiespalt: Sie soll „Bildung" und „Qualifikation" vermitteln und leistet beides nur unvollkommen; sie soll Forschung und Lehre miteinander verbinden und betreibt beides nebeneinander nur unzulänglich; sie soll Begabungen fördern und eine Elite formen, beides zugleich überfordert den Durchschnitt und vernachlässigt die Herausragenden. Unzufriedenheit und Unsicherheit sind deshalb unter Studierenden und Professoren weit verbreitet. Sie haben sich vielfach ins Private zurückgezogen und gehen mehr oder weniger unverbindlich an der Universität ihrem „Job" nach. Die Forschung hat sich in Nischen zurückgezogen oder in die außeruniversitären Forschungseinrichtungen. So ist von der Idee der Humboldtschen Universität wenig oder gar nichts übriggeblieben, ohne daß etwas produktiv Neues an ihre Stelle getreten wäre. Das System mag einstweilen noch funktionieren. Eine gute Prognose hat es gleichwohl nicht: denn es mangelt an der Vision einer künftigen Alternative.

Auswahlbibliographie

Blättner, Fritz: Das Gymnasium. Aufgaben der höheren Schule in Geschichte und Gegenwart. Heidelberg 1960.

Buck, Günther: Rückwege aus der Entfremdung. Studien zur Entwicklung der deutschen humanistischen Bildungsphilosophie. Paderborn/München 1984.

Haefner, Klaus: Die neue Bildungskrise. Herausforderung der Informationstechnik an Bildung und Ausbildung. Basel 1982.

Handbuch der deutschen Bildungsgeschichte. Bände 3 und 4. Hg. v. Dieter Langewiesche und Heinz-Elmar Tenorth. München 1988/89.

Hansmann, Otto; Marotzki Winfried (Hg.): Diskurs Bildungstheorie I: Systematische Markierungen. Rekonstruktion der Bildungstheorie unter Bedingungen der gegenwärtigen Gesellschaft. Weinheim 1988.

Hentig, Hartmut von: Die Krise des Abiturs und eine Alternative. Stuttgart 1980.

Humboldt, Wilhelm von: Schriften zur Politik und zum Bildungswesen. In: W.v.H.: Werke, hg. v. Andreas Flitner und Klaus Giel, Bd. 4. Darmstadt 1964.

Jarausch, Konrad H.: Deutsche Studenten 1800–1970. Frankfurt/M. 1984.

Jarausch, Konrad H.: Students, Society and Politics in Imperial Germany. The Rise of Academic Illiberalism. Princeton, N.Y. 1982.

Kocka, Jürgen (Hg.): Bürger und Bürgerlichkeit im 19. Jahrhundert. Göttingen 1987.

Klafki, Wolfgang: Neue Studien zur Bildungstheorie und Didaktik. Weinheim/Basel 1985.

Lundgreen, Peter: Sozialgeschichte der deutschen Schule im Überblick. 2 Bände, Göttingen 1980/81.

McClelland, Charles: State, Society, and University in Germany, 1700–1914. Cambridge, Mass. 1980.

Menze, Clemens: Die Bildungsreform Wilhelm von Humboldts. (Das Bildungsproblem in der Geschichte des europäischen Erziehungsdenkens, Band XIII.) Hannover 1975.

Paulsen, Friedrich: Geschichte des gelehrten Unterrichts. 2. Band, 3. Aufl. Berlin/Leipzig 1921, Nachdruck Berlin 1965.

Paulsen, Friedrich: Bildung. In: Fr. P.: Gesammelte Pädagogische Abhandlungen. Stuttgart/Berlin 1912, S. 127–150.

Ringer, Fritz K.: The Decline of the German Mandarins. The German Academic Community, 1890–1933. Cambridge, Mass. 1969, dt. übers. Stuttgart 1983.

Schelsky, Helmut: Einsamkeit und Freiheit. Idee und Gestalt der deutschen Universität und ihrer Reformen. Reinbek 1963.

Tenorth, Heinz-Elmar (Hg.): Allgemeine Bildung. Analysen zu ihrer Wirklichkeit, Versuche über ihre Zukunft. Weinheim/München 1986.

Vierhaus, Rudolf: Artikel „Bildung". In: Geschichtliche Grundbegriffe. Historisches Lexikon zur politisch-sozialen Sprache in Deutschland. Hg. v. Otto Brunner, Werner Conze und Reinhart Koselleck, Bd. I, Stuttgart 1972, S. 508–551.

Dieter Langewiesche

DEMOKRATISCHE TRADITIONEN IN DEUTSCHLAND

Vergangenheit ist offen zur Gegenwart, sie verändert sich mit den Erfahrungen späterer Generationen. In der deutschen Geschichte wird dies deutlicher sichtbar als in der Geschichte anderer Staaten und Gesellschaften, zwingt doch die nationalsozialistische Diktatur, die Zeit davor mit anderen Augen zu sehen, als es die Menschen vor 1933 getan haben. Warum entstand in Deutschland, und nur in Deutschland, ein Unrechtsregime, das sich die historische Mission zuschrieb, mit der Autorität und den Machtmitteln des Staates Bevölkerungsgruppen kollektiv zu entrechten und schließlich zu ermorden? Wer sich mit der jüngeren deutschen Geschichte beschäftigen will, muß sich diese Frage nach der Vorgeschichte des Nationalsozialismus stellen. Die Antworten, die darauf gegeben werden, fallen bis heute höchst unterschiedlich aus.

In den Jahren nach dem Zweiten Weltkrieg herrschten zwei Erklärungsversuche vor: die nationalsozialistische Diktatur als der Einbruch des fremdartig Bösen in die deutsche Geschichte, oder: der Nationalsozialismus als das notwendige Ergebnis einer langen Fehlentwicklung, die manche bis zu Luther zurückverfolgen wollten. Beide Deutungen wurden bald als wissenschaftlich unhaltbar aufgegeben. Der Nationalsozialismus läßt sich nicht als Fremdkörper isolieren, aber es gab auch keine unheilvolle Entwicklungslinie, die unvermeidlich auf Hitler zulief. Die deutsche Geschichte hat die nationalsozialistische Diktatur ermöglicht, doch in dessen Vorgeschichte geht sie nicht auf.

Diese Ambivalenz macht den andauernden Streit über die langfristigen Ursachen des Nationalsozialismus verständlich, und sie macht es zugleich so schwierig, die Bedeutung demokratischer Traditionen für die politische Kultur in Deutschland angemessen einzuschätzen. Viele haben gemeint, einen „deutschen Sonderweg" der früh verkümmerten Demokratie feststellen zu können. Doch als Vergleichsmaßstab diente ihnen meist ein idealisiertes Bild des „demokratischen Westens", vor allem Großbritanniens, wie nicht zuletzt britische Historiker zu Recht kritisiert haben. Der Vergleich ist unverzichtbar, aber er darf sich nicht an realitätsfernen Wunschbildern „westlicher Demokratie" orientieren, um erkennen zu können, was anders war in der deutschen Geschichte, warum die erste demokratische Republik, die 1918/19 in Deutschland entstand, 1933 in einen Staat mündete, der sich zu einem Terrorregime entwickelte, das historisch keine Parallele kennt.

„Die Revolution von oben": Staatliche Reformen im Deutschen Bund

Die Amerikanische und die Französische Revolution ließen Kernforderungen der modernen Demokratie – Menschenrechte und Volkssouveränität – zu einem Programm werden, in dem sich die Fortschrittserwartungen der Zeit bündelten. Ihnen konnten sich auch diejenigen Staaten nicht entziehen, die von der Revolution nicht erfaßt wurden. Dauerhaft verwirklichen ließ sich damals das demokratische Programm jedoch nirgendwo, auch nicht in Frankreich, wo Napoleon die Revolution beendete, indem er zentrale Ergebnisse bewahrte und zugleich „europäisierte". Denn die militärische Expansion des napoleonischen Frankreichs kam einer europäischen Revolution gleich. Die politische Landkarte des Kontinents wurde neu gestaltet, vor allem in Mitteleuropa. Das Alte Reich mit seiner verwirrenden territorialen Vielfalt verschwand, und an seine Stelle trat 1815 der Deutsche Bund. Er bestand zwar noch aus 41 Mitgliedstaaten, doch im Vergleich zu früher hatte Napoleon eine revolutionäre territoriale Flurbereinigung erzwungen, verbunden mit tiefgreifenden politischen und gesellschaftlichen Reformen. In Form einer „Revolution von oben" schien nachgeholt zu werden, was in Frankreich die Revolution und Napoleon bewirkt hatten. Vom französischen Revolutionszentrum ging ein Erwartungsdruck aus, der auch andere Staaten zu.Reformen nötigte, um die militärische und die ideelle Herausforderung bestehen zu können. Diese Reformwelle schuf zuvor unbekannte Freiräume für demokratische und liberale Ideen. Was die Aufklärung im 18. Jahrhundert nur hatte denken können, hofften viele, nun in die Tat umzusetzen.

Schon wenige Jahre nach 1815, als die europäischen Monarchien Napoleon besiegt und damit das Prinzip der monarchischen Legitimität gegen den revolutionären Veränderungswillen verteidigt hatten, ließ jedoch staatlicher Druck das politische Leben erstarren. Das war eine gesamteuropäische Entwicklung, die auch Frankreich und Großbritannien nicht aussparte. In Deutschland beendete sie eine Reformphase, in der binnen weniger Jahre die Grundlagen der modernen Gesellschaft und des modernen Staates entstanden. Denn die jahrhundertealte ständisch-feudale Ordnung begann sich aufzulösen, als vor allem Preußen und die Rheinbundstaaten auf den napoleonischen Revolutionsexport mit ihrer „Revolution von oben" reagierten. Diese Reformfähigkeit der Staaten sollte für die Wirkungsmöglichkeiten demokratischer und liberaler Ideen in Deutschland in zweifacher Hinsicht von zentraler Bedeutung werden:

1. Der monarchische Staat gewann in Deutschland eine neue, nicht mehr vorrangig auf der Idee des Gottesgnadentums fußende Legitimität, als er sich zur Modernisierung bereit und fähig zeigte. Im staatlichen Reformwerk zu Beginn des 19. Jahrhunderts hat die hohe Wertschätzung, die der Staat und seine Bürokratie in Deutschland genossen, eine ihrer Wurzeln. Erst später verfiel diese Haltung bei vielen Deutschen zur obrigkeitsfrommen Staatsgläubigkeit. Das ist jedoch nur *ein* Entwicklungsstrang. Ein anderer läßt sich als Entmythologisierung der monarchischen Staatsordnung umschreiben. Die Idee des „Fort-

schritts" wurde zum Richterstuhl, vor dem sich alle zu verantworten hatten, auch der Monarch und die von ihm eingesetzten staatlichen Machtträger. Sie wurden mehr und mehr an den Leistungen gemessen, die sie für die Gesellschaft erbrachten. Nur so ist es zu verstehen, daß die deutschen Monarchien am Ende des Ersten Weltkrieges verschwanden, ohne daß jemand ernsthaft versucht hätte, sie zu verteidigen. Dieser Entmythologisierungsprozeß, der zu den Grundvoraussetzungen für eine dauerhafte Demokratisierung von Staat und Gesellschaft zählt, verlief in Deutschland zwar langsamer als in Nordamerika und auch als in Frankreich oder Großbritannien, doch das unterscheidet die deutschen Staaten nicht von denen in Süd-, Nord- und Osteuropa. Auch hier bildete der Erste Weltkrieg den Endpunkt dieses Prozesses, ohne daß überall die monarchische Staatsform beseitigt wurde.

2. Erst die staatlich erzwungene „Revolution von oben" schuf – ungewollt – in Deutschland die gesellschaftlichen Voraussetzungen für demokratische und liberale Reformbewegungen. Es wäre nämlich ein Irrtum, den Staat mit Reformverweigerung und die Gesellschaft mit Reformverlangen gleichzusetzen. Reformziele sind im 18. Jahrhundert vor allem von einer schmalen Bildungselite formuliert worden. Sie prägte die Ideen der Aufklärung, und sie beeinflußte auch die staatliche Politik im Zeitalter des „Aufgeklärten Absolutismus". Doch erst, als die napoleonische Expansion die ständisch-feudalen Ordnungen durchbrach, weiteten sich die politischen Handlungsspielräume. Nun schlug die Stunde der Reformbürokratie, die in einer Art „Entwicklungsdiktatur" der Gesellschaft Veränderungen auferlegte, die diese keineswegs begrüßte; denn sie bedeuteten, auf überkommene Vorrechte verzichten zu müssen. Und das fiel schwer. Die Nutznießer ererbter Privilegien schritten nicht freiwillig in die egalitäre Staatsbürgergesellschaft, die sich als Konsequenz des Reformschubs abzeichnete. Das gilt insbesondere für den Adel, aber auch für die städtischen Bürger. Am Anfang des langen Weges in die moderne Staatsbürgergesellschaft stand in Deutschland also ein staatliches Reformwerk, das den oppositionellen Bewegungen, die vor allem seit den dreißiger und vierziger Jahren des 19. Jahrhunderts entstanden, den Boden bereitete, indem es die Institutionen der Ständegesellschaft auflöste oder deren Auflösung einleitete. Wo es nicht zu dieser „Revolution von oben" kam, wie in Österreich oder in Rußland, entstanden keine einflußreichen demokratischen und liberalen Bewegungen.

Der Staat als unfreiwilliger Geburtshelfer gesellschaftlicher Reformkräfte – diese Ausgangssituation schuf aber nicht nur neue Freiräume, sie zog diesen zugleich eindeutige Grenzen. Denn die staatlichen Reformer wollten nicht demokratisieren, sondern „modernisieren". Sie wollten die Leistungsfähigkeit des Staates steigern, nicht die Mitwirkungsrechte der Gesellschaft an den staatlichen Entscheidungen erweitern, als sie ständische Privilegien abbauten, Wirtschafts-, Steuer- und Agrarreformen („Bauernbefreiung") vorantrieben, Militär- und Bildungswesen zu reformieren begannen, kirchliche und kommunale Kompetenzen veränderten und die staatliche Verwaltung neu organisierten. Soweit frühparlamentarische Gremien zustande kamen, blieben ihre Kompetenzen begrenzt. Diese Verwaltung besaß den Vorrang – in der Praxis und auch in ihrem Selbstverständnis. Hegel brachte es auf den Begriff, als er in den 1821 erschienenen „Grundlinien der Philosophie des Rechts" die staatliche Bürokratie als den „allgemeinen Stand" bezeichnete, der die „allgemeinen Interessen des gesellschaftlichen Zustandes zu seinem Geschäfte" (§ 205) habe. Der bedeutende preußische Reformbeamte Gottlob J. Christian Kunth formulierte 1818 gewissermaßen die Rückseite dieses hohen Selbstbewußtseins der Staatsbürokratie: „Man kann mit Wahrheit sagen, daß das Volk (ich meine diejenigen, welche nicht an der öffentlichen Verwaltung stehen) bei uns in einer Art von bürgerlichem Tode lebt." Das ist überzogen, aber nicht falsch. Wer etwas bewegen wollte, mußte Zugang zur „öffentlichen Verwaltung" haben. Wo diese auf die Zustimmung parlamentarischer Körperschaften angewiesen war, wie in den süddeutschen Staaten, griffen die Sozial- und Wirtschaftsreformen weniger tief als in Preußen, wo kein Landtag den bürokratischen Reformwillen bremste.

Hemmnisse der politischen Liberalisierung

Längerfristig erwies sich jedoch der fehlende Unterbau durch Verfassung und Parlament als ein gewichtiger Hemmschuh für den Prozeß der politischen Liberalisierung. Nicht Preußen, bis um die Jahrhundertmitte ein Staat ohne Verfassung und ohne Gesamtparlament, sondern die süddeutschen Verfassungsstaaten wurden zur Geburtsstätte von Liberalismus und Demokratie in Deutschland. Wo keine Parlamente bestanden, blieben Liberale und Demokraten auf außerparlamentarische Organisationen verwiesen. Doch nur Parlamente eröffneten die Chance zur institutionell geregelten Mitwirkung an der staatlichen Politik. Deshalb gehört die Existenz von Parlamenten, selbst wenn ihre Rechte gering waren, zu den zentralen Bedingungen für die Entstehung von starken liberalen und demokratischen Kräften. Im Vergleich vor allem mit Großbritannien, aber auch mit Frankreich oder Belgien, dem 1830 aus einer von den Großmächten tolerierten Revolution hervorgegangenen Nationalstaat, war der Parlamentarismus in Deutschland rückständig, und damit waren die Handlungsspielräume für Liberale und Demokraten begrenzt. Einen Sonderfall bildeten die deutschen Verhältnisse gleichwohl nicht. Die Staaten des Deutschen Bundes umfaßten vielmehr die gesamte Spannweite des europäischen Entwicklungsgefälles – abgesehen von den beiden Extremen: ein parlamentarisches Regierungssystem nach britischem Vorbild, wo die Mehrheitsverhältnisse im Abgeordnetenhaus über die Zusammensetzung der Regierung entschieden, gab es in keinem deutschen Staat; eine autokratische Herrschaft nach russischem Muster ebenfalls nicht.

Demokraten und Liberale hatten sich in Deutschland auf eine bunte Vielfalt der politischen Verhältnisse einzustellen. Das prägte sie und ihre Handlungsmöglichkeiten zutiefst. Wer in Deutschland politisch mitwirken wollte, mußte dies in einem der 41 Staaten tun. Ein Zentrum, in dem die Entscheidungen für die gesamte Nation gefällt werden konnten, gab es nicht. Der Deutsche Bund

(1815–1866) bot dafür keinen Ersatz, denn er besaß weder eine Regierung noch ein Parlament. Die föderative Grundstruktur, die sich in Jahrhunderten herausgebildet hatte und weder durch die territoriale Revolution Napoleons noch durch die Gründung des deutschen Nationalstaats beseitigt wurde, bot Reformbewegungen durchaus auch Vorteile. Phasen der Restauration wurden föderalistisch gemildert, die staatliche Zersplitterung wirkte wie ein Schutzschild gegen einen gesamtdeutschen reaktionären Gleichschritt, den die beiden Vormächte des Deutschen Bundes, Österreich und Preußen, nicht erzwingen konnten. Schwerer wogen aber wohl die Hemmnisse, die der Föderalismus bis zur Reichsgründung für gesellschaftliche Emanzipations- und Oppositionsbewegungen bedeutete. Die staatliche Vielfalt und die kleinräumigen Traditionen, die fortlebten und die Wahrnehmungen der Menschen lange bestimmten, erschwerten es, die Reformkräfte zu bündeln. Erst seit den dreißiger Jahren begannen diese föderalistischen Sperriegel durchlässiger zu werden, ohne jedoch ihre Bedeutung zu verlieren. Damals begann eine „Nationalisierung" von Lebenswelten, die für die politische Kultur in Deutschland von kaum zu überschätzender Bedeutung wurde und die Wirkungsmöglichkeiten von Demokraten und Liberalen völlig veränderte.

Die Leitidee „Nation"

Gemeint ist ein vielschichtiger Prozeß, in dem sich der Horizont der Menschen weitete. Eine Fülle von Entwicklungen mußte zusammenkommen, um dies zu ermöglichen. Wachsende ökonomische Verflechtungen, erkennbar etwa an der Gründung des Deutschen Zollvereins (1834), trugen dazu ebenso bei wie die Alphabetisierung durch verbesserte Schulbildung oder die zunehmend dichteren Kommunikationsnetze: Eisenbahnen und Telegraphie, auf den neuen Schnellpressen hergestellte Zeitungen und Zeitschriften, anschwellende Buchproduktion oder die Erfindung der Photographie – alles half, den Erfahrungsraum der Menschen zu öffnen. Diese Entwicklung verlief zwar gestuft nach Sozialschichten und Geschlecht, in den Städten schneller als auf dem Land, doch generell gilt: für immer weniger Menschen endete die Lebenswelt am heimischen Kirchturm. Deshalb konnten erst jetzt Reformideen über den begrenzten Kreis der Gebildeten hinausdringen und zur Grundlage von Massenorganisationen werden. Daß es nur verhüllt politische Organisationen waren, kennzeichnet die Lage in den deutschen Staaten. Eine offene Politisierung ließen sie nicht zu. Bemerkenswert ist aber auch, daß anders als in den italienischen Staaten nicht Geheimgesellschaften, sondern öffentlich auftretende Organisationen die wichtigsten politischen Kristallisationspunkte bildeten. Außerparlamentarisches politisches Engagement wurde also nicht in den Untergrund abgedrängt, wohl aber mußte es eine unpolitische Fassade vorweisen.

Diese Aufgabe erfüllten viele Vereinsarten neben den speziellen Zwecken, denen sie vorrangig dienten, – etwa wissenschaftliche Organisationen, wie die Germanistentage von 1846 und 1847, vor allem aber die Turn- und Gesangvereine sowie die Gemeinden der religiösen Dissidenten, die sich aus den katholischen und protestantischen Amtskirchen lösten. Turner, Sänger und Dissidenten organisierten in den vierziger Jahren jeweils annähernd 100 000 Menschen. Sie bildeten das breite Fundament der demokratischen und liberalen Gesinnungsgemeinschaft, die sich nicht offen zusammenschließen durfte. Politische Wirkung ging von diesen Massenverbänden auch dort aus, wo sie nicht politisch auftraten. Denn in ihnen wurde demokratisches Verhalten eingeübt, und sie schufen eine Öffentlichkeit, die an den einzelstaatlichen Grenzen nicht haltmachte. Sie standen untereinander in Verbindung, trafen sich zu gemeinsamen Festen, sangen die gleichen Lieder, erhoben die gleichen Forderungen. Damit praktizierten sie, was die Staaten nicht zulassen wollten: eigenverantwortliches nationales Zusammenleben. Grenzen sprengten sie in doppelter Weise: In den Vereinen und ihren Aktivitäten formte sich eine nationale Öffentlichkeit aus, bevor es den nationalen Staat gab, und sie machten die sozialen Trennlinien durchlässiger. Die gebildeten Bürger blieben zwar weiterhin die zentralen Repräsentanten liberaler und demokratischer Ideen, die von ihnen auch weiterhin formuliert wurden. Doch diese Ideen fanden nun erstmals eine breite Resonanz im „Volk": im mittleren und unteren Bürgertum und auch schon in unterbürgerlichen Sozialkreisen, vor allem bei Handwerksgesellen, die sich insbesondere bei den Turnern und Dissidenten beteiligten und auch schon begannen, eigene Arbeitervereine zu gründen.

Obwohl die zahlreichen Oppositionen, aus denen sich die vormärzliche Reformbewegung zusammensetzte, im einzelnen höchst unterschiedliche Ziele verfolgten, stimmten sie doch in einem überein: Sie verstanden sich als Teile einer einzigen Nation, die den deutschen Nationalstaat einforderte – eine Leitidee, mit deren politischer und sozialer Integrationskraft keine andere konkurrieren konnte. Wer Ansprüche an die Zukunft stellte, erhob sie im Namen der Nation.

Gleichheitsforderungen, seien es politische, soziale oder kulturelle, werden stets mit Blick auf eine als ideal gedachte Ordnung begründet. Seit dem späten 18. Jahrhundert hieß dieses Ideal „Nation". Entstanden als Ideologie des Dritten Standes, gerichtet gegen die überkommene Privilegiengesellschaft, der das egalitäre Zukunftsmodell Staatsbürgergesellschaft entgegengestellt wurde, bot die Leitidee „Nation" der säkularisierten Gesellschaft eine neue Bindekraft, geschöpft nicht mehr aus dem Glauben an eine gottgefügte ständische Ordnung, sondern aus dem diesseitigen Glücksanspruch des einzelnen, der als Staatsbürger gleichberechtigtes Glied der Nation sein wollte. Jede staatliche und gesellschaftliche Ordnung wurde nun an diesem neuen Ideal gemessen. Daß Versuche, es zu verwirklichen, mit schweren innergesellschaftlichen und zwischenstaatlichen Konflikten verbunden sein konnten, ließen bereits die Amerikanische und die Französische Revolution erkennen. In den europäischen Revolutionen von 1848 wurde es dann unübersehbar: „Völkerfrühling" und innerstaatlicher Frieden stellten sich nicht von selber ein, wenn die politische Verantwortung von den alten Mächten auf die Nationen und ihre gewählten Repräsentanten überging. Gleichwohl blieb die Idee der Nation das Leitbild aller, die Fortschritt einforderten, auch wenn sie sich im Namen des Fortschritts bekämpften.

Liberale und Demokraten in der Revolution von 1848/49

Als der staatliche Druck, der auf der Öffentlichkeit gelastet hatte, im März 1848 von der europäischen Revolutionswelle aufgebrochen wurde, konnte in Deutschland erstmals offen über die Gestaltung der Zukunft diskutiert werden. Was sich zuvor schon abgezeichnet hatte, wurde nun offenkundig: Eine geschlossen handlungsfähige Fortschrittsbewegung gab es nicht. Das gemeinsame Ziel, die nationale Staatsbürgergesellschaft, überbrückte nicht mehr die tiefen Trennlinien, die aufbrachen, als der äußere Zwang zur Gemeinsamkeit entfiel. Fortschritt zu mehr Demokratie wurde nun zu einem schillernden Begriff, der eine große Spannweite von Zielen und Wegen zu diesen Zielen abdeckte. Wer dieses weite Spektrum künstlich verengt, um der jeweiligen Gegenwart die erwünschte historische Legitimation zu stiften, verfehlt die Probleme, vor denen die Menschen damals standen, verfehlt vor allem die Einsicht, wie vielgestaltig die Fortschrittserwartungen waren. Gerade weil die Revolution ihre Ziele nicht erreichte, blieb ihre Deutung offen für spätere Generationen, die sich einer demokratischen Vergangenheit vergewissern wollten. Verfechter des kleindeutschen Nationalstaats von 1871 beriefen sich ebenso auf die gescheiterten Hoffnungen von 1848 wie ihre Gegner; wer die Verfassung der Weimarer Republik bejahte, verwies gerne auf das Verfassungswerk von 1849; aber auch wer der nationalsozialistischen Expansion eine historische Tünche geben wollte, erinnerte an eine Facette der Revolution: an die großdeutschen Träume, die 1848 gescheitert sind. Nach dem Zweiten Weltkrieg begann schließlich der deutsch-deutsche Streit um das demokratische „Erbe" von 1848. Die Schwierigkeiten, die Revolution von 1848/49 in die Geschichte demokratischer Traditionen in Deutschland angemessen einzuordnen, verringerten sich also nicht mit der zeitlichen Distanz und auch nicht mit der voranschreitenden Forschung. Vertieft hat sich vielmehr die Erkenntnis, wie vielfältig gebrochen die Fortschrittserwartungen damals gewesen sind. Dazu nun einige Andeutungen.

Die Revolutionsbewegung zerfiel früh in mehrere Richtungen und Gruppierungen, die sich zum Teil wechselseitig verdächtigten und bekämpften, zum Teil aber auch kaum miteinander in Berührung kamen, ihre je eigene Revolution vor Augen. „Fortschritt" wollten sie alle, aber sie verbanden Unterschiedliches damit. Die beiden größten Gruppierungen, in einer Vielzahl von außerparlamentarischen Vereinen und in Parlamentsfraktionen organisiert, bildeten die Demokraten und die Liberalen. In ihrer Kernforderung stimmten sie überein: ein nationaler Verfassungsstaat mit parlamentarischem Regierungssystem sollte geschaffen werden. Gleichwohl entstand zwischen ihnen schon in den ersten Revolutionsmonaten ein innerbürgerlicher Grundsatzstreit, der zu den zentralen Ursachen für das Scheitern der Revolution gehört. Uneingeschränkte Staatsbürgerrechte für alle Männer hier und jetzt oder als ein längerfristiges

Programm, das Ungleichheit in der Gegenwart nicht nur zuließ, sondern für unverzichtbar hielt? Diese Frage spaltete 1848 das reformbereite Bürgertum in Demokraten und Liberale, weil sich in ihr die Hoffnungen und Ängste bündelten, mit denen die Bürger in die Zukunft blickten. Rechtlich wollten die Liberalen das Gleichheitspostulat, Zentralpunkt aller Reformprogramme des 19. Jahrhunderts, sofort verwirklichen. Politische Gleichheit galt ihnen hingegen als ein Zukunftsziel, dessen Verwirklichung dem einzelnen aufgegeben sei. Vollberechtigter Staatsbürger zu sein, ausgestattet mit dem uneingeschränkten Wahlrecht, setzte nach liberaler Vorstellung gewisse Eigenschaften voraus, die sie allerdings nur grob umrissen haben: Der „Citoyen" sollte kein „Bourgeois" sein, aber doch ein gesichertes Auskommen haben, und er sollte gebildet sein. Mit der Hochschätzung der Bildung stand der Liberalismus in der Tradition der Aufklärung. Der gebildete Bürger, fähig zur rationalen Einsicht in das Notwendige und Richtige, materiell unabhängig, kultiviert und jeder Gewalt abgeneigt – dieses liberale Staatsbürgerideal war eine Zukunftsverheißung, die in der Gegenwart in doppelter Weise ausgrenzte: nach Geschlecht und sozial.

Die Staatsbürgergesellschaft der Zukunft sollte eine Männergesellschaft sein, politische Gleichberechtigung für Frauen war nicht vorgesehen. Darin stimmten die Liberalen mit der großen Mehrheit der Demokraten überein. Auf dem linken Flügel zeigte man sich zwar weniger verschlossen, doch unterschiedliche Haltungen zur Frauenemanzipation gehörten nicht zu den Ursachen für die Spaltung der bürgerlichen Reformbewegung in den Revolutionsjahren. Liberale und Demokraten trennten sich vielmehr, weil sie die Fähigkeit der Gegenwart, eine offene Staatsbürgergesellschaft zu ertragen, gegensätzlich einschätzten. Die Liberalen verlangten Filter, die den politischen Einfluß der „Massen", die ihrem Ideal des unabhängigen Bürgers nicht entsprachen, abschwächen sollten. Die Demokraten forderten hingegen, die sozial uneingeschränkte Staatsbürgergesellschaft sofort zu wagen. Sie wollten keineswegs, wie die Liberalen ihnen unterstellten, die politische in eine soziale Revolution weitertreiben; sie vertrauten vielmehr auf die überlegene Fähigkeit einer offenen Gesellschaft, ihre Konflikte in rationaler Weise zu regeln. Sozialpolitische Sofortprogramme gegen die Massenarmut (Pauperismus), das gesellschaftliche Zentralproblem der ersten Jahrhunderthälfte, hatten auch sie nicht anzubieten. Sie hofften, daß die demokratisch verfaßte Staatsbürgergesellschaft einen evolutionären Ausweg aus der sozialen Misere der Gegenwart finden werde. Diese Zuversicht teilten die Liberalen nicht. Sie waren überzeugt, der Weg der Demokraten werde zwangsläufig zum Chaos führen, wenn nicht institutionelle Sperren verhindern, daß der „unkultivierte Pöbel" kraft seiner großen Zahl die Politik des künftigen Nationalstaats bestimmen kann. Auch die Liberalen wollten die offene Staatsbürgergesellschaft, doch nur als Ziel eines längeren Weges, nicht als dessen Anfang, wie es die Demokraten forderten.

Fragt man nach progressiven Traditionen, nach Vorbildern, die sich in der Revolution von 1848/49 für die Gegenwart erschließen lassen, so entsteht also ein vielfältig gebrochenes Bild. Die Liberalen schufen einen Grundrechtskatalog, den auch spätere Generationen als musterhaft würdigten, und sie versuchten, der Gesellschaft eine Bauform zu geben, die weit in die Zukunft verwies, in Deutschland erst in der Weimarer Republik und dann in der Bundesrepublik Deutschland eingelöst: den parlamentarischen Verfassungsstaat. Im Unterschied zu den Demokraten mißtrauten sie aber der staatsbürgerlichen Vernunft des „Volkes", dessen politischen Einfluß sie durch institutionelle Filter abschwächen wollten. Gleichberechtigung der Geschlechter forderten beide ebensowenig wie eine soziale Erweiterung der Grundrechte. Die Demokraten zeigten sich zwar aufgeschlossener für die Notwendigkeit einer staatlichen Sozialpolitik, doch einigermaßen klare Vorstellungen davon besaßen auch sie nicht. Sie wandten sich gegen die „Vielregiererei", wollten die staatliche Verwaltung ausdünnen, der sie gleichzeitig aber eine aktive Sozialpolitik abforderten. Weniger Staatsapparat und mehr Staatsleistung – dieser Widerspruch durchzog die Politik der Demokraten. Ihre größere Vertrautheit mit der Welt der „kleinen Leute" machte sie jedoch fähig, mit den Arbeiterorganisationen zusammenzuarbeiten, die 1848 erstmals in größerem Umfang entstanden sind. Die Liberalen dagegen sahen im selbständigen politischen Auftreten unterbürgerlicher Schichten ein weiteres Sturmzeichen für die vermeintlich drohende soziale Revolution, die zur gewalttätigen Pöbelherrschaft und schließlich zur Diktatur führen müsse. In der Furcht der Liberalen vor einer sozialen Revolution und in ihrer Ablehnung revolutionärer Gewalt – dies gilt für den europäischen Liberalismus insgesamt, nicht nur für den deutschen – äußerten sich aber nicht nur die Sozialängste des *juste milieu*, sondern auch die verfassungspolitische Modernität der Liberalen. Sie verlangten institutionalisierte Formen der Konfliktregelung, rechtlich geordnet und garantiert, langfristig kalkulierbar, ohne Anwendung von Gewalt, die, durch feste Rechtsnormen begrenzt, allein dem Staat zustehen sollten, den sie in einen parlamentarisch regierten Verfassungsstaat mit starkem monarchischen Oberhaupt verwandeln wollten. Die Demokraten teilten diese moderne Sicht von Politik und Staat, doch ihre grundsätzliche Bejahung der Republik und ihre größere Bereitschaft, Reformen notfalls auch mit revolutionärer Gewalt zu erzwingen, zogen eine tiefe Trennlinie zu den Liberalen. Die republikanische Staatsform wäre nur durch eine erneute Revolutionswelle durchzusetzen gewesen, da die erste vor den Thronen haltgemacht hatte, und Gewalt als ein Mittel der Politik galt den Liberalen, aber auch den meisten Demokraten, als ein archaischer Rückfall.

In den Jahren 1848/49 prallten zwei Revolutionen mit unterschiedlichen Politikformen aufeinander: Neben der „institutionalisierten Revolution", die ihre Zentren in den Parlamenten und in den vielen neuen Interessenorganisationen besaß, gab es die „spontane Revolution", wenig organisiert, kurzfristig handelnd, vielfach verbunden mit Gewalt oder Gewaltandrohung als einer althergebrachten Form kollektiver Interessenpolitik. So zerstörten zum Beispiel Bauern die Zeugnisse ihrer Abhängigkeiten und Lasten, und mißliebigen Abgeordneten, die sich politisch nicht so verhielten, wie von ihnen erwartet wurde, oder Bäckern, die in den Verruf geraten waren, schlechtes Brot zu liefern, wurden die Fenster eingeworfen und „Katzenmusiken" gebracht. Anders als die „institutionalisierte Revolution", die rasch parlamentarisch legalisiert wurde, zielte die „spontane Revolution" nicht auf den Verfassungs- und Nationalstaat. Es ging um konkrete Politik vor Ort, eigenständig durchgeführt, nach eigenen Regeln, nicht durch Institutionen beschlossen. Eine bewahrenswerte demokratische Tradition? Vielleicht. Aber nicht so, wie es damals praktiziert wurde. Gleichwohl gehören beide Formen der Revolution, die institutionalisierte und die spontane, zu den demokratischen Traditionen in der deutschen Geschichte. Historische Orientierungshilfen für die Gegenwart wird man daraus aber nur gewinnen können, wenn man erkennt, daß hier zwei Lebenswelten aufeinander stießen, mit unterschiedlichen Zielen und Verhaltensweisen. Die Konflikte, die daraus hervortrieben, waren zeitgebunden, das grundsätzliche Problem jedoch nicht: der notwendige, aber mühsame Ausgleich zwischen lokalen und zentralen Aufgaben und Interessen, zwischen politischen Institutionen und dem Willen der Bürger, unmittelbar an politischen Entscheidungen beteiligt zu werden. Über diese Fragen wird auch heutzutage gestritten. Doch weder der einen noch der anderen Seite kann die Berufung auf die Revolution von 1848/49 eine demokratische Tradition stiften. Die historische Betrachtung belehrt nur über die Probleme, die damals einen Ausgleich verhindert und deshalb dazu beigetragen haben, daß die revolutionäre Chance, in Deutschland um die Mitte des 19. Jahrhunderts einen demokratischen Nationalstaat zu schaffen, nicht genutzt werden konnte.

Nationalpolitik und ihre Koalitionen

Die Revolution scheiterte, in Deutschland wie überall in Europa. Doch sie hatte Folgen. Es begann das dunkle Jahrzehnt der Reaktion, aber es gab keinen Rückfall in die vorrevolutionären Verhältnisse, denn nicht alle Ergebnisse der Revolution wurden beseitigt. Um nur das Wichtigste zu nennen: Die „Bauernbefreiung", 1848 unter günstigeren Bedingungen als zuvor durchgeführt, blieb unangetastet; und Preußen behielt seine Verfassung und das Parlament – zwei Schöpfungen der Revolutionszeit, die Preußen zum potentiellen Bündnispartner der deutschen Nationalbewegung machten, während Österreich wieder zum Staat ohne Verfassung und ohne Zentralparlament zurücksank. Das schloß Reformen jedoch nicht aus. Wirtschaftlicher Reformeifer der Regierung und politische Reformverweigerung gingen vielmehr selbst im neoabsolutistischen Österreich Hand in Hand. Die staatlichen Eliten hatten 1848/49 gelernt, daß sich begrenzte Reformen als Schutzwall gegen Revolutionen einsetzen ließen, und das Bürgertum zog aus den Erfahrungen von 1848/49 die Lehre, daß jede Revolution unkalkulierbare Gefahren für die eigene politisch-soziale Position freisetze. Damit gaben Liberale und Demokraten nicht ihre Ziele preis, sie schlossen jedoch fortan revolutionären Druck aus ihrem Handlungsrepertoire grundsätzlich aus. Die jakobinische Traditionslinie war in Deutschland auch zuvor schwach gewesen, nun endete sie. Auch die demokratische Bewegung, die 1848/49 alle anderen politischen Richtungen an Umfang und Aktivität weit übertroffen hatte, lebte nie wieder in der alten Form auf.

Als seit 1859 die Politik erneut in Bewegung geriet, waren die Verhältnisse gründlich verändert. Die rasch voranschreitende Industrialisierung hatte den Pauperismus, das alles überragende Problem der ersten Jahrhunderthälfte beseitigt und damit neue politische Bedingungen geschaffen. Eine optimistische Zukunftssicht herrschte vor und schuf den liberalen Ideen, die vom harmonischen Weg in eine bessere Zukunft kündeten, ein günstiges Klima. Die Leitbilder der Verlierer von 1848/49 waren also erfolgreicher als je zuvor. Das befähigte die Liberalen, an die Spitze einer nationalen Bewegung zu treten, der sich Menschen und Gruppen zurechneten, die im einzelnen höchst unterschiedliche Ziele verfolgten. Liberale in ihren vielfältigen Abstufungen, Demokraten und die in den sechziger Jahren in veränderter Form wiederentstehende Arbeiterbewegung – sie bekämpften sich im Namen des „Fortschritts", doch sie erwarteten ihn im nationalen Staat. Wer nach dem Nationalstaat verlangte, forderte die Veränderung des Bestehenden.

Wie übermächtig die „nationale Frage" geworden war, zeigte sich an der neuen Trennlinie, die nun die gesamte politische Landschaft in zwei Blöcke teilte. Der eine erstrebte den kleindeutschen Nationalstaat, in dem Preußen aufgrund seiner territorialen Größe, seines wirtschaftlichen und militärischen Gewichts zwangsläufig dominieren würde, der andere hatte einen föderativen Nationalstaat vor Augen, der Österreich in irgendeiner Form einschließen und damit den mittleren und kleineren Staaten einen gewissen Schutzraum zwischen den beiden deutschen Großstaaten erhalten sollte. „Kleindeutsch" und „großdeutsch" hatten zwar auch schon vor 1849 die Parolen gelautet, um die herum sich die politischen Richtungen neu zu gruppieren begannen, doch erst in den sechziger Jahren wurden sie schlechthin dominant. Wer nach den demokratisch-liberalen Kräften fragt, findet sie auf beiden Seiten in seltsamen Koalitionen. Das kleindeutsche Lager reichte vom Lassalleanischen Flügel der Arbeiterbewegung über bürgerliche Demokraten und vor allem Liberale bis zum preußischen Ministerpräsidenten Otto von Bismarck, der im Verfassungskonflikt (1862–66) als kampfentschlossener Minister zur Verteidigung der monarchischen Rechte angetreten war, dann aber eine überraschend flexible Politik machte, die das illiberale Preußen zur militärischen Speerspitze der kleindeutschen Nationalbewegung werden ließ. Auch das großdeutsche Lager umschloß eine innenpolitisch ähnlich „unreine" Mischung: Antipreußische Demokraten, die ihren organisatorischen Schwerpunkt in Württemberg und Baden besaßen, wirkten nicht nur mit dem großdeutschen Flügel der Arbeiterbewegung um August Bebel und Wilhelm Liebknecht zusammen, sondern auch mit Konservativen, wenn diese nur strikt gegen einen preußisch geführten Nationalstaat eingestellt waren.

Das Übergewicht nationalpolitischer Optionen ließ anders begründete Koalitionen nicht zu. Innenpolitische Gegner wurden zusammengezwungen, mögliche Bündnispartner getrennt. Diese Szenerie, der sich niemand entziehen konnte, bestimmte und begrenzte fundamental die Gestaltungsmöglichkeiten aller politischen Richtungen im Reichsgründungsjahrzehnt. Weil der Kampf um die territoriale Gestalt des Nationalstaats mit dem Ringen um dessen innere

Ausgestaltung unlösbar verwoben war, ließen sich bei der Verfassungsgebung nur Kompromisse erzielen zwischen denen, die nationalpolitisch zusammenarbeiteten, innenpolitisch aber Unterschiedliches anstrebten. Das hatte sich schon 1867 gezeigt, als mit der Gründung des Norddeutschen Bundes die nationalpolitische Entscheidung gegen Österreich fiel, und es wiederholte sich, als 1871 der norddeutsche Rumpfstaat um die süddeutschen Staaten zum Deutschen Reich erweitert wurde. Liberale Ideen setzten sich dabei in hohem Maße durch, doch der Kern der Herrschaftsordnung blieb monarchisch bestimmt. Dieser Kompromiß, der keine Seite voll zufriedenstellte, war der Preis, der für die erfolgreiche nationalpolitische Zusammenarbeit innenpolitischer Kontrahenten gezahlt werden mußte. Wer ihn nicht entrichten wollte, schaltete sich selber politisch aus. Das gilt vor allem für die süddeutschen Demokraten. Sie waren so sehr im Abwehrkampf gegen Preußen aufgegangen, daß sie fast zwei Jahrzehnte brauchten, um nach dem Schock des preußischen Sieges in ihren alten Hochburgen wieder Fuß zu fassen – nun aber in einer Spielart des Linksliberalismus, während sie zuvor eine programmatisch und organisatorisch selbständige Gruppierung gebildet hatten. Starke demokratische Parteien, im Bürgertum sozial beheimatet und deutlich abgegrenzt von den Liberalen, hat es also in Deutschland nur 1848/49 und in erheblich schwächerem Maße noch einmal in den sechziger Jahren gegeben. Ihr zweimaliges Scheitern überlebten sie nicht. Parteipolitisch durchgesetzt hat sich im bürgerlichen Forschrittsmilieu, wer auf der Seite des siegreichen Preußen stand: die Nationalliberalen als die eigentliche Reichsgründungspartei an der Seite Bismarcks, aber auch die Linksliberalen, denen die nationalliberale Kompromißbereitschaft zwar zu weit ging, ohne daß sie jedoch je versucht hätten, den Weg zum kleindeutsch-preußischen Nationalstaat zu blockieren.

Die blockierte Parlamentarisierung und ihre Folgen

Was wurde erreicht, was mißlang? Die sechziger und siebziger Jahre des 19. Jahrhunderts gehören zu den großen Reformphasen in der jüngeren deutschen Geschichte. Erst jetzt verschwanden die Reste der ständischen Ordnung, die jahrhundertelang das Leben der Menschen bestimmt hatte: Die Heiratsbeschränkungen entfielen, die es in etlichen deutschen Staaten noch gegeben hatte, Freizügigkeit und Gewerbefreiheit galten nun überall, und die Juden wurden gleichberechtigte Staatsbürger. Jedenfalls sah dies die Verfassung vor. Kaum ein Bereich blieb unverändert, als die Rechts- und Wirtschaftsordnung in schnellen Schritten liberalisiert und vereinheitlicht wurde, so daß der Nationalstaat die Hoffnung einzulösen schien, die seine Verfechter in ihn gesetzt hatten: durch „Einheit zur Freiheit", wie das politische Glaubensbekenntnis der Nationalbewegung lautete; der nationale Staat als eine Fortschrittskraft, der auf Dauer nichts widerstehe. Von diesem Optimismus waren vor allem die Liberalen durchdrungen. Die Kompromisse, die sie in der Verfassung hatten hinnehmen müssen, schienen nichts zu versperren, der Griff nach der Regierungsmacht galt ihnen nur als vertagt. Wer Wirtschaft, Gesellschaft und Kultur mit seinen Ideen durchdringe, könne nicht dauerhaft von der politischen Macht ferngehalten werden. Diese Überzeugung, die der gesamte Liberalismus ebenso wie die junge Sozialdemokratie teilte, sollte sich jedoch nicht erfüllen, jedenfalls nicht in der Weise, wie sie es sich vorgestellt hatten.

Ohne das nationale Parlament, den Berliner Reichstag, ließ sich in Deutschland zwar fortan nicht mehr regieren, aber es entstand kein parlamentarisches Regierungssystem. Eine komplizierte föderative Verfassungskonstruktion sorgte dafür, daß das Kaiserreich ohne Ministerien auskam, und auf das Amt des Reichskanzlers, das sich unter Bismarck zur stärksten Kraft unter den Reichsinstitutionen entwickelte, besaß das Parlament keinen Zugriff. Diese Verfassungskonstruktion spiegelte getreu die politische Schwebelage wider, die sich in den sechziger Jahren entwickelt hatte. Ohne den preußischen Staat mit seiner wirtschaftlichen und militärischen Kraft vermochte die Nationalbewegung ihr Ziel nicht zu erreichen, doch umgekehrt war auch Preußen auf die Nationalbewegung angewiesen. Denn ohne diesen Rückhalt wäre die preußische Politik nicht imstande gewesen, Österreich auszuschalten, und es ist keineswegs sicher, ob die deutschen und die europäischen Staaten die militärischen Eroberungen, mit denen Preußen den Krieg 1866 abschloß, hingenommen hätten, wenn sie nicht in den Dienst der nationalstaatlichen Vision gestellt worden wären. Das Preußen Bismarcks und die nationale Bewegung, mit der sich die Fortschrittshoffnungen der Menschen verbanden, waren zu Bündnispartnern geworden, die jedoch höchst unterschiedliche Vorstellungen über die Bauform des gemeinsam errichteten Nationalstaats hatten. Der Kompromiß, der in den Verfassungsberatungen erreicht wurde, sah eine Art Arbeitsteilung vor und vertagte zugleich Kernprobleme in die Zukunft. Der Reichstag erhielt weitgehende Kompetenzen, die es ihm erlaubten, Wirtschaft und Gesellschaft nach eigenen Vorstellungen zu liberalisieren, doch das Herrschaftszentrum wurde nicht der monarchischen Verfügungsgewalt entzogen. Denn Reichsministerien mit parlamentarisch verantwortlichen Leitern konnten nicht durchgesetzt werden, und der Militärhaushalt wurde nicht voll der Budgethoheit des Reichstags unterstellt. Der Reichstag verabschiedete ihn zwar nicht auf „ewige Dauer" (Äternat), wie es der preußische Monarch und seine Berater verlangt hatten, doch nach einer Übergangsphase wurde der Militäretat meist auf sieben Jahre gewährt. Die Sonderstellung des Militärs, die in den Jahren der Etaterneuerung stets mit großem publizistischem Aufwand bekräftigt wurde, zog allen Parlamentarisierungstendenzen bis zum Ersten Weltkrieg deutliche Grenzen.

Die in der Reichsgründungsära gescheiterte Parlamentarisierung hob Deutschland nicht nur markant ab von den „westlichen Modellstaaten" Großbritannien, Frankreich und Belgien, die meist als Vergleich herangezogen werden, sondern auch von Italien, dem im gleichen Jahrzehnt wie Deutschland die Nationalstaatsgründung gelungen war, und von Ungarn, dessen nationale Autonomie in der Habsburgermonarchie 1867 sichergestellt wurde. Der deutsche Reichstag gewann zwar im Laufe des Kaiserreichs erheblich an Einfluß, doch der Griff nach der Regierungsmacht blieb ihm verwehrt. Das trug dazu bei, daß sich in Deutschland früher und entschiedener die Wege der bürgerlichen und proletarischen Fortschrittsbewegung trennten. Anders als z.B. in Großbritannien standen sich in Deutschland spätestens seit den siebziger Jahren Liberalismus und Sozialdemokratie in schroffer Konfrontation gegenüber. Die Gründe dafür sind vielfältig. Ein wichtiger ist darin zu sehen, daß nur in Deutschland die liberalen Parteien dem Zangengriff aus demokratischem Männer-Wahlrecht und versperrtem Zugang zur Regierungsgewalt ausgesetzt waren. Während in den anderen Staaten, mit Ausnahme Frankreichs, das weiterhin stark beschränkte Wahlrecht die liberalen Parteien begünstigte, mußten sie sich im Kaiserreich von Beginn an dem freien Wettbewerb eines uneingeschränkten Männer-Wahlrechts stellen. Der Bedeutungsschwund des Parteiliberalismus verlief in allen europäischen Staaten parallel zur Demokratisierung des Wahlrechts. Deutschland übernahm hier die Rolle eines demokratischen Pionierstaats – zu Lasten der Liberalen, die im Gegensatz zu Staaten mit parlamentarischem Regierungssystem den Wählern aus der Arbeiterklasse nicht anbieten konnten, ihre Interessen in der Regierungspolitik zu berücksichtigen.

Von Wahl zu Wahl zunehmender Druck von links bei gleichzeitig verwehrter Möglichkeit, als Regierungspartei einen bürgerlich-proletarischen Interessenausgleich zu versuchen – in dieser schwierigen Lage befand sich der Liberalismus bis zum Ersten Weltkrieg nur in Deutschland. Manche Historiker haben daraus die Folgerung gezogen, die Demokratisierung des Wahlrechts sei in Deutschland zu früh erfolgt. Entscheidend dürfte jedoch gewesen sein, daß sie nicht durch eine sofortige Parlamentarisierung begleitet wurde. So konnte ein „politischer Massenmarkt" (Hans Rosenberg) entstehen, auf dem Parteien, die sich um Parlamentsmandate bewarben, sich nur unzureichend von außerparlamentarischen Interessenorganisationen unterschieden. Die Probleme, die daraus entstanden, zeigten sich massiv ab den neunziger Jahren, als die Politisierung der Bevölkerung ein zuvor unbekanntes Ausmaß erreichte. Nun begann die Ära der Massenorganisationen. So wuchsen bis zum Vorabend des Ersten Weltkriegs die sozialistischen Gewerkschaften auf etwa 2,5 Millionen Mitglieder an, der erst 1898 gegründete Flottenverein auf zirka 1,1 Millionen und die Kriegervereine auf etwa 3 Millionen. Auch das konfessionelle Milieu organisierte sich zunehmend. Der 1896 gegründete „Evangelische Bund" brachte es 1913 auf zirka 510 000 Mitglieder, der 1890 entstandene „Volksverein für das katholische Deutschland" auf annähernd 800 000. Die Parteien, die mit diesen Zahlen nicht konkurrieren konnten, gerieten in zunehmendem Maße unter den Druck von Interessenorganisationen, denn diese zu zügeln und dennoch an sich zu binden, fehlte den Parteien das wirksamste Mittel: die Chance, die Regierung zu stellen.

Die blockierte Parlamentarisierung, die sich aus der Pattsituation der Reichsgründungsära ergeben hatte, trug auch wesentlich dazu bei, die weltanschaulichen Milieus zu verfestigen, die im Kaiserreich und noch in der Weimarer Republik die Entstehung einer offenen pluralistischen Gesellschaft erschwerten. Es gehörte nämlich zu den deutschen Eigentümlichkeiten, daß die Parteien von Beginn an in vorpolitische „sozialmoralische Milieus" (M. R. Lepsius) eingebunden waren. Das galt vor allem für die Sozialdemokratie und für das Zentrum, die Partei der Katholiken. Diese beiden Parteien repräsentierten jene großen Bevölkerungsgruppen, die aus unterschiedlichen Gründen von der kleindeutsch-preußischen Nationalstaatsgründung an den Rand der „Nation" gedrängt und von deren Wortführern als „Reichsfeinde" stigmatisiert worden waren. Den Waffensieg des protestantischen Preußen über das katholische Österreich hatten viele Protestanten als ein Gottesurteil gefeiert, das die Reformation nationalpolitisch vollende. Als dann kurz nach der Reichsgründung der „Kulturkampf" einsetzte, in dem Liberale und staatliche Organe gegen die katholische Kirche zusammenwirkten, verhärtete sich vollends die konfessionelle Trennlinie, die nun zugleich eine politische wurde. Der kirchentreue Katholizismus formte eine Art Gegenwelt gegen die protestantisch-liberal geprägte „Nation" aus, mit eigenen Organisationen, die von geselligen Vereinen über die Presse bis zu Laienspielgruppen und Büchereien reichten. Eine vergleichbare Entwicklung vollzog sich vor allem seit dem Auslaufen der Sozialistengesetze (1878–1890) in der rasch expandierenden Mitgliedschaft der sozialistischen Arbeiterbewegung. Deren Kern bildeten die Gewerkschaften und die Sozialdemokratie, doch das sozialistische Milieu reichte weit darüber hinaus. Es umfaßte ähnlich wie das katholische eine Gegenwelt, die von der Wiege bis zur Bahre führen konnte und sich bemühte, allen Neuerungen, die sich „draußen" vollzogen, eine sozialistische Parallele entgegenzustellen, seien es sozialistische Sportklubs oder sozialistische Stenographenvereine. Von diesen katholischen und sozialistischen Milieus, die sich im Kaiserreich ausformten, blieben die liberalen Parteien ausgeschlossen. Deren Einzugsbereich schrumpfte zurück auf das protestantische Bürgertum, um das sie mit den konservativen Parteien und im späten Kaiserreich mit den neuen Massenverbänden konkurrieren mußten.

Gebrochene Fortschrittslinien: Demokratisierungsleistungen des Kaiserreichs

Die politischen Wirkungen dieser gesellschaftlichen Segmentierungen lassen sich nicht in den klaren Konturen eines Schwarz-Weiß-Gemäldes beschreiben. Die Milieuverhärtung ermöglichte es jenen Bevölkerungsgruppen, die von dem protestantisch-liberalen Geist der preußisch-kleindeutschen Reichsgründung in die Rolle der „Reichsfeinde" und „vaterlandslosen Gesellen" gedrängt zu werden drohten, sich zunächst selber zu behaupten und dann zunehmenden Einfluß auf die Politik im Reich und in den Einzelstaaten zu gewinnen. Doch zugleich machte sie es unmöglich, die auf Demokratisierung und Liberalisierung drängenden Bevölkerungskreise um eine Partei zu versammeln. Selbst wenn sie gemeinsame Ziele verfolgten, ging ein protestantischer Bürger nicht mit einem katholischen Bürger zusammen und ein katholischer Arbeiter nicht mit einem sozialistischen. Deshalb waren die Fortschrittslinien in Deutschland seltsam gebrochen. Am Beispiel der Sozialversicherungsgesetze der achtziger Jahre sei dies kurz umrissen.

Mit der Kranken-, Unfall-, Alters- und Invaliditätsversicherung vollbrachten Reichstag und Reichsbehörden eine sozialpolitische Pionierleistung, der andere europäische Staaten bald folgten, teils in Anlehnung an das deutsche Vorbild, teils eigene Wege beschreitend. Es mag paradox erscheinen, daß diese zukunftsweisende Gesetzgebung von den Konservativen, den Nationalliberalen und der Mehrheit des Zentrums gegen die Linksliberalen und die Sozialdemokratie im Reichstag durchgesetzt wurde. Der Grund für diese schiefe Frontlinie ist einfach: Wer nach mehr politischer Demokratie verlangte, lehnte es ab, dem unreformierten Staat über die Sozialgesetze noch weitere Aufgabenfelder zu erschließen. Wer dagegen dem bestehenden Staat näherstand oder die Demokratisierung schon für zu weitgehend hielt, hatte gegen eine Kompetenzsteigerung der staatlichen Organe nichts einzuwenden. Sozialpolitischer Fortschritt und politischer Fortschritt waren also nicht deckungsgleich – ein Kernproblem, das es unmöglich macht, Fortschrittsfreunde und Fortschrittsverweigerer säuberlich voneinander zu trennen und das Kaiserreich eindeutig zu charakterisieren.

Trotz der dramatischen Bevölkerungsexpansion, die zu verkraften war, verbesserten sich in dem knappen halben Jahrhundert seiner Existenz die sozialen und kulturellen Lebenschancen aller Menschen eindrucksvoll. Wer zu Beginn des 20. Jahrhunderts geboren wurde, konnte damit rechnen, älter zu werden, eine solidere Bildung zu erhalten, angenehmer zu wohnen, sich besser zu kleiden und gesünder zu essen als jemand, der zu Beginn des Kaiserreichs sein Leben begonnen hatte. Diese Demokratisierungsleistung, die Demokratisierung von Teilhabechancen am besseren Leben, ist gewiß nicht gering einzuschätzen. Ihr stand die nur begrenzte, in manchen Bereichen blockierte politische Demokratisierung gegenüber. Beide Seiten zusammen betrachtet, ergeben erst ein angemessenes Gesamtbild vom deutschen Kaiserreich, seinen demokratisierenden Erfolgen und seinen obrigkeitsstaatlichen Grenzen.

Der Beginn des Ersten Weltkriegs enthüllte, wie sehr die Menschen aller Schichten und politischen Richtungen sich mit dem nationalen Staat verbunden fühlten, auch wenn sie ihn massiv kritisiert hatten. Die Kriegsbegeisterung, auf dem Glauben beruhend, der Krieg sei dem friedensbereiten Deutschland aufgezwungen worden, sparte kaum jemanden aus. Der innenpolitische „Burgfriede", der ausbrach, als der Krieg begann, schloß auch Sozialdemokraten und Pazifisten ein, die hofften, sich nun endgültig von dem Makel der vermeintlichen nationalen Unzuverlässigkeit befreien und den Krieg als Hebel zu inneren Reformen nutzen zu können. Einem Volk von Vaterlandsverteidigern werde das preußische Dreiklassenwahlrecht, das aufreizendste Symbol vorenthaltener staatsbürgerlicher Gleichberechtigung, nicht standhalten. Nicht das vielbeschworene gleichmachende Erlebnis des Schützengrabens jedoch sprengte die obrigkeitsstaatlichen Bollwerke, die einer vollen Demokratisierung entgegenstanden, sondern die Revolution, die im November 1918 aus einer Matrosenmeuterei hervorging und binnen weniger Tage das scheinbar unerschütterliche monarchische Deutschland beseitigte.

Leistungen und Lasten der Weimarer Republik

Die Revolution von 1918/19 zählt zu den herausragenden demokratischen Höhepunkten der deutschen Geschichte. Ob damals die Chance zu einer durchgreifenden Demokratisierung besser hätte genutzt werden können und die neue Republik dadurch die Kraft zum Überleben gewonnen hätte, beurteilen die Historiker bis heute sehr unterschiedlich. Das kann nicht überraschen. Denn es ist außerordentlich schwer, die erste deutsche Demokratie fair zu würdigen, weil ihr schmähliches Ende ihre Leistungen überschattet. Was wurde erreicht? Welche Lasten waren zu bewältigen?

Die Revolution stürzte die deutschen Monarchien und das auf sie zugeschnittene konstitutionelle Regierungssystem und ersetzte sie durch eine parlamentarische Republik. Dieser Demokratisierungsschub vollzog sich auf allen Ebenen: im Reich, in den Ländern und in den Kommunen. Bis dahin hing das Ausmaß staatsbürgerlicher Rechte der Deutschen davon ab, auf welcher Ebene sie sich politisch betätigen wollten und wo sie wohnten. Als Faustregel kann gelten: im Reich war die politische Gleichheit der Staatsbürger stärker verwirklicht als in den Einzelstaaten und in den Gemeinden. Dieses Gefälle zeigte sich im Wahlrecht besonders kraß. Es schloß nirgendwo so viele Menschen aus wie in den Gemeinden, mit großen Abweichungen jedoch von Stadt zu Stadt, und auch das Wahlrecht der Einzelstaaten variierte stark. Die Republik beseitigte dieses Gefälle, indem sie konsequent demokratisierte. Auch die Frauen erhielten nun das Wahlrecht, so daß mit der Weimarer Republik erstmals in der deutschen Geschichte eine Staatsbürgergesellschaft der politisch Gleichen verwirklicht wurde – die große Menschheitsvision seit der Amerikanischen und der Französischen Revolution.

Die politische Herrschaftsordnung wurde also gründlich verändert, demokratisiert und parlamentarisiert, und die „Reichsfeinde" von ehemals, Sozialdemokratie und Zentrum, waren nun die stärksten Stützen der jungen, noch ungefestigten Republik, zu deren erstem Präsidenten der Sozialdemokrat Friedrich Ebert gewählt wurde – Symbol der neuen Zeit und des Bruchs mit der monarchischen Vergangenheit. Auch die sozialdemokratisch orientierten Gewerkschaften – es gab außerdem christliche, das heißt katholische, und einen kleinen liberalen Flügel – wurden zu einem honorigen Teil der Gesellschaft, in vielen staatlichen Gremien vertreten und von den Unternehmern als Vertragskontrahenten anerkannt. Im März 1920 trugen die Gewerkschaften mit einem Generalstreik dazu bei, den Kapp-Lüttwitz-Putsch rechter Republikfeinde scheitern zu lassen, während die Reichswehrführung der legalen Regierung jede Hilfe verweigerte.

Mit der Weimarer Republik schien Deutschland vollends den Anschluß an die „westlichen Demokratien" gefunden zu haben, mit einer Verfassungsordnung, die deutsche Traditionen mit den Erfahrungen des „Westens" zu verbinden suchte. Darin spiegelt sich ein zentrales Merkmal des Ersten Weltkriegs. Er war auch ein Krieg der Ideologien gewesen, der überall in Europa mit dem Sturz der autoritären Monarchien endete. Doch es begann kein dauerhafter Siegeszug der demokratischen Leitbilder, welche die siegreichen Alliierten, vor allem die USA unter Woodrow Wilson, ihren Kriegsgegnern entgegengestellt hatten. Die Zeit zwischen den beiden Weltkriegen wurde vielmehr geprägt durch den sich zunehmend verschärfenden Konflikt und schließlich Kampf zwischen den liberal-demokratischen sowie den neuen bolschewistischen und faschistischen Ideologien, Bewegungen und Staaten. Deutschland bildete in dieser Entwicklung keinen Sonderfall, wohl aber wurden hier die Konflikte vehementer ausgetragen als in anderen europäischen Staaten, die ihre Demokratie ebenfalls nicht bewahren konnten, und nach 1933 entstand in Deutschland die aggressivste, menschenverachtendste Variante der faschistischen Regime. Daß die nationalsozialistische Diktatur scheinbar bruchlos aus der ersten deutschen Demokratie hervorgehen konnte, beruhte auf einer Reihe von Bedingungen, die abschließend mit einigen Bemerkungen skizziert werden sollen.

Die Weimarer Republik war mit Lasten überbürdet, die sie aus der Konkursmasse des Kaiserreichs ererbt hatte, die ihr jedoch von vielen Menschen aufs Schuldkonto geschrieben wurden. Ein Zentralproblem war, daß die Weimarer Republik in eine Phase stagnierenden oder sogar rückläufigen Wachstums fiel. Die Nachkriegsgesellschaft sah sich deshalb in scharfem Kontrast zur Wachstumsgesellschaft des Kaiserreichs. Nicht nur die Wirtschaft stürzte in die schwersten Krisen, die es seit der „Industriellen Revolution" je gegeben hatte, auch die stürmische Expansion der Bevölkerung und der Städte ging zu Ende. Begonnen hatte dieser Umbruch schon im Vorkriegsjahrzehnt, doch voll sichtbar wurde er erst in den zwanziger Jahren. In einer Gesellschaft, die während des Weltkriegs propagandistisch auf einen gewinnreichen Sieg eingestimmt worden war und ohnehin über die verlorene Größe der Nation trauerte, fiel es nicht schwer, den Wachstumsbruch der neuen Republik und ihren politischen Repräsentanten anzulasten. Hinzu kamen veränderte Verhaltensformen und kulturelle Leitbilder, die viele als Verunsicherung erlebten, etwa das gestiegene Selbstbewußtsein der Frauen, symbolisch faßbar im Bubikopf als dem Emanzipationshaarschnitt der zwanziger Jahre, oder Sexualberatungsstellen, die in den größeren Städten eingerichtet wurden, und generell die ungemein lebhafte, experimentierfreudige Kultur der Weimarer Republik. Die nationalsozialistische Diffamierung moderner Künstler als „entartet" mußte vielen biederen Bürgern nicht aufgenötigt werden, denn diese Kunst überforderte sie. Anderes verstärkte noch das Unbehagen an der neuen Demokratie, vor allem die immer weiter voranschreitende Politisierung der Öffentlichkeit, die es in diesem Ausmaß im Gehäuse des monarchischen Obrigkeitsstaates nicht gegeben hatte. Es gehört zu den bemerkenswerten Paradoxien, daß ausgerechnet in dem Augenblick, als das gesellschaftliche Ansehen, der politische Einfluß und die zahlenmäßige Stärke des deutschen Militärs drastisch sanken, die Militanz in der Öffentlichkeit stieg. Freikorps, dann Kampfverbände von Parteien prägten das Erscheinungsbild der Republik vor allem in der bürgerkriegsähnlichen Anfangszeit bis 1923 und in der Endphase. Die nationalsozialistische Diktatur baute die gesellschaftliche Militanz noch aus, unterstellte sie aber Parteiorganisationen.

Es wäre völlig verfehlt, die Weimarer Republik nur mit Blick auf ihre Krisen betrachten zu wollen. Sie hatte bedeutende innere und äußere Erfolge bei der schwierigen Bewältigung der Kriegsfolgen aufzuweisen. Zu diesen Leistungen zählt nicht zuletzt der Ausbau des Sozialstaats. Staatliche Arbeitsämter wurden geschaffen, und mit einer staatlichen Arbeitslosenversicherung versuchte man, die Massenarbeitslosigkeit sozial erträglich zu machen. Die Wachstumsgesellschaft des Kaiserreichs hatte Dauerarbeitslosigkeit in diesem Umfang nicht gekannt. Die Weimarer Republik hätte Zeit gebraucht, um sich einstellen zu können auf die grundlegend veränderten Bedingungen einer Gesellschaft, die mit geschrumpften Ressourcen leben mußte. Doch diese Zeit des Umdenkens erhielt sie nicht, da in der 1929 einsetzenden Weltwirtschaftskrise die Parteien der bürgerlichen Mitte von ihren Wählern aufgegeben wurden. Es schlug die Stunde der radikalen Zukunftsvisionen, in denen immer mehr Menschen einen Fluchtweg aus der Misere der Gegenwart sahen.

Die Selbstaufgabe der Demokratie durch wachsende Bevölkerungsteile wäre nicht zu verstehen ohne einen kurzen Blick auf den wirklichkeitsblinden Nationalismus, der im späten Kaiserreich entstanden war und nach dem Ersten Weltkrieg eine Zuspitzung erfuhr. Er wurde zu einer der schwersten Belastungen der Weimarer Republik, da in ihm die Ablehnung des Bestehenden und die Sehnsucht nach etwas Neuem gebündelt zusammenliefen. Nicht die republikanische Verfassung, sondern die Weigerung, die Folgen der Kriegsniederlage anzunehmen und mit ihnen rational umzugehen, wurde zum Fundament des deutschen Nationalismus. Der Kampf gegen den „Versailler Schmachfrieden" und die „Kriegsschuldlüge", wie die stereotypen Formeln hießen, bildeten die Lebenslüge eines Nationalismus, der die politische Kultur der Weimarer Republik vergiftete und die bedeutenden Leistungen der Republik aufzehrte. Seine stärkste und gefährlichste Bastion besaß er auf der Rechten, doch er erfaßte auch die republiktreuen Parteien. Als der Sozialdemokrat Carlo Mierendorff vor den „Schuldlügenfanatikern" warnte, sprach er zu Recht von der „einzigartigen Autosuggestion eines ganzen Volkes", das sich durch die verzerrte nationalistische Vergangenheitswahrnehmung um die Zukunft betrog. Nutznießer dieser Selbstfesselung auch der Demokraten war die radikale Rechte, deren Erfolg ohne diesen emotional aufgeheizten Nationalismus wohl nicht denkbar gewesen wäre. Erneut erwies sich die überlegene Kraft des Nationalismus, politisch zu mobilisieren und zu integrieren. Doch er diente nun nicht mehr dazu, mehr Demokratie einzufordern. Der extreme Nationalismus der Weimarer Republik bündelte die Enttäuschungen über die krisengeschüttelte Gegenwart und die Hoffnungen auf eine radikal veränderte Zukunft. Niemand vertrat diese Mischung so virtuos wie die Nationalsozialisten. Sie verlieh ihnen die Kraft einer populistischen Bewegung, die seit 1930 das Parteienspektrum sprengte, das sich rund sechs Jahrzehnte als außerordentlich stabil erwiesen, sogar die Revolution überdauert hatte und nun zerbrach.

Die nationalsozialistische Diktatur

Der rassistische, biologistische Nationalismus der Nationalsozialisten war die Endstufe eines Prozesses, in dem das politisch-gesellschaftliche Leitbild „deutsche Nation" seine Liberalität einbüßte. Nun wurde es umgedeutet in eine Rassenideologie, die zu Weltherrschaftsplänen und Mord an vermeintlich Rassefremden führte. Es war eine Umwertung, aber kein völliger Bruch. Das Neue bestand vielmehr in der Sammlung und Steigerung des Negativen und Aggressiven, das es auch zuvor gegeben hatte, aber nie in dieser Weise zusammengefaßt und mit staatlicher Gewalt durchgesetzt worden ist.

In ähnlicher Weise läßt sich generell der Ort der nationalsozialistischen Diktatur in der jüngeren deutschen Geschichte bestimmen: kein völliger Bruch, aber auch keine notwendige Folge aus dem Früheren. Auch mit Blick auf die demokratischen Traditionslinien fällt das Urteil über den Nationalsozialismus gebrochen aus. Auf der einen Seite gibt es keinen Zweifel, daß der Terror des NS-Staates demokratischen Ideen keinen Lebensraum mehr ließ und diejenigen, die an diesen Ideen festhielten, mit dem Leben bedrohte. „Liberalistisch" und „marxistisch" pervertierten die Nationalsozialisten zu Denunziationswörtern, die für alle, die damit belegt wurden, Lebensgefahr bedeuteten. Insofern enden die demokratischen Traditionsstränge nach 1933 bei den Menschen, die als einzelne versucht haben, sich dem totalitären Machtanspruch des NS-Regimes zu entziehen und es mit den Möglichkeiten zu bekämpfen, die sich in ihrem jeweiligen Lebensbereich boten. Es hieße aber, der komplexen Wirkungsgeschichte des Nationalsozialismus auszuweichen, wollte man nur auf dieses Ende demokratischer Traditionen verweisen. Denn manche dieser Entwicklungslinien wurden nach 1933 fortgesetzt und sogar beschleunigt, indem sie in den Dienst des NS-Regimes gestellt wurden. Das läßt sich am besten wohl am Janusgesicht der nationalsozialistischen Volksgemeinschaftsideologie erläutern.

„Volksgemeinschaft" war eine ungemein wirksame Integrationsideologie, die eine tödliche Außenseite für alle besaß, die aus ihr ausgestoßen wurden, vor allem also für die Deutschen jüdischen Glaubens oder jüdischer Herkunft, Sinti und Roma, körperlich oder geistig Behinderte oder die sogenannten „Asozialen". Noch in einer weiteren Hinsicht war die von den Nationalsozialisten unermüdlich geforderte „Volksgemeinschaft" mehr als nur Ideologie: Alte Eliten wurden entmachtet, gesellschaftliche Trennlinien wurden durchlässiger und die Sozialmilieus, in denen die Parteien eingebettet waren, verschwanden vollends, nachdem sie schon zuvor an Bindekraft eingebüßt hatten. Um zwei Beispiele zu geben: Das Offizierskorps, das noch in der Weimarer Republik zu den demokratisierungsfeindlichen Kräften gehört hatte, verlor während der NS-Diktatur seine aus vordemokratischer Zeit stammende politische und soziale Sonderstellung. Die Diktatur erzwang, was die Monarchie nicht gewollt und die Demokratie nicht erreicht hatte: Das Militär mußte sich der politischen Führung fügen. Damit endete in Deutschland eine lange historische Tradition, in der das Militär stets dem alleinigen Verfügungsrecht des Monarchen unterstand und alle Versuche scheiterten, es dem Zugriff anderer Verfassungsgremien, vor allem des Parlaments, aber auch der Regierung, zu öffnen. Diese Zerstörung der Sonderrolle des Militärs erleichterte es später, die Bundeswehr in die demokratische Verfassungsordnung der Bundesrepublik zu integrieren, obwohl eine große Zahl von Offizieren aus der nationalsozialistischen Wehrmacht übernommen wurde.

Die gesellschaftliche Position der Arbeiter dagegen haben die Nationalsozialisten ideologisch, aber auch in der Praxis aufgewertet. So wurde z.B. der soziale Graben zu den Angestellten, der in Deutschland besonders tief gewesen ist, nicht zugeschüttet, aber doch abgeflacht. Das gehörte zur Kehrseite der Entrechtung der Arbeiter und der Zerschlagung der alten Arbeiterbewegungen, die auch nach dem Zweiten Weltkrieg nicht in der früheren Form wiedererstanden. Die sozialdemokratische, die katholische und auch die kleine liberale Arbeiterbewegung hatten zu den zuverlässigsten Stützen der Weimarer Republik gehört. Ihre bloße Existenz hatte aber zugleich die gesellschaftlichen Trenngräben zementiert und damit die Chancen für den Aufbau einer pluralistischen Demokratie erschwert.

Es gab eine Vielzahl solcher gesellschaftlicher Barrieren, die vor 1933 den Demokratisierungsprozeß gehemmt hatten. Das Zerstörungswerk der Nationalsozialisten wirkte hier als eine „braune Revolution" (David Schoenbaum), die ungewollt zur Modernisierung der deutschen Gesellschaft beitrug. In demokratischem Sinne nutzbar wurde die Zerstörung überkommener Strukturen aber erst, als das nationalsozialistische Deutschland 1945 den Krieg verlor – und weil es ihn verlor. Die bedingungslose Kapitulation machte es den Deutschen unmöglich, sich erneut, wie nach dem Ersten Weltkrieg, der eigenen Verantwortung zu entziehen. 1945 gab es keine deutsche Katastrophe. Damals endete die Katastrophe, die die deutsche Politik ausgelöst hatte. Unter diesem Ende haben viele Menschen gelitten, aber es war die Voraussetzung für einen demokratischen Neubeginn.

Auswahlbibliographie

Dahrendorf, Ralf: Gesellschaft und Demokratie in Deutschland. München 1965

Elias, Norbert: Studien über die Deutschen. Machtkämpfe und Habitusentwicklung im 19. und 20. Jahrhundert. Hg. von Michael Schröter. Frankfurt/M. 1989.

Kolb, Eberhard: Die Weimarer Republik. München 2. Aufl. 1988.

Langewiesche, Dieter: Liberalismus in Deutschland. Frankfurt/M. 1988.

Lutz, Heinrich: Zwischen Habsburg und Preußen. Deutschland 1915–1866. Berlin 1985.

Mommsen, Hans: Die verspielte Freiheit. Der Weg der Republik von Weimar in den Untergang 1918 bis 1933. Frankfurt/M./Berlin 1990 (auch in englischer Übersetzung).

Nipperdey, Thomas: Deutsche Geschichte 1800–1866. Bürgerwelt und starker Staat. München 1983 u.ö.

Nipperdey, Thomas: Deutsche Geschichte 1866–1918, Bd. 1. München 1990.

Rürup, Reinhart: Deutsche Geschichte 1815–1971. Göttingen 1984.

Schoenbaum, David: Die braune Revolution. Eine Sozialgeschichte des Dritten Reiches. Mit einem Nachwort von Hans Mommsen. München 1980.

Siemann, Wolfram: Die deutsche Revolution von 1848/49. Frankfurt/M. 1985.

Thamer, Hans-Ulrich: Verführung und Gewalt. Deutschland 1933–1945. Berlin 1986.

Wehler, Hans Ulrich: Das deutsche Kaiserreich 1971–1918. 5. Aufl. Göttingen 1983.

Wehler, Hans Ulrich: Deutsche Gesellschaftsgeschichte, Bd. 1 u. 2. München 1987 (zeitlich bis 1848; weitere Bände folgen).

Sylvia Greiffenhagen

DIE POLITISCHE KULTUR DER BUNDES-
REPUBLIK DEUTSCHLAND

The government institutions of a stable democracy exist as do the nongovernment political institutions. But have German political ways of thinking been reshaped to provide a basis for a democratic political system? (Almond/Verba 1980, 263).

Amerikanische Politologen wie Sidney Verba, der diese Frage an die Bundesrepublik Deutschland vortrug, hatten in den fünfziger Jahren für die Entwicklung der Demokratie im westlichen Deutschland eine düstere Prognose gestellt: Es werde wohl an die hundert Jahre dauern, bis die Deutschen die Demokratie akzeptiert und demokratisches Denken gelernt hätten. Wie die Weimarer Republik werde die Bonner Demokratie zunächst von der Bevölkerung abgelehnt, im Laufe der Zeit vielleicht gar in ihrer Substanz durch autoritäre Strukturen ausgehöhlt werden.

Heute meint Verba, zusammen mit anderen Politologen der USA und Europas, die Bundesrepublik Deutschland gehöre inzwischen zu den stabilsten und zuverlässigsten Demokratien der Erde. Ein überraschender Wandel, sowohl im Blick auf das obige Urteil als auch vor allem auf die Entwicklung der westdeutschen Demokratie. Wie ist es nun heute tatsächlich bestellt um die Demokratie der Bundesrepublik Deutschland, um ihre „politische Kultur"?

Wer den Zustand eines politischen Systems kennenlernen will, muß zuerst nach der Verfassung und nach der Funktionsfähigkeit der politischen Institutionen fragen. Ihre Stabilität sagt über die „innere Verfassung" einer Gesellschaft noch wenig aus. Um deren politische Physiognomie zu erfassen, bietet seit Anfang der sechziger Jahre die empirisch orientierte Erforschung der „politischen Kultur" Möglichkeiten. Unter politischer Kultur wird hier die Gesamtheit der politischen Orientierung eines Volkes verstanden, also politische Meinungen, Einstellungen und Werthaltungen. Politische Kulturforschung interessiert sich demnach nicht für Institutionen. Das politische Bewußtsein (in Grenzen auch politische Verhaltensformen) der Bevölkerung ist ihr Gegenstand: Sind die Bürger zufrieden mit ihren Vertretern, ihren Institutionen? Welche Probleme und Themen beschäftigen die Bürger hauptsächlich? Werden politische Ereignisse eher passiv oder aktiv verfolgt? Wie steht es um Konfliktbereitschaft und Toleranz?

Zur politischen Kultur gehören nicht nur Erscheinungen aktueller Politik, sondern historische Erfahrungen, die weit zurückliegen, aber unter Umständen als „kollektives Gedächtnis" eines Volkes gespeichert sein können. Die Forschung nimmt an, daß politische Traditionen einer Nation das gegenwärtige Erscheinungsbild dieses Landes mitprägen. Wer über demokratische Einstellungen und Verhaltensweisen ganzer Völker urteilen will, muß definieren, was er unter Demokratie versteht. Dabei sind folgende Faktoren zu berücksichtigen: der politische Kenntnis- und Informationsstand eines Volkes über Institutionen, Politiker oder Gesetze; die Beteiligung am politischen Leben in Parteien, Versammlungen oder Demonstrationen; der Glaube an eigene Einflußmöglichkeiten auf das politische Geschehen; das Maß an Toleranz gegenüber Andersdenkenden und Minderheiten; die Fähigkeit zur Kooperation; die Fähigkeit, an der eigenen Meinung auch gegen die Überzeugung anderer festzuhalten; Konflikt- und Kompromißbereitschaft; der Grad der Gefühlsbindung an das politische System. Auch die psychische Grunddisposition des demokratischen Bürgers wird erforscht und bewertet.

Autoritäre Traditionen überwiegen in Deutschland

Nach solchen Gesichtspunkten haben Ende der fünfziger Jahre amerikanische Politologen fünf Staaten in einer Studie verglichen. Die Bundesrepublik Deutschland schnitt damals, gemessen an den klassischen Demokratien England und USA, schlecht ab. Zwar schienen die westdeutschen Bürger mit ihrer Demokratie durchaus zufrieden, man hielt sie für „effektiv" und „modern". Genauere Analysen zwangen jedoch zu einem im ganzen ungünstigen Urteil: Nur wenige westdeutsche Bürger bekundeten Interesse für politische Vorgänge, man glaubte kaum an den eigenen Einfluß im politischen Leben und beteiligte sich wenig am politischen Tagesgeschehen. Nur eine Minderheit empfand Grund zum Stolz auf das politische System ihres Landes; stolz waren die meisten nur auf ihr Wirtschaftswunder. Anders als Engländer und Amerikaner zeigten die Westdeutschen in den fünfziger Jahren Angst und Mißtrauen gegenüber ihrer menschlichen Umwelt: schlechte Voraussetzungen für demokratische Kooperation. Fast ein Drittel der Bevölkerung war noch der Ansicht, ein Einparteiensystem sei für ein Volk besser als parteipolitischer Pluralismus, der nur „Unruhe" bringe.

Alarmierende Ergebnisse brachten auch Studien westdeutscher Forscher über das Bild des Nationalsozialismus in der Bevölkerung: Ein Drittel der Bürger war der Ansicht, „ohne den Krieg wäre Hitler einer der größten deutschen Staatsmänner gewesen". Über die Hälfte hielt den Nationalsozialismus für „im Grund eine gute Idee, die nur schlecht ausgeführt wurde".

Auf zwei Feldern erzielten die Westdeutschen in der amerikanischen Studie allerdings sehr gute Resultate, welche die Forscher verblüfften. Bei näherer Betrachtung stellten sie sich aber auch nicht als Lichtblicke demokratischen Bewußtseins heraus: Die westdeutschen Bürger erwiesen sich als politisch überdurchschnittlich gut informiert und zeigten eine außergewöhnlich hohe Wahlbeteiligung. Da sie jedoch gleichzeitig der Meinung waren, man könne durch Partizipation in der Politik wenig ausrichten, so galt der Gang zur Wahlurne nach der Veränderung der politischen Verhältnisse wohl als die jetzt gebotene Bürgerpflicht. Die Wahl löste die Akklamation zum Führerstaat ab und galt als neue politische Pflicht, ohne daß man ihren demokratischen Sinn als Bestimmung des politischen Weges durch das Volk voll erfaßt oder sich von dieser Methode viel versprochen hätte.

Die amerikanischen Forscher Almond und Verba faßten ihre Studie deshalb mit den folgenden Worten zusammen:

The contemporary political culture reflects Germany's traumatic political history (...) Many Germans assume that the act of voting is all that is required of a citizen (...) In Germany a sense of administrative competence occurs more frequently than a sense of political competence ... Though there is a high level of cognitive competence, the orientation to the political system is still relatively passive – the orientation of the subject rather than of the participant (...) Germans tend to be satisfied with the performance of their government, but to lack a more general attachment to the system (...) Theirs is a highly pragmatic – probably overpragmatic – orientation to the political system; as if the intense commitment to political movements that characterized Germany under Weimar and the Nazi era is now being balanced by a detached, practical and almost cynical attitude toward politics. And the attitudes of the German citizen to his fellow political actors are probably also colored by the country's political history (...) And the ability of Germans to cooperate politically also appears to have serious limitations (Almond/Verba 1963, 429).

Mit Deutschlands „traumatischer politischer Geschichte" erklären amerikanische Politologen das Bild der politischen Kultur Westdeutschlands in den fünfziger Jahren. Das Ergebnis der Studie kann nicht verwundern, wenn man weiß, wie lange es dauert, bis eine Bevölkerung in neue Systeme „hineinwächst". Den Anstoß zur politischen Kulturforschung hatten die Staaten der „Dritten Welt" geliefert, die nach dem Zweiten Weltkrieg mit vorbildlich demokratischen Verfassungen in die Selbständigkeit gingen und dennoch fast alle im Laufe der Jahre autoritäre Strukturen annahmen. Demokratische Denkweisen und Verhaltensstile bilden sich über Jahrzehnte und Jahrhunderte heraus, nicht „über Nacht" oder binnen weniger Jahre.

Nach solchen Kriterien stand es um die Voraussetzungen für die Entwicklung der Demokratie in der Bundesrepublik Deutschland nicht günstig: Deutschlands Geschichte ist eine Geschichte autoritärer Regime, mit wenigen Ausnahmen, die nicht ins Gewicht fallen. Anders als Dieter Langewiesche glaube ich, „einen deutschen Sonderweg der früh verkümmerten Demokratie feststellen zu können" (S. 191). Dieser Widerspruch zwischen zwei grundverschiedenen Auffassungen soll hier nicht harmonisiert werden. Der Streit um die deutsche Geschichte und ihre Folgen bis heute gehört mit zum Bild der politischen Kultur unseres Landes.

Die demokratische Tradition in Deutschland ist nach meiner Meinung kaum ein halbes Jahrhundert alt. Das ist wenig im Vergleich zu England, den USA, Skandinavien oder Holland. Wer in Frankreich „Tradition" sagt, ist auf zwei politische Traditionsstränge verwiesen: einen monarchisch-autoritären und einen revolutionär-demokratischen. In Deutschland führen politikgeschichtliche Erinnerungen fast nur in obrigkeitlich-autoritäre Zeiten. Das gilt jedenfalls für die geschichtlich wirksamen und also Tradition bildenden Kräfte.

Die Jahre der Weimarer Republik zählen für die Ausbildung einer demokratischen Tradition streng genommen nicht mit. Diese demokratische Generalprobe mißglückte und lebt auch heute, wie Umfragen zeigen, im Bewußtsein der Bevölkerung fort als politisch düstere Zeit, in der „es Deutschland schlecht ging". Es gibt kaum einen schlimmeren Vorwurf unter politischen Gegnern, als „den Weg nach Weimar zu gehen". Das ergäbe noch einen Sinn, wenn man dabei die undemokratischen Züge der Weimarer Republik in den Blick nehmen würde, z.B. die fast ungebrochene obrigkeitsstaatliche Orientierung in Armee, Justiz und Verwaltung. Statt dessen kommen als „Schwächen" des Weimarer Systems nur Züge ins Bild, die man damals wie heute als Auswüchse demokratischer Parteienvielfalt, ideologischer Zerrissenheit und institutioneller Unsicherheit der demokratischen Staatsform anlastet: instabile Regierungen, Unfähigkeit zur Koalitionsbildung, Polarisierung. Die Weimarer Demokratie gilt heute vielen Deutschen als das, was sie in den Augen ihrer Kritiker damals erschien: ein System politischer Ohnmacht und nationaler Demütigung.

Weder die Weimarer noch die Bonner Demokratie hat sich das Volk selbst erkämpft. In beiden Fällen war sie das Resultat militärischer Niederlagen. Demokratie wurde auf diese Weise mit Gefühlen politischer Ohnmacht verknüpft. Nationalfeiertage wie der Tag des Sturms auf die Bastille oder andere Tage der „Befreiung" eines Volkes von Unterdrückung und Despotie blieben den Deutschen versagt. Damit fiel eine wichtige Quelle demokratischer Traditionsbildung und positiver Gefühlsbindung an das neue System aus. Der 3. Oktober als Datum der deutschen Einigung besitzt als zukünftiger Nationalfeiertag im Vergleich zu früheren Gedenktagen sicher eine neue Qualität, er wird jedoch nicht wie in den USA oder in Frankreich Anlaß zu breiteren öffentlichen Feiern geben; die Deutschen werden an diesem Tag wohl eher Ausflüge ins Grüne unternehmen.

Statt demokratischer Traditionen lebten in Deutschland über Jahrhunderte autoritäre Politiktraditionen. In fast allen politischen Territorien auf deutschem Boden konnten sich bis zur Reichsgründung (1871) Obrigkeitsstaaten erhalten. Bis zur Revolution von 1918 blieb das deutsche Kaiserreich durch die Tradition des preußischen Obrigkeitsstaates geprägt, eines Gebildes, dessen autoritäres Staatsverständnis durch eine lutherische Staatstheologie und eine preußische Staatsphilosophie aufs effektivste gestützt wurde. Folgende Merkmale charakterisieren modellhaft den preußischen Staat:

– Die Trennung von Staat und Gesellschaft. Nur der Staat und staatliche Institutionen, d.h. die Regierung und ihre Verwaltung, bestimmten die politischen

Geschicke des Landes. Die Gesellschaft (Vereine, Wissenschaft, Kultur, Wirtschaft, Familie) hatten sich politischer Tätigkeit weitgehend zu enthalten und der politischen Führung des Staates anzuvertrauen. Politische Parteien waren zwar tätig, wirkten am politischen Prozeß aber nur am Rande mit und gehörten zum „Bereich der Gesellschaft". Parteipolitik war „Interessenpolitik" und stand im Gegensatz zur gemeinwohlorientierten „Staatspolitik".

– Der Staat galt als Substanz von eigener Würde und eigenem Recht. Er war nicht (wie in den angelsächsischen Demokratien) auf freier Vereinbarung selbständiger Bürger gegründet, sondern besaß einen den Bürgern vorgeordneten, ursprünglichen Rang.

– Die politischen Tugenden des Untertanen bestanden in absolutem Gehorsam gegenüber staatlicher Autorität und Nichteinmischung in staatliche Dinge. Das Bürgertum war im Obrigkeitsstaat preußischer Prägung politisch zur Ohnmacht verurteilt. Es reagierte in zweifacher Weise: durch Rückzug in mancherlei Innerlichkeit der Familie, Musik oder Dichtung, gleichzeitig jedoch durch ein höchst ambivalentes Verhältnis zur politischen Macht. Einerseits mußte dem Bürger in dem Maße, in dem er ihr fernblieb, Politik als „schmutziges Geschäft" erscheinen, andererseits gerade deshalb als eine Welt eigener Maßstäbe, der großen politischen Persönlichkeit, vaterländischer Pflicht, nationaler Ehre. Selbstbewußtsein, Selbstvertrauen und damit dynamische Kräfte bezog das Bürgertum Deutschlands überwiegend aus der Wirtschaft.

– Dem Fürsorgegebot des Staates und der oberen Stände für „ihre Leute" entsprach auf der Seite der Untergebenen, wie gesagt, die strikte Pflicht zum Gehorsam. Die absolutistische Regel war in Preußen religiös überhöht und auf diese Weise „verinnerlicht". Sebastian Haffner meinte in seinem Preußen-Essay, die Choralstrophe, welche die preußischen Grenadiere auf dem Marsch in die Schlacht bei Leuthen anstimmten, hätte eine passende preußische Staatshymne abgegeben:

Gib, daß ich tu mit Fleiß, was mir zu tun gebühret,
Wozu mich Dein Geheiß in meinem Stande führet.
Gib, daß ich's tue bald, wann ich es tuen soll,
Und wenn ich's tu, so gib, daß es gerate wohl.
(Haffner 1978, 81).

Die autoritäre Politiktradition Preußens lebte im Deutschen Kaiserreich fort (1871–1918), aber in immer größerer Spannung zu den sozialen und gesellschaftlichen Veränderungen, welche das rasche Wirtschaftswachstum Deutschlands begleiteten. Einerseits trug Deutschland noch immer die Züge eines im Grunde absolutistischen Staatswesens, andererseits zeigte es die Dynamik einer modernen Wirtschaftsgesellschaft. Hans Joachim Schoeps hat diesen Widerspruch des Deutschen Reiches als Spannung zwischen Biedermeier und politischer Großmannssucht beschrieben:

1871 hatte Deutschland die Biedermeierzeit im Grunde weder überwunden noch verlassen gehabt. Seine Menschen konnten nämlich noch gar nicht aus der behaglich-lauen Atmosphäre der bisherigen Kleinstaaterei – auch der preußischen Kleinstaaterei – in die Großmachtexistenz erhoben werden. Das konnte das Volk seelisch-geistig noch gar nicht verkraften; die meisten dachten, fühlten, lebten weiter in den gewohnten kleinen Maßen. Außerdem schnappten viele aus der jungen Generation der nach 1860 Geborenen über und begehrten nach Erfolgen, die noch über das Errungene hinausgehen und unter Wilhelm II. schon den weiteren Schritt von der Großmacht zur Weltmacht verwirklichen sollten. Das ergab nun eine innere Spannung und einen unausgetragenen Zwiespalt. Man trieb große Politik an Stammtischen mit Bier und Musik, träumte von weltgeschichtlich großen Taten, pflegte aber zugleich die gemütlichen Formen der alten Zeit (Schoeps, zit. n. M. Greiffenhagen 1981, 123).

Die Nation und die Linke

Mit der Gründung des Kaiserreichs 1871 war eines der wichtigsten Ziele der Liberalen in Deutschland erreicht, nicht als Ergebnis politischen Kampfes, sondern als Folge des militärischen Sieges über Frankreich: ein Geschenk Bismarcks an das Bürgertum, das sich (in seiner Mehrheit) dafür mit dem Obrigkeitsstaat arrangierte.

Die Sozialdemokratie sah sich durch die enge Verbindung des Bürgertums mit dem Obrigkeitsstaat ins politische Abseits gedrängt. Ihr Verhältnis zur deutschen Nation blieb – man kann sagen, bis heute – gebrochen. Der sozialistische Aufruf zur Klassensolidarität über die europäischen Grenzen hinweg brachte sie in den Verdacht nationaler Unzuverlässigkeit. Bismarcks Sozialistengesetz (das Verbot der Sozialdemokratischen Partei) sorgte dafür, daß die nationale Feinderklärung gegenüber der Sozialdemokratie sich tief im politischen Bewußtsein eingraben konnte. Die SPD konnte sich von dem Verdacht, eine Partei „vaterlandsloser Gesellen" zu sein, nicht befreien, und immer wieder zeigten sich im Lauf der Jahrzehnte Züge des alten Mißtrauens: Sozialisten „verrieten" die nationalen Interessen: in der Revolution von 1918/19 und mit ihrer Unterschrift unter den Friedensvertrag von Versailles, mit der sie auf riesige deutsche Gebiete Verzicht leisteten und hohe Reparationen in Kauf nahmen. Dieser Vorwurf nationaler Unzuverlässigkeit diente den nationalen Parteien und schließlich der Hitlerbewegung im Laufe der Weimarer Jahre immer zur Diffamierung der Sozialdemokraten.

Noch in der Bundesrepublik Deutschland mußte sich Willy Brandts Ostpolitik den „Ausverkauf deutscher Interessen" vorwerfen lassen: Wahlplakate der Christdemokraten zeigten den SPD-Kanzler Arm in Arm mit Breschnew. Immer wieder unterstellte man der Linken, einen „Weg nach Moskau" zu gehen, und zwar in doppelter Hinsicht: als Weg zu einem radikalen Sozialismus und als Verrat nationaler Interessen. Das Wahlkampfmotto „Freiheit statt Sozialismus" der CDU/CSU in den Wahlkämpfen der 80er Jahre meint diese traditionelle Doppelgesichtigkeit des sozialdemokratischen „Reichsfeinds": Die SPD erscheint in diesem Slogan als Feind von Menschlichkeit, Nation und Verfassung in einem. Die Linke in Deutschland blieb aus diesen Gründen über Jahrzehnte geschwächt. Gegen den Ansturm von rechts, dem sich die Weimarer Demokratie ausgesetzt sah, war sie machtlos.

Konservative Traditionen und Nationalsozialismus

Daß der Nationalsozialismus in Deutschland Fuß fassen und sich über Jahre an der Macht halten konnte, verdankt sich vor allem der politischen Unmündigkeit eines Volkes, das sich im selbständigen Denken zu wenig und im Ungehorsam gegenüber der Obrigkeit niemals geübt hatte. Es gab damals zwar viele überzeugte Anhänger des Nationalsozialismus, es gab aber vor allem zu viele Untertanen, die das System, obwohl sie es ablehnten, mittrugen.

Zur Erklärung des Nationalsozialismus reicht der Blick auf die Tradition des deutschen Obrigkeitsstaates noch nicht aus. Eine Vielzahl anderer Faktoren kommt hinzu. Die Weimarer Republik war, wie Langewiesche schreibt, „mit Lasten überbürdet, die sie aus der Konkursmasse des Kaiserreichs ererbt hatte, die ihr jedoch von vielen Menschen aufs Schuldkonto geschrieben wurden. Ein Zentralproblem war, daß die Weimarer Republik in eine Phase stagnierenden oder sogar rückläufigen Wachstums fiel" (S. 208) und schließlich in schwere Krisen gestürzt war. Der Verweis auf die objektiv schlechten Bedingungen in Deutschland vor 1933 genügt allerdings nicht als Begründung der Anfälligkeit deutscher Bürger für den Nationalsozialismus. Noch einmal ist ein Exkurs in die deutsche Geschichte vonnöten.

Zwei verschiedene Formen von Konservatismus prägten die deutsche Geschichte: der skizzierte Obrigkeitsstaat und die deutsche Romantik. Beruhte der Obrigkeitsstaat als „Kind der Aufklärung" auf hohem Rationalismus, wirtschaftlichem und politischem Effizienzdenken und dem Glauben an „Fortschritt" zumindest im ökonomischen Sinne, so bezog der zweite Strang konservativer Politiktradition gerade aus der Abwehr solch rationalistischer Züge seine politische Stoßkraft. Im Kapitel „Aspekte deutscher Zeiterfahrung" (S. 65f.) ist diese Spielart des deutschen Konservatismus beschrieben und in ihrer Reichweite freilich eingegrenzt worden. Es seien hier deshalb nur die wichtigsten Stichpunkte noch einmal genannt: Irrationalismus, Anti-Westlichkeit, Anti-Parlamentarismus, Anti-Industrialismus, Zivilisationskritik, Kulturpessimismus, Innerlichkeit, „Volksgemeinschaft" statt Massengesellschaft, Glaube an Herkunft statt an Zukunft.

Solche Abwehr einer modernen Gesellschaft hatte sich schon zu Zeiten der Aufklärung formiert, zur Zeit der Romantik gewann sie in Deutschland ihre politische Prägekraft. Die Enttäuschung über die jakobinische Phase der Französischen Revolution entfremdete deutsche Intellektuelle den Idealen politischer Freiheit und Partizipation, und die Freiheitskriege der Deutschen wurden für viele zwangsläufig zum Krieg gegen „westliche Werte". Der Nationalismus in Deutschland hatte von Anfang an irrationale, antidemokratische Elemente enthalten; je weiter das Jahrhundert voranschritt, desto stärker traten chauvinistische Züge zutage, die mit der Tradition des preußischen Militarismus eine explosive Mischung eingingen.

Hitler gelang es, die beiden Hauptströme des Konservatismus in Deutschland in dem symbolkräftigen Festakt des „Tages von Potsdam" zu vereinen und – zumindest für einige Jahre – hinter seine Ziele zu bringen. Er gewann damit nicht nur die Mehrheit der Deutschen, sondern mit den Konservativen vor allem die tonangebenden Gruppen.

Die NSdAP hat bei freien Wahlen nie die absolute Mehrheit der Stimmen errungen. Dennoch stimmte der Reichstag dem „Ermächtigungsgesetz" Hitlers zu und räumte auf diese Weise das Feld für die diktatorischen Maßnahmen der Nationalsozialisten. Die Sozialdemokratie stimmte geschlossen dagegen, die Abgeordneten der KPD konnten an der Abstimmung schon nicht mehr teilnehmen. Weder das liberale Bürgertum noch die deutsche Linke besaßen genug Einfluß und Macht, um das NS-Regime zu verhindern.

Nationalsozialistische Schatten auf der Bundesrepublik Deutschland

Fast jeder europäische Staat, auch die Vereinigten Staaten, kennt Phasen in seiner Geschichte, deren genaue Beschreibung sich in den Geschichtsbüchern nicht gut ausnehmen würde. Aber kein Volk ist durch eine verbrecherische historische Phase in seiner Identität so geschädigt wie die Deutschen. Nirgends sonst gab es eine solche Diskussion um Kollektivschuld oder -haftung. Der Nationalsozialismus ist für die Geschichte der deutschen Nation „konstitutiv". Er bleibt, wenn schon negativ, gegenwärtig. Das zeigt sich bereits an der Verfassung, die eine Reihe von „Narben" aufweist, in der detaillierten Ausformulierung des Gleichheitssatzes zum Beispiel: „Niemand darf wegen seines Geschlechts, seiner Abstammung, seiner Rasse, seiner Sprache, seiner Heimat oder Herkunft, seines Glaubens, seiner religiösen oder politischen Anschauungen benachteiligt oder bevorzugt werden" (Grundgesetz Art. 3, Abs. 3).

Eine Reihe der neu gegründeten Institutionen und Rechtsgarantien in der Bundesrepublik Deutschland müssen als Antwort auf den Nationalsozialismus interpretiert werden: das Bundesverfassungsgericht, das Recht auf Kriegsdienstverweigerung, das Asylrecht.

Konstitutiv ist der Nationalsozialismus auch darin, daß politische Themen, welche die Bevölkerung über Monate, auch Jahre bewegten, ohne den Hintergrund nationalsozialistischer Erfahrung kein so großes Gewicht gehabt hätten: die Frage der Wiederbewaffnung z.B., der Extremistenbeschluß (Angehörige verfassungsfeindlicher Parteien können nicht Beamte werden) oder die Frage der Euthanasie.

Auch die Radikalität der Protestbewegung in den sechziger Jahren ist nicht nur durch den Vietnamkrieg oder die Notstandsgesetze bedingt. Sie ist nicht zuletzt in Verbindung mit dem Nationalsozialismus, dem Kampf der Jugendgeneration gegen die Nazi-Väter zu sehen: Man meinte, die nach dem Zusammenbruch des Dritten Reiches versäumte „Stunde Null" nachholen und mit der Demokratisierung Deutschlands jetzt ernstlich beginnen zu müssen.

Große Wirkung hat der Nationalsozialismus bis heute auf das Parteiensystem der Bundesrepublik Deutschland. Rechtsextreme Parteien und Organisationen werden stets unter dem Gesichtspunkt der Gefahr einer Wiederkehr nationalsozialistischer Brutalitäten gesehen. Mögen sich antisemitische Ausschreitungen und die Aktivität faschistischer Bünde in Deutschland äußerlich von denen in anderen Staaten Europas oder Amerikas kaum unterscheiden, so versetzen an Wände gemalte Hakenkreuze, das Umstürzen von Grabsteinen auf jüdischen Friedhöfen oder Nazilieder doch Tausende von Nazi-Verfolgten erneut in Angst und Schrecken und führen im Inland und Ausland zu besorgten Recherchen. Auch die neuerdings in vielen Staaten Europas anwachsende Ausländerfeindlichkeit gegenüber Gastarbeitern oder Asylsuchenden gibt in der Bundesrepublik mehr Anlaß zur Sorge als in anderen Ländern: Nirgendwo sonst wurde schon einmal ernst gemacht mit der Drohung, unerwünschte Menschen mit aller Brutalität aus dem Land zu vertreiben und gar zu vernichten. Die ausländische Presse – vor allem der Länder, die unter dem Nationalsozialismus in besonderem Maße zu leiden hatten – verfolgt die deutsche Entwicklung mit kritischem Blick.

Rascher Wandel nach 1960

Gemessen an den ungünstigen Chancen, die man einer raschen Demokratisierung Westdeutschlands nach dem Krieg gab, mußten die Erkenntnisse einiger Studien europäischer und amerikanischer Politologen aus den sechziger und siebziger Jahren überraschen: Auf allen Feldern hat die Bundesrepublik Deutschland von Jahr zu Jahr auf den Demokratieskalen der Forscher bessere Werte zugunsten einer demokratischen Werthaltung geliefert. Hier einige Beispiele:

– Die Deutschen zeigen weit mehr Interesse für Politik als in den fünfziger Jahren.
– Politische Partizipation ist auf allen Ebenen seit den fünfziger Jahren erheblich gestiegen.
– Dasselbe gilt für das Vertrauen darin, daß solche Aktivität den politischen Weg des Bundes, des Landes und der Kommune zu ändern vermag.
– Die Überzeugung, man könne in Deutschland seine Meinung frei sagen, ist ständig gewachsen.

- Die Deutschen zeigen heute mehr Vertrauen in ihre soziale Umwelt, auch weniger Angst vor der Zukunft.
- Immer noch sind die Bürger der alten Bundesrepublik auf ihre Wirtschaft stolzer als auf ihr politisches System. Je jünger die Befragten sind, desto höher ist allerdings der Anteil derer, die auf ihren Staat stolz sind. Bei den jüngsten untersuchten Gruppen rangiert das politische System in der emotionalen Wertschätzung sogar vor dem Wirtschaftssystem.

Die empirischen Ergebnisse sind, im Vergleich etwa zu Großbritannien und den USA, in absoluten Zahlen gemessen, noch nicht besonders beeindruckend. Hoffnungsvoll aber stimmen die Trends: Die Jugend zeigt bessere Werte als ältere Deutsche. Gleichzeitig sind alte deutsche Tugenden allmählich zurückgedrängt worden; die Umgangsformen in Familie, Schule und am Arbeitsplatz ändern sich rasch: Eltern, Lehrer und Lehrmeister kommandieren weniger; „Diener" und „Knicks" sind vergessen, die preußische Regel „Keine Widerworte!" gilt nicht mehr uneingeschränkt. Stand das Wort „deutsch" früher in aller Welt für Ordnung, Pünktlichkeit, Fleiß oder gar Arbeitswut, so sind die Westdeutschen auch in dieser Hinsicht „normaler" geworden.

In die Verwaltungen ist ein ziviler Ton eingezogen. Hackenknallen und schnarrender Befehlston sind in deutschen Büros nicht mehr gefragt. Seit dreißig Jahren ist in der Bevölkerung kontinuierlich die Bereitschaft gestiegen, Kinder eher zu „Selbständigkeit und freiem Willen" zu erziehen, während in den fünfziger Jahren noch eher „Gehorsam und Unterordnung" im Vordergrund standen. Langfristig ist deshalb mit noch rascherem Wandel zu rechnen als bisher.

Natürlich kamen die Veränderungen nicht über Nacht, sie kamen auch nicht alle gleichzeitig. Meinungen kann man rasch ändern, neue Einstellungen brauchen länger (z.B. daß es besser sei, mehr als nur eine Partei zu haben), Gefühlsbindungen fordern viel Zeit (z.B. ein „Verfassungspatriotismus").

Rascher als vorhergesagt, ist vor allem die Bereitschaft zur aktiven Teilnahme der Bürger am politischen Leben gestiegen. Nach dem Krieg hatte zunächst aus verständlichen Gründen eine „Ohne-mich-Haltung" dominiert, die Resignation im Blick auf den eigenen Einfluß, aber auch Abscheu vor jedem politischen Wirken verriet. Mancher bereute zutiefst, in der NS-Zeit von der apathischen Grundhaltung des „Untertans" abgegangen zu sein. Der „Fragebogen" zur Entnazifizierung bewies es: „Politische Aktivität brachte nichts Gutes". Wie in Zeiten des Obrigkeitsstaats zog man den Kopf wieder ein, ließ Politik wie das Wetter als Schicksal über sich ergehen und konzentrierte sich lieber auf die Familie, auf Wiederaufbau und Wirtschaftswachstum. Nur ein Fünftel der Bürger bekundete, wie bereits vermerkt, an politischen Themen Interesse, und nur ein Bruchteil engagierte sich in den wiedererstandenen Parteien.

Seit den späten fünfziger Jahren, verstärkt in den sechziger und siebziger Jahren, stieg die Bereitschaft zur Partizipation kontinuierlich, und zwar im „konventionellen" wie im „unkonventionellen" Bereich. Zur konventionellen Partizipation zählen die Lektüre der Zeitung (auch des politischen Teils!), Diskussionen mit Freunden, Teilnahme an politischen Versammlungen oder Wahlkämpfen, Kontakte zu Politikern oder Beamten. In einer Fünf-Länder-Vergleichsstudie wiesen die Bürger Mitte der siebziger Jahre im Blick auf ihre konventionelle politische Aktivität hinter den US-Amerikanern den zweithöchsten Wert auf, vor Österreich, Britannien und Holland (Barnes/Kaase 1979).

Vor allem die jüngeren Deutschen schnitten gut ab: Gewöhnlich nimmt nämlich die Jugend am politischen Leben kaum teil; konventionelle Partizipation steigt bis zum Alter von 50 Jahren kontinuierlich und sinkt dann wieder ab. Die westdeutsche Jugend (bis zu 30 Jahren) wies in den siebziger Jahren aber schon einen Partizipationsgrad auf, der fast dem der 50jährigen gleichkam. Hält diese Entwicklung weiterhin an, so wird diese Jugend, wenn sie selbst 50 ist, sehr viel stärker partizipieren als ältere Deutsche bisher.

Unkonventionelles politisches Verhalten umfaßt eine Skala von legalen bis zu kriminellen Aktivitäten: Petitionen, Demonstrationen, Boykott, Verkehrsbehinderungen, Wandaufschriften, Hausbesetzungen. Für die ersten drei Formen bekunden die westdeutschen Bürger vergleichsweise hohe Zustimmung, kaum für die übrigen drei (bei denen im internationalen Vergleich die Holländer die Spitze einnehmen). Zu unkonventionellen politischen Aktivitäten neigen besonders die jüngeren Deutschen.

Die höchste Bereitschaft zur politischen Teilnahme, konventionell oder unkonventionell, zeigt sich bei jungen, gut ausgebildeten Westdeutschen, die aus der Mittelschicht stammen. Diese Gruppe stellt heute den überwiegenden Anteil der Mitglieder von Neuen Sozialen Bewegungen, die von Jahr zu Jahr mehr Anhänger finden und immer mehr Einfluß gewinnen. Vorläufer dieser Bewegung war die Protestbewegung der sechziger Jahre, die fast nur die studentische Jugend erfaßte. Ein Teil der Studentenbewegung machte sich in den siebziger Jahren auf den „Marsch durch die Institutionen", ein anderer Teil begann mit dem Rückzug „nach innen", in mancherlei Experimente mit spirituellen und Psycho-Erfahrungen.

Die Studentenbewegung zerfiel dabei in zahllose Gruppen und Grüppchen: Bürgerinitiativen, Frauenbewegung, alternative Projekte, Wohngemeinschaften, Arme-Welt-Läden und Selbsterfahrungsgruppen. Hatten die Studenten Themen wie Nationalsozialismus, Rätedemokratie und Vietnam eingebracht, so traten ab Mitte der siebziger Jahre, vor dem Hintergrund der Ölkrise 1973, ganz neue Themen hervor:

die ökologischen Folgeprobleme des industriellen Wachstums, die fortschreitende Zerstörung natürlicher und sozialer Lebensräume, die wachsenden Risiken neuer Großtechnologien und die Verdichtung technokratischer Kontroll- und Systemzwänge... In der Antikernkraft-Bewegung bündelten sich ökologische und atomare Katastrophenängste, ein selbstbewußt gewordener bürgerlicher Widerstand gegen die Belastungen großtechnischer Projekte und der emanzipative, gegenkulturelle Protest gegen die fortschreitende „Maschinisierung" gesellschaftlicher Verhältnisse, gegen Industrialismus, Patriarchalismus und staatliche Repression, zu einer ersten breiten Mobilisierungswelle des „neuen" Typus sozialer Bewegung (Roth/Rucht 1987, 30).

Anders als die Parteien sind diese sozialen Bewegungen häufig „Einpunkt-Bewegungen" (*one-issue-movements*). Ihre Struktur ist flexibel; es gibt keinen offiziellen Beitritt zur Gruppe, auch keine förmliche Mitgliedschaft, wohl aber fast immer ein ausgeprägtes „Wir-Gefühl", das sich in Sprache, Umgangsformen und auch Kleidung ausdrückt. Neue Soziale Bewegungen legen sich nicht auf bestimmte Aktionsformen fest, neigen aber gewöhnlich zu unkonventioneller Partizipation: „Die Akteure sozialer Bewegungen sind eben nicht nur ‚Anders-Denkende', sondern auch vielfach ‚Anders-Handelnde'" (Roth 1987, 23). Die Zahl der in solchen Aktionsgruppen mitwirkenden Menschen steigt noch immer an. Brachte die Friedensbewegung der frühen 60er Jahre nur wenige tausend Ostermarschierer für ihre Ziele auf die Beine, so schlossen sich in den 80er Jahren mehr als eine Million westdeutscher Bürger zu einer „Friedenskette" zusammen, um für neue Strategien der Friedensbewegung zu werben. 62 Prozent der Bundesbürger bezeichneten sich Ende der 80er Jahre als „Sympathisanten" oder „potentielle Mitglieder" der Friedensbewegung. Vierzig Prozent standen der Antikernkraft-Bewegung nahe, weit mehr als in jedem anderen europäischen Land (vgl. Roth/Rucht 1987, 52f.). Gerade Themen wie Frauen, Frieden und Umwelt, die von den Parteien nicht ernsthaft genug oder auch gar nicht angepackt wurden, bestimmten im Lauf des letzten Jahrzehnts immer mehr Bürger, direkten Einfluß auf politische Prozesse zu suchen, in Initiativen, auf Demonstrationen und schließlich auch durch die Gründung der Grünen Partei, die sich als parlamentarischer „Stoßtrupp" der neuen Bewegung empfand und von Teilen der Grünen bis heute so definiert wird.

Das Urteil darüber, ob diese Aktivitäten der parlamentarischen Demokratie Deutschlands langfristig nützen oder ihr eher Schaden zufügen, provoziert häufig politischen Streit: Konservative fürchten eine Politisierung des deutschen Alltags, warnen vor der Gefahr einer Stimmungsdemokratie und sagen bei weiter anhaltendem Partizipationswillen unweigerlich „Unregierbarkeit" für die westlichen Demokratien voraus. Progressive dagegen begrüßen die lebhafte Teilnahme von Bürgern als basisnah, demokratisch und legitimitätsförderlich. Eines aber ist sicher: Mit dem Erstarken der Neuen Sozialen Bewegungen geht gleichzeitig eine nicht unbedenkliche Distanzierung von den Parteien einher, die zum Teil auf berechtigter Kritik an Skandalen beruht, andererseits aber in alte deutsche Politikmuster zurückweist: Moderne „Parteiverdrossenheit" beschwört in Deutschland zugleich die Erinnerung an die Parteienfeindschaft des vergangenen Jahrhunderts, der Weimarer und der NS-Zeit herauf. Deshalb erheben sich auch bei der politischen Linken zunehmend warnende Stimmen vor radikaler Parteien-Kritik.

Bedingungen für den politischen Wandel

Die Abkehr von obrigkeitlicher Praxis hatte unterschiedliche Quellen: die politischen Vorstellungen der Alliierten, eine neue Verfassung, eine Personalpolitik, die – zumindest auf einigen Feldern – die Kontinuität zum NS-Regime unterbrechen sollte, und nicht zuletzt den Wandel von Werten und Normen bei den nachwachsenden Generationen.

Dies alles hätte aber wenig ausgerichtet, wenn nicht eine Fülle günstiger Umstände es den Westdeutschen leicht gemacht hätte, sich mit der Demokratie anzufreunden. Hier nur die wichtigsten Gründe:

- Die beiden Eliten, die die politische Geschichte Preußen-Deutschlands und auch der Weimarer Demokratie geprägt hatten – der landbesitzende Adel Ostelbiens und das Militär –, waren dauerhaft entmachtet.

- Statt Reparationslasten, Inflation, Wirtschaftskrisen und Arbeitslosigkeit gab es bald ökonomische Hilfe nach dem Marshallplan und einen Wirtschaftsaufschwung.

- Der enorme wirtschaftliche Aufschwung führte zur Herausbildung einer neuen Mittelklasse. Diese relativ wohlhabende Schicht besaß eine bessere und längerdauernde Schulbildung und berufliche Positionen, die von sich aus demokratische Werte stützten und förderten. Hinzu kamen noch zwei Bedingungen, die gleichfalls Ergebnis des Wirtschaftsaufschwungs waren und sich in Richtung Demokratisierung auswirkten: mehr soziale Sicherheit und mehr Freizeit.

- Die Westdeutschen öffneten sich zunehmend Einflüssen von außen: durch Exportverbindungen, Tourismus, internationalen Jugendaustausch. Dieser Verkehr förderte eine Weltoffenheit, die Handels- und Seenationen schon früher für demokratische Ideen empfänglich gemacht hatten, weil sie sich „auszahlten": als Sinn für Innovation, Pluralität, Toleranz.

- In der Wirtschaftswunder-Gesellschaft gewannen, vor allem bei jüngeren Menschen mit guter Ausbildung und Mittelschichts-Sozialisation, neue „postmaterialistische" Werte an Boden: Wer, wie die westdeutsche Jugend der achziger Jahre, in Zeiten wirtschaftlicher Prosperität aufgewachsen sei – so die Theorie amerikanischer und deutscher Sozialwissenschaftler –, räume Bedürfnissen nach Selbstverwirklichung, sinnvoller Beschäftigung in Arbeit und Freizeit, Mitspracherecht usw. einen höheren Rang ein als „materiellen" Bedürfnissen wie wirtschaftlicher Sicherheit, Preisstabilität oder Leistung, Ruhe und Ordnung.

- Indizien für einen solchen Werte-Wandel von materiellen zu postmateriellen Bedürfnissen in der westdeutschen Jugend gibt es in Fülle: Junge Menschen verzichten eher als ältere auf ein höheres Einkommen zugunsten von „nichtentfremdeter" Arbeit, die Spaß macht und weitgehend selbstbestimmt ist. Freundschaften schließen sie weniger unter den Gesichtspunkten „Prestige" oder „Einkommen" als im Blick auf Originalität und Freundlichkeit des Partners.

Solche Veränderungen auf der Werte-Skala der westdeutschen Gesellschaft sind dafür verantwortlich, daß immer mehr junge Menschen zum „einfachen Leben" zurückkehren, Alternativen zur Lebensweise der Eltern entwickeln, Konsum verweigern und sich als Vorreiter auf einem Weg fühlen, von dem sie überzeugt sind, daß alle Industriegesellschaften angesichts jetzt erkannter Grenzen wirtschaftlichen Wachstums und Umweltzerstörung ihm eines Tages folgen werden. (Es gibt natürlich auch viele westdeutsche Jugendliche, die nach den gleichen Prinzipien und Maßstäben leben wie ältere Generationen. In diesem Beitrag sollen sie aber nicht thematisiert werden.)

Trennung von Staat und Gesellschaft

Im insgesamt erfreulichen Bild der Entwicklung westdeutscher Demokratie nach dem Zweiten Weltkrieg gibt es allerdings Schatten. Sie werden unter Sozialwissenschaftlern kontrovers diskutiert. Konservative Forscher stellen die Frage, ob denn die Bundesrepublik in jedem Falle dem Bild von Demokratie gleichkommen müsse, das sich unter ganz anderen politikgeschichtlichen Voraussetzungen in den westlichen Industriegesellschaften herausgebildet habe. Vielleicht paßte zu den Deutschen eine „andere", spezifisch deutsche Form von Demokratie besser als das Modell, das die angelsächsischen Demokratien abgeben? Es zeigt sich, daß politische Kulturforschung nicht wertfrei sein kann und daß die Sozialwissenschaften eines Landes zu seiner politischen Kultur selbst dazugehören, nicht nur im Blick auf ihre politischen Tendenzen, sondern auch auf Theorien und Methoden der Forschung. Hier ist also grundsätzlich Vorsicht geboten. Dennoch sollen im folgenden einige Felder genannt sein, auf denen die Bundesrepublik Deutschland, gemessen an den klassischen Demokratien Europas, „Nachholbedarf" hat.

Noch immer gilt in der Bundesrepublik die Trennung von Staat und Gesellschaft. Diese Tatsache wird unterschiedlich beurteilt: Viele meinen, die überkommene Trennung staatlicher Institutionen von der Gesellschaft, die sich als eher unpolitischer Bereich der Führung des „Staates" anzuvertrauen habe, sei eine durchaus vernünftige Tradition. Andere sehen die klassische Zweiteilung als Hindernis für die Demokratie. Das westliche Demokratieverständnis lasse die Vorstellung eines Staates nicht zu, welcher von demokratischer Willensbildung und Volkssouveränität getrennt gedacht wird.

Das Grundgesetz wollte die deutsche Tradition der Staatsphilosophie nicht fortsetzen. Der Weg, auf dem die Verfassungsväter versuchten, der Gefahr der Staatsvergottung zu entgehen, hat allerdings eine andere Gefahr mit sich gebracht. An die Stelle des unangreifbaren Staates ist die unangreifbare Verfassung getreten; man spricht inzwischen kritisch von der „Verfassungsvergottung" der Deutschen. Das angelsächsische Verständnis von Verfassung ist das eines Forums für politische Auseinandersetzungen. Die Verfassung gilt als sachlich und zeitlich offen und setzt den gesellschaftlichen Wandel, auch den Wandel von Wertvorstellungen, als normal voraus. Das Grundgesetz dagegen wird heute vielfach als „absolutes Wertgehäuse" betrachtet, das unveränderbar ist. Die politische Macht hat sich zuweilen auf die Seite der rechtlichen Macht verschoben: wenn das Bundesverfassungsgericht darüber entscheidet, wie das „geschlossene Verfassungshaus" systemkonform „möbliert" wird.

Deutlichstes Kennzeichen für die noch nicht aufgehobene Trennung von Staat und Gesellschaft ist die Institution des deutschen Berufsbeamtentums. Es gilt als eine besonders staatsnahe Gruppe von Bürgern, die ihrem „Dienstherrn" durch ein besonderes Treuegelöbnis verpflichtet ist. Beamte sind Bürger erster Klasse, im Unterschied zum „Normalbürger", der seinem Staat die Treue nicht schwört.

Die Bürger der Bundesrepublik Deutschland zeigen noch immer weniger Toleranz gegenüber Minderheiten und Andersdenkenden, als die Demokratie-Meßskalen sozialwissenschaftlicher Forscher für „gute Demokraten" erfordern. Auch Konflikt- und Kompromißbereitschaft sind immer noch in unzureichendem Maße ausgebildet. Demokratie setzt das grundsätzliche Einverständnis darüber voraus, daß verschiedene Meinungen und Überzeugungen sich gleichberechtigt gegenüberstehen. Letzte Wahrheiten und Ziele gibt es nicht (außer dem demokratischen Grundkonsens, zu dem das Toleranzprinzip selber gehört). Nur die Einsicht in die Berechtigung verschiedener, also notwendig konfligierender Meinungen und Interessen erlaubt Kompromisse. Wer nur die eigene Überzeugung gelten läßt, muß jeden Kompromiß als Niederlage und „Verrat an der guten Sache" empfinden.

Ralf Dahrendorf hat schon vor Jahren im deutschen Streben nach Harmonie undemokratische Züge aufgezeigt. Neue empirische Untersuchungen bestätigen diese traditionelle Konfliktscheu: Deutsche meiden noch immer (und neuerdings zunehmend) das politische Gespräch, weil es „darüber leicht Streit gibt". Sie sehen in Meinungsverschiedenheiten innerhalb einer Partei ein Zeichen der Schwäche, halten weniger vom Streik als Bürger anderer Staaten und fürchten, bei Kompromissen die eigene Meinung zu verraten.

Mangelnder Konfliktbereitschaft entspricht ein Mangel dessen, was man in der sozialwissenschaftlichen Fachsprache „Ambiguitätstoleranz" nennt: das Ertragen widersprüchlicher Aspekte mit dem Ziel, nach Prüfung zu einem Urteil zu kommen, das diese Widersprüchlichkeit unter Umständen enthält, jedenfalls aber in seiner Problematik bejaht. Wer widersprüchliche Lagen psychisch nicht aushält, neigt leicht dazu, Entscheidungen nur um der Entscheidung willen zu radikal oder zu rasch fällen zu wollen. Schwache Konfliktbereitschaft führt unter Umständen dazu, die Rolle der politischen Opposition zu mißachten. Wer opponiert, gilt in der Bundesrepublik Deutschland häufig als Störenfried, zumal wenn er nur eine kleine Gruppe vertritt. Fast die Hälfte der westdeutschen Bevölkerung meinte noch Ende der siebziger Jahre, man solle einer Minderheit, die in einer Abstimmung unterlegen ist, das Recht auf weitere oppositionelle Äußerung in dieser Sache versagen. Über drei Viertel der Bürger sind noch heute der Ansicht, die politische Opposition sei dazu da, die Regierung in ihrer Arbeit zu unterstützen, nicht sie zu kritisieren – ein fatales Mißverständnis politischer Opposition.

Konfliktscheu führt paradoxerweise mitunter zu Polarisierung: Wer die Interessen des Andersdenkenden nicht ernst nimmt, verwechselt den politischen Gegner leicht mit einem politischen Feind. Die traditionelle Konfliktscheu verstärkt den Wunsch nach Gemeinschaft und Harmonie. Dieser Konsens stellt sich umso leichter ein, je rascher ein Feindbild bei der Hand ist. Die Unterscheidung von Freund oder Feind wird zur grundlegenden politischen Theorie. Immer wieder fällt die politische Kultur der Bundesrepublik in das klassische deutsche Politikmuster des Freund-Feind-Denkens zurück: Parteien entwickeln „Lagerideologien", Funkhäuser und Zeitungen ergänzen ihre Redaktionen aus politisch gleichgerichteten Gruppen, Zitier- und Berufungskartelle beherrschen die Universitäten, Fakultäten und Institute. Der politische Gegner als Feind: immer wieder hat man den Deutschen ihre Radikalität im Blick auf Ideologien und Attacken gegen andersdenkende Gruppen vorgeworfen. Parlamentarismus, Parteiendemokratie und die Tugend des Kompromisses galten auf dem rechten wie dem linken Flügel politischen Denkens als oberflächlich, krämerisch und verlogen. Geringschätzung angelsächsisch-demokratischer Tugenden findet sich auch auf der politischen Linken in der Bundesrepublik Deutschland. Ein ehemaliges Mitglied der Studentenbewegung der sechziger Jahre schreibt heute die folgenden Sätze:

Ich kann aber nicht leugnen, daß ich von diesem deutschen Hang zum Absoluten, von dieser Verbohrtheit und Dickschädeligkeit auch fasziniert bin: den Sachen auf den Grund gehen, auch auf den Grund des Schreckens, nicht beim seichten *common sense* stehen bleiben. Tief, unergründlich, rätselhaft sein. Gegenpart dazu sind die angelsächsischen Kulturen: verschiedene Ansätze, Lebensweisen können nebeneinander bestehen. Das ist auch wirklich faszinierend: Verschiedenes kann tatsächlich nebeneinander bestehen, wird akzeptiert – die angelsächsische Toleranz ist eine Tugend, und uns Deutschen geht sie weitgehend ab. Aber sie hat auch ihr Negatives: alles dulden, an der Oberfläche bleiben, alles mit allem vereinbaren und versöhnen wollen: Seichtigkeit… Ich will hier eine Linke, die nicht nur „kosmopolitisch", sondern auch „deutsch" ist. Die den Mangel an politischer Kultur in Deutschland nicht dadurch beheben will, daß sie auf den Zug der anderen Länder aufspringt, sondern dadurch, daß sie eine spezifisch deutsche politische Kultur entwickelt (zit. n. M. und S. Greiffenhagen 1979, 272f.).

Diese Passage bringt Töne in Erinnerung, die in der Weimarer Republik eine „deutsche Linke" mit einer „deutschen Rechten" verband: im Kampf gegen westliche Seichtigkeit, die parlamentarische Quasselbude, den Parteien-Kuhhandel, gegen das Mehrheitsprinzip. Polarisierung durch Konfliktscheu – ein typisch deutsches Problem?

Staat ohne Identität?

Diese Konfliktscheu hat in Deutschland eine lange Tradition. Sie weist auf das politikgeschichtliche Erbe hohen politischen Homogenitätsbedarfs hin. Preußen war ein „Staat ohne Eigenschaften" (Sebastian Haffner), ohne Identität: Das Fürstenhaus hatte keine dynastische Tradition, seine Untertanen waren aus verschiedenen Regionen, Religionen, Kulturen zusammengewürfelt. Eine „Idee" wie die demokratische Solidarität aller Bürger gab es nicht. Ein großer König wurde Friedrich II., weil er aus all diesen Defiziten eine effektive Staatsmaschine zu formen verstand: Zukunft statt Herkunft, Wille zum Neuen statt Ehrfurcht vorm Alten, explosive Kraft statt gelassener Ruhe, Disziplin und Fleiß statt Gemächlichkeit, Effektivität statt Schlamperei.

Die Tradition dieser politischen Kultur des Emporkommens und Durchbeißens hat Preußen-Deutschland geprägt. Der Soziologe Max Weber hat das kaiserliche Deutschland mit einem führerlos dahinrasenden Schnellzug verglichen. Trotz des scheinbar durchgreifenden Wandels seit den 60er Jahren gibt es in der Bundesrepublik Deutschland Tendenzen, die auf ältere deutsche Mentalitätsmuster zurückweisen: Staatsgläubigkeit, Pflicht-Religion, Glaube an den Selbstwert von Ordnung, Disziplin und Effektivität. Sie werden sichtbar etwa im Umgang mit Terroristen oder Protestbewegungen, in der Schulpolitik konservativer Kultusminister, sie zeigen sich im Versuch, politische Fragen durch Gerichte entscheiden zu lassen, auch im Vorschlag konservativer Pädagogen und Philosophen, Kinder wieder stärker zu Fleiß, Ordnung und Disziplin anzuhalten, zu Tugenden also, die seit dem Nazi-Regime vielen Bürgern als obsolet gelten, nach Ansicht konservativer Pädagogen aber unter allen politischen Umständen nötig sind. Über all diese Fragen entbrennt in der Bundesrepublik heftiger Streit zwischen Bürgern, die sich eher dem angelsächsischen Demokratiemodell verpflichtet fühlen, und Bürgern, die eine Demokratie „eigenen westdeutschen Zuschnitts" wünschen, basierend auf im eigenen Land gewachsenen politischen Traditionen.

Ist die Bundesrepublik Deutschland, wie die Regime vor ihr, noch immer ein „Staat ohne Staatsidee", ohne Identität? Sie tut sich sehr schwer mit ihren nationalen Symbolen: „Revolutions-Feiertage" oder andere Tage nationaler und demokratischer Befreiung kannte die Bundesrepublik Deutschland, wie schon erwähnt, nicht. Die erste Strophe der Nationalhymne spricht von vier Gewässern, die sämtlich außerhalb der heutigen Grenzen des Landes liegen. Nur wenige Bürger kennen den vollen Text dieser Hymne, nicht einmal den Text der einzig bei offiziellen Anlässen gesungenen dritten Strophe. „Freude" empfindet beim Anblick der Nationalflagge nur ein Drittel der Bürger. Flaggen auf Privat- oder Behördenschreibtischen sind selten, auch das Foto des Bundespräsidenten hängt in kaum einer Amtsstube.

In dieser Lage diagnostizieren konservative Historiker der Bundesrepublik ein gefährliches „Sinn-Defizit". Identität müsse gestiftet werden, um den Zusammenhalt der Gesellschaft auf Dauer gewährleisten zu können: In vielen Schulen wird neben dem Schulgebet das Singen der Hymne obligatorisch, Landkreise werden aufgefordert, Flaggen zu schaffen, Museen werden gegründet, die den Deutschen ihre Geschichte näher bringen und damit Identifikationsangebote machen sollen. Politischer Grundkonsens, so die vorgetragene These, könne sich nicht allein auf die Demokratie stützen, sondern bedürfe stärkerer Verankerungen in einem gemeinsamen Geschichtsbild, das Stolz vermittle. Der Historiker Michael Stürmer schreibt, nur die Nation stille heute „jenen Hunger nach Sinn und Identität, den vordem Religion und Magie befriedigt hatten" (zit. n. Wehler 1988, 69). Auch der „Historikerstreit" hat hier seine Wurzeln: Nur wenn die Verbrechen des Nationalsozialismus relativiert sind durch die Verbrechen anderer Völker, werde Stolz auf die nationale Vergangenheit der Bundesrepublik Deutschland wieder möglich.

Die westdeutsche Demokratie gilt im Urteil vieler Deutscher noch nicht als gefestigt: Sehen die einen im Rückfall in ältere deutsche Politikmuster Gefahren, so fürchten andere um den Bestand des Staatswesens durch ein Sinn-Defizit oder durch „Unregierbarkeit" als Folge zu breiter Beteiligungswünsche auf seiten der Bürger. Im ganzen scheint aber die Demokratie auf westdeutschem Boden gut unterwegs. Die Bundesrepublik hat schon eine eigene kleine demokratische Tradition ausgebildet. Die Mehrheit ihrer Bevölkerung ist in dieser Republik geboren und in dem Bewußtsein aufgewachsen, in ihr politisch gut untergebracht zu sein. Viele demokratische Institutionen und Einstellungen sind als „Errungenschaften" inzwischen weder wegzudenken noch abzuschaffen. Sie sind Bausteine einer neuen staatlichen Identität, die sich ausbildet. Doch das braucht Zeit.

Auswahlbibliographie

Almond, Gabriel A.; Verba, Sidney: The Civic Culture. Political Attitudes and Democracy in Five Nations. Princeton/New Jersey 1963.

Almond, Gabriel A.; Verba, Sidney (Hg.): The Civic Culture Revisited. Boston 1980.

Baker, Kendall L. u.a.: Germany Transformed. Political Culture and the New Politics. Cambridge/London 1981.

Barnes, Samuel Henry; Kaase, Max u.a.: Political Action. Mass Participation in Five Western Democracies. Beverly Hills 1979.

Berg-Schlosser, Dirk; Schissler, Jakob (Hg.): Politische Kultur in Deutschland. Bilanz und Perspektiven. Opladen 1987.

Blackbourn, David; Eley, Geoff: The Peculiarities of German History. Oxford 1984.

Brand, Karl-Werner (Hg.): Neue Soziale Bewegungen in Westeuropa und den USA. Ein internationaler Vergleich. Frankfurt/M./New York 1985.

Conradt, David P.: The German Polity. New York 1978.

Conradt, David P.: Changing German Political Culture. In: Almond/Verba (Hg.) 1980, S. 212ff.

Dahrendorf, Ralf.: Gesellschaft und Demokratie in Deutschland. München 1965.

Gabriel, Oscar W.: Politische Kultur und Postmaterialismus in der Bundesrepublik Deutschland. Opladen 1986.

Greiffenhagen, Martin: Die Aktualität Preußens. Fragen an die Bundesrepublik. Frankfurt/M. 1981.

Greiffenhagen, Martin: Von Potsdam nach Bonn. Zehn Kapitel zur politischen Kultur Deutschlands. München 1986.

Greiffenhagen, Martin; Greiffenhagen, Sylvia: Ein schwieriges Vaterland. Zur politischen Kultur Deutschlands. München 1979.

Greiffenhagen, Martin; Greiffenhagen, Sylvia; Prätorius, Rainer (Hg.): Handwörterbuch zur politischen Kultur Deutschlands. Opladen 1981.

Haffner, Sebastian: Preußen ohne Legende. Hamburg 1978.

Historikerstreit. Die Dokumentation der Kontroverse um die Einzigartigkeit der nationalsozialistischen Judenvernichtung. München/Zürich 1987.

Klages, Helmut: Wertorientierung im Wandel. Rückblick, Gegenwartsanalyse, Prognose. Frankfurt/M. 1984.

Krockow, Christian Graf v.: Nationalismus als deutsches Problem. München 1970.

Oberndörfer, Dieter u.a. (Hg.): Wirtschaftlicher Wandel, religiöser Wandel und Wertwandel. Folgen für das politische Verhalten in der Bundesrepublik Deutschland. Berlin 1985.

Oberreuter, Heinrich: Stimmungsdemokratie. Strömungen im politischen Bewußtsein. Zürich 1987.

Plessner, Helmuth: Die verspätete Nation. Über die politische Verführbarkeit bürgerlichen Geistes. Stuttgart 1959.

Raschke, Joachim: Soziale Bewegungen. Ein historisch-systematischer Grundriß. Frankfurt/M. 1985.

Reichel, Peter: Politische Kultur der Bundesrepublik. Opladen 1981.

Reichel, Peter: Politische Kultur in Westeuropa. Bürger und Staaten in der Europäischen Gemeinschaft. Frankfurt/M. 1984.

Roth, Roland; Rucht, Dieter (Hg.): Neue soziale Bewegungen in der Bundesrepublik Deutschland. Bonn 1987.

Sontheimer, Kurt: Antidemokratisches Denken in der Weimarer Republik. München 1962.

Stern, Fritz: Kulturpessimismus als politische Gefahr. Bern/Stuttgart 1963.

Stürmer, Michael (Hg.): Das kaiserliche Deutschland. Politik und Gesellschaft 1870–1918. Düsseldorf 1977.

Verba, Sidney: Germany. The Remaking of Political Culture. In: Lucian W. Pye; Sidney Verba: Political Culture and Political Development. Princeton/New Jersey 1965.

Wehler, Hans-Ulrich: Entsorgung der deutschen Vergangenheit? Ein polemischer Essay zum „Historikerstreit". München 1988.

Weidenfeld, Werner (Hg.): Die Identität der Deutschen. München/Bonn 1983.

Volker Rittberger

WELTMACHT ODER HANDELSSTAAT? ZUR AUSSENPOLITIK DES VEREINTEN DEUTSCHLAND*

Die „Deutsche Frage" war, jedenfalls bis vor kurzem, ein Dauerproblem der internationalen Politik. Mit der Vereinigung der beiden nach dem Zusammenbruch des „Dritten Reiches" entstandenen Staaten in Deutschland – Bundesrepublik Deutschland und Deutsche Demokratische Republik – am 3. Oktober 1990 dürfte eine – zumindest für eine längere historische Epoche – endgültige Klärung der Konflikte erreicht sein, die seit dem Ende des Heiligen Römischen Reiches Deutscher Nation im Jahre 1806 Europa immer wieder in Krisen gestürzt haben. Als ein weiterhin beunruhigender Aspekt der „Deutschen Frage" könnte sich freilich der internationale Status des vereinten Deutschland mit seinem vergrößerten Bevölkerungs- und Wirtschaftspotential erweisen. Die Diskussionen über einen schon als gegeben unterstellten oder aber angestrebten Weltmachtstatus Deutschlands – teilweise in Deutschland selbst, mehr aber noch im Ausland – legen es nahe, die „Deutsche Frage" als Problem der internationalen Politik noch nicht als völlig erledigt zu betrachten. Die Schlagwörter von der „Germanisierung Europas" einerseits und von der „Europäisierung Deutschlands" andererseits deuten auf die Virulenz des Statusaspekts der „Deutschen Frage", zugleich aber auch auf die Möglichkeiten einer international verträglichen Entwicklung des vereinten Deutschland hin.

Schon die Namensgebung für das vereinte Deutschland – „Bundesrepublik Deutschland" – und der Umstand, daß die ehemalige DDR ihren Beitritt zum Geltungsbereich des Grundgesetzes gemäß Art. 23 Grundgesetz (GG) erklärte, lassen vermuten, daß es zwischen der Politik des vereinten Deutschland und der der früheren Bundesrepublik eine weitgehende Kontinuität gibt. Zwar hat der „Einigungsvertrag" (vgl. Bulletin Nr. 104/1990, 877–1120) verfassungspolitisch einige Optionen der Veränderung des Grundgesetzes vor dessen endgültiger Bestätigung durch die Bürger des vereinten Deutschland eröffnet; und auch innenpolitisch wird die Herstellung einheitlicher Lebensverhältnisse zwischen den neuen und den alten Bundesländern Korrekturen bisheriger Politik zumindest zeitweilig erfordern. Das Maß der Kontinuität wird freilich in der Außenpolitik und den internationalen Beziehungen des vereinten Deutschland am ausgeprägtesten sein, wenn auch die veränderten Rahmenbedingungen in der

* Wolfgang Kralewski zum 60. Geburtstag am 16. Juni 1991 gewidmet.
Herrn Martin Mogler schulde ich Dank für seine Hilfe bei der Herstellung des Manuskripts.

internationalen Umwelt Deutschlands, die den Einigungsprozeß ermöglicht haben, bisher nicht vorhandene oder als blockiert wahrgenommene Handlungsmöglichkeiten eröffnen.

In Anbetracht dieser Kontinuitätsvermutung erscheint es gerechtfertigt, die Außenpolitik und die internationalen Beziehungen des vereinten Deutschland vor dem Hintergrund der vierzigjährigen Geschichte der westdeutschen Außenpolitik (und unter Vernachlässigung der Außenpolitik der ehemaligen DDR) zu analysieren. Dabei kann es freilich nicht darum gehen, ihre geschichtliche Entwicklung von Bundeskanzler zu Bundeskanzler nachzuzeichnen (vgl. Hacke 1988 und im Unterschied dazu Hanrieder 1991), sondern nur um den Versuch, die wesentlichen Merkmale und Bedingungsfaktoren herauszuarbeiten.

Als zentrale Bezugspunkte der Untersuchung dienen dabei zum einen die Akteure sowie die normativ-institutionellen Vorgaben des außenpolitischen Entscheidungsprozesses und zum anderen die inneren und äußeren Rahmenbedingungen, welche die außenpolitischen Grundorientierungen – differenziert nach Sachbereichen und Beziehungsfeldern – geprägt haben.

Wie bereits angedeutet, ist dem vereinten Deutschland ebenso wie der früheren Bundesrepublik die Aufmerksamkeit inländischer wie ausländischer Publizisten und Politiker sicher, wenn es um seinen Machtrang geht – ein zwar von vielen als wichtig erachtetes, aber kaum präzise bestimmbares Kennzeichen des internationalen Status eines Landes. Mit der Diskussion über den Machtrang verbinden sich auch Fragen nach dem außenpolitischen Rollenverständnis und Stil, deren Beantwortung überleitet zu den abschließenden Überlegungen zu den Charakteristika und Perspektiven deutscher Außenpolitik in den 90er Jahren.

Die Existenz eines vereinten Deutschland als völkerrechtlich handlungsfähiges Subjekt der internationalen Beziehungen wie auch die vermutete Kontinuität zwischen der früheren Bundesrepublik und dem vereinten Deutschland von heute, vor allem im Bereich der Außenpolitik, sind alles andere als historisch selbstverständlich. Ein Rückblick auf den Weg Deutschlands in der internationalen Politik Europas vom Anfang des 19. Jahrhunderts bis heute soll die Spezifik des staatsrechtlichen Wandels des Jahres 1990 auch im Bereich der Außenpolitik und der internationalen Beziehungen deutlich machen.

Vom „Reich" über die Teilung zur (Wieder-)Vereinigung

Die „Deutsche Frage" im 19. und 20. Jahrhundert

„Deutschland" als politische Kategorie stellt weder ethnisch noch geographisch-territorial oder politisch-konstitutionell eine feststehende Größe dar. Anders als die „klassischen" westeuropäischen Nationalstaaten wie Frankreich und Großbritannien, die sich – sieht man von der einen oder anderen nichtintegrierten Peripherie einmal ab – seit dem Beginn der Neuzeit in Europa zunehmend konsolidierten, fielen in „Deutschland" die nationalen, staatlich-territorialen und verfassungspolitischen Identitäten auseinander; sie erwiesen sich nach innen wie nach außen als miteinander unverträglich. Ein typischer Reflex auf diesen Sachverhalt ist die von Friedrich Meinecke getroffene Unterscheidung von Kultur- und Staatsnation:

> Man wird, trotz aller sogleich zu machenden Vorbehalte, die Nationen einteilen können in Kulturnationen und Staatsnationen, in solche, die vorzugsweise auf einem irgendwelchen gemeinsam erlebten Kulturbesitz beruhen, und solche, die vorzugsweise auf der vereinigenden Kraft einer gemeinsamen politischen Geschichte und Verfassung beruhen (Meinecke 1917, 3f.).

Das Auseinanderfallen von Kultur- und Staatsnation wurde allerdings immer wieder zur Legitimation einer „Irredenta"-Politik unter der Losung „Heim ins Reich!" herangezogen. Diese bestand darin, die territorialen Grenzen „Deutschlands" den deutschen Siedlungsräumen bzw. Sprachgrenzen expansiv anzupassen, am aggressivsten in Hitlers „Großdeutschland"-Politik. Sie liegt aber auch, wenngleich offiziell dementiert, einer Politik zugrunde, die in weiter Auslegung des Art. 116 GG allen „Deutschstämmigen" die Übersiedlung in die Bundesrepublik Deutschland garantiert und deren Aufnahme zur „nationalen Pflicht" erhebt.

Da bisher alle Versuche scheiterten, „Deutschland" durch ethnische oder geographische („natürliche") Grenzen gegenüber seinen Nachbarn territorial festzulegen, liegt es nahe, auf eine bestimmte geographische Definition dessen, was „Deutschland" in seiner „natürlichen Größe" ausmacht, ganz zu verzichten. Da die Bestimmung vermeintlich „natürlicher" Grenzen immer auch politische Merkmale einschloß, die zu keiner Zeit mit ethnischen Merkmalen übereinstimmten, folgt daraus, daß der Begriff „Deutschland" an keiner Phase der wechselvollen deutschen Territorial- und Nationalgeschichte festgemacht werden kann. So müssen sämtliche Versuche, mittels der Geographie (als Wissenschaft) Deutschlands „wirkliche" Grenzen zu bestimmen, als ein vom jeweiligen Zeitgeist gespeister „Geodeterminismus" bezeichnet werden (vgl. Demandt und Schultz 1990).

Da somit auf die von Ernst Moritz Arndt 1813 gestellte Frage „Was ist des Teutschen Vaterland?" seit dem Ende des Heiligen Römischen Reiches Deutscher Nation im Jahre 1806 bis in die jüngste Vergangenheit keine eindeutige und dauerhafte Antwort gefunden wurde, empfiehlt es sich, die in dieser Unstetigkeit steckende „Deutsche Frage" näher zu betrachten. Sie läßt sich in drei Problemfelder unterteilen, die zueinander in jeweils unterschiedliche Beziehungen traten: das oben umrissene Problem der deutschen Grenzen bzw. Einheit, das Problem des internationalen Status einer jeden Einheit, die den Namen „Deutschland" für sich in Anspruch nimmt (d.h. seiner Verträglichkeit mit friedlichen internationalen Beziehungen in Europa) und schließlich das Verfassungsproblem im weiteren, nicht nur juristischen Sinne. Aufgrund wechselnder Antworten auf diese Probleme und ihre Beziehungen untereinander hat

„Deutschland" seit dem Ende der Napoleonischen Kriege immer wieder eine veränderte politische Gestalt angenommen:

– 1815/1850–1867 als *„Kongreß-Deutschland"* mit einer Vielzahl souveräner Einzelstaaten unterschiedlicher politischer Ordnung;

– 1848/49 als *„Paulskirchen-Deutschland"* auf der Grundlage liberaler Verfassungsstaatlichkeit, jedoch durch konkurrierende Vorstellungen über Einheit und Status tief gespalten;

– 1867/1871–1918 als *„Preußen-Deutschland"*, eine „kleindeutsche" Einheit ohne Österreich mit autoritärer Verfassung und expansiver Außenpolitik;

– 1919 – 1933 als *„Weimar-Deutschland"*, eine instabile Synthese von nationalem Einheitsstaat, demokratischer Republik und internationaler Verträglichkeit;

– 1933 – 1945 als *„NS-Deutschland"* in Gestalt des totalitären Führerstaates mit weit über die nationalen Siedlungsgrenzen hinausreichendem Expansionsstreben;

– 1945 –1949 als *„Kontrollrats-Deutschland"* auf das Gebiet westlich von Oder und Neiße reduziert und von den Alliierten in Besatzungszonen verwaltet;

– 1949 – 1990 als *„Teilstaaten-Deutschland"*, dessen internationale Verträglichkeit durch die bündnis- und systempolitische Integration von Bundesrepublik und DDR gesichert wurde;

– Ab 1990 als *„KSZE-Deutschland"*, dessen Entstehung sich der zu Ende gehenden Systemauseinandersetzung zwischen „Realsozialismus" und liberaldemokratisch regierten kapitalistischen Gesellschaften in Europa, der gesellschafts- und verfassungspolitischen Stabilität und Berechenbarkeit der früheren Bundesrepublik und der darauf beruhenden Kontinuitätserwartungen sowie schließlich den übernommenen Verpflichtungen zur entschiedenen Einordnung in sicherheits-, wirtschafts- und herrschaftspolitische Integrationsprozesse in Europa verdankt.

Von der Zweistaatlichkeit zum vereinten Deutschland

Die Teil- bzw. Zweistaatenlösung schien auf dem besten Wege zu sein, sich als dauerhafter und stabiler zu erweisen als jede andere zeitweilige Antwort auf die „Deutsche Frage" seit dem Ende des „alten Reiches" im Jahre 1806. Dennoch mußte es angesichts der Wechselhaftigkeit der deutschen Nationalgeschichte offen bleiben, ob mit der Zweistaatlichkeit die Deutschen zu ihrer „Normallage" einer Kulturnation in mehreren Staaten zurückgekehrt waren oder ob es sich doch bloß um ein „Provisorium" bis zur Wiederherstellung eines nach innen ebenso wie nach außen konsensfähigen Nationalstaates „Deutschland" handelte. Weder stellte die deutsche Mehrstaatlichkeit eine „Abnormität" dar, noch ließ sich das Streben nach einem deutschen Nationalstaat als frivol abtun, sowenig es bisher – vom allerdings wichtigen Zwischenspiel der Weimarer Republik abgesehen – mit der Stabilisierung friedlicher internationaler Beziehungen in Europa kompatibel war.

Auch jetzt wäre es verfehlt, das vereinte Deutschland als geschlossene ethnisch-kulturelle Einheit definieren zu wollen. Nach wie vor leben Deutsche im ethnisch-kulturellen Sinne in anderen Staaten, als „Staatsnation" in Österreich, als Bevölkerungsmehrheit in der Schweiz, als Minderheiten in etlichen Staaten West- und Osteuropas. Darüber hinaus aber befindet sich das vereinte Deutschland selbst – ob gewollt oder nicht – auf dem Weg zu einer ethnisch diversifizierten Gesellschaft. Die damit einhergehenden politisch-ökonomischen und kulturellen Gegensätze mit ihren sozialen Spannungen werden von Deutschen und Nichtdeutschen auszuhalten und auszutragen gelernt werden müssen. Sowenig sich das vereinte Deutschland als Repräsentant aller Deutschen im ethnisch-kulturellen Sinne definieren kann, ohne als Friedensstörer in Erscheinung zu treten, so unmißverständlich muß es die politischen Konsequenzen aus seinem noch uneingestandenen Status eines „Einwanderungslandes" ziehen, wenn es den Eindruck einer „Wagenburg der Privilegierten" in seiner internationalen Umwelt vermeiden will. Dieses doppelte Auseinanderfallen von „politischem Deutschland" und „ethnisch-kulturellem Deutschtum" erlegt dem vereinten Deutschland zumindest mittelfristig eine besondere Anstrengung auf, um einem sowohl sozial als auch international verhängnisvollen Neo-Nationalismus zu widerstehen.

Die Vereinigung Deutschlands verdankt sich weniger einem Akt revolutionärer nationaler Selbstbestimmung, sondern vielmehr dem Zusammenbruch des Herrschaftsmonopols der SED in der früheren DDR und der damit in Gang gesetzten Selbstauflösung des Staates „DDR". Die Schnelligkeit dieses Vorgangs war zunächst nicht vorherzusehen, sprachen doch noch am Ende des Jahres 1989 die Interimsregierung unter Hans Modrow von einer „Vertragsgemeinschaft" zwischen DDR und Bundesrepublik und auch Bundeskanzler Kohl vom Aufbau „konföderativer Strukturen" (vgl. Bulletin Nr. 134/1989, 1146–1148 und Fischbach 1990, 286f.). Die ersten freien Wahlen zur DDR-Volkskammer im März 1990 machten indessen die Entschlossenheit auf ostdeutscher Seite zu einer raschen Vereinigung deutlich. Dem wurde auf westdeutscher Seite zunächst mit dem Abschluß des Vertrages über eine Währungs-, Wirtschafts- und Sozialunion zum 1. Juli 1990 Rechnung getragen (vgl. Bulletin Nr. 63/1990, 517–544). Nachdem auch der internationale Konsens zur Herstellung der deutschen Einheit, vor allem unter Einschluß der Sowjetunion und Polens, wider Erwarten schnell bis zum September 1990 hergestellt werden konnte, war die Bahn für das Inkrafttreten des „Einigungsvertrages" zum 3. Oktober 1990 frei.

Eine Sichtung der Bedingungen, die den Einigungsprozeß möglich gemacht haben, muß die Vorläufigkeit des Befundes unterstreichen. Es lassen sich *interne* und *externe* Faktoren angeben, deren Gewichtung im einzelnen schwer fällt. Entscheidend dürfte ihr Zusammenwirken in einer bestimmten Zeitspanne gewesen sein.

Als *interne Faktoren* lassen sich ausmachen:

1. die zu großen Legitimitätsdefiziten führende repressive Herrschaftspraxis der SED, die die fundamentalen Rechte und Bedürfnisse der Bürger in der ehemaligen DDR verletzte (wie freiheitlich-demokratische Partizipation, Rechtsstaatlichkeit, gleicher Zugang zu Bildungschancen, Meinungs- und Reisefreiheit, etc.);

2. die, gemessen am Standard der früheren Bundesrepublik, schlechte und in den 80er Jahren sich verschlechternde wirtschaftliche Lage der ehemaligen DDR, verbunden mit einer sehr weitgehenden Vernachlässigung der ökologischen Folgen planwirtschaftlicher Produktion;

3. ein zumindest unterschwellig weit verbreitetes und durch die „Fernsehgemeinschaft" gestütztes Zusammengehörigkeitsgefühl in der ehemaligen DDR in bezug auf die frühere Bundesrepublik (was von deren Bürgern freilich nicht in gleichem Maße erwidert wurde);

4. die Unfähigkeit der SED-Führung, sich mit der sich seit Mitte der 80er Jahre abzeichnenden Krise selbstkritisch auseinanderzusetzen und zu einem konstruktiven Krisenmanagement zu finden.

Unter den *externen Faktoren* sind besonders hervorzuheben:

1. das Nachlassen der Ost-West-Konfrontation und die Respektierung des Selbstbestimmungsrechts auch der Staaten der sogenannten sozialistischen Staatengemeinschaft durch die Sowjetunion im Zuge des Wandels der sowjetischen Außenpolitik („Neues Denken") unter Gorbatschow (vgl. Rittberger 1990b);

2. die durch den Wandel der sowjetischen Politik ermöglichte und tolerierte gesellschaftspolitische Öffnung in den ostmitteleuropäischen Staaten als Voraussetzung für das Hochgehen des „Eisernen Vorhangs" in Ungarn und die dadurch ausgelöste Fluchtwelle aus der ehemaligen DDR;

3. die deutschlandpolitischen Maximen der früheren Bundesrepublik, die ungeachtet entspannungspolitischer Flexibilität an der Möglichkeit des Beitritts von „anderen Teilen Deutschlands" im inzwischen gestrichenen Art. 23 GG festhielt;

4. die Verpflichtung der drei Westmächte aus Art. 7 des Deutschlandvertrages und ihre tatsächliche Bereitschaft, mit der früheren Bundesrepublik „zusammen(zu)wirken, um mit friedlichen Mitteln ihr gemeinsames Ziel zu verwirklichen: ein wiedervereinigtes Deutschland, das eine freiheitlich-demokratische Verfassung, ähnlich wie die der Bundesrepublik, besitzt und das in die europäische Gemeinschaft integriert ist".

Die Herstellung dieses vereinten Deutschlands hat nun freilich nicht überall nur zu positiven Reaktionen geführt. Ängste und Befürchtungen traten zutage, die teils nachvollziehbarer verständlicher Sorge, teils publizistischer Übertreibung, teils aber auch emotionsbeladener Deutschlandfeindlichkeit entsprangen. Dabei dürfte vor allem die Furcht vor der Hegemoniestellung eines nach Fläche, Bevölkerungszahl und Wirtschaftskraft erheblich vergrößerten Deutschlands eine Rolle gespielt haben. Daran anknüpfend und zugleich darüber hinausgehend wurden Befürchtungen über eine Neuorientierung der deutschen Außenpolitik laut, die auf die Übernahme einer stärker unabhängigen Großmacht- oder gar Weltmachtrolle hinauslaufen könnte (vgl. Mearsheimer 1990).

Angesichts dieser Skepsis ist nach den Bedingungen zu fragen, unter denen die „Deutsche Frage" von der Tagesordnung der internationalen Politik abgesetzt werden könnte. Diese Frage wird erst in der weiteren Zukunft zu beantworten sein, doch läßt sich schon jetzt verdeutlichen, daß die Voraussetzungen dafür günstig sind:

1. Das vereinte Deutschland stellt eine territoriale Einheit dar, die keine Gebietsansprüche an irgendeinen Nachbarn stellt bzw. auf bisher offengelassene Ansprüche ausdrücklich verzichtet. Insbesondere beinhaltet die Anerkennung der polnischen Westgrenze keinen ernsthaften innenpolitischen Konfliktstoff mehr.

2. Durch den Beitritt der ehemaligen DDR zum Geltungsbereich des Grundgesetzes wird die Kontinuität einer Verfassungsordnung gewährleistet, die sich über vier Jahrzehnte als Fundament einer demokratischen und rechtsstaatlichen Entwicklung bewährt hat. Das vereinte Deutschland ist verfassungs- und gesellschaftspolitisch homolog im Verhältnis zu seinen (west- und inzwischen auch ostmittel-)europäischen Nachbarn. Diese Gleichartigkeit der politischen und gesellschaftlichen Systeme auf der Grundlage von Demokratie und Marktwirtschaft bürgt ebenfalls für die internationale Umweltverträglichkeit des vereinten Deutschlands.

3. Die Vereinigung Deutschlands kam friedlich und mit Zustimmung der internationalen Umwelt, das heißt der Supermächte und der Nachbarstaaten zustande. Deutschland bleibt einerseits eingebunden in seine westlichen Verflechtungen und nimmt insbesondere an der Vertiefung der EG-Integration teil; andererseits fungiert das vereinte Deutschland auch als Motor des KSZE-Prozesses mit dem Ziel eines gesamteuropäischen Sicherheitssystems. Eine Singularisierung oder ein erneuter „Sonderweg" Deutschlands ist dadurch ausgeschlossen.

Als Fazit dieses historischen Rückblicks auf den Weg Deutschlands vom Ende des „alten Reiches" bis heute läßt sich festhalten: Die „Deutsche Frage" hat 120 Jahre nach der ersten (gewaltsamen) Einigung Deutschlands im nationalstaatlichen Gewande durch Bismarck nunmehr eine zukunftsträchtigere (friedliche) Antwort gefunden.

Bestimmungsfaktoren und Grundorientierungen deutscher Außenpolitik

Im folgenden konzentriert sich die Untersuchung deutscher Außenpolitik zunächst auf die Bestimmung der außenpolitischen Akteure und der normativ-institutionellen Vorgaben des außenpolitischen Entscheidungsprozesses. Als Ausgangspunkt dieses Teils der Untersuchung dient zunächst das Grundgesetz, das auch nach der Vereinigung den Kern der verfassungsmäßigen Ordnung des vereinten Deutschland bildet.

Entscheidungssystem: Die außenpolitischen Akteure

Das Grundgesetz sieht keine separate auswärtige Gewalt neben den drei traditionellen Gewalten (Legislative, Exekutive, Judikative) vor, sondern verteilt sie nach dem Prinzip der kombinierten Gewalt auf mehrere staatliche Organe. Eine Besonderheit ist dabei die bundesstaatliche Ordnung des vereinten Deutschland mit nunmehr 16 Bundesländern. Sie beruht auf der Grundregel, daß die Länder für alle Angelegenheiten zuständig sind, die das Grundgesetz nicht ausdrücklich dem Bund zuweist (Art. 30 GG). Nun ist zwar die Außenpolitik nach Art. 32 GG Sache des Bundes, der auch Hoheitsrechte des Bundes und der Länder auf zwischenstaatliche Einrichtungen übertragen darf (Art. 24, Abs. 1 GG). Weil aber durch die zunehmende Internationalisierung traditioneller Länderaufgaben, wie etwa die Vereinheitlichung von Hochschulabschlüssen oder Umweltnormen in der Europäischen Gemeinschaft, eine Aushöhlung des Föderalismus droht, sieht das Grundgesetz ebenfalls vor, daß die Länder innerhalb ihrer Zuständigkeit vor dem Abschluß von Verträgen gehört werden müssen, ja daß sie selbst mit Zustimmung des Bundes Verträge schließen dürfen (Art. 32, Abs. 2 und 3 GG). In der EG-Integrationspolitik haben die Bundesländer angesichts des Inkrafttretens der Einheitlichen Europäischen Akte 1986 das Recht erwirkt, nicht nur angehört, sondern auch an Verhandlungen in der EG beteiligt zu werden (vgl. Hrbek/Thaysen 1987; Renzsch 1990).

Unter den obersten Verfassungsorganen des Bundes kommt der Bundesregierung in der Außenpolitik die Führungsrolle zu. Dem Bundespräsidenten als völkerrechtlichem Vertreter der Bundesrepublik Deutschland verbleibt eine eher repräsentative Funktion. Die Zustimmung des Bundestages ist lediglich bei Staatsverträgen notwendig, die den politischen Status Deutschlands berühren, nicht jedoch bei Regierungs- oder Verwaltungsabkommen. Doch kann der Bundestag über sein Haushaltsrecht immer dann Einfluß auf die Außenpolitik nehmen, wenn finanzielle Aufwendungen erforderlich sind. Schließlich kann das Bundesverfassungsgericht zur Prüfung der Verfassungswidrigkeit von Verträgen angerufen werden. Insgesamt besitzt jedoch kein Bundesorgan außer der Bundesregierung wirkliche Gestaltungsmöglichkeiten in der Außenpolitik, und selbst die Mittel der (nachträglichen) Kontrolle sind begrenzter als in anderen Politikbereichen.

Innerhalb der Bundesregierung kommt dem Bundeskanzler trotz der Ressortzuständigkeit des Außenministers eine hervorragende Rolle zu. Sofern es ihm wichtig erscheint, kann er die Außenpolitik, gerade im Verkehr mit Vertretern anderer Staaten, zu einem wesentlichen Teil an sich ziehen. Dazu untersteht ihm ein eigenständiger außenpolitisch einsetzbarer Apparat: vor allem das Bundeskanzleramt, aber auch das Bundespresse- und Informationsamt und der Bundesnachrichtendienst. Ansonsten besitzt das Auswärtige Amt eine Generalkompetenz für den diplomatischen Verkehr und muß auch bei den internationalen Angelegenheiten anderer Ministerien hinzugezogen werden. Hier sind besonders die Bundesministerien für wirtschaftliche Zusammenarbeit (Nord-Süd-Fragen, Entwicklungspolitik), für Wirtschaft (Außenwirtschaftsbeziehungen, EG-Wirtschaftsintegration), der Finanzen (Währungspolitik zusammen mit der Bundesbank) und der Verteidigung (Sicherheitspolitik) zu erwähnen.

Die Komplexität des Entscheidungsprozesses wird zusätzlich durch die Mitgliedschaft der Bundesrepublik in zwischenstaatlichen Organisationen erhöht („zusammengesetzte Außenpolitik"; vgl. Rummel 1982). Außerhalb des engeren Rahmens der Europäischen Gemeinschaft besteht die Europäische Politische Zusammenarbeit (EPZ) als Koordinationsforum und gemeinsames Instrument der westeuropäischen Regierungen. Die Europäische Gemeinschaft selbst verfügt über eigene Kompetenzen in der Außenhandels-, Assoziations- und Entwicklungspolitik, an der Deutschland über den Ministerrat mitwirkt. Die NATO ist insgesamt ein schwächerer Rahmen der zusammengesetzten Außenpolitik, dessen Hauptaufgabe in der politisch-administrativen Abstimmung der Bündnisregierungen auf dem Gebiet der Verteidigung sowie der multilateralen Rüstungskontroll- und Abrüstungsdiplomatie liegt.

Schließlich dürfen auch die nicht-staatlichen Akteure nicht vernachlässigt werden. Diese Akteure – wie z.B. Parteien, Unternehmen, Verbände, Medien und andere gesellschaftliche Großorganisationen, vor allem die Kirchen – wirken über die Artikulation von Anforderungen des gesellschaftlichen Umfeldes auf die staatlichen Organe ein, um diese zur Berücksichtigung ihrer Interessen und Zielvorstellungen in zwischenstaatlichen Entscheidungsprozessen zu veranlassen (z.B. die Bauernverbände bei GATT-Verhandlungen über staatliche Subventionen für den Agrarsektor); zugleich verfügen viele von ihnen auch über eigene Außenverbindungen zur internationalen Umwelt, z.B. in Gestalt von europa- oder gar weltweiten Zusammenschlüssen. Dabei können freilich die außenpolitisch zuständigen Staatsorgane des Heimat- oder Sitzlandes derartiger nicht-staatlicher Akteure versuchen, diese als transnationale Instrumente für eigene staatliche Zwecke zu instrumentalisieren (so z.B. im Bereich des Sports durch die ehemalige DDR), oder aber diese nicht-staatlichen Akteure verfolgen ihre eigenen Ziele in der internationalen Umwelt relativ autonom. In solchen Fällen spricht man auch von „privater Außenpolitik" oder von „Nebenaußenpolitik" (vgl. Heinzen 1989).

Friedensgebot: Normative Vorgaben

Im allgemeinen finden sich in den Verfassungen der meisten Staaten keine oder nur spärliche Aussagen darüber, von welchen Zielen die staatliche Außenpolitik sich leiten lassen soll. Im Unterschied dazu enthält das Grundgesetz eine Reihe grundlegender normativer Vorgaben für die deutsche Außenpolitik, die sich unter einer zentralen Staatszielbestimmung subsumieren lassen, die in der durch den „Einigungsvertrag" geänderten Präambel des Grundgesetzes durch die Formel „von dem Willen beseelt, als gleichberechtigtes Glied in einem vereinten Europa dem Frieden der Welt zu dienen" zum Ausdruck gebracht wird (vgl. Oppermann 1990). Ausdrücklich verbietet Art. 26 GG alle „Handlungen, die geeignet sind und in der Absicht vorgenommen werden, das friedliche Zusammenleben der Völker zu stören, insbesondere einen Angriffskrieg vorzubereiten".

Dieses in der Präambel und in Art. 26 GG herausgestellte Friedensgebot wird durch weitere Verfassungsbestimmungen ergänzt und konkretisiert. So macht Art. 25 GG die „allgemeinen Regeln des Völkerrechts" zum unmittelbaren, bindenden und den einfachen Gesetzen vorgelagerten Bestandteil der Rechtsordnung der Bundesrepublik Deutschland. Die Landesverteidigung unterliegt dem Grundsatz der militärischen Selbstbeschränkung (Art. 87 a GG; nur „zur Verteidigung") sowie dem allgemeinen Rechtsgrundsatz der Verhältnismäßigkeit, der insoweit Verfassungsrang hat (vgl. Lutz/Rittberger 1976). Schließlich spricht sich das Grundgesetz sogar für die Einordnung in ein System kollektiver Sicherheit aus (Art. 24, Abs. 2 GG) und gestattet dem Bund, deutsche Hoheitsrechte durch einfaches Bundesgesetz auf zwischenstaatliche Einrichtungen („internationale Organisationen") zu übertragen (Art. 24, Abs. 1 GG).

Diese Kooperations- und Integrationsfreundlichkeit des Grundgesetzes findet freilich ihre Schranke darin, daß sie keinen Freibrief zur Kooperation oder zur Bildung zwischenstaatlicher Einrichtungen ausstellt, die ihrerseits das friedliche Zusammenleben der Völker stören, wie z.B. eine expansive Ziele verfolgende Allianz.

Das Friedensgebot des Grundgesetzes begründet somit zunächst eine Selbstverpflichtung zur Kriegsverhütung und zum Gewaltverzicht, ausgenommen den Fall unprovozierter Notwehr und unter Umständen auch Nothilfe. Ob es darüber hinaus auch eine positive Vision des Friedens transportiert, ist skeptischer zu beurteilen. Immerhin bieten das Bekenntnis zu den Menschenrechten in Art. 1, Abs. 2 GG, der Gedanke der Völkerverständigung in Art. 9, Abs. 2 GG sowie wiederum die Integrations- und Völkerrechtsfreundlichkeit der Art. 24 und 25 GG Anknüpfungspunkte für die Entwicklung eines solchen positiven Friedensverständnisses.

Rahmenbedingungen und Grundorientierungen

Wie bedeutsam diese normativen Vorgaben für die Praxis der deutschen Außenpolitik und ihre Rechtfertigung nach innen und außen sind, erweist sich erst durch eine Realanalyse der Außenpolitik des vereinten Deutschland. Dabei kann im Sinne der früher begründeten Kontinuitätsvermutung auf die Erfahrungen der früheren Bundesrepublik zurückgegriffen werden. Diese Realanalyse wird ihr Schwergewicht auf die Herausarbeitung der wichtigsten *externen* (internationale Umwelt) und *internen* (politische System- und gesellschaftliche Umfeldeigenschaften Deutschlands) Rahmenbedingungen außenpolitischer Programmformulierung und -umsetzung legen. Sie interpretiert diese außenpolitischen Grundorientierungen als Ergebnisse des Zusammenwirkens der verschiedenen externen und internen Rahmenbedingungen. Schließlich geht es bei dieser Analyse um Fragen der außenpolitischen Prioritätensetzung, der inneren Kohärenz und möglicher Zielkonflikte bzw. Ziel-/Mittelkonflikte.

Zu diesem Zweck bedient sich die Analyse zum einen der Unterscheidung der Außenpolitik in drei Politikfelder, für die sich nach Czempiel (1981) die Bezeichnungen „Sicherheit", „Wohlfahrt" und „Herrschaft" anbieten. Zum anderen gliedert sie die Gesamtheit der grenzüberschreitenden Handlungszusammenhänge in vier große Beziehungsfelder, für die sich quasi-geographische Benennungen eingebürgert haben: „West", „Ost", „Süd" und „Global". Diese Differenzierungen ermöglichen eine Feinanalyse der außenpolitischen Grundorientierungen, bezogen auf zentrale Politikfelder. Eine derartige Feinanalyse erleichtert den Blick auf die innere Ziel-/Mittel-Struktur der Außenpolitik und damit zugleich auf die innenpolitischen Auseinandersetzungen über Außenpolitik, d.h. über die Rangordnung von Zielen bzw. Unterzielen und die Zuordnung von Mitteln zu Zielen (vgl. Haftendorn 1989; Müller/Risse-Kappen 1990; Rittberger 1990a).

Rahmenbedingungen und Grundorientierungen der Außenpolitik des vereinten Deutschland im Politikfeld „Sicherheit"

Externe Bedingungen	Grundorientierungen	Interne Bedingungen
Übergang von bipolarer Machtkonkurrenz zu multipolarem Sicherheitssystem	Sicherung der territorialen Integrität; Freiheit der Eigenentwicklung; Gewaltverzicht (alle drei tendenziell erweitert auf EG/EPZ-Rahmen)	geostrategische Lage (Brückenfunktion zwischen West- und Osteuropa)
	West: atlantisch: militärisches Rückversicherungsbündnis mit USA/NATO europäisch: Stärkung der (west-)europäischen Sicherheitskooperation (WEU; Weiterentwicklung von EPZ/EG)	
	Ost: Abrüstung mit Verifikation; Krisenmanagement und friedliche Streitbeilegung (alles im KSZE-Rahmen)	
	Süd: militärische Zurückhaltung; Verhinderung regionaler Hegemoniestellungen	
	Global: Unterstützung der Vereinten Nationen bei Friedenssicherungsaktivitäten	

Rahmenbedingungen und Grundorientierungen der Außenpolitik des vereinten Deutschland im Politikfeld „Wohlfahrt"

Externe Bedingungen	Grundorientierungen	Interne Bedingungen
Weltmarktkonkurrenz; ökologische Interdependenz	Sicherung und Ausbau des Wohlfahrtsstaats; Umweltschutz als Staatszielbestimmung	hochentwickelte, exportorientierte, liberale Industriegesellschaft mit internem Wohlstandsgefälle; Übernutzung der natürlichen Umwelt
West:	atlantisch: liberale Weltwirtschaftsordnung europäisch: Wirtschaftsintegration mit dem Ziel der EG-Wirtschafts- und Währungsunion trilateral: weltwirtschaftliches Krisenmanagement (Weltwirtschaftsgipfel)	
Ost:	Kooperation zur Überwindung des Ost-West-Wirtschaftsgefälles; Unterstützung von Reformstaaten	wachsende Sensibilität für regionale/ globale ökologische Problemstellungen
Süd:	Weltmarktintegration der Entwicklungsländer; Entwicklungszusammenarbeit	
Global:	Ambivalenz gegenüber Verpflichtung auf globale dauerhafte Entwicklung (*sustainable development*)	

Rahmenbedingungen und Grundorientierungen der Außenpolitik des vereinten Deutschland im Politikfeld „Herrschaft"

Externe Bedingungen	Grundorientierungen	Interne Bedingungen
Systemkonkurrenz (zwischen liberaldemokratischen und nichtdemokratischen bzw. autoritären Staaten)	Demokratieverträglichkeit und Demokratieförderung	liberaldemokratischer Verfassungsstaat (mit Sozialstaatspostulat)

West:	Bindung an liberaldemokratische Staaten europäisch: Weiterentwicklung der EG zur politischen Union	
Ost:	Demokratiestabilisierung; Assoziierungs- und Integrationspolitik	
Süd:	Menschenrechtspolitik; „Neue" Konditionalität	
Global:	Verrechtlichung der internationalen Beziehungen; Stärkung des Verbands der Vereinten Nationen	

Interne (Umfeld-)Bedingungen deutscher Außenpolitik

Politikfeld „Sicherheit"

Die frühere Bundesrepublik war geprägt durch die Teilung des Landes, ihre geostrategische Lage an der Nahtstelle zweier antagonistischer Bündnisse und ihre Integration in das westliche Militärbündnis. Durch die Vereinigung Deutschlands und die weitestgehende Verminderung der Spannungen in den Ost-West-Beziehungen – zwei Faktoren, die sich wechselseitig bedingten – entfallen nun die beiden erstgenannten dieser Bedingungsfaktoren vollständig und damit auch die innenpolitischen Friktionen und Belastungen, die in der Vergangenheit daraus resultierten. Diese Entlastung besteht zunächst in der geplanten Reduzierung der deutschen Streitkräfte auf 370 000 Mann, die bereits zur Reduzierung der Wehrdienstzeit auf zwölf Monate führte, und in der Ausweisung der ehemaligen DDR als atomwaffenfreie Zone (vgl. Bulletin Nr. 109/1990, 1153–1157 und Bulletin Nr. 138/1990, 1425–1472).

Die Einbindung in die NATO und damit die Stationierung fremder Truppen auf dem Gebiet der früheren Bundesrepublik bleiben zwar bestehen, die in den Wiener Abrüstungsverhandlungen beschlossene Reduzierung konventioneller

Streitkräfte und der daraus resultierende teilweise Truppenabzug der NATO-Staaten aus dem westlichen Teil Deutschlands führen jedoch zu einer zusätzlichen Verringerung der Dichte von Militäranlagen und der von ihnen ausgehenden Belastungen. Allerdings verbleiben auf diesem Gebiet US-amerikanische Atomwaffen, deren Modernisierung zur Diskussion steht, aber eher unwahrscheinlich ist. Gleichzeitig schafft die Fortdauer der Stationierung der sowjetischen Truppen auf dem Gebiet der ehemaligen DDR zumindest vorübergehend neue Probleme. Gleichwohl ist deren Aufenthalt bis längstens 1994 vertraglich geregelt, danach aber beendet (vgl. Bulletin Nr. 123/1990, 1281–1300).

Die Relevanz dieser Ereignisse für die deutsche Außenpolitik dürfte darin liegen, daß die weitere Entwicklung der Sicherheits-und Abrüstungspolitik unter geringeren innergesellschaftlichen Spannungen stattfindet (man denke an die Umsetzung des sog. NATO-Doppelbeschlusses Anfang der 80er Jahre). Umgekehrt besteht eine Gefahr darin, daß die notwendige Konversion der Rüstungssektoren bzw. der von Militäreinrichtungen abhängigen Arbeitsplätze neue (zumindest lokale) Arbeitsmarktprobleme bereitet. Eine Auswirkung auf das außenpolitisch relevante Verhalten privater deutscher Akteure könnte darin liegen, daß Rüstungsunternehmen mit der Begründung der Arbeitsplatzsicherung den Rüstungsexport vor allem in Länder der „Dritten Welt" zu forcieren versuchen und dadurch dort bestehende Unsicherheiten oder Spannungen verstärken.

Politikfeld „Wohlfahrt"

Die Vereinigung schafft neue Belastungen, die in der Gesellschaft verteilt werden müssen und zu weiteren Verteilungskämpfen führen. Die Kosten der Einheit können den finanziellen Spielraum für außenpolitische Aktivitäten einengen, da aus dem Einigungsprozeß die gesellschaftliche Anforderung erwächst, zuerst die Probleme, die sich aus der Uneinheitlichkeit der Lebensverhältnisse zwischen „alten" und „neuen" Bundesländern ergeben, anzupacken. Eine Reduzierung deutscher Aktivitäten auf internationaler Ebene insgesamt ist zwar nicht zu erwarten, eine zumindest dem „Zugewinn" durch die ehemalige DDR entsprechende Ausweitung jedoch auch nicht. Dies betrifft beispielsweise den deutschen Beitrag zum Haushalt der Vereinten Nationen (frühere BRD ca. 8,1 Prozent), für den die zusätzliche Übernahme des Beitrags der ehemaligen DDR (ca. 1,2 Prozent) jedenfalls auf Dauer nicht eingeplant ist.

Die wesentlich schlechtere ökologische Situation innerhalb der ehemaligen DDR könnte ferner Anlaß bieten, erst dieses Gebiet auf westlichen Standard zu bringen, bevor neue, deutliche Verbesserungen des westlichen Standards angestrebt werden. Daraus könnte auch eine Vernachlässigung der Anforderungen internationaler Umweltschutzmaßnahmen resultieren, wie sie sich beispielsweise beim globalen Klimaschutz ergeben.

Generell lassen sich zwei Komponenten eines Beitrags zur Verbesserung der ökologischen Situation unterscheiden. Die eine besteht aus finanziellen Leistungen zur Unterstützung umweltpolitisch wirksamer Maßnahmen im Ausland, insbesondere in der „Dritten Welt", aber auch in Osteuropa. Hierbei kommt also wieder das Problem der Bereitschaft zu größerem außenpolitischem Engagement angesichts der Inanspruchnahme durch den Einigungsprozeß ins Spiel. Bei der zweiten Komponente handelt es sich um nationale Reduzierungen von Umweltbelastungen, insbesondere die Verminderung von Schadstoffemissionen, die aber zu innergesellschaftlichen Konflikten darüber führen, wer die dabei anfallenden Kosten trägt. Es ist nicht auszuschließen, daß die durch die Vereinigung verschärften Verteilungskonflikte den Beitrag Deutschlands zu einer effektiveren internationalen Umweltpolitik verringern könnten.

Politikfeld „Herrschaft"

Die verfassungsrechtliche Kontinuität auf der Grundlage des Grundgesetzes verhindert ideologische Einbrüche. Die Regelung der Eigentumsfrage in der ehemaligen DDR stellt zwar eine Herausforderung an eines der im Grundgesetz verbürgten Grundrechte (Recht auf privates Eigentum) dar, dessen Konfliktpotential nur über Kompromisse im Bereich „Wohlfahrt" entschärft werden kann; sie wird aber auf rechtsstaatlichem Weg gelöst werden, auch wenn sich die dadurch entstehenden zeitlichen Verzögerungen ökonomisch – da investitionshemmend – nachteilig auswirken.

Innenpolitisch ist also von einer Kontinuität bei den verfassungsrechtlichen Grundlagen der BRD auszugehen. Außenpolitisch wirksam wird diese Kontinuität insoweit, als sich daraus die Anforderung ergibt, die Veränderungen in den externen Rahmenbedingungen (insbesondere der Wegfall der Ost-West-Konfrontation) dafür zu nutzen, die im Innern maßgebenden ordnungspolitischen Grundsätze umfassender als bisher zur Grundlage der deutschen Außenpolitik zu machen. Dies würde bedeuten, daß eine Außenpolitik des *benign neglect* gegenüber autoritär regierenden Herrschaftseliten im Ausland nicht in dem Maße toleriert wird wie bisher. Sowohl bei den Entscheidungsträgern des deutschen politischen Systems als auch in der kritischen Öffentlichkeit kann nicht länger argumentiert werden, daß alles recht ist, was „dem Kommunismus" schadet. Statt dessen kann eine neue politische Konditionalität auch in den Beziehungen zu Staaten der „Dritten Welt" erwartet werden.

Externe (Umwelt-)Bedingungen deutscher Außenpolitik

Politikfeld „Sicherheit"

Das Abklingen der Ost-West-Spannungen eröffnet der deutschen Außenpolitik über die Vereinigung hinaus neue Handlungsspielräume vor allem in der Ostpolitik, die jetzt besser Gesamteuropapolitik genannt werden sollte (im Gegensatz zur EG-Politik). Die den Zusammenbruch der Sowjetunion überdauernde Verständigung zwischen Deutschland und Rußland (sowie anderen Nachfolgestaaten) schafft neue Kooperationsmöglichkeiten in dieser bedeutendsten Dyade außerhalb der Beziehungen in der EG und zu den USA; zugleich bildet sie eine wesentliche Stütze des KSZE-Prozesses (vgl. Bulletin Nr. 137/1990, 1409–1415).

In diesem Zusammenhang muß es aber zu einer Verständigung darüber kommen, wie die Rolle der Nachfolgestaaten der Sowjetunion bei der Entstehung eines Gesamteuropas aussehen soll. Kann die Gemeinschaft Unabhängiger Staaten (GUS) originärer Teil dieses Europas sein? Oder ist sie nur über assoziativ-kooperative Strukturen mit ihm verbunden, während sie darüber hinaus weiterreichende Interessen verfolgt, z.B. als asiatisch-pazifische Macht? Naheliegend ist der Verweis auf die KSZE, die die USA und Kanada gleichermaßen wie die Sowjetunion an Europa angebunden hat, jedoch bestehen zwischen Nordamerika und Europa eingespielte Kooperationsstrukturen auf der Grundlage gemeinsamer Interessen. Beides muß sich im Verhältnis zwischen (West-) Europa und der GUS erst noch entwickeln.

Gegenwärtig liegt die Antwort auf diese Fragen für die deutsche Außenpolitik wohl darin, daß alles getan wird, was einem friedlichen Wandel in der GUS zu einem pluralistischen, marktwirtschaftlich und interdependenzorientierten Staat förderlich ist. Gleichwohl kann nicht übersehen werden, daß vor allem Rußland außereuropäische Traditionen besitzt, ein potentiell autarkes Land auf dem eurasischen Kontinent darstellt und nach wie vor über nur mit den USA vergleichbare militärische Machtmittel verfügt. Das vereinte Deutschland wird daran interessiert sein, die nukleare und konventionelle Abrüstung in den USA, in den Nachfolgestaaten der Sowjetunion und in Europa voranzubringen.

In der Vergangenheit reduzierten die Blockintegration beider deutscher Staaten und die bipolare Nachkriegsordnung deren außenpolitischen Handlungsspielraum. In der früheren Bundesrepublik wurden unter so verschiedenen Begriffen wie „Mitteleuropa", „Neutralisierung" oder „Denuklearisierung" Konzepte entwickelt, die eine größere Eigenständigkeit angesichts der besonderen Gefährdungen Deutschlands ermöglichen sollten; sie wurden jedoch nie politikbestimmend, da einerseits die atlantische Allianz innenpolitisch auf breite Zustimmung stieß – demoskopisch ließ sich ein virulenter „Antiamerikanismus" in der westdeutschen Gesamtbevölkerung nie belegen. Andererseits waren die außenpolitischen Voraussetzungen seitens des Ostens dafür nicht gegeben, und ein erneuter deutscher „Sonderweg" wäre von den westlichen Verbündeten nicht toleriert worden. Dies zeigte sich zuletzt in dem Beharren der westlichen Verbündeten auf einer fortgesetzten NATO-Mitgliedschaft auch des vereinten Deutschland.

Das frühere sowjetische Bestreben, an die Stelle der bisherigen Militärbündnisse ein gesamteuropäisches Sicherheitssystem im Rahmen der KSZE zu setzen, blieb erfolglos. Die damalige Sowjetunion mußte letztlich doch die Mitgliedschaft Deutschlands in einer sich allerdings wandelnden NATO hinnehmen. Insgesamt kann man nach den Ergebnissen des KSZE-Gipfels von Paris im November 1990 von einer Dynamisierung des KSZE-Prozesses sprechen, die auf eine mögliche Stärkung eines gesamteuropäischen Sicherheitssystems hindeutet.

Die Sicherheitspolitik des vereinten Deutschland wird indessen nicht nur auf die Konkurrenz zwischen atlantischem Bündnis und gesamteuropäischem Sicherheitssystem reagieren müssen. Die geplante Weiterentwicklung der (west-)europäischen Integration in Richtung auf eine politische Union schließt auch eine gemeinsame Außen- und Sicherheitspolitik ein, wobei vorerst noch offen bleibt, ob sie sich auf die Ebene der Politikformulierung und ihrer Implementierung gegenüber Dritten beschränkt oder auch eine institutionelle Zusammenlegung der Streitkräfte umfassen soll. Sieht man von dem dabei auftretenden Hindernis der nationalen Verfügung über Kernwaffen auf seiten Frankreichs und Großbritanniens einmal ab, so stellt sich gleichwohl für alle EG-Staaten die Frage, ob sie an der Option einer „Zivilmacht" EG-Europa festhalten oder der Entwicklung zu einer „Militärmacht" Raum geben wollen (vgl. Kohnstamm/Hager 1973; Bulletin Nr. 149/1990, 1553–1556).

Die Schaffung eines geeinten Deutschland brachte auch eine stärkere Beteiligung dieses Staates an den friedenssichernden Aktivitäten und kollektiven Zwangsmaßnahmen der Vereinten Nationen zur Aufrechterhaltung bzw. Wiederherstellung des Friedens und der internationalen Sicherheit ins Gespräch. Obschon aus der Zusammenschau der Art. 87a, Abs. 2 und Art. 24, Abs. 2 GG gefolgert werden könnte – und von namhaften Staatsrechtslehrern auch gefolgert wird –, daß die Bundesrepublik Deutschland an kollektiven Zwangsmaßnahmen der UN im Rahmen des Kap. VII der Satzung der UN mitwirken dürfe, hält die Bundesregierung eine ausdrückliche Verfassungsänderung für erforderlich, um Einsätze der Bundeswehr außerhalb des NATO-Vertragsgebietes – und sei es auch nur im Rahmen von nicht-kämpfenden UN-Friedenstruppen – zu ermöglichen. Eine derartige Verfassungsrevision birgt freilich die Gefahr in sich, daß aufgrund einer Kombination von äußerem Druck und innerem Bedürfnis nach Selbstbestätigung ganz allgemein die Schleusen für sogenannte *out-of-area*-Verwendungen der Bundeswehr geöffnet werden und somit das bisher gültige Prinzip militärischer Zurückhaltung gegenüber räumlich entfernt auftretenden Konflikten und Krisen aufgeweicht oder ganz aufgegeben wird. Damit geriete das vereinte Deutschland – zunächst wohl eher unmerklich und auch nicht in einem nationalen Alleingang – auf die riskante Bahn traditioneller Machtstaatlichkeit.

Politikfeld „Wohlfahrt"

Vor dem Hintergrund der Weltmarktabhängigkeit und -integration auch des vereinten Deutschland bleiben die EG und die transatlantischen Verflechtungen die wichtigsten außenwirtschaftlichen Orientierungspunkte der BRD, wobei die globale Koordinierung der Wirtschafts- und Währungspolitik innerhalb des Weltwirtschaftsgipfels, also mit Japan, eine zunehmend wichtige Rolle spielt (vgl. Putnam/Bayne 1985). Mit Blick auf die ökologische Interdependenz gilt dasselbe darüber hinaus für das Management ökologischer Gefahren („Waldsterben", Ozonschichtzerstörung, Klimawandel), bei dessen Bewältigung auch die „Dritte Welt" einbezogen werden muß.

Die EG wird aber mit der Schaffung einer Wirtschafts- und Währungsunion die größte Aufmerksamkeit in Anspruch nehmen. Die deutsche Einigung stellt dabei für die EG kein schwerwiegendes Problem dar, da einerseits die Vergrößerung der BRD, gemessen am Bruttosozialprodukt, nur etwa ein Zehntel beträgt, andererseits der neue Markt allen EG-Mitgliedern gleichermaßen zugänglich ist. Zudem verzichtete die Bundesrepublik Deutschland auf eine Erhöhung ihrer Stimmrechtsquoten in den EG-Organen, die sie aufgrund des Beitritts der ehemaligen DDR hätte fordern können.

Die Wirtschaftskooperation mit den osteuropäischen Ländern und vor allem mit der Sowjetunion eröffnet neue Betätigungsfelder für die BRD, die dort gehegten Erwartungen übersteigen aber die Möglichkeiten der BRD-Wirtschaft. Diese wird sich zudem im Zweifelsfall auf die lukrativeren Investitionsmöglichkeiten in den westlichen Verflechtungssystemen konzentrieren. Insofern stellen besonders die Veränderungen in Osteuropa eine Herausforderung für die Außen- und Außenwirtschaftspolitik dar, da es dort gilt, marktwirtschaftliche und demokratische Entwicklungen mit den Mitteln auch der wirtschaftlichen Kooperation abzusichern.

Politikfeld „Herrschaft"

Wie bereits bei den internen Bedingungsfaktoren deutscher Außenpolitik diskutiert, ist es der Wegfall der Systemkonkurrenz zwischen Ost und West in der bisherigen Form, der es spätestens jetzt ermöglicht, eine aktive Politik der Demokratieförderung auch gegenüber den Staaten der „Dritten Welt" zu betreiben. Dies würde bedeuten, Entwicklungszusammenarbeit nur dann zu gewähren, wenn bestimmte Konditionen erfüllt werden, wie vor allem die Respektierung der Menschenrechte, aber auch die Gewährleistung von politischen und ökonomischen Partizipationsmöglichkeiten der unterprivilegierten Schichten. Dies geschieht nicht zuletzt im Eigeninteresse der Bundesrepublik Deutschland und der übrigen westeuropäischen Staaten. Denn die durch illegitime Herrschaftsordnungen mitbedingten Sozialkatastrophen wie transkontinentale Wanderungsbewegungen und Übernutzung von Ressourcen – insbesondere durch die Marginalisierung unterprivilegierter Bevölkerungsgruppen in Gebiete, die eigentlich nicht für die intensive Nutzung durch Menschen geeignet sind – haben zunehmend Auswirkungen auf das eigene Staatsgebiet, sei es durch Flüchtlingsströme oder durch die Folgen des Raubbaus an natürlichen Ressourcen, z.B. des Regenwaldes.

Hier wird es mehr als bisher geboten sein, zu einer konsistenten Entwicklungspolitik zu kommen, bei der z.b. vermieden werden muß, infrastrukturell sinnvolle, aber ökologisch schädliche Entwicklungsprojekte durch die öffentliche Hand zu fördern, zugleich aber den „Dritte-Welt"-Regierungen Vorwürfe wegen deren Raubbaupolitik zu machen oder so zu tun, als ließen sich die angerichteten Schäden durch Beiträge etwa zu internationalen Regenwaldfonds nachträglich bereinigen. Eine konsistente und hinsichtlich ihrer Ziel-Mittel-Struktur vertretbare Entwicklungspolitik bedarf zudem einer großen Koordinierungsanstrengung mit anderen Geberländern, wenn sie nicht nur der Selbstdarstellung dienen soll.

Die Übernahme ordnungspolitischer Grundsätze des Westens in Osteuropa (Mehrparteiensystem bei freien Wahlen, Marktwirtschaft, Respektierung der Menschenrechte) läßt den Konflikt zwischen Gewaltverzicht auf der zwischenstaatlichen Ebene und interventionistischer Menschenrechts- und Außenwirtschaftspolitik auf der zwischengesellschaftlichen Ebene entfallen. Die wachsende Homologie zwischen West- und Osteuropa setzt den politisch-ökonomischen Zusammenschluß beider Teile Europas und damit die Ost-Erweiterung von Europarat und Europäischer Gemeinschaft auf die Tagesordnung.

Im westlichen Beziehungsfeld wird die bisherige Bindung an die liberaldemokratischen Staaten und die Förderung ihrer Integration in Europa erhalten bleiben. Doch stellen sich auch hier neue Aufgaben, besonders bei der Schaffung einer Politischen Union der EG-Staaten. Denn es gibt auch innerhalb der liberaldemokratischen Systeme Unterschiede in der Herrschaftsorganisation und in den gesellschaftlichen Machtkonstitutionen. Beispiele dafür sind das Regierungssystem (halb-/präsidentiell oder parlamentarisch), der Staatsaufbau (zentralistisch/föderalistisch), die Art der innerstaatlichen Konsensfindung (nicht-/korporatistischer Staat) oder der Stellenwert einzelner Verfassungsnormen bzw. ihres Verhältnisses untereinander, die Hürden der Integration darstellen können. Gleichzeitig stellt sich das Problem, wie – über Nordamerika hinaus – die Verbindungen zu den außereuropäischen Demokratien des pazifischen Raums (Japan, Australien, Neuseeland) gestaltet und verstärkt werden können.

Fazit

Für die Außenpolitik der früheren Bundesrepublik galt es, die Zielsetzungen der Deutschland-, Bündnis- bzw. Integrations- und Entspannungspolitik miteinander in Einklang zu bringen. Diese Zielkonflikte entfallen jetzt. Statt dessen schälen sich jetzt andere Prioritäten heraus, deren Wahl nicht zuletzt durch das ökonomisch Mögliche bestimmt wird. Dies geschieht aufgrund der innenpolitischen Anforderungen zur Erhaltung des Wohlfahrtsstaates und der Angleichung der Lebensverhältnisse in den „neuen" Bundesländern.

Aber auch sonst bewegt sich die deutsche Außenpolitik keineswegs in einem freien Feld. Die westlichen Partner werden eine Umorientierung nach Osten, nachlassendes Engagement für die EG-Einigung oder allzu rasches Vorpreschen in der Weltpolitik zu verhindern wissen; die restriktiven und die richtungsweisenden Elemente der Westbindung gelten auch für das vereinte Deutschland fort.

Demgegenüber kommt der Ostbindung der ehemaligen DDR nur insofern Bedeutung zu, als sie einige Fakten schuf, die nicht über Nacht gelöscht werden konnten, wie der Aufenthalt von GUS-Truppen oder die Verpflichtungen aus Wirtschaftsverträgen. Deren Auswirkungen sind im allgemeinen positiv zu bewerten. Ersteres läßt sich als eine vertrauensbildende Maßnahme charakterisieren, letzteres trägt zur Abfederung der wirtschaftlichen Umstellung in der ehemaligen DDR bei. Insgesamt aber bindet die Ostverflechtung der ehemaligen DDR das vereinte Deutschland nicht; sie fand mit dem 3. Oktober 1990 definitiv ihr Ende.

Der internationale Status und der außenpolitische Stil der Bundesrepublik Deutschland

In den vergangenen Jahren häuften sich Betrachtungen über den Machtrang der früheren Bundesrepublik. Wurde sie zuvor stets in die große, aber unbestimmte Gruppe der „mittleren Mächte" (Besson 1970) eingeordnet, so erschien sie nun in einigen Titeln einerseits als „heimliche Großmacht" (Czempiel 1979) oder gar als „Weltmacht" – wenn auch „wider Willen" – (Hacke 1988), andererseits beklagte man ihre „Machtvergessenheit" (Schwarz 1985). So vage und spekulativ diese Etikettierungen auch sein mögen, sie spielen für das weltpolitische Denken in unserer Zeit noch immer eine zu große Rolle, als daß man sie übergehen könnte. Durch die Vereinigung haben derartige Betrachtungen zumal im Ausland neue Nahrung erhalten.

Wie mächtig ist die Bundesrepublik Deutschland?

Die frühere Bundesrepublik entstand zwar im Kalten Krieg als ein von den USA abhängiges Land der westlichen *Containment*-Strategie gegenüber der sowjetischen Bedrohung, erlebte jedoch schon frühzeitig einen beachtlichen wirtschaftlichen Aufschwung, der als das „Wirtschaftswunder" bekannt wurde. Unter diesen Umständen lag es nahe, eine „Fragmentierung" der Macht (Hanrieder) zu konstatieren, oder, bildhafter ausgedrückt, die Bundesrepublik als „ökonomischen Riesen" und „politischen Zwerg" zu charakterisieren (vgl. Schwarz 1970).

Mit der Zunahme westdeutscher Wirtschaftskraft stellte sich dann die Frage, ob es sich bei der Bundesrepublik etwa um eine „Leitökonomie" im Sinne Perroux' handle. Eine *économie dominante* zeichnet sich dadurch aus, daß sie einen ungleich stärkeren Einfluß auf ihre Wirtschaftspartner ausübt als umgekehrt und für deren binnenwirtschaftliche Entwicklung entscheidende Parameter setzen kann (vgl. Kreile 1978).

Vergleicht man die Entwicklung der weltwirtschaftlichen Position der alten Bundesrepublik mit der der USA als unbestrittener ökonomischer Führungsmacht der Nachkriegszeit, so fällt in der Tat ein relativer Positionsverfall der USA und ein Positionsgewinn der BRD auf (Tabelle 4). Im Weltexport zog die Bundesrepublik mit den USA fast gleich, und die bundesdeutschen Investitionen in den USA überstiegen mittlerweile die amerikanischen in der Bundesrepublik (Tabelle 2). Die Dominanz der USA blieb allerdings in der internationalen Währungs- und Finanzpolitik deutlich spürbar. Zwar ist die Deutsche Mark schon seit Ende der fünfziger Jahre – neuerdings zum Teil versteckt im ECU – zur zweitwichtigsten Weltwährung (auch Reservewährung) geworden, doch deckt der US-Dollar immer noch knapp die Hälfte der Weltdevisenreserven ab (Tabelle 4). Trotz der Wechselkursfreigabe Anfang der siebziger Jahre setzte die Zins- und Kursentwicklung in den USA weiterhin schwer überwindbare Rahmenbedingungen für die westeuropäische Wirtschaft. Daran konnte auch die Einrichtung des Europäischen Währungssystems 1979 bisher nicht entscheidend rütteln.

Unbestritten gehört die Bundesrepublik Deutschland aufgrund ihrer wirtschaftlichen Stärke, des Gewichts ihrer Exporte und ihrer Währung in der Weltwirtschaft zu den führenden Wirtschaftsmächten: Wo immer ein „Klub" über die Weltwirtschaft berät und entscheidet, besitzt sie einen festen Platz, vor allem unter den „Sieben" des Weltwirtschaftsgipfels. Eine „Leitökonomie" im Weltmaßstab ist sie aber deswegen noch lange nicht. Die Vereinigung wird daran nicht zuletzt wegen der „Kosten der Einheit" auf absehbare Zeit wenig ändern.

Schon eher könnte die Zuschreibung des Status einer „Leitökonomie" für den westeuropäischen Wirtschaftsraum zutreffen. Schon die frühere Bundesrepublik war die stärkste Volkswirtschaft in der EG: Sie erwirtschaftete mehr als ein Viertel des EG-Bruttosozialproduktes sowie der Exporte innerhalb der EG und verfügte über ein knappes Drittel der EG-Währungsreserven und des ECU. Konjunktur-, Zins- und Währungsentwicklung in der Bundesrepublik hatten damit sehr wohl asymmetrische Auswirkungen auf die übrigen EG-Länder, die diese zu nicht-reziproken Anpassungsreaktionen veranlaßten.

Entscheidend dürfte aber sein, ob die frühere Bundesrepublik in der Lage war, ihre Wirtschaftskraft zur Herbeiführung gewünschter Entscheidungen in anderen Politikfeldern zur Geltung zu bringen und damit die Fragmentierung der Macht zu überwinden. Natürlich verbindet sich mit wirtschaftlicher Stärke immer auch politischer Einfluß, doch fehlten der Bundesrepublik nicht zuletzt die militärischen Attribute, die diesem Einfluß hätten Nachdruck verleihen können. Im Verhältnis zwischen Bundesrepublik und USA bildete sich eine sicherheitspolitische Abhängigkeit heraus, die diese zur Rücksichtnahme auf amerikanische Interessen in anderen Politikbereichen veranlaßte. Die Vereinigung und das Verschwinden der Ost-West-Konfrontation haben zwar diese sicherheitspolitische Abhängigkeit verringert, aber zugleich das vereinte Deutschland zu einem drastischen Abbau seiner militärischen Stärke verpflichtet. Damit hat sich unbeschadet der weiteren Existenz der NATO die verteidigungspolitische Interdependenz zwischen Deutschland und den USA gelockert, ohne aber die Machtrelation zwischen beiden Staaten nachhaltig zu verändern.

Genausowenig wie eine globale Weltmachtrolle übte die frühere Bundesrepublik in der Europäischen Gemeinschaft eine politische Hegemonie aus. Die Entscheidungsmechanismen der EG standen einer einseitigen Interessendurchsetzung ebenso entgegen, wie das ökonomische Übergewicht der Bundesrepublik durch ihren minderen sicherheitspolitischen Status gegenüber Frankreich und Großbritannien ausgeglichen wurde. Ohne eine Abstimmung mit diesen wichtigsten europäischen Partnern waren Initiativen oder Korrekturen der Europapolitik nicht erfolgreich.

Der Blick auf die EG wirft vielmehr die generelle Frage auf, ob der internationale Status Deutschlands überhaupt unabhängig von seinen integrativen Verflechtungen bestimmt werden kann. Sowenig sein weltwirtschaftliches Gewicht zu unterschätzen ist, sosehr verdankt es sich der integrativen Einbindung vor allem in die (west-)europäische Wirtschaftsgemeinschaft. Die EG ist ein sicherer Absatzmarkt der deutschen Industrie; ohne den politischen Rahmen der Gemeinschaft und die über ihn vermittelten Ausgleichsmöglichkeiten (etwa in der Regional- oder Sozialpolitik) würde die Politik der permanenten Exportüberschüsse wahrscheinlich unter erheblichen Anpassungsdruck geraten. Auch in der Weltwirtschaft steht Deutschland nur als Teil der EG auf gleichem Fuß mit den beiden anderen Wirtschaftszentren USA und Japan. Die Bundesrepublik Deutschland als Einzelstaat in den Rang einer „Macht", welchen Zuschnitts auch immer, zu erheben, muß daher unter den Bedingungen der (west-)europäischen Integration zunehmend als Anachronismus, als „altes Denken", erscheinen.

Deutschland als „Handelsstaat"

Es erleichtert das Verständnis der bundesrepublikanischen Außenpolitik, wenn man sich als analytische Hilfskonstruktion das internationale System so vorstellt, als ob es aus „zwei Welten" bestünde (vgl. Rosecrance 1987; Rosenau 1988). Zum einen handelt es sich um eine „staatszentrierte Welt", in der territoriale Konflikte und militärische Konfliktbearbeitung sowie das Streben nach Macht vor allem im wiederum militärisch definierten Sinne vorherrschen. In dieser „Welt" spielen „Machtstaaten" wie das Deutsche Reich von 1871 bis 1918 und von 1933 bis 1945, das militaristische Japan der dreißiger Jahre, aber auch die Supermächte nach dem Zweiten Weltkrieg die Hauptrolle. Zum anderen läßt sich das internationale System auch als „multizentrische Welt" denken, in der es neben den Staaten noch andere wichtige Akteure gibt und ökonomische sowie vermehrt auch ökologische Probleme, nicht aber Sicherheitsfragen im Vordergrund stehen. Hier herrscht die Orientierung an regionaler bzw. globaler Interdependenz und die Bereitschaft zur Kooperation vor und nicht das Streben nach Autarkie und die Präferenz für Selbsthilfe. In dieser „multizentrischen Welt" sind diejenigen Staaten erfolgreich, die selbst bzw. durch gesellschaftliche Akteure die Vorteile der internationalen Arbeitsteilung für die Mehrung ihres Reichtums nutzen und von einem eher negativen Nutzen-/Kosten-Kalkül der Sicherung ihrer materiellen Wohlfahrt durch territoriale Kontrolle ausgehen, also in den internationalen Beziehungen als „Handelsstaaten" auftreten.

Die Bundesrepublik Deutschland ist in diesem Sinne ein Handelsstaat. Zwar konnte sie sich angesichts der Ost-West-Konfrontation nicht den sicherheitspolitischen und militärischen Erfordernissen der Nachkriegszeit entziehen, sie konnte aber im Schatten der Schutzmacht USA andere Qualitäten entwickeln, nicht zuletzt deswegen, weil ihr keine eigenständige sicherheitspolitische und militärische Rolle zugestanden wurde. Eigene (nicht geliehene) Stärke konnte sie also – wie Japan – in erster Linie auf wirtschaftlichem Gebiet gewinnen, und so nahm der Staat die Rolle eines Händlers oder Kaufmanns ein, der hauptsächlich an der Wohlstandsmehrung seiner eigenen Gesellschaft interessiert ist und sich zu diesem Zweck bereitwillig den Erfordernissen des Weltmarktes anpaßt. Damit ist die Bundesrepublik Deutschland vor allem daran interessiert, ein günstiges internationales Umfeld für die Umsetzung ihrer wirtschaftlichen Zielsetzungen zu schaffen bzw. zu erhalten (z.B. Entspannungspolitik, aber auch weltwirtschaftliche Ordnungspolitik). Weltmarktanteile von Schlüsselindustrien, nicht Einflußsphären, die von Flugzeugträgern gesichert werden, sind die vorherrschenden Kategorien, in denen der Erfolg der Außenpolitik eines „Handelsstaates" gemessen wird.

Diese außenpolitische Rolle als Handelsstaat wird innenpolitisch durch die liberal-demokratische Orientierung ergänzt, die es den nichtstaatlichen Akteuren erlaubt, ihre wirtschaftlichen und wohlfahrtspolitischen Zielsetzungen zu entfalten und eine Politik, die den Handlungsspielraum dafür nach außen absichert, einzufordern. Insofern verstärken sich im „demokratischen Handelsstaat" die Innen- und Außenanforderungen wechselseitig, und die Ausbalancierung dieser Anforderungen beansprucht einen großen Teil der Aufmerksamkeit des politischen Systems.

Zumindest in zweifacher Hinsicht zeigen sich freilich auch die Schattenseiten des deutschen Handelsstaats. Erstens bedarf er, heute weniger als zu Beginn der 80er Jahre, auch der Sicherheit im Sinne der staatszentrierten Welt. Die BRD mußte sich dabei vor allem seitens der USA den Vorwurf des Trittbrettfahrens gefallen lassen, der seinen Ausdruck in ständigen Debatten über die Lastenteilung im NATO-Bündnis oder Beteiligungen an *out-of-area*-Sicherungsaktionen fand. Es war aber gerade die Bundesrepublik, die ökonomische

Zugeständnisse machte, die den USA das Ausüben ihrer militärischen Vormachtstellung erleichterten.

Der zweite Vorwurf, die BRD sei nicht Händler, sondern Todeskrämer, ist schwerwiegender. Ihren Ursprung hatte dieser Vorwurf in der Affäre um die Lieferung von Giftgasfabriken an Libyen, und er fand eine weitergehende Bestätigung bei den jüngsten Enthüllungen über deutsche Beteiligungen beim Export von Waffensystemen und -komponenten in alle Teile der Welt, z.B. auch in den Irak. So gravierend diese Vorkommnisse sind, so sind sie doch grundsätzlich durch eine striktere Kontrolle behebbar. Deutschland als demokratischer Handelsstaat ist somit noch die mit Abstand verträglichste Variante deutscher Staatlichkeit im 20. Jahrhundert.

Der „Handelsstaat" Bundesrepublik Deutschland gewinnt von der Abnahme militärischer Bedrohungsvorstellungen im bisherigen Ost-West-Verhältnis und von der damit bewirkten Verringerung seiner sicherheitspolitischen Abhängigkeit von den USA. Die der bisherigen militärischen Sicherheitspolitik geschuldeten Wohlfahrtsverluste können sich mittelfristig in Wohlfahrtsgewinne verwandeln. Freilich treten dann die externen Kosten der Rolle als „Handelsstaat" und die vor allem globalpolitischen Defizite einer an dieser Rolle orientierten Außenpolitik schärfer sichtbar zutage. Als „Handelsstaat" trägt Deutschland Mitverantwortung für Sozialkatastrophen wie Kriege und Flüchtlingsströme, für Hunger und Armut vor allem in der „Dritten Welt". Auch als agrarischer und industrieller Umweltverschmutzer sowie Energieverschwender hat es Deutschland, die ehemalige DDR noch mehr als die frühere Bundesrepublik, bislang am gebotenen und ihr auch möglichen Einsatz fehlen lassen, um die Zunahme globaler Umwelt- und Klimabelastungen zu bremsen und zur Rettung der globalen Ökosphäre beizutragen. Schließlich muß das vereinte Deutschland deutlicher als bisher sein Selbstverständnis als demokratischer Rechts- und Sozialstaat auch im internationalen Umfeld geltend machen: Sicher kann es nicht um eine ideologisierte Außenpolitik nach dem Motto „Am deutschen Wesen soll die Welt genesen!" gehen. Aber ein Mindestmaß an Risiko- und Opferbereitschaft, um Bewegungen für eine Zivilisierung von Herrschaft durch mehr Demokratie, Rechtsstaatlichkeit und sozialen Ausgleich durch entschiedenes Auftreten gegenüber repressiven Regimen zu unterstützen, sollte der deutschen Politik zur Selbstverständlichkeit werden.

Diese Ausführungen erlauben drei Schlußfolgerungen:

1. Auf die Frage, ob Deutschland den Status einer Weltmacht habe, kann die Antwort nur eindeutig negativ ausfallen.

2. Unbeschadet seiner zweifellos gegebenen wirtschaftlichen Überlegenheit kann ihm die Qualität einer europäischen Hegemonialmacht ebenfalls nicht zugesprochen werden, da der internationale Status Deutschlands mehr und mehr nur als Teil der Europäischen Gemeinschaft bestimmbar ist.

3. Unter Berücksichtigung dieser Einschränkung stellt sich das vereinte Deutschland vor allem als ein international kooperierender demokratischer Handelsstaat dar. So sehr diese handelsstaatliche Identität einen friedenspolitischen Gewinn gegenüber der machtstaatlichen Vergangenheit einschließt, so mangelhaft wird die Verantwortung für die daraus resultierenden externen Kosten wahrgenommen. Die deutsche Politik und Gesellschaft müssen erst noch lernen, diese Kosten zu internalisieren und die Kosten des Nicht-Lernens in ihre Rechnung einzubeziehen.

Tabelle 1: Entwicklungshilfeleistungen der Bundesrepublik (in Mio DM)

	Gesamte Leistungen	Anteil am BSP in %	öffentliche Leistungen	Anteil am BSP in %
1965	2938,6	0,64	1824,1	0,40
1970	5453,1	0,81	2202,8	0,33
1975	12226,7	1,19	4165,2	0,40
1980	19308,0	1,30	6476,1	0,44
1985	16202,6	0,88	8656,7	0,47
1986	16656,4	0,86	8317,5	0,43
1987	14913,7	0,74	7895,1	0,39
1988	20768,5	0,98	8318,7	0,39
1989	22861,1	1,00	9310,0	0,41

Quelle: Journalisten-Handbuch Entwicklungspolitik 1990/91, hg. v. Bundesministerium für wirtschaftliche Zusammenarbeit, Bonn, S. 62.

Tabelle 2: Anteil des westeuropäischen und atlantischen Beziehungsfeldes an der weltwirtschaftlichen Verflechtung der Bundesrepublik

Anteil an der Ausfuhr der BRD (in Prozent)

	EG	USA/CAN
1960–64	43,2%	8,4%
1965–69	45,3%	10,3%
1970–74	46,6%	9,4%
1975–79	45,9%	7,2%
1980–84	47,7%	7,9%
1985–89	52,0%	10,0%

Anteil an der Einfuhr in die BRD (in Prozent)

	EG	USA/CAN
1960–64	48,7%	18,8%
1965–69	54,2%	14,9%
1970–74	56,8%	12,7%
1975–79	54,4%	11,5%
1980–84	47,7%	7,9%
1985–89	51,2%	7,6%

Deutsche Kapitalanlagen im Ausland (*flow*/Kapitalströme p.a., nur Zugänge, d.h. Beteiligungen, Dividende, Wertpapiere, Kredite, Darlehen etc., in Mrd. DM)

	in der EG	in den USA
1981	30969	16762
1984	41227	37223
1986	85029	63262
1988	170161	53206

Ausländische Kapitalanlagen in der BRD (s.o.)

	aus der EG	aus den USA
1981	33099	5479
1984	82976	6031
1986	204466	18001
1988	310902	25339

Deutsche Direktinvestitionen im Ausland (*stock*/akkum. Kapitalanlagen per Jahresende, d.h. Unternehmensbeteiligungen über 25 Prozent, in Mrd. DM)

	in der EG	in den USA
1981	30404	25721
1984	47152	43785
1986	57773	42521
1988	72372	49686

Ausländische Direktinvestitionen in der Bundesrepublik (s.o.)

1981	aus den NL	8355
	aus GB	7055
	aus F	4235
	aus den USA	30664
1984	aus den NL	9036
	aus GB	8041
	aus F	5447
	aus den USA	33636
1986	aus den NL	11396
	aus GB	8914
	aus F	5836
	aus den USA	35515
1988	aus den NL	14088
	aus GB	11243
	aus F	6887
	aus den USA	35565

Quellen: Fischer Weltalmanach 1991, Frankfurt/M. 1990 und Statistisches Jahrbuch für die Bundesrepublik Deutschland, 1984, 1986, 1987 und 1988, Stuttgart u. Mainz 1984, 1986, 1987 und 1988, sowie Statistisches Jahrbuch für die Bundesrepublik Deutschland 1989 und 1990, Stuttgart 1989 und 1990.

Tabelle 3: Rüstungsexporte der Bundesrepublik Deutschland im Vergleich mit anderen führenden Exportländern (1985–1989, in Mio. US-Dollar zu konstanten Preisen von 1985)

a) in alle Staaten

1. UdSSR	66209
2. USA	52862
3. Frankreich	15802
4. Großbritannien	7711
5. China	6862
6. Bundesrepublik	5019
7. CSSR	2658

b) in Industrieländer

1. USA	31465
2. UdSSR	19807
3. Frankreich	3503
4. Bundesrepublik	3094
5. Großbritannien	2101
6. CSSR	1750
7. Schweden	1029

c) in die Dritte Welt

1. UdSSR	46402
2. USA	21397
3. Frankreich	12299
4. China	6669
5. Großbritannien	5610
6. Bundesrepublik	1925
7. Italien	1685

Quelle: SIPRI Yearbook 1990, Oxford u.a. 1990, S. 220f.

Tabelle 4: Anteil an Weltwährungsreserven (in Prozent)

	1948	1970	1981	1989
USA	53,3%	15,7%	6,8%	8,6 (68,4 Mrd. US-Dollar)
BRD	0,6%	14,7%	10,9%	7,8 (61,7 Mrd. US-Dollar)
Japan	0,1%	5,2%	6,7%	10,9 (86,4 Mrd. US-Dollar)

Anteil der Währungen an den Weltwährungsreserven 1989 (in Prozent):

US-Dollar:	47,3 (375,2 Mrd. US-Dollar)
DM:	15,7 (124,4 Mrd. US-Dollar)
ECU:	7,3 (58,2 Mrd. US-Dollar)
Yen:	6,6 (52,1 Mrd. US-Dollar)

Anteil an Weltexporten (in Prozent)

	1948	1970	1981	1989
USA	24,0%	15,4%	12,8%	12,0 (364,1 Mrd. US-Dollar)
BRD	11,0%	12,2%	9,7%	11,3 (343,2 Mrd. US-Dollar)
Japan	0,3%	6,9%	8,3%	9,1 (275,2 Mrd. US-Dollar)

Quelle: Fischer Weltalmanach; zuletzt Fischer Weltalmanach 1991, Frankfurt/M. 1990.

Auswahlbibliographie

Besson, Waldemar: Die Außenpolitik der Bundesrepublik. Erfahrungen und Maßstäbe. München 1970.

Bulletin Nr. 134 (29.11.1989), hg. vom Presse- und Informationsamt der Bundesregierung: Kohls „Zehn-Punkte-Programm" vom 28. November 1989, S. 1146–1148.

Bulletin Nr. 63 (18.05.1990), hg. vom Presse- und Informationsamt der Bundesregierung: Vertrag über die Schaffung einer Wirtschafts-, Währungs- und Sozialunion vom 18. Mai 1990, S. 517–544.

Bulletin Nr. 104 (06.09.1990), hg. vom Presse- und Informationsamt der Bundesregierung: Vertrag zwischen der Bundesrepublik Deutschland und der Deutschen Demokratischen Republik über die Herstellung der Einheit Deutschlands – Einigungsvertrag vom 31. August 1990, S. 877–1120.

Bulletin Nr. 109 (14.09.1990), hg. vom Presse- und Informationsamt der Bundesregierung: Vertrag über die abschließende Regelung in bezug auf Deutschland vom 12. September 1990, S. 1153–1157.

Bulletin Nr. 123 (17.10.1990), hg. vom Presse- und Informationsamt der Bundesregierung: Abkommen über einige überleitende Maßnahmen vom 9. Oktober 1990 und Vertrag über die Bedingungen des befristeten Aufenthalts und die Modalitäten des planmäßigen Abzugs der sowjetischen Truppen aus dem Gebiet der Bundesrepublik Deutschland vom 12. September 1990, S. 1281–1300.

Bulletin Nr. 137 (24.11.1990), hg. vom Presse- und Informationsamt der Bundesregierung: Charta von Paris für ein neues Europa vom 21. November 1990, S. 1409–1415.

Bulletin Nr. 138 (28.11.1990), hg. vom Presse- und Informationsamt der Bundesregierung: Vertrag über konventionelle Streitkräfte in Europa vom 19. November 1990, S. 1425–1472.

Bulletin Nr. 149 (21.12.1990), hg. vom Presse- und Informationsamt der Bundesregierung: Beschlüsse der Regierungskonferenz der Staats- und Regierungschefs der EG vom 15. Dezember 1990, S. 1553–1556.

Czempiel, Ernst-Otto: Die Bundesrepublik – eine heimliche Großmacht? Zur Diskussion über die Grundlagen bundesrepublikanischer Außenpolitik. In: Aus Politik und Zeitgeschichte B 26/79 (30.06.1979), S. 3–19.

Czempiel, Ernst-Otto: Internationale Politik. Paderborn 1981.

Demandt, Alexander (Hg.): Deutschlands Grenzen in der Geschichte. München 1990 (hierin besonders die Beiträge von Demandt und Schultz).

Efinger, Manfred; Rittberger, Volker; Zürn, Michael: Internationale Regime in den Ost-West-Beziehungen: Ein Beitrag zur Erforschung der friedlichen Behandlung internationaler Konflikte. Frankfurt/M. 1988.

Fischbach, Günter (Hg.): DDR-Almanach '90. Stuttgart 1990.

Hacke, Christian: Weltmacht wider Willen. Die Außenpolitik der Bundesrepublik Deutschland. Stuttgart 1988.

Haftendorn, Helga: Außenpolitische Prioritäten und Handlungsspielraum. Ein Paradigma zur Analyse der Außenpolitik der Bundesrepublik Deutschland. In: Politische Vierteljahresschrift 30:1 (1989), S. 32–49.

Hanrieder, Wolfram: Deutschland, Europa, Amerika. Die Außenpolitik der Bundesrepublik Deutschland 1949–1989. Paderborn, usw. 1991.

Heinzen, Markus: Private Außenpolitik. Eine Typologie der grenzüberschreitenden Aktivitäten gesellschaftlicher Kräfte und ihres Verhältnisses zur staatlichen Außenpolitik. Baden-Baden 1989.

Hrbek, Rudolf; Thaysen Uwe (Hg.): Die Deutschen Länder und die Europäischen Gemeinschaften. Baden-Baden 1987.

Kohnstamm, Max; Hager, Wolfgang (Hg.): Zivilmacht Europa – Supermacht oder Partner? Frankfurt/M. 1973.

Kreile, Michael: Die Bundesrepublik Deutschland – eine „économie dominante" in Westeuropa? In: Aus Politik und Zeitgeschichte 26/1978 (01.07.1978), S. 3–17.

Loth, Wilfried: Die Teilung der Welt: Geschichte des Kalten Krieges 1941–1955. München 1985.

Lutz, Dieter S.; Rittberger, Volker: Abrüstungspolitik und Grundgesetz. Eine verfassungsrechtlich-friedenswissenschaftliche Untersuchung. Baden-Baden 1976.

Mearsheimer, John J.: Back to the Future. Instability in Europe After the Cold War. In: International Security 15:1 (1990), S. 5–56.

Meinecke, Friedrich: Weltbürgertum und Nationalstaat. Studien zur Genesis des deutschen Nationalstaates, München, Berlin 4. Aufl. 1917.

Müller, Harald; Risse-Kappen, Thomas: Internationale Umwelt, gesellschaftliches Umfeld und außenpolitischer Prozeß in liberaldemokratischen Industrienationen. In: Volker Rittberger (Hg.) 1990d, S. 375–400.

Oppermann, Thomas: „In einem vereinten Europa dem Frieden der Welt zu dienen…". Der internationale Verfassungsauftrag nach 40 Jahren Grundgesetz. In: 40 Jahre Bundesrepublik Deutschland – 40 Jahre Rechtsentwicklung. Tübingen 1990, S. 29–50.

Putnam, Robert D.; Bayne, Nicholas: Weltwirtschaftsgipfel im Wandel. Bonn 1985.

Renzsch, Wolfgang: Deutsche Länder und europäische Integration. Kompetenzverluste und neue Handlungschancen in einem „Europa der Regionen". In: Aus Politik und Zeitgeschichte B 28/90 (06.07.1990), S. 28–39.

Rittberger, Volker: Die Bundesrepublik Deutschland – eine Weltmacht? Außenpolitik nach 40 Jahren. In: Aus Politik und Zeitgeschichte B 4–5/90 (19.01.1990a), S. 3–19.

Rittberger, Volker: Die Perestrojka und die Zivilisierung des Ost-West-Konflikts. In: Dietrich Geyer (Hg.): Europäische Perspektiven der Perestrojka. Tübingen 1990b, S. 101–122.

Rittberger, Volker (Hg.): International Regimes in East-West Politics. London 1990c.

Rittberger, Volker (Hg.): Theorien der Internationalen Beziehungen. Opladen 1990d.

Rosecrance, Richard: Der neue Handelsstaat. Herausforderungen für Politik und Wirtschaft. Frankfurt/M. 1987.

Rosenau, James N.: Patterned Chaos in Global Life: Structure and Process in Two Worlds of World Politics. In: International Political Science Review 9:4 (Oktober 1988), S. 327–364.

Rummel, Reinhardt: Zusammengesetzte Außenpolitik: Westeuropa als internationaler Akteur. Kehl a.Rh./Straßburg 1982.

Schwarz, Hans-Peter: Die Rollen der Bundesrepublik in der Staatengesellschaft. In: Karl Kaiser; Roger Morgan (Hg.): Strukturwandlungen der Außenpolitik in Großbritannien und der Bundesrepublik, München/Wien 1970, S. 225–256.

Schwarz, Hans-Peter: Die gezähmten Deutschen. Von der Machtbesessenheit zur Machtvergessenheit. Stuttgart 1985.

Spanger, Hans-Joachim; Brock, Lothar: Die beiden deutschen Staaten in der Dritten Welt. Die Entwicklungspolitik der DDR – eine Herausforderung für die Bundesrepublik Deutschland? Opladen 1987.

Quellennachweis für die Abbildungen

S. 33 + 38: Süddeutscher Verlag, München.

S. 45: Abb. aus Paul Sauer: Baden-Württemberg. Bundesland mit parlamentarischen Traditionen. Stuttgart 1982. Mit freundlicher Genehmigung des Landtagsarchivs Baden-Württemberg und des Stadtarchivs Stuttgart.

S. 48: Abb. aus: Johann Gottfried Schnabel: Insel Felsenburg. Hg. v. Volker Meid und Inge Springer-Strand. Stuttgart 1979. © Philipp Reclam jun., Ditzingen.

S. 51: Abb. aus: Ludwig Richter: Die gute Einkehr. Auswahl schönster Holzschnitte. Mit Sprüchen und Liedern. Königstein/Taunus u. Leipzig o. J. © Verlag Karl Robert Langewiesche. Nf. Hans Köster KG, Königstein/Taunus.

S. 53: Abb. links: wie S. 51

S. 53: Abb. rechts: ARTOTHEK, Peissenberg.

S. 60: GLOBUS-KARTENDIENST, Hamburg.

S. 66: Süddeutscher Verlag, München.

S. 77: KETTERER KUNST KG, München.

S. 81: Abb. aus: Janos Frecot; Johann Friedrich Geist; Diethart Kerbs: Fidus 1868–1948. Zur ästhetischen Praxis bürgerlicher Fluchtbewegungen. München 1972, S. 440. © Rogner & Bernhard GmbH & Co., Verlags-KG, Hamburg.

S. 90: Abb. aus: Datenreport 1989. Mit freundlicher Genehmigung der Bundeszentrale für politische Bildung, Bonn.

S. 98: Abb. aus: Heinz Klüter (Hg.): Die Gartenlaube. Faksimile. Querschnitt durch die Gartenlaube. Bern/Stuttgart/Wien 1963. Scherz Verlag AG.

S. 99 + 100: wie S. 90

S. 114: Abb. aus: Karl Martin Bolte; Stefan Hradil: Soziale Ungleichheit in der Bundesrepublik Deutschland. Opladen 1988, S. 220. © Leske Verlag + Budrich GmbH, Leverkusen-Opladen.

S. 115: Abb. aus: Detlef Krause; Gerhard Schäuble: Jenseits von Klasse und Schicht: Verteilung von Lebenschancen zwischen traditionellem Reduktionismus und aktueller Formenvielfalt. Stuttgart 1988, S. 29. © Ferdinand Enke Verlag, Stuttgart.

S. 117: Süddeutscher Verlag, München.

S. 119: Abb. aus: Tatsachen über Deutschland. Auflage 1988. Mit freundlicher Genehmigung des Presse- und Informationsamtes der Bundesregierung, Bonn.

S. 120: wie S. 90

S. 121: Abb. aus: Vergütungs-Tarifvertrag Nr. 26 für die Angestellten der Gemeinden, gültig ab 1. 1. 1991. Mit freundlicher Genehmigung der Gewerkschaft Öffentliche Dienste, Transport und Verkehr, Stuttgart.

S. 122: Abb. aus: Datenhandbuch zur Geschichte des Deutschen Bundestages 1980–1984. Bonn 1986, S. 240.

S. 125: Zeichnung Hans Nerlinger aus: Wolfgang Benz (Hg.): Die Bundesrepublik Deutschland. Geschichte in drei Bänden. Band 2: Gesellschaft. Frankfurt/M. 1983, S. 190. © Fischer Taschenbuch Verlag GmbH, Frankfurt/M.

S. 128: Abb. aus: Pierre Bourdieu: Die feinen Unterschiede. Kritik der gesellschaftlichen Urteilskraft. Frankfurt/M. 1982, S. 384–386. © Suhrkamp Verlag Frankfurt/M.

S. 131–135: Abb. aus: Herlinde Koelbl/Manfred Sack: Das deutsche Wohnzimmer. 4. Auflage. München/Luzern 1980. © Verlag C. J. Bucher GmbH, München.

S. 141: GLOBUS-KARTENDIENST, Hamburg.

S. 143: Abb. aus: Rudolf Steurer: Welcher Wein zu welchem Essen. 3. Aufl. Zürich u. a. 1986, S. 119. © Müller Rüschlikon Verlags AG, CH-Cham.

S. 147: Abb. aus: Heinrich Hoffmann: Der Struwwelpeter oder Lustige Geschichten und drollige Bilder für Kinder von 3 bis 6 Jahren. Reprint der Frankfurter Originalausgabe (1847) o. J. Mit freundlicher Genehmigung des J. F. Schreiber Verlags, Postfach 285, 7300 Esslingen.